山东文物保护修复与研究系列丛书

寿柏巧榇

——沂南河阳清代棺木保护修复与研究

山东省文物保护修复中心
沂南县博物馆 编
吴双成 刘建国 吕宜乐 著

齊鲁書社

图书在版编目（CIP）数据

寿柏巧榇:沂南河阳清代棺木保护修复与研究/山东省文物保护修复中心,沂南县博物馆编;吴双成,刘建国,吕宜乐著.--济南:齐鲁书社, 2021.3
ISBN 978-7-5333-4436-8

Ⅰ.①寿… Ⅱ.①山…②沂…③吴…④刘…⑤吕… Ⅲ.①墓葬(考古)－文物保护－沂南县－清代②墓葬(考古)－文物修整－沂南县－清代 Ⅳ.①K878.84

中国版本图书馆CIP数据核字(2021)第032150号

责任编辑：马安钰
装帧设计：刘羽珂

寿柏巧榇——沂南河阳清代棺木保护修复与研究

SHOUBAI QIAOCHEN YINAN HEYANG QINGDAI GUANMU BAOHU XIUFU YU YANJIU

山东省文物保护修复中心　沂南县博物馆　编

吴双成　刘建国　吕宜乐　著

主管单位	山东出版传媒股份有限公司
出版发行	齊魯書社
社　　址	济南市英雄山路189号
邮　　编	250002
网　　址	www.qlss.com.cn
电子邮箱	qilupress@126.com
营销中心	（0531）82098521　82098519　82098517
印　　刷	山东临沂新华印刷物流集团有限责任公司
开　　本	889mm×1194mm　1/16
印　　张	20.5
插　　页	3
字　　数	486千
版　　次	2021年3月第1版
印　　次	2021年3月第1次印刷
标准书号	ISBN 978-7-5333-4436-8
定　　价	228.00元

本书出版得到
国家重点文物保护专项补助资金资助

前　言

丧葬文化是中华民族几千年文化文明史中的重要组成部分。土葬是我国产生最早、流传时间最长、使用范围最广、涉及民族最多、最为普遍的一种丧葬民俗，棺材是丧葬文化中最重要的葬具。木质葬具起源较早，在新石器时期的考古遗址中就发现有木质葬具或木质葬具的痕迹。尤其在龙山时期，木质葬具更是大规模出现，且已经开始逐渐采用更先进的加工工艺，用以体现墓主人的身份地位或经济实力。

随着社会的发展进步，木质葬具进一步发展成为身份地位的象征。高等级墓葬的葬具均采用多重棺椁的形制，且尺寸更大，棺木用料及髹饰工艺也更为考究。周代时期，随着礼制的完善，以棺椁重数为代表的丧葬礼仪作为国家制度的一部分被正式确定下来。秦汉以降，棺木作为主要的丧葬用具，在中国历史上一脉相承、不断延续，其间虽有其他葬制出现，但是始终未能取代棺木作为主体葬具的地位。

受埋葬环境等因素影响，保存下来的木质葬具较少，且存在不同程度和种类的病害，明清时期的棺木病害情况更为突出。另外，明清墓葬在田野考古发掘、配合基本建设的抢救性发掘过程中多有发现，但未能引起人们足够的重视。学者们一直以来对丧葬习俗的关注较多，但对棺木木作和髹饰工艺的关注较少。

发现于山东沂南河阳社区墓地的9具棺木，自发掘之初就受到重视，在发掘现场得到有效的保护和提取。发掘结束后，山东省文物考古研究所（山东省文物考古研究院前身）联合出土木漆器保护国家文物局重点科研基地、荆州文物保护中心和沂南县博物馆，按照国家文物局有关规范开展了前期研究工作，在此基础上编制《山东沂南河阳墓地出土棺木保护修复方案》并获得国家文物局批准。2016年5月至2017年9月，山东省文物保护修复中心牵头组织成立项目组，开展了具体保护修复工作。项目组严格按照国家文物局批复意见完成了9具棺木的保护修复任务，保护修复效果良好。

在该项目实施过程中，项目组从棺木的实际保存状况入手，选取百余个样品开展了分析测试工作。分析测试结果不仅深度挖掘了该批棺木的历史、科学和艺术价值，而且为评估该批棺木存在的病害、制定技术路线及研究棺木制作工艺等奠定了基础，有效指导了保护修复工作。

项目组先从棺木木作工艺入手，仔细观察每具棺木棺板间的构建方式，细究每具棺木的木作工艺，并借助CAD等手段有效复原了棺木的木作工艺流程。这些工作有效指导了棺木本体的保护修复工作。随后，根据对髹饰层等样品的分析测试结果，从髹饰时间、色泽、文字特征等方面详细分析了该批棺木的髹饰工艺，有效展示了该批棺木的髹饰工艺特征，指导了棺木髹饰层的保护修复工作。完成保护修复工作之后，项目组考虑到棺木展示、移动等实际需要，制作了钢木结构、便于移动的展示托架。

在项目结项会议上，与会专家认为：该项目所开展的前期研究工作科学、可靠，制作工艺研究充分，价值认知清楚，病害评估准确，采用的技术路线和操作工艺科学合理，项目管理规范、资料齐全，保护修复档案完整、翔实。

本书是该项目实施工作的系统总结，全书可分为四部分。第一部分（第一、二章）介绍考古发掘收获、棺木的基本情况，以及项目组织概况；第二部分（第三、四章）系统总结了在项目实施过程中开展的分析检测工作，以及在此基础上开展的保存状况评估结果；第三部分（第五、六章）在第二部分工作基础上，详细记述了棺木木作和髹饰层的保护修复过程；第四部分（第七、八章）为展示保护修复后的棺木概况及总体评述。此外，附录部分详细列出了分析测试结果、病害图及M1南室棺木的保护修复档案等资料。

当然，该书虽非常注重该批棺木的木作和髹饰工艺等价值认知工作，但尚存一些不足。如在将所获取的价值认知成果与当地文献记载结合，充实地方史方面的研究尚有不足，又如在合理利用该批研究成果方面尚有不足，等等。今后应更加深入开展部分样品的分析测试工作，结合国内新的相关研究成果，进一步挖掘、评估、认知该批棺木的历史价值、艺术价值和科学价值，并加以合理利用。

目　录

图表目录

图片目录

表格目录

第一章　考古发掘收获与棺木概况

2013年6月初，山东省沂南县大庄镇为改善河阳北村居住环境，申报“城增村减”挂钩试点“山东省沂南县河阳社区民生工程建设”项目，在项目建设过程中发现墓葬并上报。沂南县文物部门接到报告后，及时组织业务人员进行现场勘察、走访群众、查阅档案等工作，初步认定这是一处新发现的文物点。在做好值守等相关工作安排后，县文物部门将有关情况逐级上报。

2013年6月14日，山东省文物局组织山东省文物考古研究所（山东省文物考古研究院前身）相关业务人员赴现场进行考察。经讨论认为，该墓地是一处近代墓地，墓葬顶部为白石灰灌浆封顶，密封性较好，棺木、尸体及有机质的随葬品保存状况可能比较好，因此，必须为棺木提取、保护、运输、存放做好准备工作。随后，沂南县文物部门按照山东省文物局关于沂南河阳墓地保护建议，准备了防护眼镜、消毒液、隔离衣、防护手套、无菌口罩、保鲜膜、蒸馏水、塑料包装盒、细木工板、三合板等发掘和现场保护所需工具、材料。同时，在沂南县博物馆一楼展厅添置空调，隔离空间，为出土棺木等文物安全存放做准备。

2013年6月23日至7月30日，省、市、县联合考古队进驻河阳北村墓地，按照国家文物局《田野考古操作规程（2009年4月）》的要求，对墓葬进行了抢救性发掘、现场保护及迁移保护等相关工作。此次共发掘3座清代墓葬，科学提取9具棺木（其中6具保存较好）并运至沂南县博物馆保存。据初步考证，该墓地为清代沂水望族刘氏家族墓地。该墓地的发掘为研究沂水清代家族的丧葬习俗、礼仪制度、棺木木作及髹饰工艺等提供了难得的实物资料。

一、发掘收获

河阳北村墓地位于山东省沂南县大庄镇河阳北村中一处凸起的台地上。据河阳东村老人刘泽京介绍，该高台上原有一条沟，沟南名“南棋盘”，沟北名“北棋盘”，均为沂水“刘南宅”刘氏家族墓地。新中国成立初期，该墓地地表仍有6米多高的封土，且周围植被茂盛，有粗壮的柏树（20世纪20—30年代被刘氏后人全部采伐），墓前立有石碑、石香炉。墓地旁边有张姓村民值守，以防被盗掘。

20世纪50—70年代，地表高大的封土逐渐被夷平，局部裸露出白砂灰墓顶。1952年，沂南县在墓地周围筹建河阳铁木业社，将“北棋盘”上的封土推平、墓前的石碑砸碎。在工程建设中，一座墓葬因妨碍施工而被施以爆破，却因墓葬砂灰顶盖太厚，仅炸开一个小洞，随后又被掩埋。“南棋盘”上的3座古墓随后也因村民建房而被平掉。位于河阳北村村民高红院内的1座墓葬，曾于2008年底被不法分子盗掘。

（一）墓葬

本次发掘的墓地在河阳北村地界上，该墓地西100米隔滨河大道与沂河相望，东50米处为市级文物保护单位白龙桥遗址。玉交河经墓地的东部通过白龙桥自南向北流淌，北与河阳北村相依，南与河阳北村毗邻。该村古地名亦称“北棋盘”“南棋盘”。墓地地理坐标为东经118° 26′ 00″，北纬35° 26′ 46″（图1-1）。

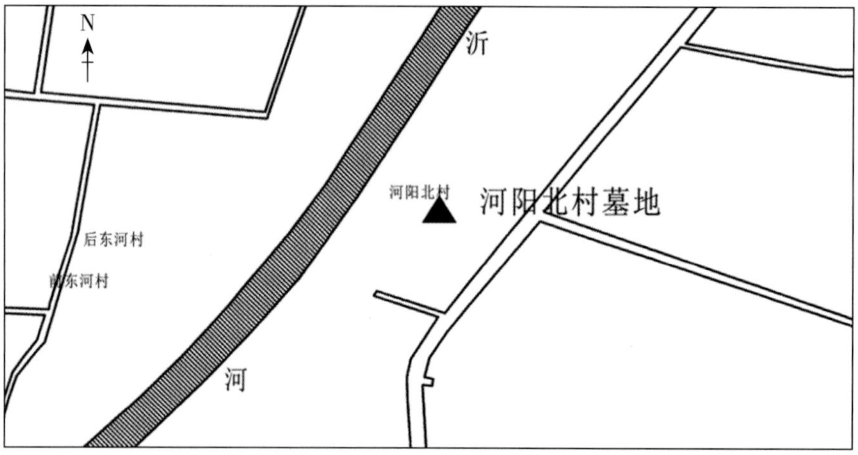

图1—1　沂南河阳北村墓地位置图

本次共发现墓葬3座，呈倒“品”字形排列，编号为M1、M2、M3。3座墓葬均为多室墓，形制为长方形土坑竖穴，白砂灰灌浆版筑椁木棺墓（图1-2）。

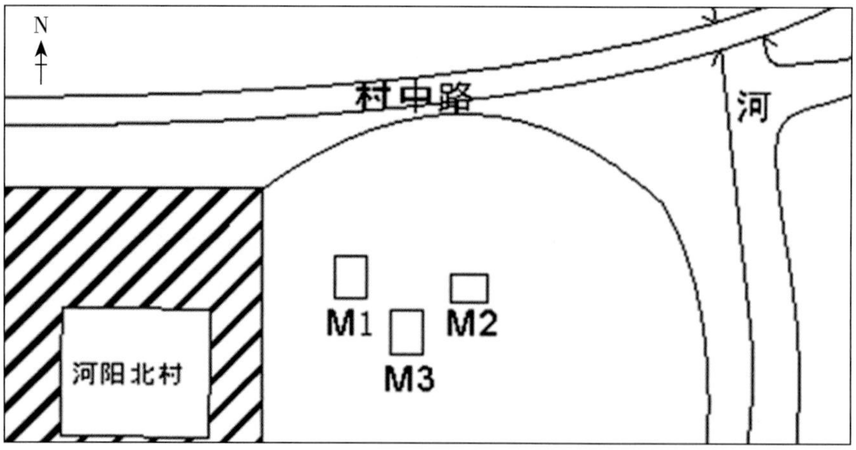

图1—2　沂南河阳北村墓葬分布示意图

1.M1

M1 位于墓地西部，白砂灰墓顶长 5.75 米，宽 4.40 米，为三室墓，3 个墓室自南向北依次编号为 M1 南室、M1 中室、M1 北室。3 个墓室的形制结构完全一致，墓室四壁均设置一壁龛，中室两侧壁底部均设有神门道贯通南北两室。从放置于壁龛中的奁盒、铜镜、锡灯、锡罐、砚台等随葬品来看，中室为男性墓主，两侧为其妻妾。从墓顶来看，这 3 个墓室主人下葬的先后顺序清晰可辨：每间墓室各自封顶且自南向北叠压，即下葬时间自北向南渐晚（图 1–3）。

图 1–3 沂南河阳北村墓地 M1 墓顶结构（由东向西拍摄）

M1 中的随葬品除奁盒保存较差外，其余均保存完好。因北室棺木腐朽严重，业务人员对其进行了现场清理。在清理过程中，发现该墓室应为二次迁葬。墓室内一棺板上书“皇清例增赠人刘母张太君享年二十六岁之灵柩”。墓室底部有凌乱的人骨，腐朽严重，仅辨盆骨、肢骨、头骨等。而中室、南室棺木保存完好，被整体搬运至室内进行开棺清理（图 1–4）。

图 1–4 沂南河阳北村墓地 M1 内部（由东向西拍摄）

2.M2

M2 位于墓地东部，白砂灰墓顶长 6.25 米，宽 4.35 米，亦为三室墓，3 个墓室自东向西依次编号为 M2 东室、M2 中室、M2 西室。3 个墓室的形制结构完全一致，墓室的东、西、南三面均设置壁龛，中室两侧壁底部均设有神门道贯通东西墓室。从中室壁龛内放置砚台、墨块、瓷罐等随葬品来看，中室为男性墓主，两侧为其妻妾。M2 白灰砂浆墓顶应为整体浇筑，故较难推断这 3 个墓室主人的下葬顺序（图 1-5）。

图 1—5 沂南河阳北村墓地 M2 墓顶结构（由北向南拍摄）

因被盗扰，M2 东室棺木保存较差，侧板、底板整体倾斜，局部腐朽塌陷，不能整体提取，故作现场清理。该棺内衣物、覆盖物完全腐朽，但人骨保存较好，仰身直肢，头朝南面朝上。盗墓贼早年凿开白砂灰墓顶，不仅盗掘了西室，严重破坏了西室棺木，而且从神门道锯开中室棺木的侧板进入棺内，将棺内随葬品洗劫一空。因中室棺木整体结构强度尚可，被业务人员迁移至室内进行保护（图 1-6）。

图 1—6 沂南河阳北村墓地 M2 内部（由北向南拍摄）

3.M3

M3 位于墓地南部，白砂灰墓顶长 8.00 米，宽 4.50 米，为四室墓。4 个墓室自西向东依次编号为 M3-1 室、M3-2 室、M3-3 室、M3-4 室。4 个墓室形制、结构一致，墓室四壁各设置一壁龛，墓室间设有神门道相贯通。从放置于壁龛中的奁盒、铜镜、锡灯、锡罐、砚台、玉章料等随葬品来看，M3-2 室为男性墓主，其余均为其妻妾。M3-1、M3-2、M3-3 室为同一白砂灰墓顶，M3-4 室为一独立的白砂灰墓顶且叠压在其他三个墓室封顶之上（图 1-7）。

图 1—7　沂南河阳北村墓地 M3 墓顶结构（由东向西拍摄）

M3-3 室棺木保存较差，故作现场清理。该棺内人骨保存较好，仰身直肢，头朝南面朝上，衣物、覆盖物腐朽。另外三具棺木保存较好，被业务人员整体迁移至室内进行保护（图 1-8）。

图 1—8　沂南河阳北村墓地 M3 内部（由南向北拍摄）

由这 3 座墓葬的形制结构对比可知，M1 与 M3 的形制结构非常接近，墓室四壁均各设一壁龛，且神门道、壁龛尺寸大致吻合，壁龛随葬品的放置也具有相同规律。M2 的形制结构与 M1、M3 略有不同，墓室内仅东、西、南三壁设有壁龛，其尺寸与 M1、M3 略有差别。同时，壁龛内放置的随葬品也不尽相同，M2 中室、东室壁龛内各放置一瓷罐，M1、M3 壁龛内未发现瓷器。此外，M2 白砂灰内所含的成分与 M1、M3 也有质的差别。

（二）出土遗物

河阳墓地 M1 中室和 M3-2 室棺内出土丝织品保存较好，经保护修复后共有 37 件（套），为研究沂水清代望族的葬俗、礼仪、服饰工艺等问题提供了珍贵的实物资料。业务人员对这批丝织品进行了前期保护，暂时缓解了其病害发展，但由于保存环境不尽理想，各种病害未得到有效处理，威胁丝织品的长期保存。为此，沂南县博物馆委托荆州文物保护中心和山东省文物考古研究所（山东省文物考古研究院前身）共同编制《山东沂南河阳社区墓地出土丝织品保护修复方案》，获得国家文物局批准（文物博函〔2015〕1503 号）。

2015 年 10 月，山东省文物保护修复中心成立项目组。项目组在荆州文物保护中心的技术支撑及沂南县博物馆的协助下，根据国家文物局批复意见，开展丝织品文物的保护修复工作。在项目实施过程中，项目组严格遵守方案要求，采取成熟技术手段对这批珍贵的丝织品文物进行科学保护与修复。此外，依据实际情况及时召开专家会议或邀请专家到现场进行指导。项目组共计用时 18 个月完成全部丝织品的保护修复工作，使之达到保管、陈列和研究的要求（图 1-9、1-10）。

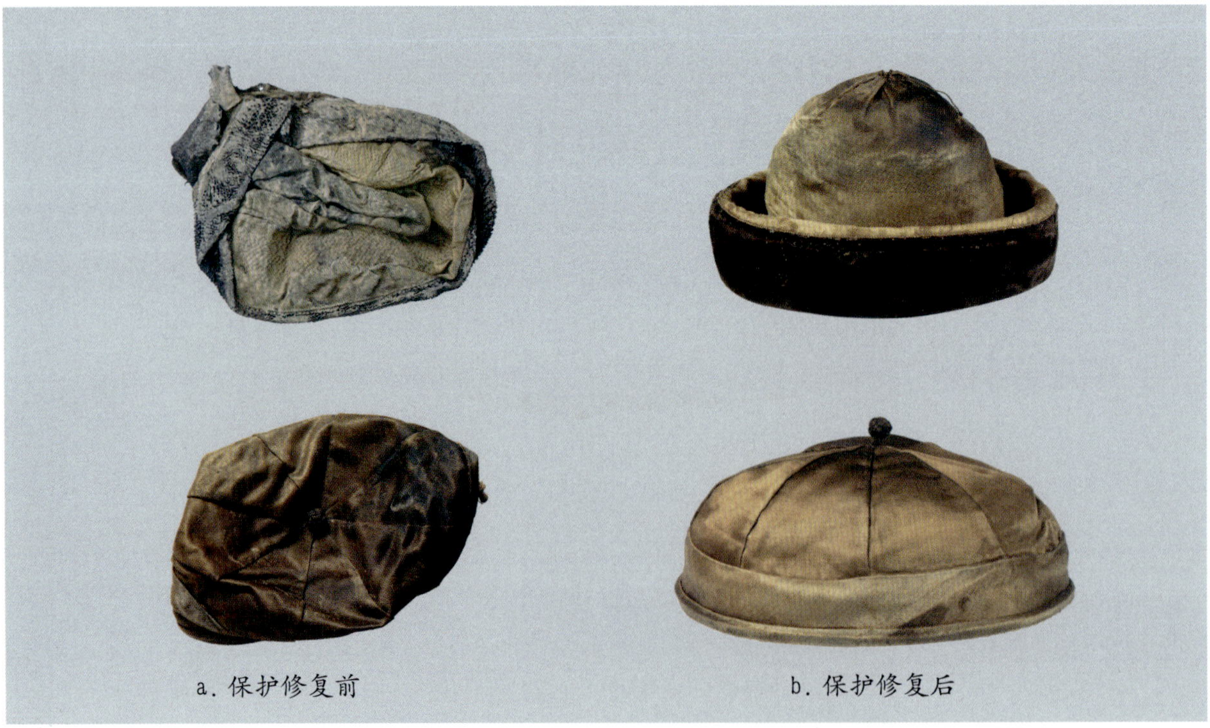

图 1-9　M1 中室出土帽子修复前后对比

a. 保护修复前

b. 保护修复后

图 1—10　M3—2 室出土团二龙戏珠纹缀立领暗花绉绸夹袍修复前后对比

项目组还加大科学分析力度，深入挖掘文物价值，对项目所涉及丝织品的材质、组织结构、裁剪工艺、图案纹样等进行详细分析与研究，并将研究结果总结成书，出版了《煌煌锦绣——沂南河阳墓地出土丝织品保护修复与研究》。

除重要的丝织品外，各墓室内还出土了各种材质的随葬品，主要包括银簪、鎏金铜耳环、铜簪、嵌珠莲花银钗、金耳环、嵌玉鎏金银簪等饰品（图 1-11）。

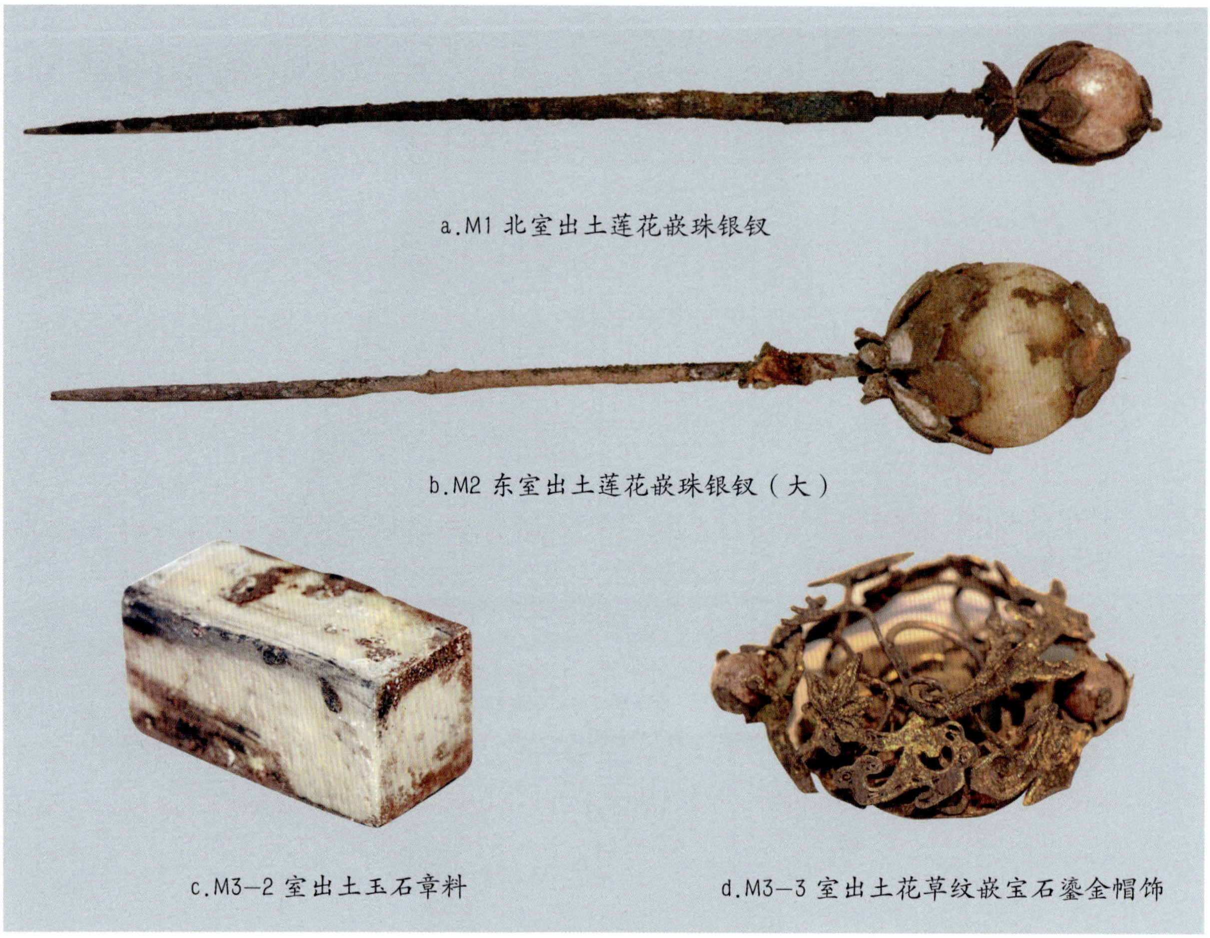

a.M1 北室出土莲花嵌珠银钗

b.M2 东室出土莲花嵌珠银钗（大）

c.M3-2 室出土玉石章料

d.M3-3 室出土花草纹嵌宝石鎏金帽饰

图 1-11 沂南河阳墓地出土文物

（三）墓主考证

在本次发掘的 3 座墓葬中，M1 北室棺板上书“皇清例赠孺人刘母张太君享年二十六岁之灵柩”；M2 中室棺盖上书“皇清例赠□职佐郎□进士候选训导□□□”等字，东室棺盖上书“皇清例赠孺人□继妣□太□之□”等字。字迹虽然模糊不清，但为查证墓主人身份留下了充足的证据。查阅民国三年（1914）重修《刘氏族谱》，刘南宅中有三位族人及其妻妾葬于河阳“北棋盘”。

据史料记载，刘氏是明清时期沂水城的大户、沂蒙地区的望族。传说县官上任必先拜访沂水刘家，著名文学家蒲松龄做过刘家的私塾先生。其住宅是当时该地区最大的民居建筑，始建于明朝初期，按阴阳八卦设计，故亦称“八卦宅”，且规模宏大，分为南宅、中宅和北宅，全部由水磨砖和湖石假山等组建而成。三宅毗连，鳞次栉比，亭台楼榭，花木扶疏，富有北方私家园林的韵致。

刘氏三宅中，以南宅为最，号称“刘南宅”。自明至清数百年间，刘南宅内的刘氏子孙累世在朝为官，有的曾经长期在朝廷吏部任职，闻名遐迩。数百年来，刘南宅代表的是千顷浩荡的土地和强大鼎盛的家族势力。滔滔沂河滋润了这方美丽的土地，沂河两岸的肥沃土地尽归刘南宅所有，刘南宅内的刘氏子孙曾经以“从沂水到临沂，喝不了人家的水，踩不了人家的地”

而沾沾自喜，可见其势力之强大。

依据墓葬的排列关系、棺木上现存的文字信息并结合文献记载进行研究后，可大致确定3座墓葬的墓主人身份。其中，M2年代最早，墓主人为刘氏家族八世刘绳武及其妻妾；M1、M3的墓主人分别为刘绳武之子刘鼎和及其妻妾、刘鼎臣及其妻妾。民国三年重修《刘氏族谱》中关于这三人的记载并不全面，三人及其妻妾详细的生卒年无从考证，但从相关人物卒年中涉及此三人及其妻妾的卒年最早为乾隆十七年（1752）、最晚为道光五年（1825）来看，此处墓地的延续时间应不超过70年。

1.M1 墓主

据《刘氏族谱》记载，刘鼎和之妻张氏，例赠孺人，生于乾隆五年（1740）三月初八日，卒于乾隆三十年（1765）正月初一日，享年恰是26岁。刘鼎和卒于嘉庆二十五年（1820）。刘鼎和续娶之冯氏卒于道光五年(1825)。根据M1各墓室埋葬的早晚关系及棺板上书写的文字，结合《刘氏族谱》中刘鼎和“葬附父墓”[①]的记载，推断M1为刘鼎和与其妻妾之墓，中室墓主为刘鼎和，北室为其妻张氏，南室为其续娶冯氏。

2.M2 墓主

据《刘氏族谱》记载，刘绳武，字于京，岁贡生，候选训导，葬河阳北棋盘。娶兰山王氏，敕封太孺人。继刘氏，敕封太孺人。[②]结合棺盖所书及《刘氏族谱》记载推断，M2为刘绳武与其妻妾之墓，中室墓主为刘绳武，西室为其妻王氏，东室为其续娶刘氏。

3.M3 墓主

道光《沂水县志·人物》载：刘鼎臣，绳武子，字调元[③]，号拙斋。自幼聪颖，性尤至孝。为大父钟爱，奉遗命以“读书上进，周济穷人”为志。乾隆辛丑成进士，任贵州普安县知县。县为古牂牁夜郎地，苗民杂处，号称“难治”。之任后，兴利除害，知无不为，为无不力。邑为云、贵通衢，驿站有四黠吏，借端多索夫役，勒诈无厌，民不胜其害，痛予决杖，弊遂绝。有巨窃，雄于财，群小倚为逋逃薮，擒治之，一境护以安。抵任甫三月，染瘴疾告归。居家节俭，然见义必为，每有捐助事必首倡，且视人有加焉。尤笃于同气，分析时，田产至相让不已。乾隆丙午岁大祲，积粟尽行施散，死者尸相藉，觅人瘗之，不令骸骨暴露。收养乞儿饿殍女，岁成俾各领去，赖以全活者无算。有同案友凌晨到门，衣不蔽体，厚遇之，屡来，待如初。每戒其子曰：“故旧不可忘，勿以贫富易心也。”内阁学士兼礼部侍郎、山东学政万承风为之传。

《刘氏族谱》载：“九世鼎臣，有传，字惟三，号调元，一号拙斋。乾隆庚子北闱举人，辛丑联捷进士，选河南扶沟县知县，改贵州普安县。敕授文林郎，以孙炜贻赠奉政大夫，生

---

①《刘氏族谱》载：“九世鼎和，字梅亭，乾隆己酉科举人，署朝城县教谕，任淄川县训导，敕授修职郎，生乾隆元年（1736）十月十六日，卒嘉庆二十五年（1820）三月十五日。娶济宁张氏，例赠孺人，生乾隆五年（1740）三月初八日，卒乾隆三十年（1765）正月初一日。继益都冯氏，例赠孺人，生乾隆十六年（1751）正月十二日，卒道光五年（1825）六月十九日。葬附父墓。”

②《刘氏族谱》载：“八世绳武，字于京，岁贡生，候选训导，以子鼎臣敕封文林郎、普安县知县。生康熙四十九年(1710)十二月初九日，卒八月二十五（日），葬河阳北棋盘。娶兰山王氏，敕封太孺人，生（不详），卒乾隆十七年（1752）九月十三日。继刘氏，卒七月十四日，敕封太孺人。”

③ 与后文《刘氏族谱》中“号调元”之记载略有出入。

雍正十二年（1734）正月初五日，卒嘉庆十五年（1810）正月初九日，葬附父墓。娶费县王氏，敕封孺人，貤赠宜人，卒乾隆年七月十五日。继诸城张氏，卒十一月二十九日。侧赵氏，俱貤赠宜人。”

根据以上记载并结合各墓室埋葬的早晚关系分析，M3应是刘鼎臣及其妻妾之墓，M3-2室墓主为刘鼎臣，M3-4室为其侧室赵氏。

这批墓葬的发掘与今后的资料整理，一方面可以与文献记载相佐证，充实地方历史，另一方面可以为沂水清代望族的葬俗、礼仪、婚姻等相关问题的研究与探讨提供一份不可多得的实物资料。

二、棺木概况

（一）前期保护工作

在考古发掘过程中，业务人员对棺木采取喷纯净水等保湿措施，以保证发掘工作顺利进行。对于保存较好的棺木，采取喷水、包裹塑料薄膜等保湿方式，将棺木运回室内进行清理和保护（图1-12）；对于保存较差的棺木，在考古现场进行清理并提取文物。2013年6月底，河阳墓地的现场考古发掘工作完成，转入室内开棺清理等工作。

a. 现场封护

b. 塑料薄膜覆盖

c. 吊运至博物馆

d. 进入博物馆

图1-12　现场及迁移保护

图 1-13　室内保存照片

图 1-14　室内开棺工作照

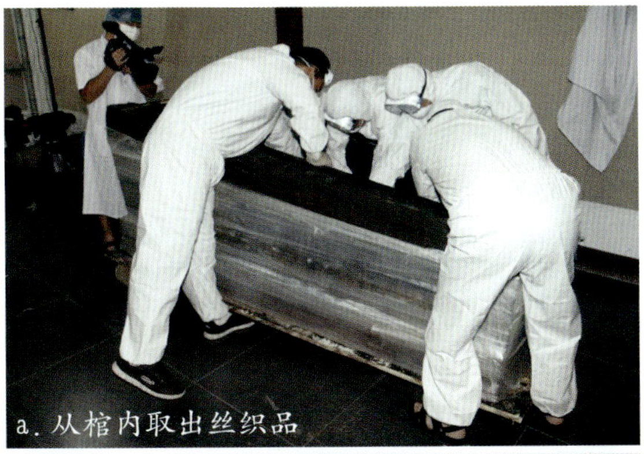

图 1-15　丝织品提取工作照

将棺木移至室内后，通过地面洒水、放置水盆等措施保持棺木所在室内湿度，并每天记录湿度变化（图 1-13）。根据省文物局安排，7 月中旬、下旬，沂南县文物部门再次邀请有关业务人员在沂南县博物馆进行开棺工作，并根据各棺内的实际保存情况对各棺木分别进行了清理和保护（图 1-14）。因 M3-2 室和 M1 中室棺内丝织品保存较好，故于 2013 年 8 月上旬邀请荆州文物保护中心魏彦飞博士到现场开展了 M3-2 室和 M1 中室棺内丝织品的提取和揭展工作。

提取丝织品前，先使用薄木板插入棺底部，将丝织品和尸骨一并移至工作台上。丝织品提取过程中，首先提取官帽、头部两侧的衣物，其次提取脚端两侧的衣物，再次逐层解开上衣并置于肩部以下，垫以宣纸、海绵等，用细木工板夹紧尸骨并翻转，使其脸部向下，再逐层剥离上衣，最后提取裤子。提取工作结束后，使用纯净水对丝织品进行初步清洗，并将其展开置于细木工板上，放到恒温恒湿的库房中进行缓慢干燥。开棺及丝织品提取过程均进行了文字记录、拍照和录像（图 1-15、1-16）。

因该墓地时代较晚，在完成以上工作后，沂南县博物馆专门安排人打造棺木收殓各位墓主，将他们按原埋葬方式重新进行了安葬。

图 1-16　丝织品揭展后

（二）出土棺木基本情况

依据考古发掘及室内整理等资料，现将3座墓葬出土棺木的基本情况简述如下。

M1共出土3具棺木，其中南室棺木和中室棺木保存较好，北室棺木（属二次迁葬）保存较差（表1-1）。

表 1-1 M1 各棺木尺寸概况

尺寸（厘米）		M1 南	M1 中	M1 北	备注
通体	长	235	235		
	宽	73/95	71/96		
	高	88/110	77/102		
盖板	长	230/235	230/235		
	宽	64/84	71/89		
	厚	16/18	18		
内盖板	长	175	180		
	宽	50/63	41/58.5		
	厚	2	2		
左右墙	长	210/227	207.5/226		
	高	48/77	39/61		
	厚	16	13/15		
前挡板	宽	50/64	54/64		
	高	77	60		
	厚	12	11		
后挡板	宽	36/42	36/44		
	高	48	39		
	厚	12	9		
内底板	长	175	177		均有7孔，下有厚2—3厘米的白石灰层
	宽	42/58	44/62		
	厚	2	2		
底板	长	216	213		
	宽	73/94	70/96		
	厚	14	12		
纵支脚板	长	216	214		由4块板卯榫相连，形成长方形结构
	厚	16	16		
	高	10	10		
横支脚板	宽	74/94	71/97		
	厚	16	16		
	高	10	10		

M2 共出土 3 具棺木，其中东室和中室棺木保存较好，西室棺木保存较差（表 1-2）。

表 1-2　M2 各棺木尺寸概况

尺寸（厘米）		M2 东	M2 中	M2 西	备注
通体	长	244	248		
	宽	60/80	71/96		
	高		70/105		
盖板	长	240/244	244/248		
	宽	60/80	54/70	80	
	厚	11.5/14.5	15/17	11.5/13	
内盖板	长	193	198		
	宽	38/58	34/44		
	厚	2			
左右墙	长	227	226.5/237	244	
	高	/	36/65		
	厚	12	12/14	11	
前挡板	宽	/	40/60		
	高	/	65		
	厚	8	10		
后挡板	宽	35/43	30/39	33	
	高	/	36	44	
	厚	12	10	6	
内底板	长	178	190		下有厚 2—3 厘米的白石灰层
	宽	40/58	39/56		
	厚	2	2	2	
底板	长	230	232		
	宽	69/89	66/94		
	厚	8	11	9	
纵支脚板	长	229	233		由 4 块板卯榫相连，形成长方形结构
	厚	14	12	11	
	高	6/8	6/10	8	
横支脚板	宽	69/90	71/96		
	厚	14	12/15		
	高	6/8	6/10	8	

M3 共出土 4 具棺木，其中 M3-3 室棺木保存较差，其余保存尚可（表 1-3）。

表 1-3　M3 各棺木尺寸概况

尺寸（厘米）		M3-1	M3-2	M3-3	M3-4	备注
通体	长	237	249		245	
	宽	69/93	70/96	68/84	74/96	
	高	81/105	68/108	74/100	86/114	
盖板	长	237	246/250		240/245	
	宽	60/80	61/84		65/86	
	厚	15	15/17		17	
内盖板	长	189	191		192	
	宽	39/43	37.5/42		41.5/56.5	
	厚	2	2			
左右墙	长	209/225	220.5/237		215/230	
	高	54/66	42/65		47/71	
	厚	12/13	13/15		14	
前挡板	宽	53/63	51/60		51.5/61	
	高	66	64		71	
	厚	12	13/15		13	
后挡板	宽	38/44	33.5/39		36/43	
	高	54	41		47	
	厚	10.5	11		12	
内底板	长	175	185		175	
	宽	45/63	40/58		44/59	下有厚 2—3 厘米的白石灰层
	厚	2	2		2	
底板	长	214	226		220	
	宽	69/93	71/96		73/95	
	厚	13	11		12	
纵支脚板	长	215	227		221	
	厚	15	16		16/17	
	高	10	10	10	13	由 4 块板卯榫相连，形成长方形结构
横支脚板	宽	69/93	72/97		74/96	
	厚	15	16		16	
	高	10	10	10	13	

注：该墓地出土的棺木一般前端大，后端小，上部小，下部大。表 1-1 至表 1-3 中 ××/×× 数据指棺木的后 / 前或上 / 下尺寸。如通体宽 73/95，是指棺木后端宽 73 厘米，前端宽 94 厘米。再如前挡板宽 50/64，指挡板上宽 50 厘米，下宽 64 厘米。

第二章　棺木保护修复项目概况

2013年8月，在完成河阳墓地出土棺木的室内清理工作后，棺木的保护修复成为工作重心。这批棺木存在饱水、残缺、髹饰层脱落等濒危病害，难以长期保存。项目组在做好日常养护、自然脱水的同时，开展了相关前期研究，为后期的保护修复工作做了铺垫。

一、项目基本情况

2014 年初，沂南县文化广电新闻出版局委托荆州文物保护中心和山东省文物考古研究所（山东省文物考古研究院前身）启动河阳墓地出土棺木的保护修复方案编制工作，并联合成立了《山东沂南河阳墓地出土棺木保护修复方案》编制小组。方案编制小组收集沂南河阳墓地出土棺木的信息资料，初步进行了相关分析检测，根据各棺木保存现状及病害程度，以荆州文物保护中心出土木器保护系列成熟技术为支撑，依据《馆藏出土竹木漆器类文物保护修复方案编写规范（WW/T 0008—2007）》《馆藏出土竹木漆器类文物病害分类与图示（WW/T 0003—2007）》《可移动文物病害评估技术规程　竹木漆器类文物（WW/T 0060 —2014）》《馆藏出土竹木漆器类文物保护修复档案记录规范（WW/T 0011—2008）》《馆藏文物保护修复工作量清单计价规范（征求意见稿）》等国家文物局颁布的有关规范的要求，编制完成了《山东沂南河阳墓地出土棺木保护修复方案》。

2015 年 4 月，《山东沂南河阳墓地出土棺木保护修复方案》获国家文物局批准（文物博函〔2015〕1531 号，附录一），并得到经费支持。2015 年 10 月，山东省文物保护修复中心牵头成立项目组，依据到位经费和该批棺木的实际保存状况，编写了《山东沂南河阳墓地出土棺木保护修复实施方案》。2016 年 5 月初，项目组进驻沂南县博物馆，并于 5 月 20—22 日召开项目启动咨询会（附录二）。

项目组自进驻沂南县博物馆正式开展工作以来，严格按照国家文物局批复意见、《山东沂南河阳墓地出土棺木保护修复方案》、《山东沂南河阳墓地出土棺木保护修复实施方案》、专家意见及相关规范有序开展了 9 具棺木的保护修复工作。项目组因地制宜，在实践中探索出了适合沂南出土棺木的保护修复技术路线。经过 15 个月的紧密施工，项目组于 2017 年 7 月完成主要工作，进入资料整理阶段。2017 年 9 月 17 日，该项目通过山东省文物局验收（附录三）。

二、总体技术路线及目标

针对该批棺木的组成特征，本次保护修复工作主要包括文字层、彩绘层和髹饰层保护修复，棺木本体保护修复与托架制作几方面。文字层及彩绘层保护修复采用预清理、预加固、清理及加固等方式；髹饰层保护修复采用拼对、清理（清洗）、回软、定型和干燥等方式；棺木本体保护修复采用清理、清洗、加固、修补及局部封护等方式。完成上述工作后，再进行髹饰层回贴。与此同时，开展棺木整体外形测绘、托架设计、选材、木材和钢材加工工作，并制作、安装托架（图 2-1）。带有托架的棺木可移动，方便后期的髹饰层回贴、修补、做旧及整体封护等工作。项目组在开展以上工作的同时，特别注重档案资料的留存，并在项目结束后完善保护修复档案。

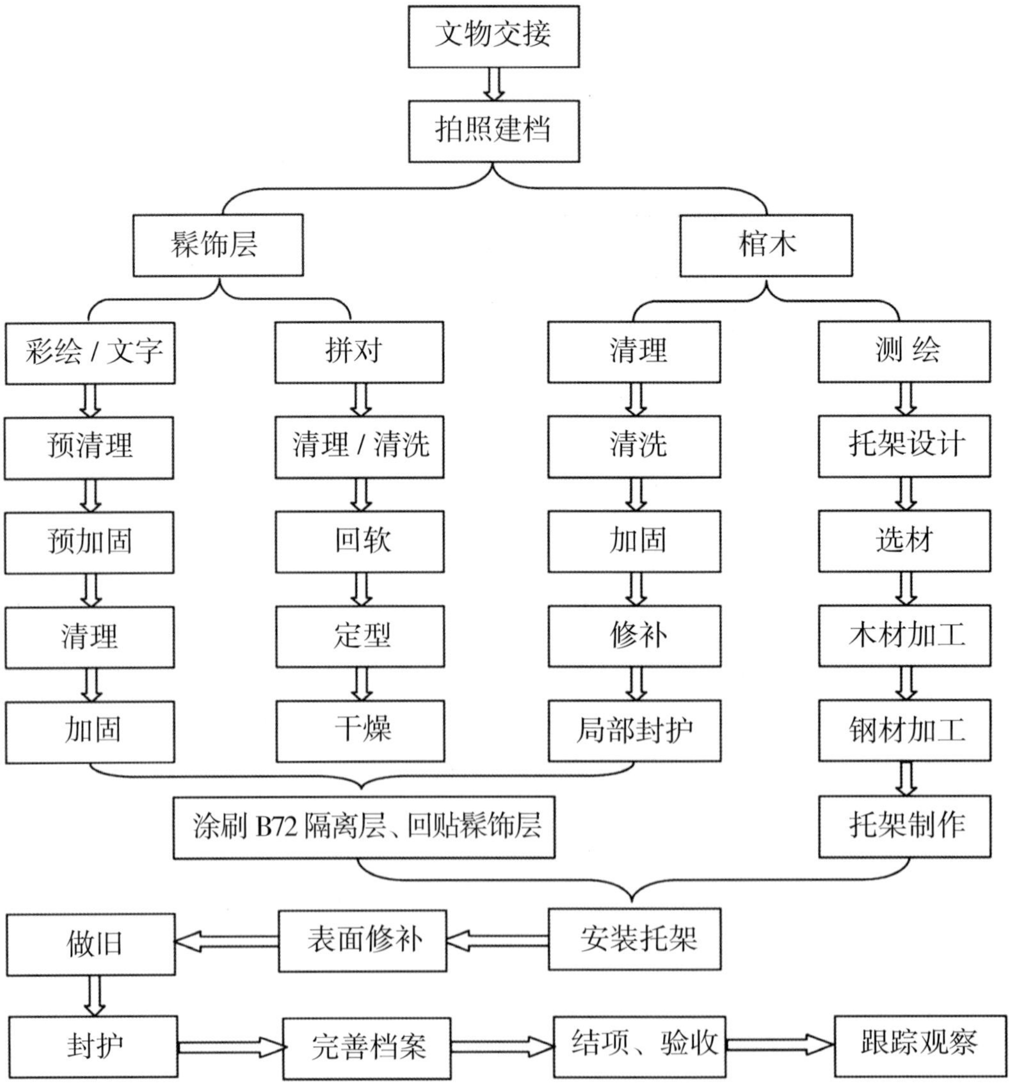

图 2-1 技术路线

此次保护修复工作目标为保持棺木的原始风貌，增强整体强度，满足展览的需要，做到“远看一致，近看有别”。同时要易于搬运，满足异地展览或再保护的需要。

三、保护修复基本原则

目前国家文物局出台了较多可移动文物保护修复行业推行标准，但缺少可移动文物的保护修复原则。故此项目组以《中国文物古迹保护准则（2015 年）》（以下简称《准则》）为参考，依据国家文物局颁布的《中华人民共和国文物保护法》《中华人民共和国文物保护法实施条例》《可移动文物修复管理办法（2014 年）》等要求，遵循如下保护修复基本原则。

（一）不改变原状

不改变原状是文物古迹保护的要义。它意味着真实、完整地保护文物古迹在历史过程中形成的价值及体现这种价值的状态，有效地保护文物古迹的历史、文化环境，并通过保护延续相关的文化传统（《准则》第 9 条）。

在河阳墓地出土棺木的保护修复工作中，应以考古资料为依据，确保修复、复原后能体现该棺木的原始风貌。修补后的棺木，修复部分应比较容易识别，即经过处理的部分要和原物既相协调又可识别，争取做到“远看一致，近看有别”，同时也不能因为这种识别而破坏棺木整体的观赏性和完整性。

（二）最低限度干预

应当把干预限制在保证文物古迹的安全的程度上。为减少对文物古迹的干预，应对文物古迹采取预防性保护（《准则》第 12 条）。

在河阳墓地出土棺木的保护修复工作中，应尽可能保留棺木原有结构，绝不能凭主观想象去臆造或创造，绝不能在棺木上任意增减任何部件，除非该部件已经影响到棺木的力学性能和结构性能。采用的保护修复方法与材料应以延续现状、缓解病害为主要目标。干预措施应当限制在保证文物安全的限度内，避免因过度干预导致文物历史、艺术、科学价值发生变化。

（三）使用恰当的保护技术

应当使用经检验有利于文物古迹长期保存的成熟技术，文物古迹原有的技术和材料应当保护。对原有科学的、利于文物古迹长期保护的传统工艺应当传承。所有新材料和工艺都必须经过前期试验，证明切实有效，对文物古迹长期保存无害、无碍，方可使用。所有保护措施不得妨碍再次对文物古迹进行保护，在可能的情况下应当是可逆的（《准则》第 14 条）。

在河阳墓地出土棺木的保护修复工作中，所采用的修复材料与文物原始材料应具有兼容性、可再处理性，保护措施不得妨碍再次对文物进行保护修复处理。无论是修复方法还是修复所用材料，都应充分考虑其可重复操作性，即修补部位易于拆除且不影响和损害棺木的原始材料。修复棺木时，除在所用材料上要尽量与棺木原材料相近外，在修复工艺上也要尽量使用传统棺木制作工艺。

四、项目组织

此次保护修复工作采用三方合作方式，山东省文物保护修复中心为牵头实施单位，荆州文物保护中心为技术指导单位，沂南县博物馆为参与单位，具体人员情况如下（图 2–2）。

项目总协调：王传昌（山东省文物保护修复中心）

技术总指导：吴顺清（出土木漆器保护国家文物局重点科研基地）

项目负责人：吴双成（山东省文物保护修复中心）

技术负责人：刘建国（山东省文物保护修复中心）

技术指导：杜道子（荆州文物保护中心）

后勤保障：吕宜乐（沂南县博物馆）

沂南县博物馆：英春天

山东省文物保护修复中心：胡文龙、文凤浩、侯博超

实习学生：张天成、杨蕊、尚凡慧、李伟超（莱芜职业技术学院）

杜鹏飞（中国人民大学实习研究生）

图 2–2　项目主要工作人员掠影

项目组陆续开展了棺木木材树种鉴定等分析测试工作（附录四），并按照《馆藏出土竹木漆器类文物病害分类与图示（WW/T 0003—2007）》要求绘制了棺木的病害图（附录五），

除 M3-3 室棺木因保存太差未绘外，其余棺木均绘有病害图。

在项目执行过程中，项目组遵照《馆藏出土竹木漆器类文物保护修复档案记录规范（WW/T 0011—2008）》及时记录、编写修复档案。本报告收录 M1 南室保护修复档案（附录六）。每具棺木的保护修复档案详细记录了保护修复工作中的主要步骤，特别是修复部位、修复方法与所用材料等。本项目的保护修复档案主要包括图片、影像和文字资料，存储方式为电子档案和纸质档案。电子档案共计 461G，纯文字记录有 10 余万字，图片有 5 万余张。纸质保护修复档案资料有 11 本。在项目执行过程中，项目组于《中国生漆》2017 年第 1 期发表《沂南县清代棺木材质与工艺的初步分析》，于《江汉考古》2019 年 S1 期发表《山东沂南河阳墓地 M1 南室等棺木木作工艺分析》等研究文章。

五、工作平台搭建

图 2-3　钢管间的卡扣连接

项目组采用国标脚手架钢材搭建的工作平台分内外两重、前后两部分。外层的主要设计目的是提高整个工作平台的稳定性。内层为实际的工作区域，上方的四角位置配备有专门设计的滑轮组，每一组的承重能力都在 1 吨以上，便于棺木的吊装。

考虑到增强稳定性的要求，本次使用的钢管皆为壁厚国标 5 毫米的无缝钢管，且钢管间均采用卡扣方式连接(图 2-3)，便于根据棺木的保存情况和具体的工作内容进行宽度或高度的调整。此外，这一工作平台还可以在外围进行扩展，满足多个工作任务同时开展的需要，提高工作效率（图 2-4）。

图 2-4　工作平台的实际运用

同时，项目组在开展髹饰层补配实验过程中发现，桐油在通风及温度适宜的条件下凝固较快，且效果与棺木上的原始桐油髹饰层效果相似。为此，项目组搭建了室外工作平台，并将棺木由室内移到室外进行相关操作（图 2-5 至图 2-8）。

图 2-5　搭建移动路径

图 2-6　搭建室外工作平台

图 2-7　移动 M1 南室棺木

图 2-8　M1 南室棺木移至室外工作平台

第三章　分析测试

为全面开展该墓地出土棺木木作和髹饰工艺研究、指导保护修复工作，自 2013 年方案编制时起至 2017 年项目结项，项目组共进行了五次分析测试工作，有效保证了本项目的实施。

一、样品

项目组前后五次分析测试工作共选取了百余个样品，实际分析了 78 个样品，分析内容涉及树种、髹饰层、文字层、密封料、填充物及污染物等方面（表 3-1、图 3-1）。

树种鉴定的目的是掌握棺木制作所用木材的种属，从而研究该墓地棺木的选材。密封料指处于棺木板缝间、棺盖与棺身间的填充物，分析测试的目的是研究其棺木制作工艺。髹饰层的分析测试的主要目的是研究该批棺木的髹饰工艺。填充物指棺木底部七星板下填充的白色物质，分析测试的目的是确认其是否为生石灰。表面污染物的分析测试目的是为选择清洗材料和方法提供依据。

表 3-1　实际分析样品统计表

棺　木	树　种	髹饰层	密封料	填充物	污染物	文字层	合　计
M1 北	1	1			1	1	4
M1 中	4	3				1	8
M1 南	2	6	2	1	1		12
M2 东	2						2
M2 中	3	3		1	1	1	9
M3-1	4	3	1				8
M3-2	1	5		1	1		8
M3-3	3	3	1		1	1	9
M3-4	7	6	3	1	1		18
合计	27	30	7	4	6	4	78

a. M1 北棺盖背面样品提取

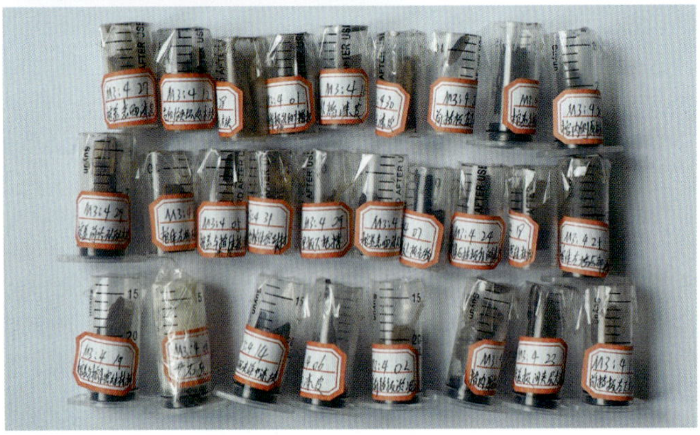

b. 已取部分样品

图 3-1　现场取样照片及部分已采集样品

二、分析测试仪器与方法

分析测试工作分别委托西安西工大青松高科技研究所、山东大学文化遗产研究院和中国林业科学研究院退离休科技工作者协会三家单位来完成。采用的测试设备主要有生物显微镜、超景深视频显微镜、扫描电镜及能谱仪、傅里叶变换红外光谱仪、X 射线衍射仪等。实验仪器和分析测试方法如下：

（一）显微观察

主要观察样品表面及剖面结构。西安西工大青松高科技研究所使用的显微镜为昊视三维超景深显微镜，仪器型号：HK7700。山东大学文化遗产研究院使用的显微镜为蔡司超景深三维显微光学镜，仪器型号：Smart zoom 5。

观察样品表面及部分剖面时无需特殊处理，直接观察即可。

（二）剖面染色实验

山东大学文化遗产研究院对部分样品开展了剖面染色实验，主要针对漆灰层、基底层中可能存在的油脂类和蛋白类物质进行检测。

1. 苏丹黑 B 染色

主要针对油脂类物质。经苏丹黑 B 染色后，油脂类物质会在可见光下显示黑色或深蓝黑色，非油脂类物质一般不着色。

基本实验步骤：配置苏丹黑 B 染液；将待测样品置于水醇溶液（水∶醇 =1∶1）中浸泡 5—15 分钟；将样品浸入苏丹黑 B 染液中浸泡 10—30 分钟；使用水醇溶液（水∶醇 =1∶1）多次冲洗染色后样品，随后将样品浸入去离子水中清洗 30 分钟；室温干燥后，通过超景深显微镜观察剖面染色情况。

2. 考马斯亮蓝染色

主要针对蛋白类物质（如动物胶、血液等）。考马斯亮蓝染液是蛋白质实验中使用较为成熟的染液，在蛋白质凝胶电泳实验中被广泛使用，有较高的灵敏性和特异性。经考马斯亮蓝染色后，蛋白类物质显蓝色，非蛋白类物质不显蓝色。

基本实验步骤：配置考马斯亮蓝染液；将待测样品置于去离子水中浸泡 10 分钟；将样品置于考马斯亮蓝染液中浸泡 60 分钟；将样品冲洗干净后，置于去离子水中水平震荡 3—20 小时（在此期间，更换去离子水）；室温干燥后，通过超景深显微镜观察剖面染色情况。

（三）扫描电镜及能谱分析

扫描电镜通过更高的放大倍数可观察到更精细的微观结构，获取微观信息。同时，结合电子能谱分析，可获取样品的元素组成与比例。

西安西工大青松高科技研究所使用的扫描电镜型号为 ZEISS EVO 25，能谱仪型号为 OXFORD X-MaxN20。

山东大学文化遗产研究院所使用的是 Hitachi S-4800 型场发射扫描电镜。其基本步骤如下：用白色的毛纱线包埋待测样品，蒸金，在扫描电镜下观察样品形态。对于金粉样品，直接将金粉固定，在扫描电镜下观察样品形态，并对不同位置进行能谱检测。

（四）X 射线衍射分析

西安西工大青松高科技研究所使用的 X 衍射物相分析仪器为日本理学 X 射线衍射仪，型号：D/max-2500；实验条件：电压 40kV，电流 200mA，Cu 靶，石墨单色器滤波。

山东大学文化遗产研究院使用的是德国 Bruker AXS 公司 D8 Advance 多功能 X 射线衍射仪。其测试条件及方法如下：将待测样品研磨至粉末状，将样品置于样品池中，测试条件为 Cu 靶，Ni 滤波，扫描角度为 10°—80°。

（五）红外光谱分析

西安西工大青松高科技研究所使用的红外光谱仪器型号为 Nicolet iN10 FT-IR Microscope。其测试方法如下：反射法直接测定样品选定点的红外光谱，金镜为背景，使用 MCT/A 检测器，光谱检测范围是 $4000cm^{-1}$—$670cm^{-1}$。

山东大学文化遗产研究院所使用的仪器是美国 Thermo Nicolet 公司 NEXUS 670 傅里叶变换红外 - 拉曼光谱仪。其测试方法如下：使用 ATR 全反射测试模式对样品直接进行测试，光源类型为 He-Ne 激光光源，光谱范围为 $4000cm^{-1}$—$500cm^{-1}$。

（六）树种鉴定

项目组委托中国林业科学研究院退离休科技工作者协会开展棺木所用板材的树种鉴定工作。其工作步骤如下：切割样品；用环氧树脂包埋样品；冷冻切片；染色后脱水、封片；在显微镜下观察、鉴定；收集规整样品（图 3-2）。

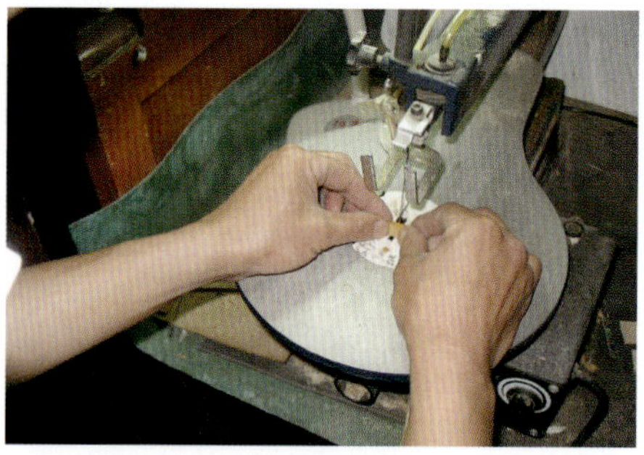

a. 标本制作

b. 标本包埋

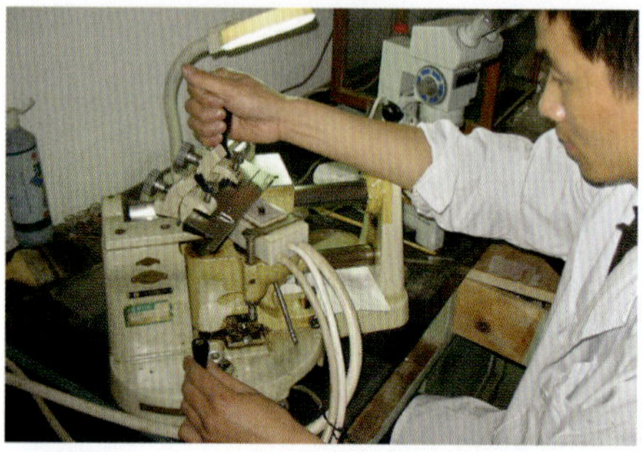

c. 冷冻切片

d. 切片染色

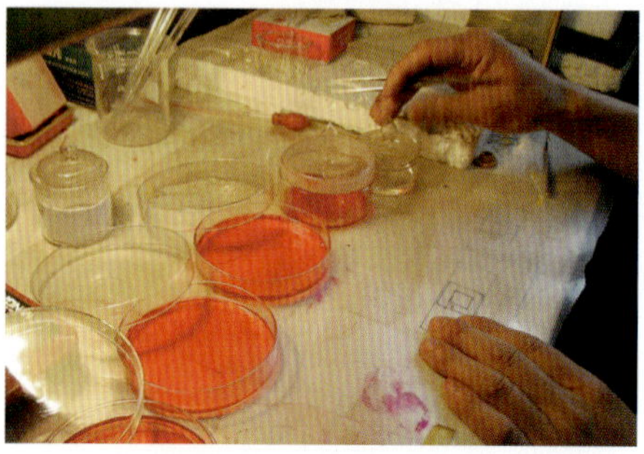

e. 切片脱水

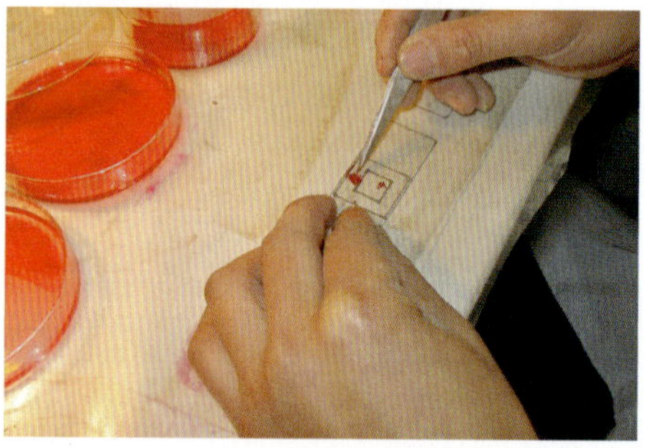

f. 切片封片

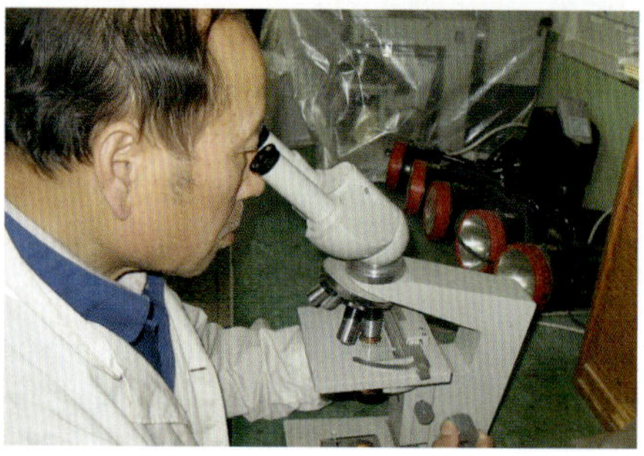

g. 切片鉴定

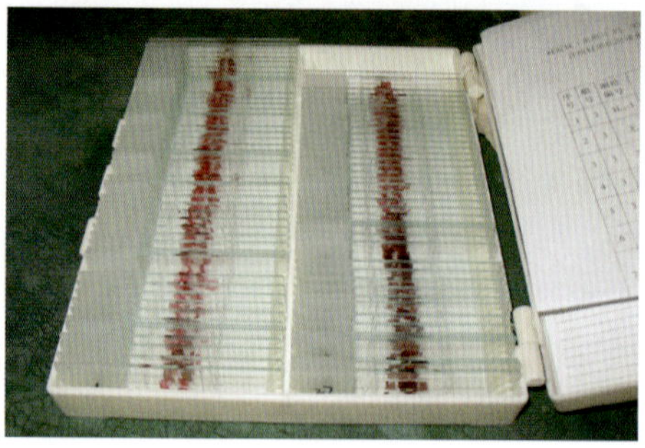

h. 切片收存

图 3–2　树种鉴定过程

三、分析测试结果

（一）M1 北室棺木

共分析测试 4 个样品（树种、髹饰层、文字层和污染物各 1 个）。取样位置及形貌、采用的分析测试方法以及简要分析测试结果见表 3-2，详细结果附后。

表 3-2　M1 北室样品清单及分析测试方法与结果

序　号	编　号	类　别	取样位置及形貌	分析测试方法	结果简述
1	M1-101	文字层	棺盖上文字 / 片状	电镜	Au 元素含量为 84%
2	M1-103	木材	棺盖板前端 / 块状	树种	侧柏
3	M1-105	髹饰层	棺盖表层髹饰层 / 片状	显微 + 红外	棕红色，剖面分层，大漆
4	M1-106	污染物	金字“之”上污染物 / 粉末	衍射	Ca 元素含量较高

1．树种

M1-103：棺盖板。该样品的树种鉴定结果为侧柏（图 3-3）。

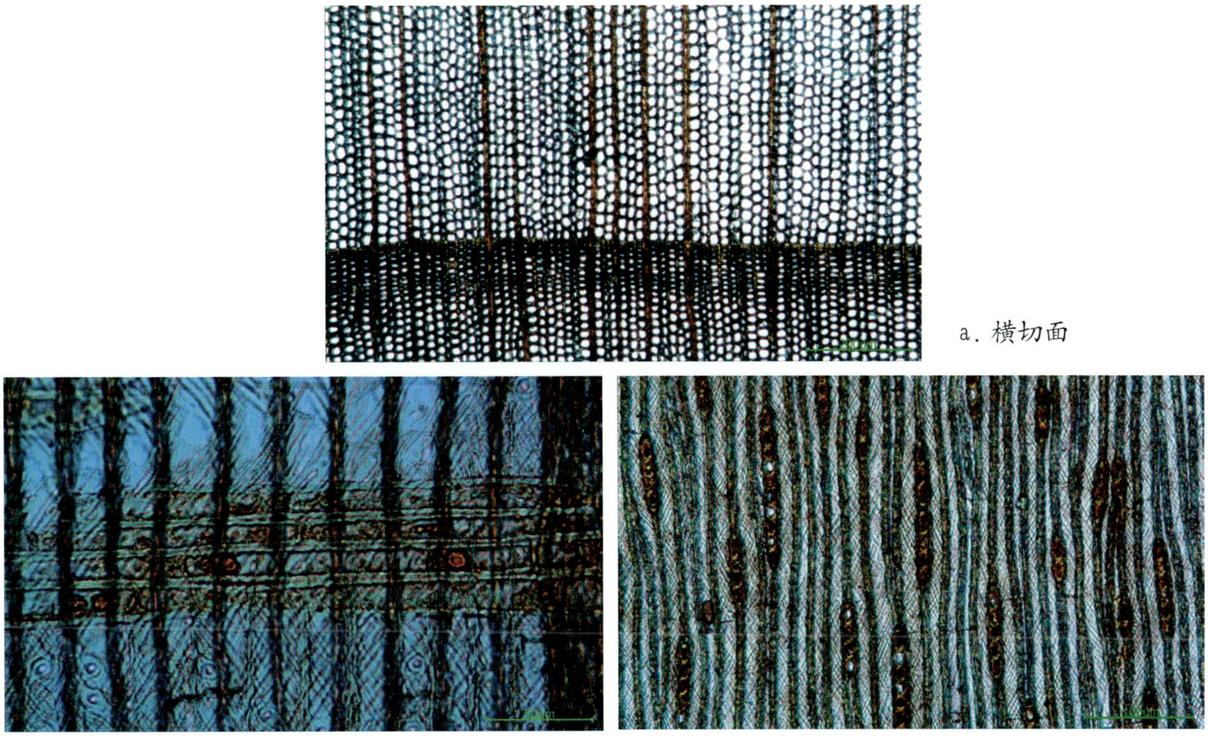

a．横切面

b．径切面　　c．弦切面

图 3—3　M1—103 树种切片显微照片

2. 髹饰层

M1-105：棺盖表层髹饰层。样品正面呈棕红色，单层，表面附着有黑色颗粒。样品背面呈土黄色，且凹凸不平，应系木材表面不平整所致（图 3-4）。经红外光谱分析，其主要成分为大漆（图 3-5）。

a. 正面（200×）

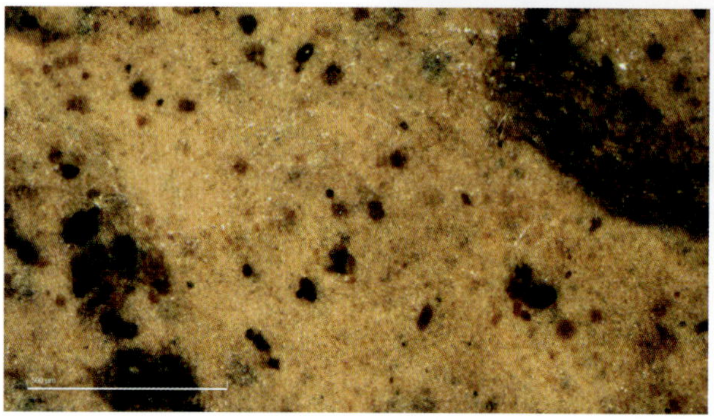

b. 反面（200×）

c. 切面（300×）

图 3—4　M1—105 显微照片

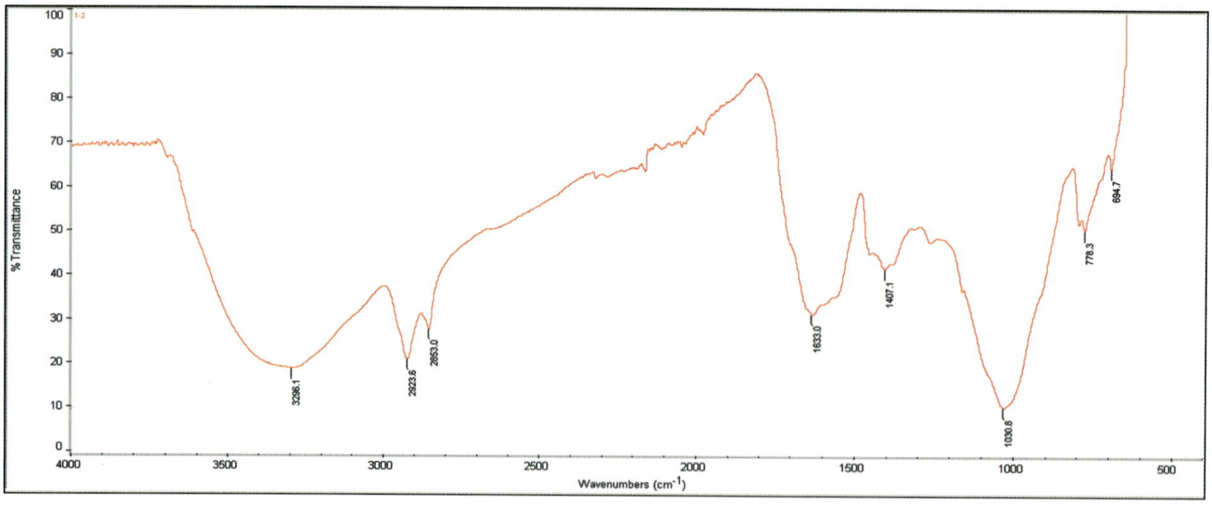

图 3—5　M1—105 红外图谱

3. 文字层

M1-101：棺盖上书写的金色文字。对其进行扫描电镜及能谱分析时共测试两个点位，其中黄色物质为 Au，含量在 84% 左右（图 3-6、表 3-3）。

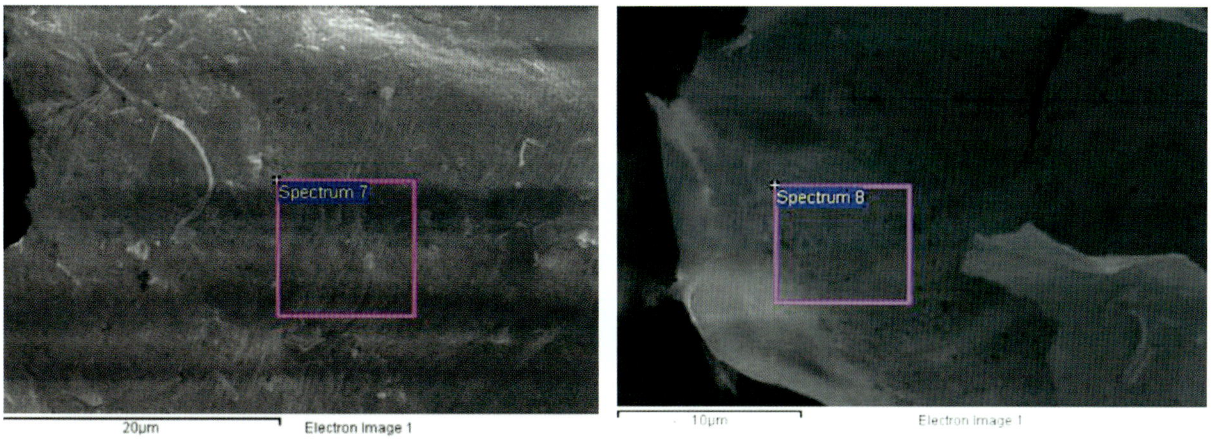

图 3—6 M1—101 电子能谱测试位点 1（左）和 2（右）

表 3-3 M1-101 电子能谱测试位点 1 和 2 元素含量表

Element	1		2	
	Weight%	Atomic%	Weight%	Atomic%
Al K	0.80	5.34	3.69	21.22
Ag L	5.41	9.06	4.80	6.91
Au M	85.92	78.75	83.78	66.07
Pb M	7.87	6.85	7.73	5.80

4. 污染物

M1-106：棺盖上金字“之”上的污染物。经衍射分析，样品中 Ca 元素含量较高，另有少量 Fe 元素和 Pb 元素，推测其为碳酸盐类钙化物（图 3-7）。

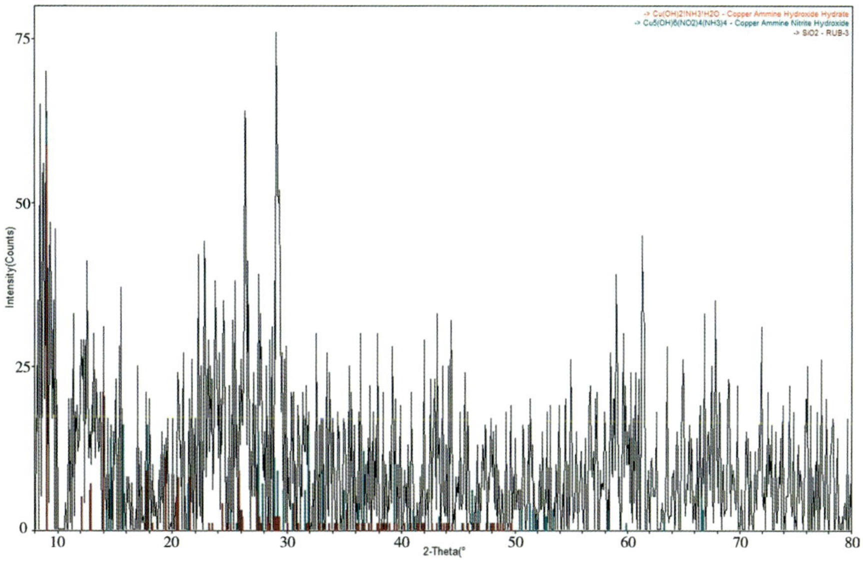

图 3—7 M1—106 衍射图谱

（二）M1 中室棺木

共分析测试 8 个样品（树种 4 个、髹饰层 3 个、文字层 1 个）。取样位置及形貌、采用的分析测试方法以及简要分析测试结果见表 3-4，详细结果附后。

表 3-4 M1 中室样品清单及分析测试方法与结果

序 号	编 号	类 别	取样位置及形貌	分析测试方法	结果简述
1	M1-201	文字层	棺盖文字 / 粉末	衍射	白铅矿，水白铅矿
2	M1-204	木材	棺体与棺盖穿销 / 块状	树种	侧柏
3	M1-208（YNG01）	髹饰层	前挡底层髹饰层 / 片状	显微 + 电镜	褐红色，三层，桐油
4	M1-209（YNG02）	髹饰层	前挡外层髹饰层 / 片状	显微 + 电镜 + 红外	褐红色，四层，桐油
5	M1-210（YNG05）	髹饰层	中上燕尾榫外 / 片状	显微 + 电镜 + 红外	单层，桐油
6	M1-211（YNG03）	木材	左墙 / 块状	树种	圆柏
7	M1-212（YNG04）	木材	右下角垫脚 / 块状	树种	圆柏
8	M1-213（2013.11-1）	木材	右墙 / 块状	树种	侧柏

1. 树种

共选取 4 个树种样品。经鉴定，棺体与棺盖穿销（M1-204）和右墙板（M1-213）为侧柏，左墙板（M1-211）和右下角垫脚（M1-212）为圆柏。

2. 髹饰层

共选取 3 个髹饰层样品，其中 M1-208 为前挡板髹饰层的底层，M1-209 为前挡板髹饰层的外层，M1-210 为棺盖与棺身连接处燕尾榫上的髹饰层。

M1-208：前挡板底层髹饰层。样品呈褐红色，表面有收缩印迹，近木侧比较平整，有木纹痕迹（图 3-8）。样品剖面为“基底层 + 桐油层 + 桐油层”三层结构（图 3-9）。

能谱分析结果显示，M1-208 的主体元素为 C、N、O，另有一定含量的 Mn 元素、Pb 元素以及少量黏土矿物元素；主体物质为有机物。黏土矿物元素可能来源于基底层，而 Mn 元素、Pb 元素可能来源于桐油熟化工艺过程（图 3-10）。

M1-209：前挡板外层髹饰层。其虽与 M1-208 不是同一位置，但可以确定是外层髹饰层。样品外表面呈乌黑泡状（图 3-11），可能为二次刷涂时未清理干净所致。从其剖面可看出有四层桐油（图 3-12）。结合 M1-208 来看，M1 中室前挡位置的髹饰层应不少于七层。

a. 正面　　　　b. 反面

图 3—8　M1—208 超景深观察结果

图 3—9　M1—208 切面照片（50×）

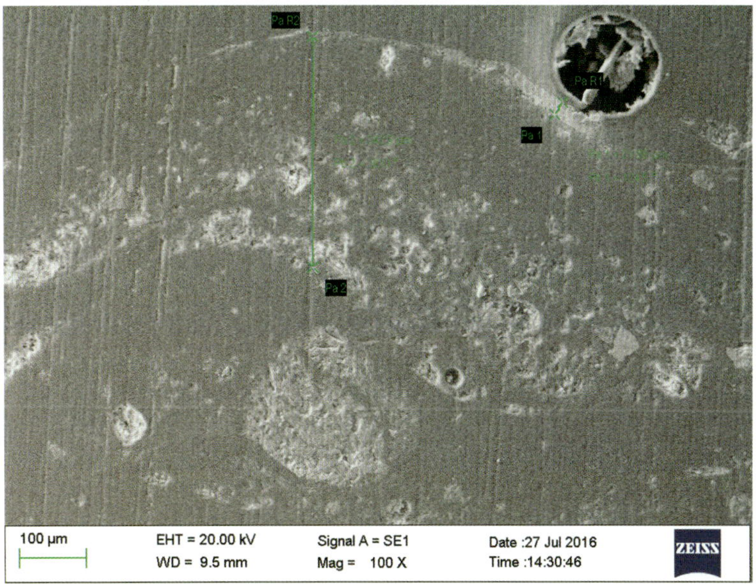

图 3—10　M1—208 扫描电镜图片

a. 正面（低倍）

b. 正面（高倍）

图 3—11 M1—209 超景深观察结果

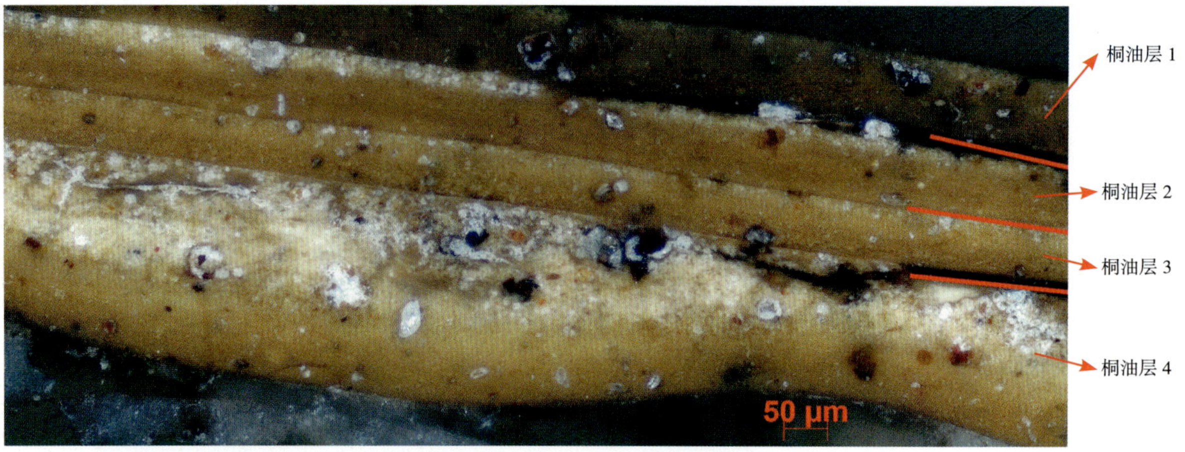

图 3—12 M1—209 切面照片

在 M1-209 的红外图谱中，3100cm^{-1}—2800cm^{-1} 及 1461cm^{-1} 处吸收谱带表明含有碳氢有机物，1741cm^{-1} 处为酯羰基的伸缩振动谱带，另在 3013cm^{-1}、1641cm^{-1} 处有较弱吸收峰，说明可能含有少量“—C=CH—”结构，与已知未成膜桐油的标准图（3013cm^{-1}、1641cm^{-1}、1000cm^{-1}—950cm^{-1} 处的“—C=CH—”吸收峰较强）对比表明可能存在桐油成分（图 3-13），初判 M1-209 为桐油髹饰层（下文中结果为桐油者，不再赘述）。

能谱分析结果显示，M1-209 的主体元素为 C、O、Ca、Mn 以及少量黏土矿物，主体物质为有机物。Ca 元素和黏土矿物元素可能来源于基底层，而 Mn 元素可能来源于桐油熟化工艺过程（图 3-14）。

M1-210：棺盖与棺身连接处燕尾榫上的髹饰层。从剖面观察，其为单层桐油层，厚约 0.09 毫米。经红外光谱分析，其主要成分为桐油（图 3-15）。经扫描电镜能谱分析，其主体元素为 C、O、Ca，说明主体物质是有机物，Ca 元素可能源自基底层（图 3-16）。

3. 文字层

M1-201：棺盖上的文字层。经衍射分析，其主要物相为白铅矿（$PbCO_3$）和水白铅矿（图 3-17）。

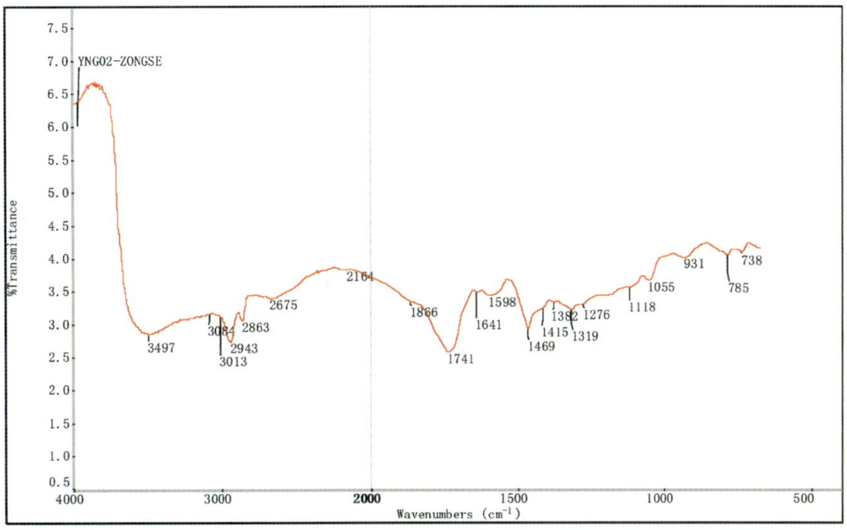

图 3–13 M1–209 红外图谱

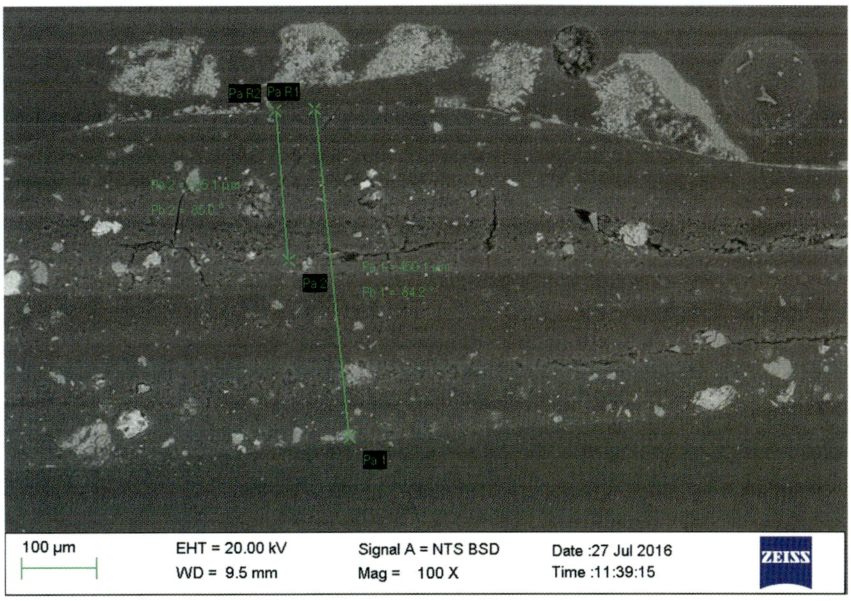

图 3–14 M1–209 扫描电镜图片

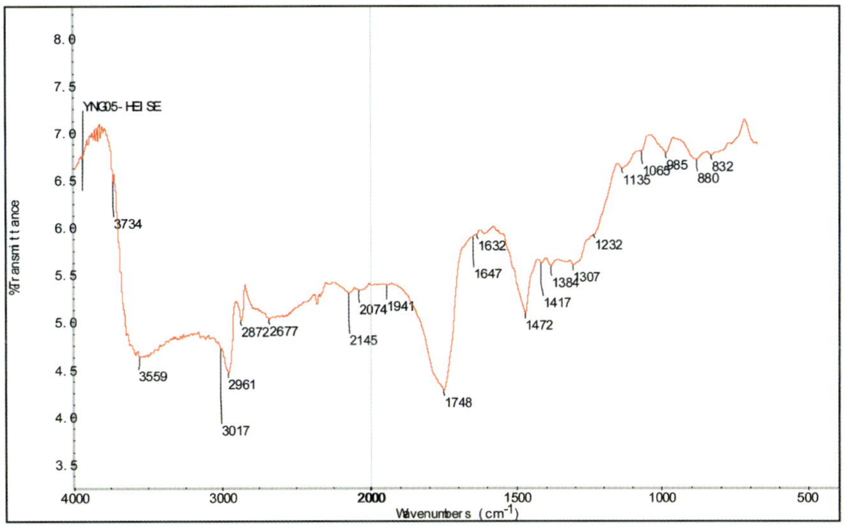

图 3–15 M1–210 红外图谱

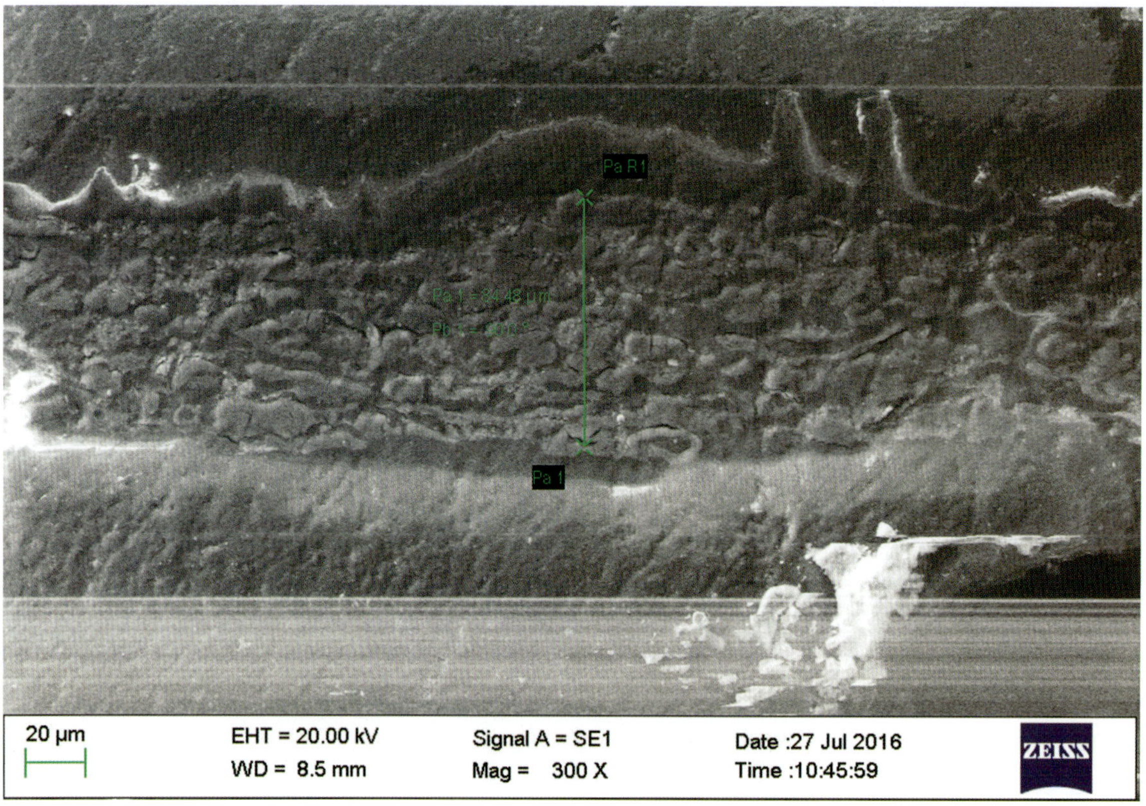

图 3—16　M1—210 扫描电镜图片

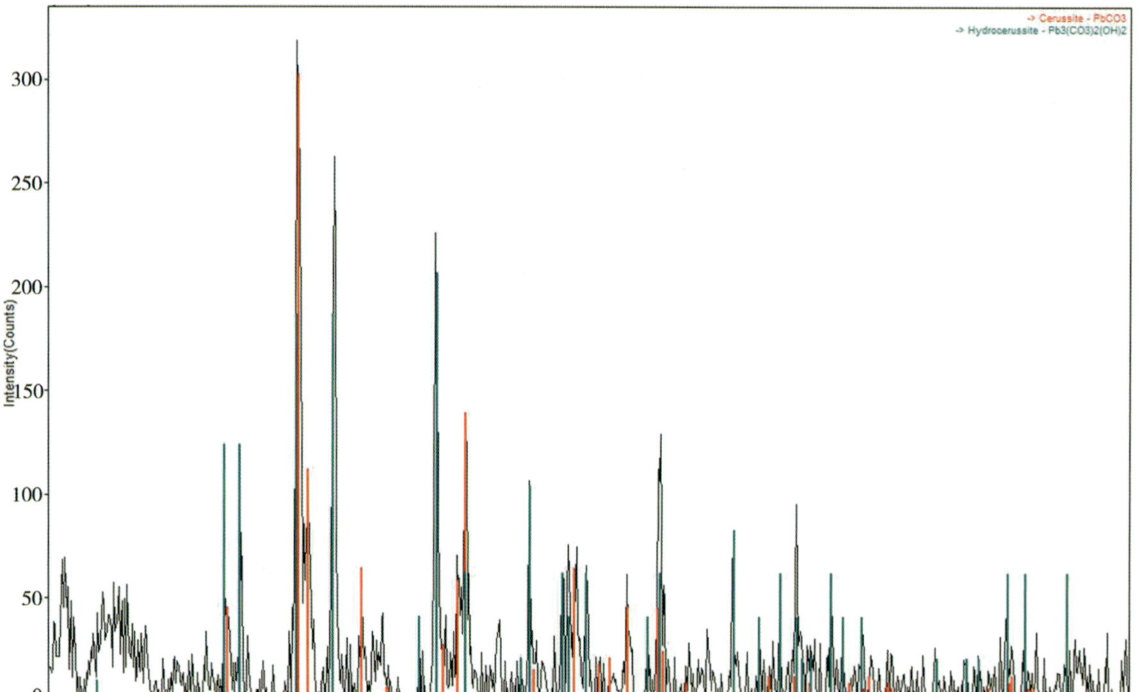

图 3—17　M1—201 衍射图谱

（三）M1 南室棺木

共分析测试 12 个样品（树种 2 个，髹饰层 6 个，密封料 2 个，填充物和污染物各 1 个）。取样位置及形貌、采用的分析测试方法以及简要分析测试结果见表 3–5。详细结果附后。

表 3–5　M1 南室样品清单及分析测试方法与结果

序　号	编　号	类　别	取样位置及形貌	分析测试方法	结果简述
1	M1–301	污染物	棺盖表面附着物 / 粉末	衍射	主要成分为 SiO_2
2	M1–302	髹饰层	棺盖表面髹饰层 / 片状	显微 + 红外 + 剖面染色	分层，漆，桐油
3	M1–306	密封料	棺盖与棺身密封材料 / 块状	显微 + 红外	分层，漆，桐油
4	M1–308	髹饰层	棺身内层髹饰层 / 片状	显微 + 红外	单层，漆，桐油
5	M1–311（YNG09）	填充物	七星板下填充层 / 粉末	衍射	主要成分为 $CaCO_3$
6	M1–314	髹饰层	棺底 / 片状	显微 + 红外	单层，漆
7	M1–319	髹饰层	右棺墙髹饰层 / 片状	显微 + 红外	单层，漆，$CaCO_3$
8	M1–320	密封料	盖中燕尾扣内侧黏结物 / 块状	显微 + 红外	单层，漆，桐油
9	M1–321	木材	棺盖中燕尾扣 / 块状	树种	侧柏
10	M1–322（YNG13）	髹饰层	前挡髹饰层外层 / 片状	显微 + 电镜 + 红外	两层，桐油
11	M1–323（YNG14）	髹饰层	前挡髹饰层底层 / 片状	显微 + 电镜 + 红外	两层，漆
12	M1–325（YNG15）	木材	七星板 / 块状	树种	梓木

1. 树种

共选取 2 个木材样品。经鉴定，棺盖与棺身连接的燕尾榫（M1–321）为侧柏（图 3–18），棺内七星板（M1–325）为梓木（图 3–19）。

2. 髹饰层

6 个髹饰层样品分别来自棺盖表面（M1–302）、右墙（M1–319）、前挡（M1–322 和 M1–323）、棺内壁（M1–308）和棺底（M1–314）5 个位置，其中 M1–322 和 M1–323 分别是前挡板髹饰层的外层和底层。

M1–302：棺盖表面髹饰层。样品表面呈棕红色，存在较为明显的收缩褶皱现象。样品背面呈土黄色，且凹凸不平（图 3–20）。

a. 横切面

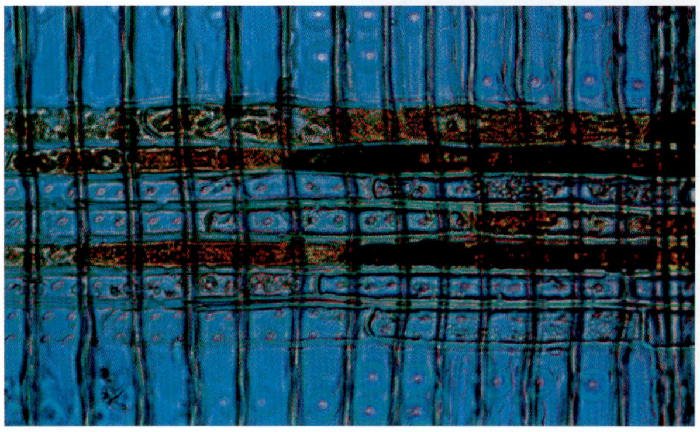

b. 径切面

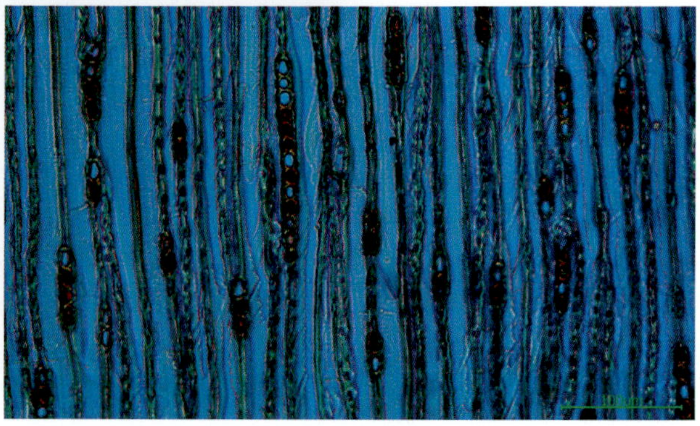

c. 弦切面

图 3—18　M1—321 树种切片显微照片

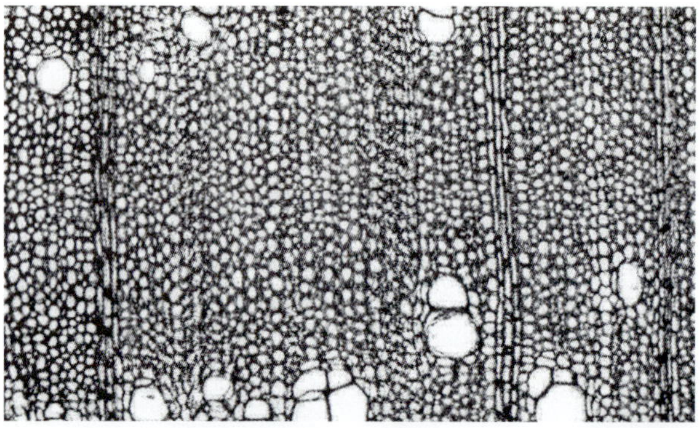

a. 横切面

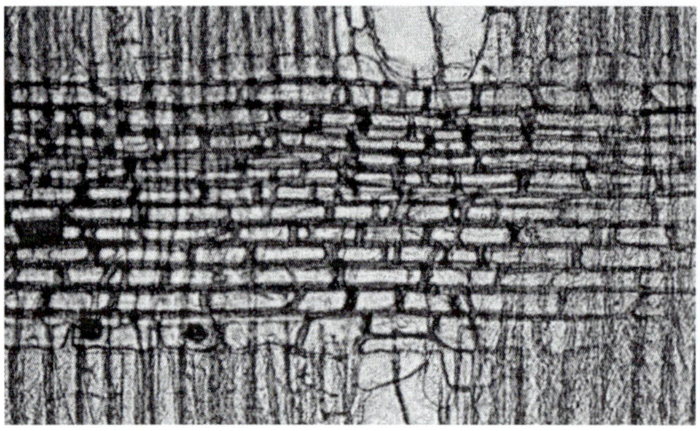

b. 径切面

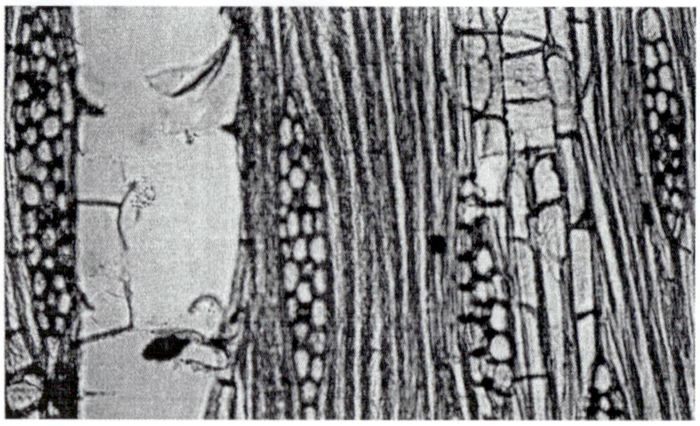

c. 弦切面

图 3—19　M1—325 树种切片显微照片

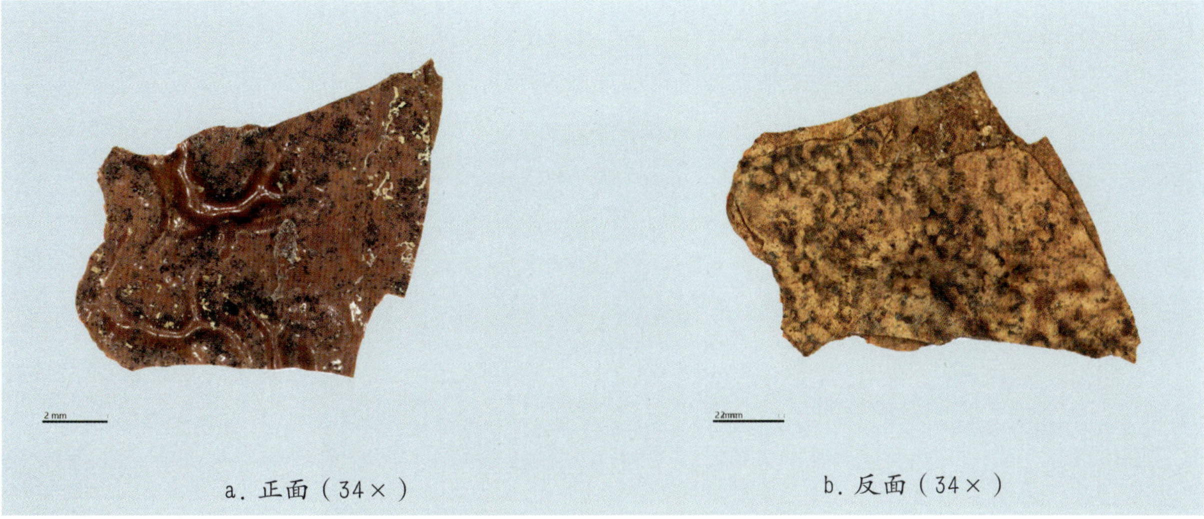

图 3—20　M1—302 显微观察结果

样品 M1-302 剖面分多层，除底部土黄色基底层外，还存在多层棕红色层。剖面中部出现开裂，表面棕红色层中还掺杂有一些黑色物质（图 3-21）。

图 3—21　M1—302 横截面观察结果（200×）

经苏丹黑 B 染色实验，M1-302 剖面每层均被染为黑色且着色较深，表明此样品内部各层均含有油脂类成分（图 3-22）。经红外光谱分析可知，样品的主要有机成分为桐油（图 3-23）。依据上述检测结果可以推断 M1-302 为多层刷涂的桐油髹饰层。

图 3—22 M1—302 苏丹黑B剖面染色实验结果

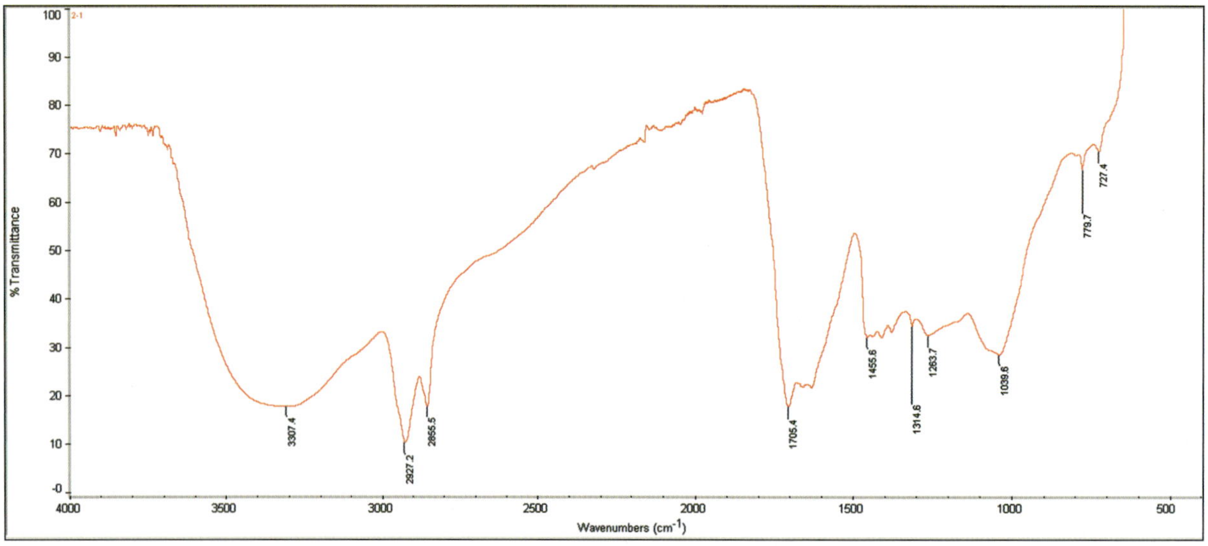

图 3—23 M1—302 红外图谱

M1-308：棺身内层髹饰层。样品表面呈黑色，表面极不平整，有明显的坑洞结构，背面有木材痕迹（图 3-24）。样品剖面无分层结构。经红外光谱分析，其主要有机成分为生漆（图 3-25）。

M1-314：棺底髹饰层。样品表面呈暗红色，部分区域有黑色物质掺杂，背面整体呈黄色，剖面无分层结构（图 3-26）。经红外光谱分析，其主要有机成分为生漆（图 3-27）。

M1-319：右墙外髹饰层。样品表面附着有一层米白色物质（可能是污染物），其下是棕色层。样品背面整体呈棕褐色。样品剖面无分层结构。经红外光谱分析，其主要有机成分为生漆（图 3-28）。

图 3–24　M1–308 显微观察结果

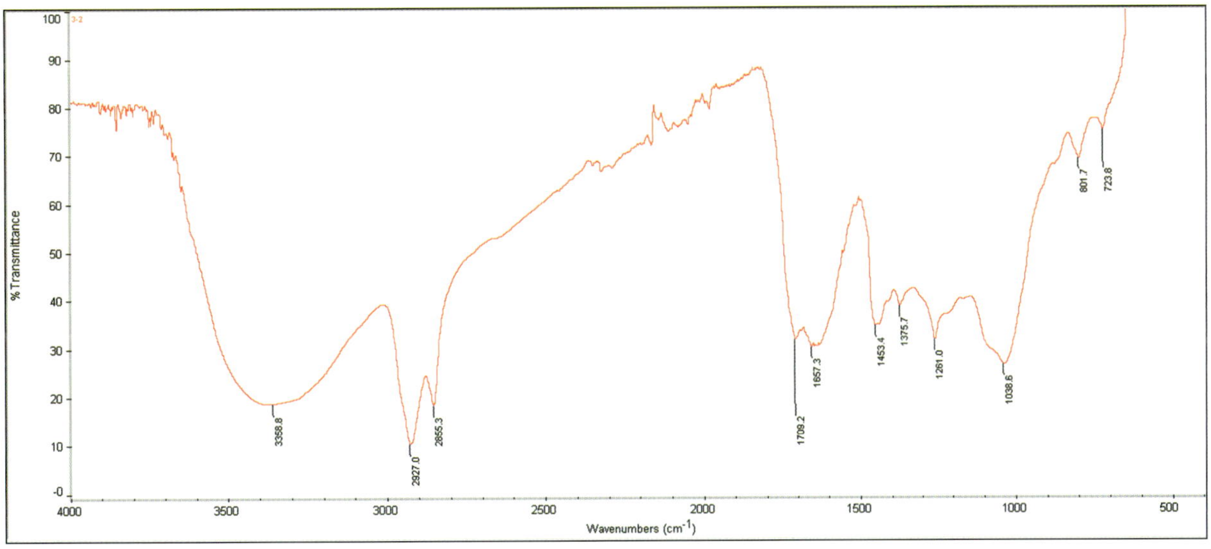

图 3–25　M1–308 红外图谱

图 3–26　M1–314 横截面观察结果（300×）

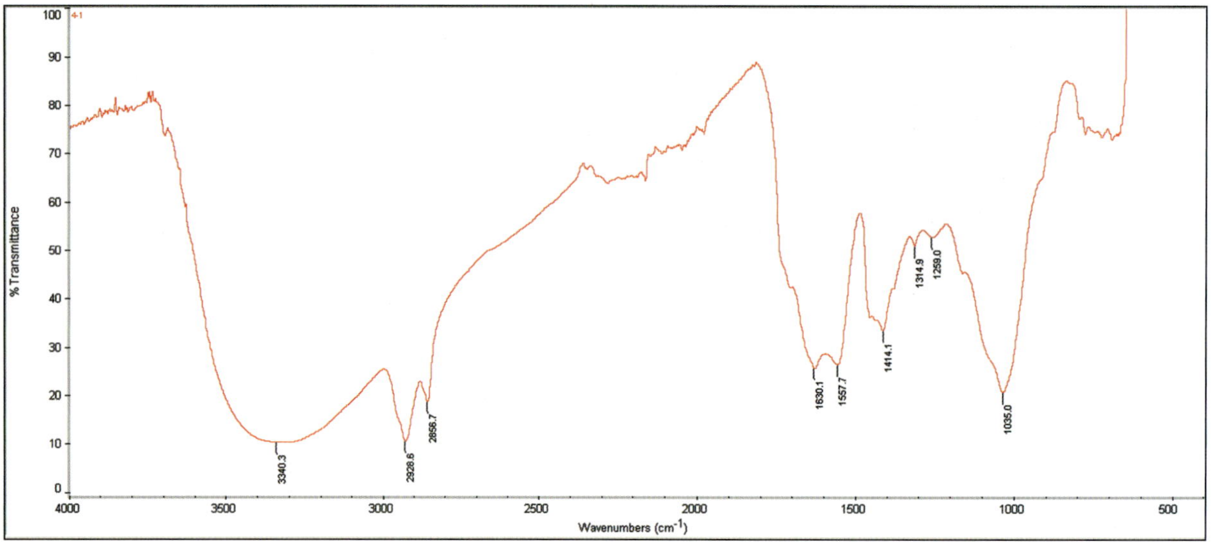

图 3–27 M1–314 红外图谱

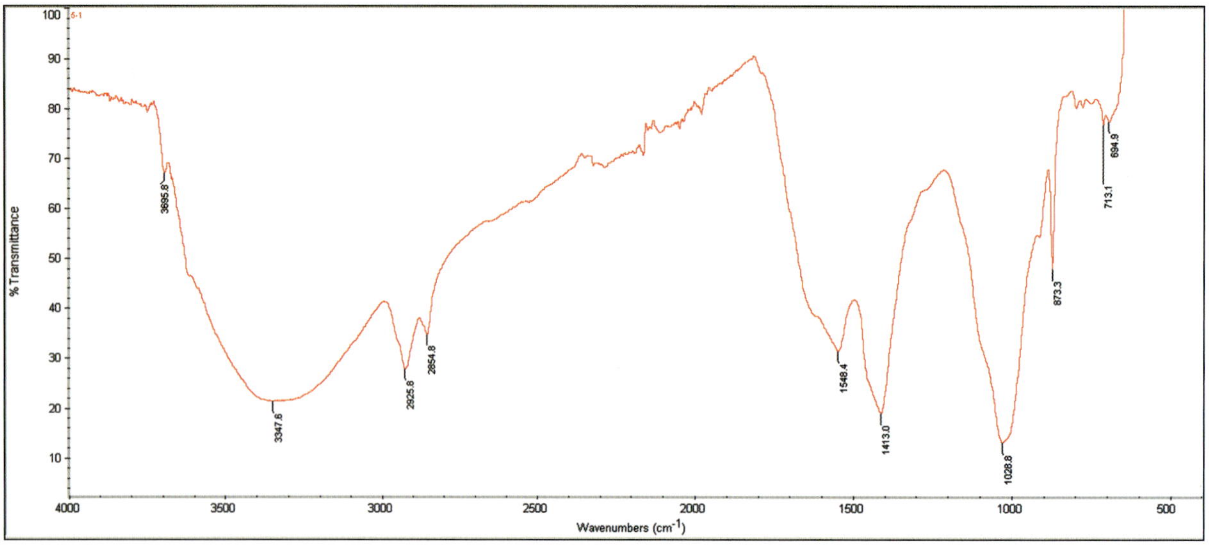

图 3–28 M1–319 红外图谱

M1-322：前挡板外层髹饰层。样品表面呈橘黄色，气泡状冷却凝固的痕迹明显（图 3-29）。样品背面为凹坑。样品剖面可见两层结构（图 3-30）。

样品 M1-322 的能谱分析结果显示，其主体元素为 C、O、Fe 以及少量黏土矿物，说明其主体物质是有机物（图 3-31），这与其主要成分为桐油的红外光谱分析结果（图 3-32）相吻合。

M1-323：前挡板底层髹饰层。样品表面呈乌黑泡状，背面可见黏结下来的毛刺状木材纹理痕迹（图 3-33）。样品剖面分为两层：基底层、黑色层（图 3-34）。

a. 正面

b. 反面

图 3—29　M1—322 超景深观察结果

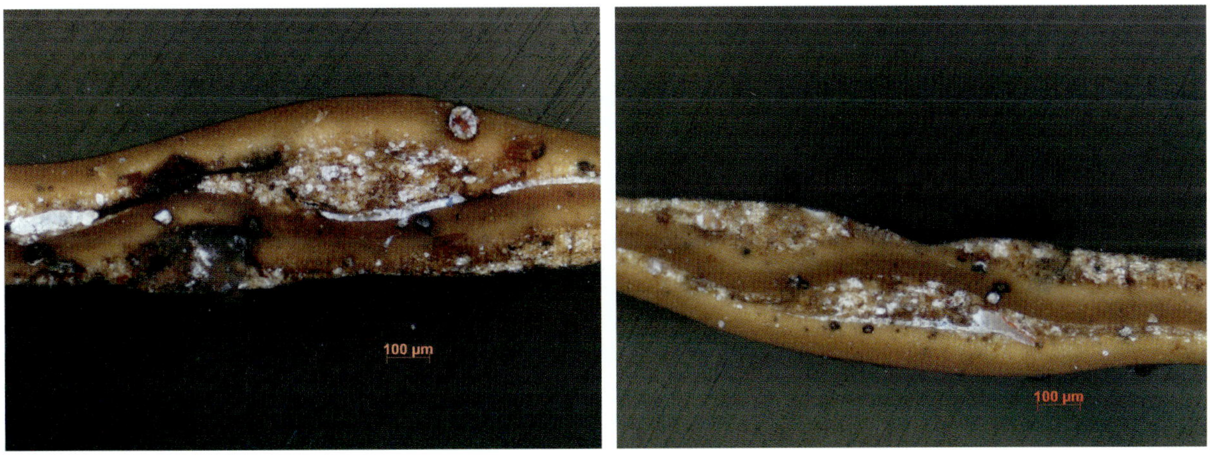

图 3—30　M1—322 切面照片（100×）

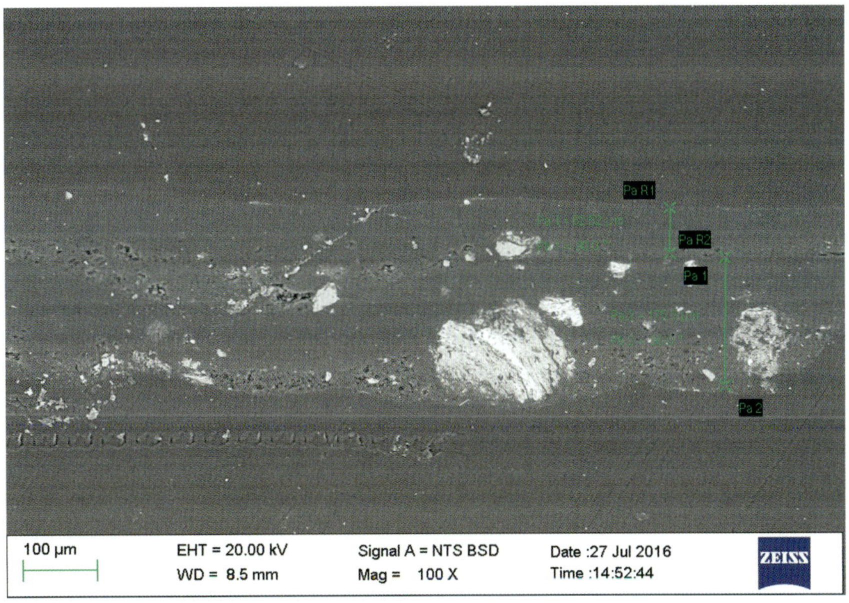

图 3—31　M1—322 扫描电镜图片

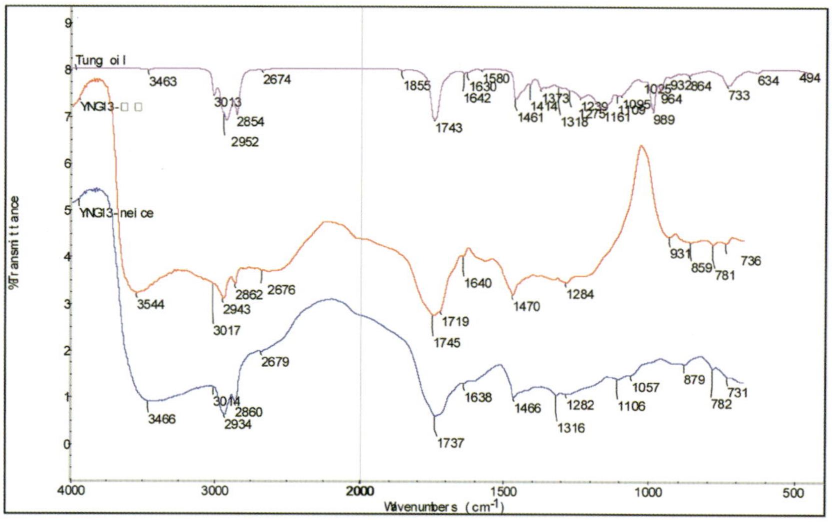

图 3-32 M1-322 红外图谱

a. 正面　　　　b. 反面

图 3-33 M1-323 超景深观察结果

图 3-34 M1-323 切面照片（100×）

红外光谱分析结果表明，M1-323 的主要有机成分为生漆（图 3-35）。能谱分析结果表明，其主体元素是 C、O 以及少量黏土矿物，说明其主体成分是有机物（图 3-36），初步判断为大漆。

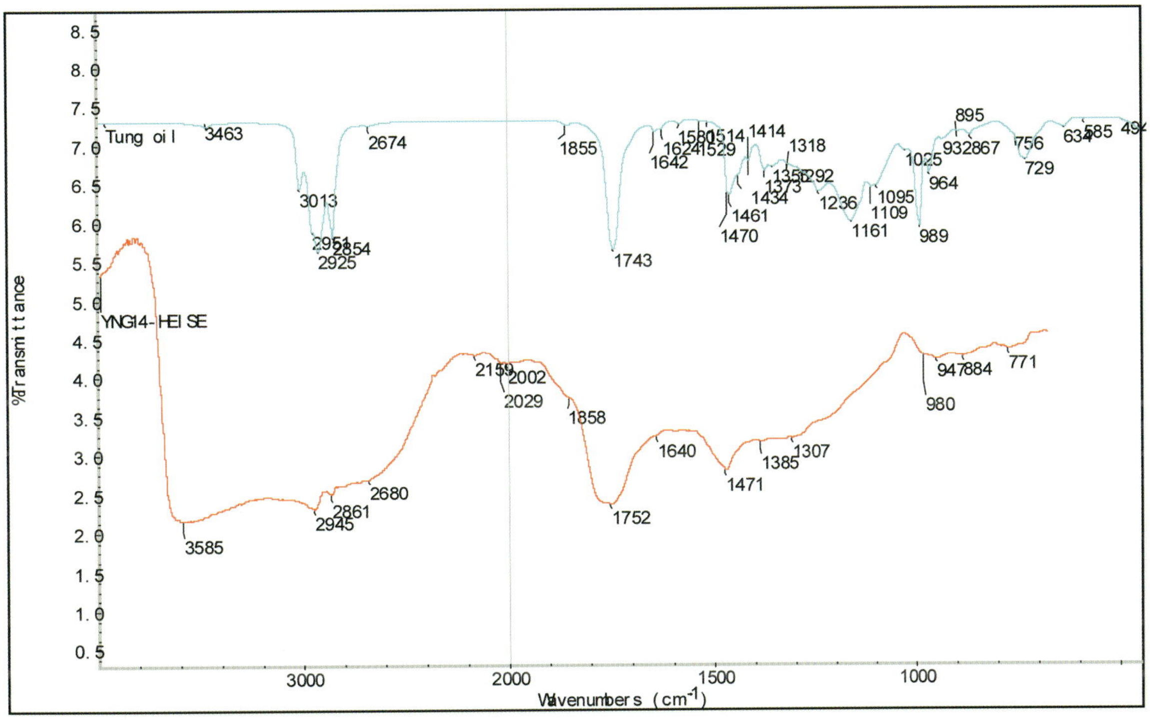

图 3-35 M1-323 红外图谱

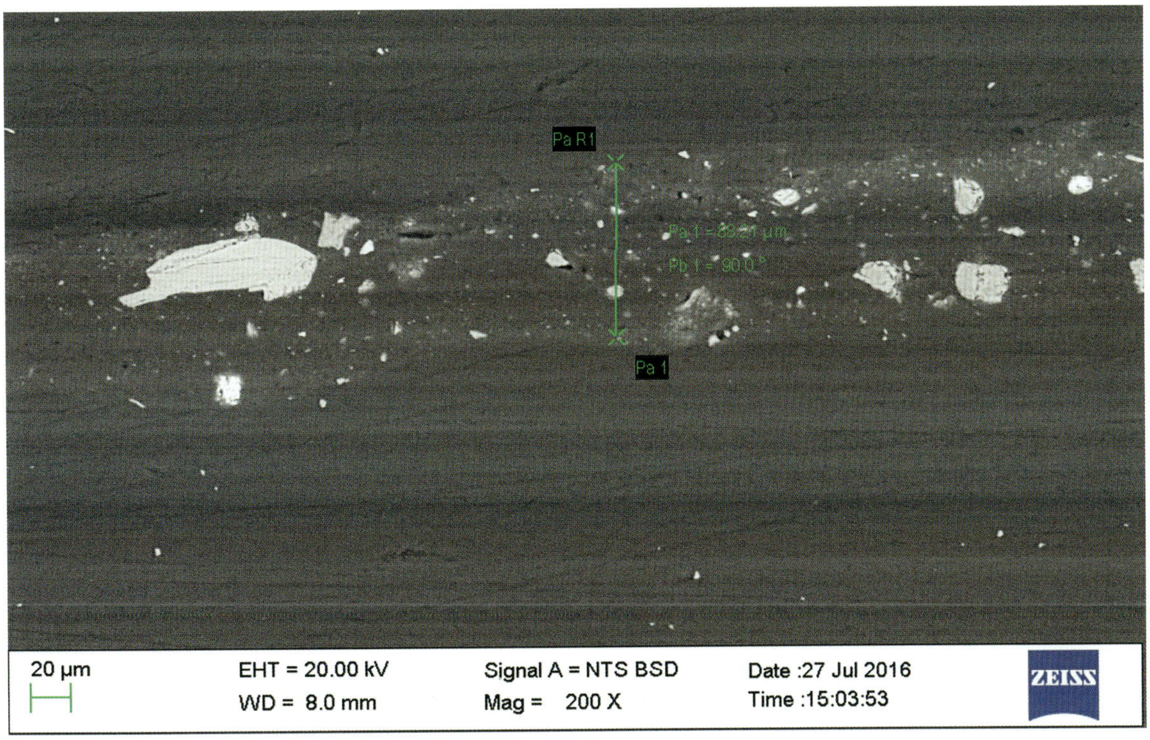

图 3-36 M1-323 扫描电镜图片

3. 密封料

共选取 2 个密封料样品，分别为棺盖与棺身缝隙间密封料（M1-306）、棺盖与棺身中间燕尾榫内侧密封料（M1-320）。

M1-306：棺盖与棺身密封材料。样品呈黑色块状，表面残留有木纹结构横截面，剖面无分层结构。经红外光谱分析，其主要有机成分为生漆，推测添加有桐油（图 3-37）。

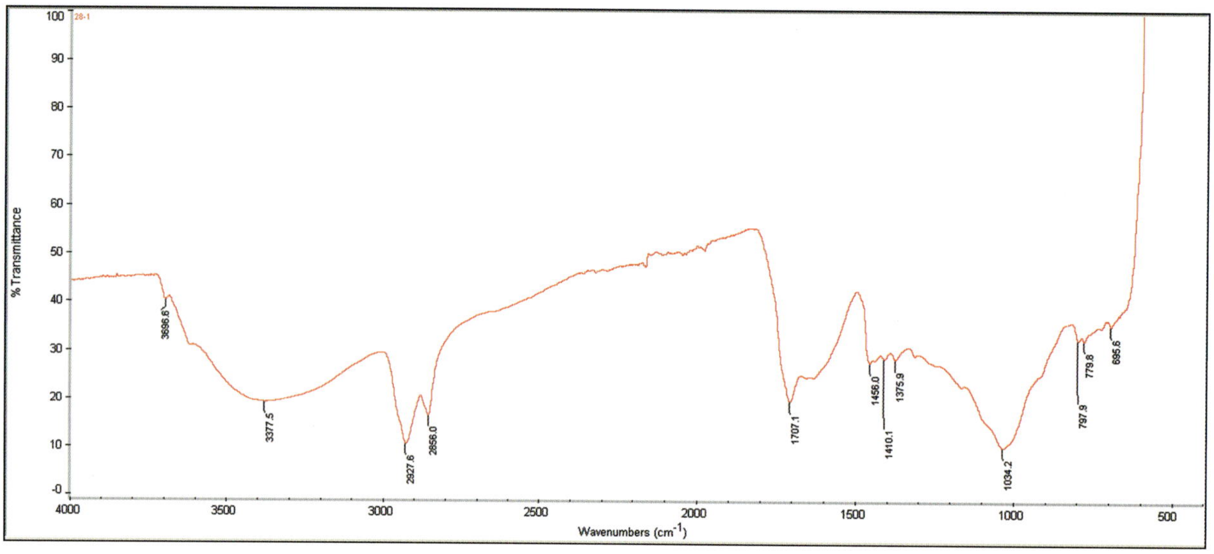

图 3-37 M1-306 红外图谱

M1-320：棺盖与棺身中间燕尾榫内侧密封髹饰层。样品表面为黑色大漆层，存在明显的断裂等病害。样品背面整体仍呈黑色，但表面凹凸不平。从横截面观察，此样品无分层结构（图 3-38）。经红外光谱分析，其主要有机成分为生漆，且添加有桐油（图 3-39）。

图 3-38 M1-320 横截面观察结果（100×）

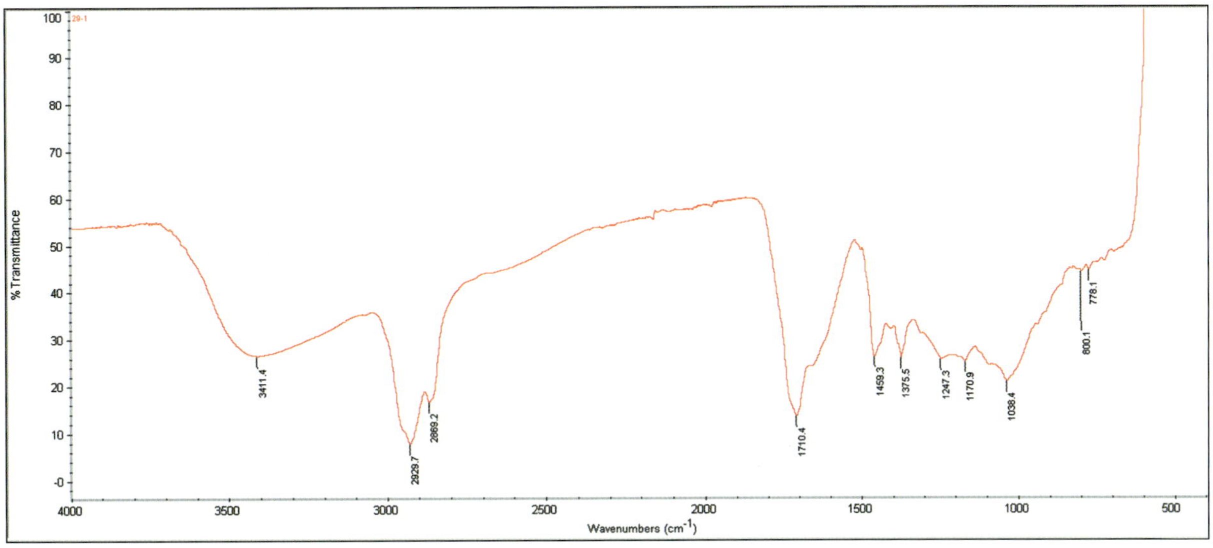

图 3–39 M1–320 红外图谱

4. 填充物

M1-311：七星板下 2—3 厘米厚的白色填充物。经衍射分析，其成分为方解石，且含量超过 99%（图 3-40）。

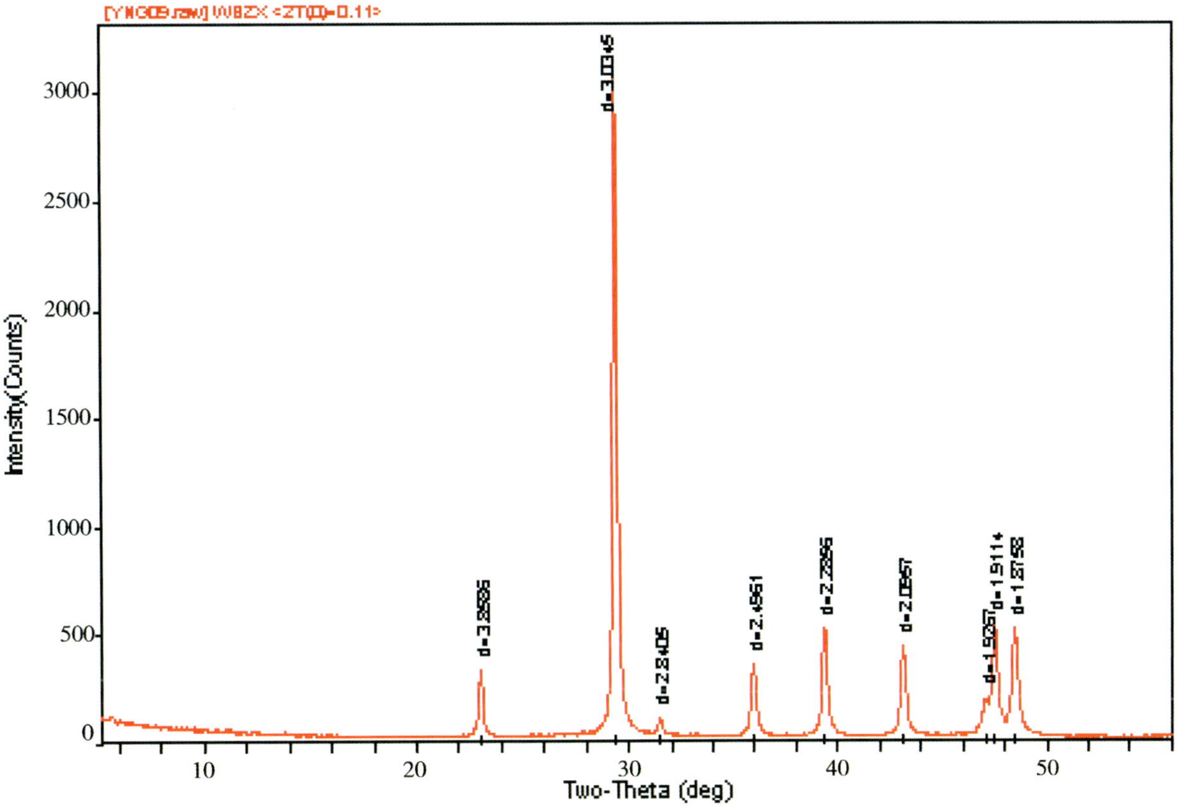

图 3–40 M1–311 衍射图谱

5. 污染物

选取棺盖表面附着的污染物（M1-301）进行衍射分析。衍射分析结果显示，该污染物为 SiO_2（图 3-41）。

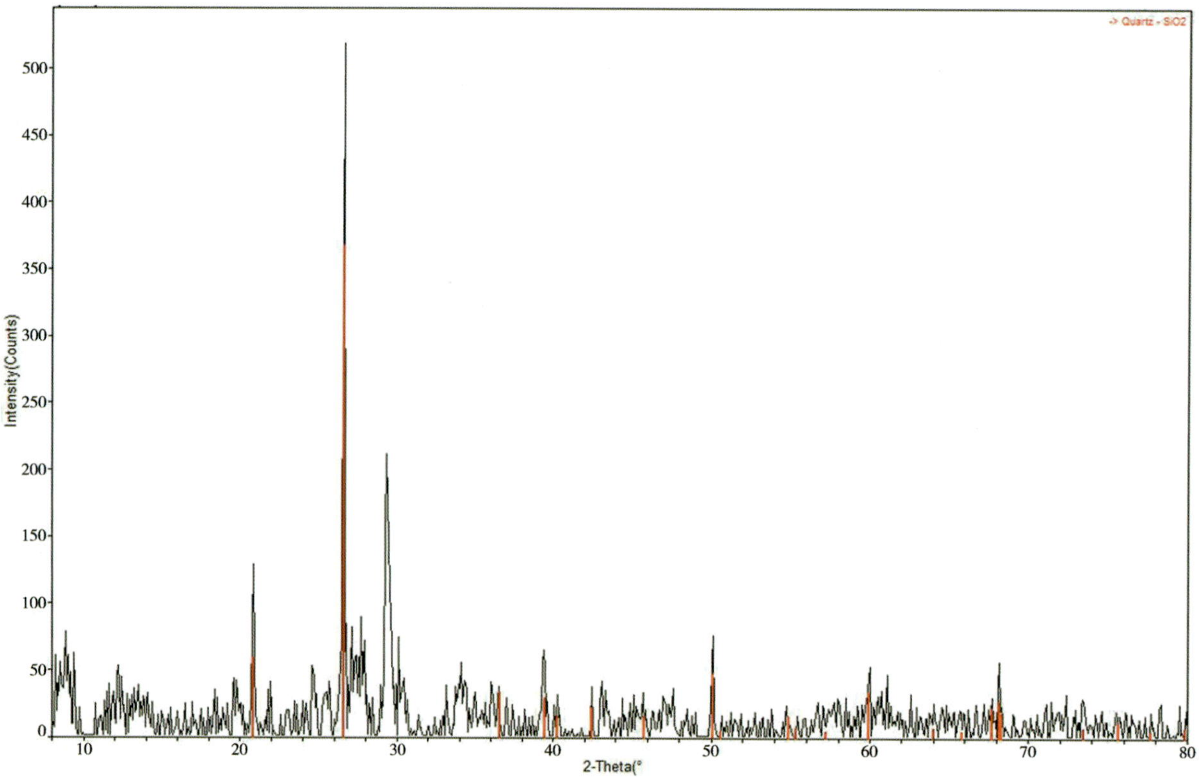

图 3-41　M1—301 衍射图谱

另，右墙外髹饰层样品（M1-319）表面附着有一层米白色物质，经衍射分析，其主要成分为 $CaCO_3$。

（四）M2 东室棺木

该棺木只保留一棺盖，且存在残缺等严重病害。取棺盖右部板材（M2-101）和棺盖背面中部板材（M2-102）进行树种鉴定，鉴定结果均为侧柏（表 3-6）。因该棺木表面髹饰层属薄薄一层，故未做深入分析。

表 3-6　M2 东室样品清单及分析测试方法与结果

序　号	编　号	类　别	取样位置及形貌	分析测试方法	结果简述
1	M2-101	木材	棺盖右侧木材 / 块状	树种	侧柏
2	M2-102	木材	棺盖背面中部 / 块状	树种	侧柏

（五）M2 中室棺木

共分析测试 9 个样品（树种 3 个，髹饰层 3 个，文字层、填充物和污染物各 1 个）。取样位置及形貌、采用的分析测试方法以及简要分析测试结果见表 3-7，详细结果附后。

表 3-7 M2 中室样品清单及分析测试方法与结果

序号	编号	类别	取样位置及形貌	分析测试方法	结果简述
1	M2-201（YNG17）	污染物	棺木右墙上白色污染物 / 粉末	衍射	主要成分为 SiO_2
2	M2-207	髹饰层	棺内髹饰层 / 片状	显微 + 红外 + 剖面染色	两层，漆
3	M2-208	木材	棺底残木块 / 块状	树种	侧柏
4	M2-209	填充物	七星板下填充层 / 粉末	衍射	主要成分为 $CaCO_3$
5	M2-210	髹饰层	前挡板髹饰层 / 片状	红外	漆
6	M2-211（YNG16）	木材	左墙盗洞残块 / 块状	树种	圆柏
7	M2-213	木材	前挡板木材 / 块状	树种	侧柏
8	M2-214	髹饰层	左墙盗洞残块 / 片状	显微 + 红外	两层，漆
9	M2-215（YNG10）	字迹	棺盖上白色字体 / 粉末	显微 + 红外	碱式碳酸铅（铅白）

1. 树种

共选取 3 个样品进行树种鉴定。其中，取自左墙的样品（M2-211）为圆柏，取自前挡板的样品（M2-213）和取自棺底的样品（M2-208）为侧柏。

2. 髹饰层

共选取棺内壁（M2-207）、前挡板（M2-210）和左墙（M2-214）三个髹饰层样品进行分析。其中，样品 M2-210 的分析结果不理想，不具备参考价值。

M2-207：棺内髹饰层。样品表面主要呈黑色，有收缩变形现象。样品背面整体呈黄色，可观察到颜色较深的类胶质状成分。样品剖面大致分为两层，即黑色漆层和黄色底层，黄色底层中存在大量颜色较深的胶质状成分（图 3-42）。

项目组对 M2-207 剖面进行了苏丹黑 B 染色和考马斯亮蓝染色观察。经苏丹黑 B 染色后，样品黄色基底层被染为黑色，且原本位于漆膜下层的混杂有颗粒状的一层结构同样被染为黑色，表明样品中含有大量油脂类成分（图 3-43）。结合红外光谱检测结果，推测该油脂类成分为桐油。经考马斯亮蓝染色后，样品无蓝色着色区，因此，样品刷涂时未使用蛋白类胶结材料（图 3-44）。经红外光谱检测，样品中含有大漆和桐油成分（图 3-45）。

图 3—42　M2—207 横截面观察结果（左 100×；右 300×）

图 3—43　M2—207 苏丹黑 B 染色后剖面（300×）

图 3—44　M2—207 考马斯亮蓝染色后剖面（300×）

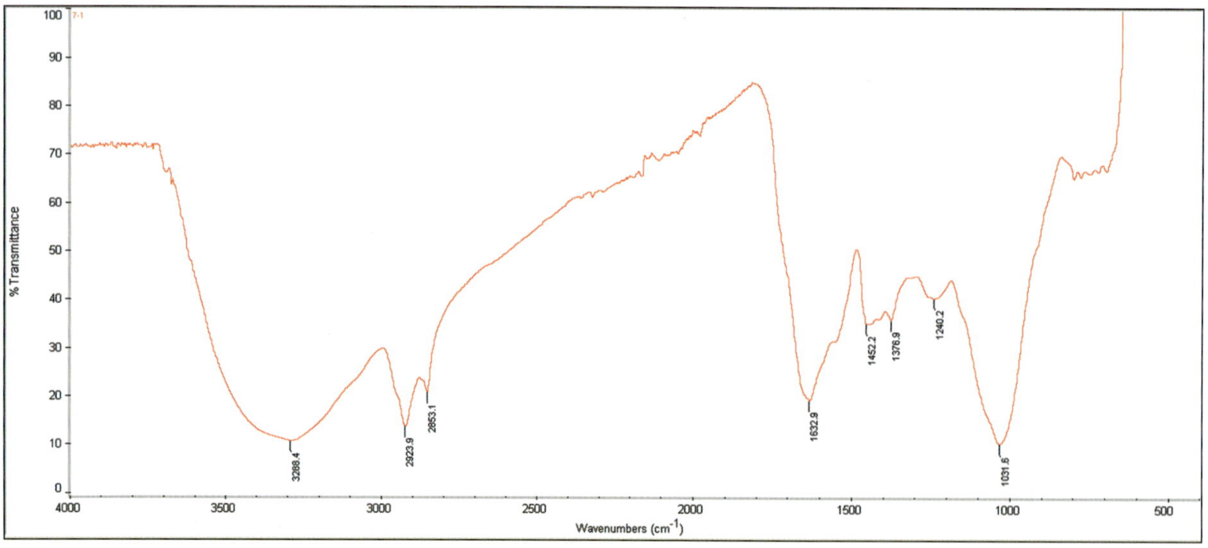

图 3—45　M2—207 红外图谱

M2-214：左墙髹饰层。样品表面主要呈黑色，有收缩变形现象（图 3-46）。样品背面为木材。从样品剖面可以观察到，此样品分为黑色漆层、棕黄色底层、木材层（图 3-47）。红外光谱分析结果表明，其主要有机成分为生漆（图 3-48）。

图 3-46 M2-214 正面观察结果（左 34×；右 100×）

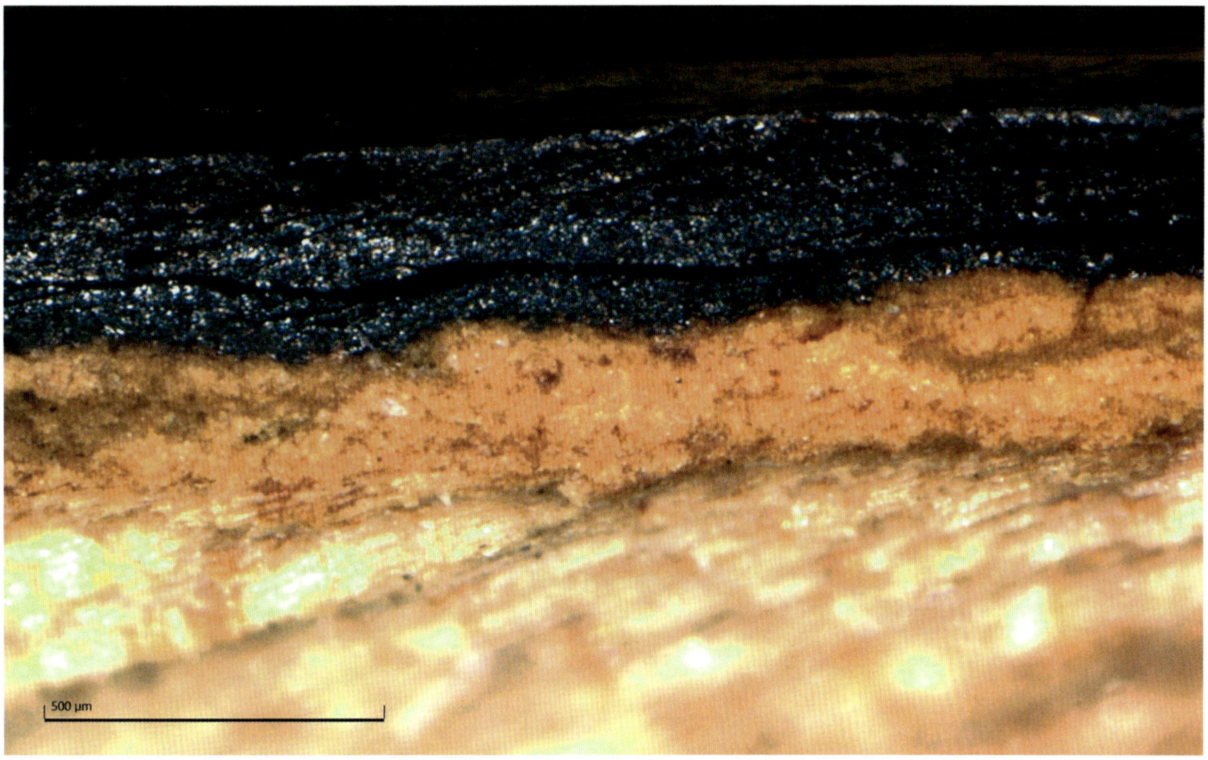

图 3-47 M2-214 横截面观察结果（200×）

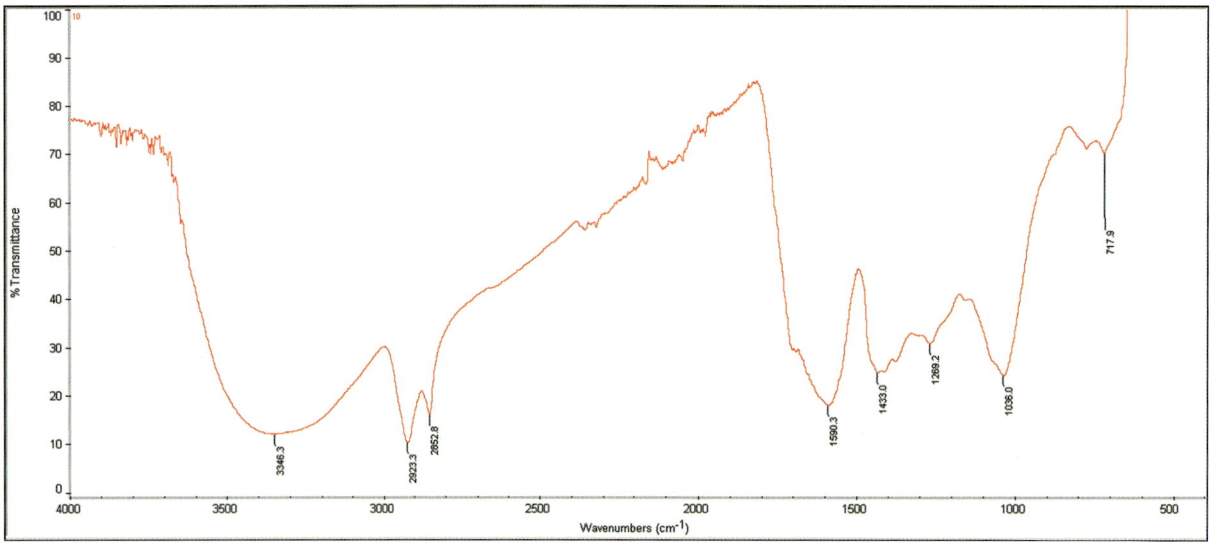

图 3-48 M2-214 红外图谱

3. 文字层

M2 中室棺盖上有白色书写文字，用胶带粘取样品（M2-215）进行检测。样品背面有丝织物压痕，纹理清晰（图 3-49）。推测该文字原本书写在覆盖在棺木表面的丝织物上，后丝织物腐朽，只留痕迹。

图 3-49 M2-215 超景深观察结果

样品 M2-215 红外图谱中的 $3540cm^{-1}$、$2426cm^{-1}$、$1738cm^{-1}$、$1046cm^{-1}$ 等处吸收峰与已知碱式碳酸铅的红外图谱相符，推测该白色物主体为碱式碳酸铅（图 3-50）。

4. 填充物

M2-209：七星板下填充的白色粉末。经衍射分析，其主要成分为 $CaCO_3$（图 3-51）。

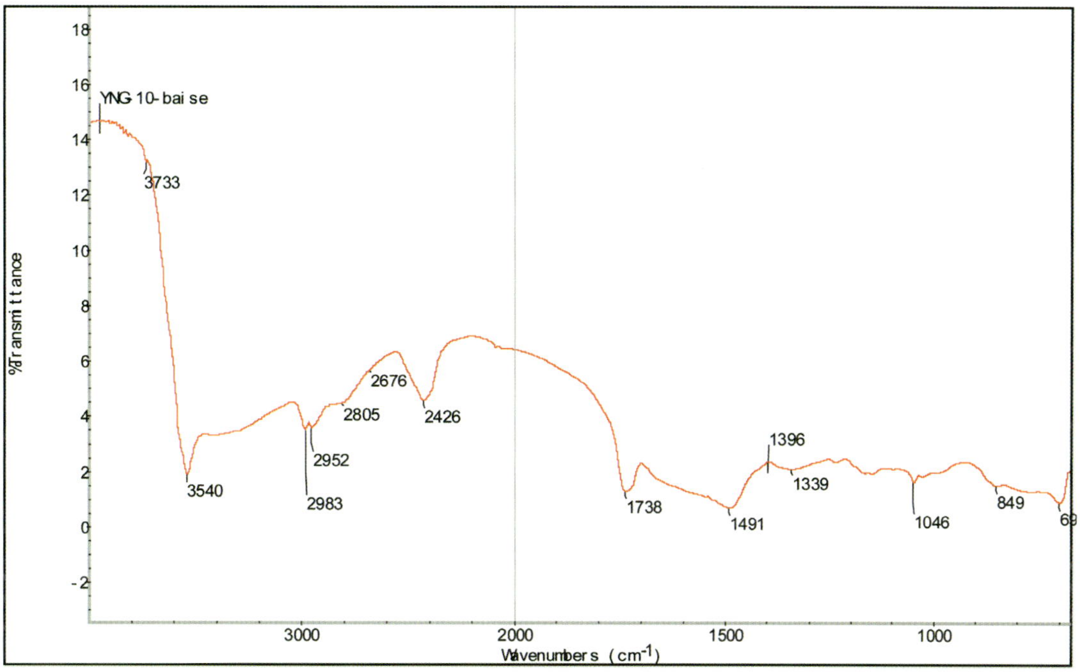

图 3-50 M2-215 红外图谱

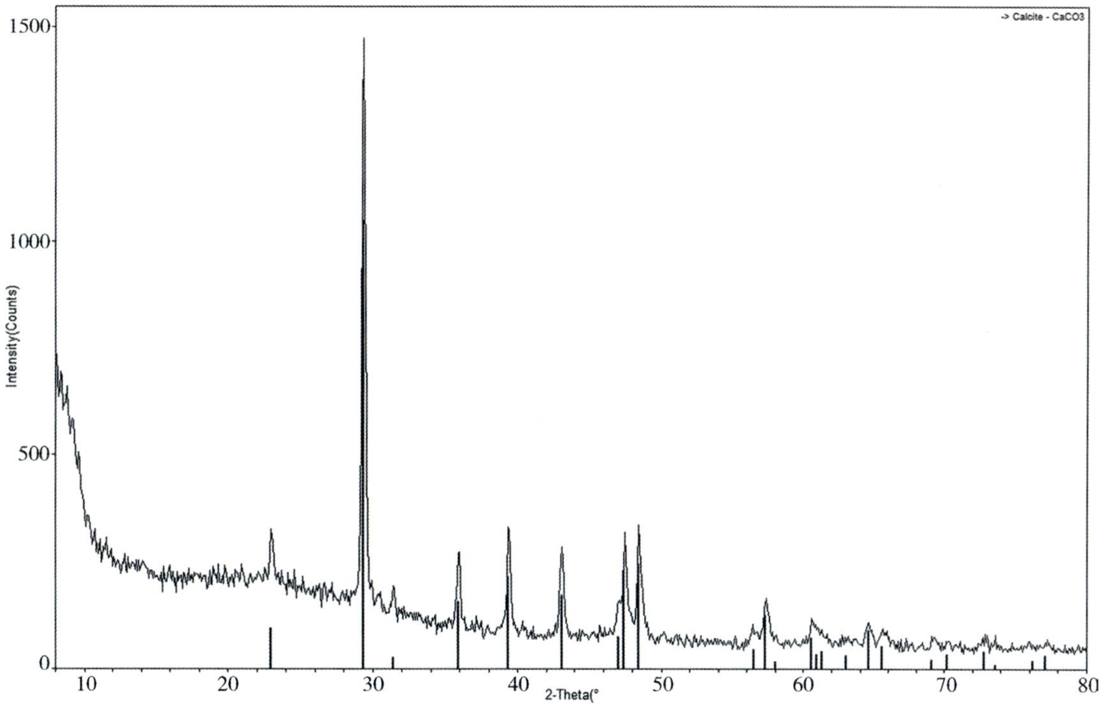

图 3-51 M2-209 衍射图谱

5. 污染物

M2-201：右墙上的白色污染物。经衍射分析，其成分及占比分别为：石英 46.9%、斜长石 26.8%、钾长石 8.3%、方解石 12.6%、伊利石 3.7%、闪石 1.7%（图 3-52）。

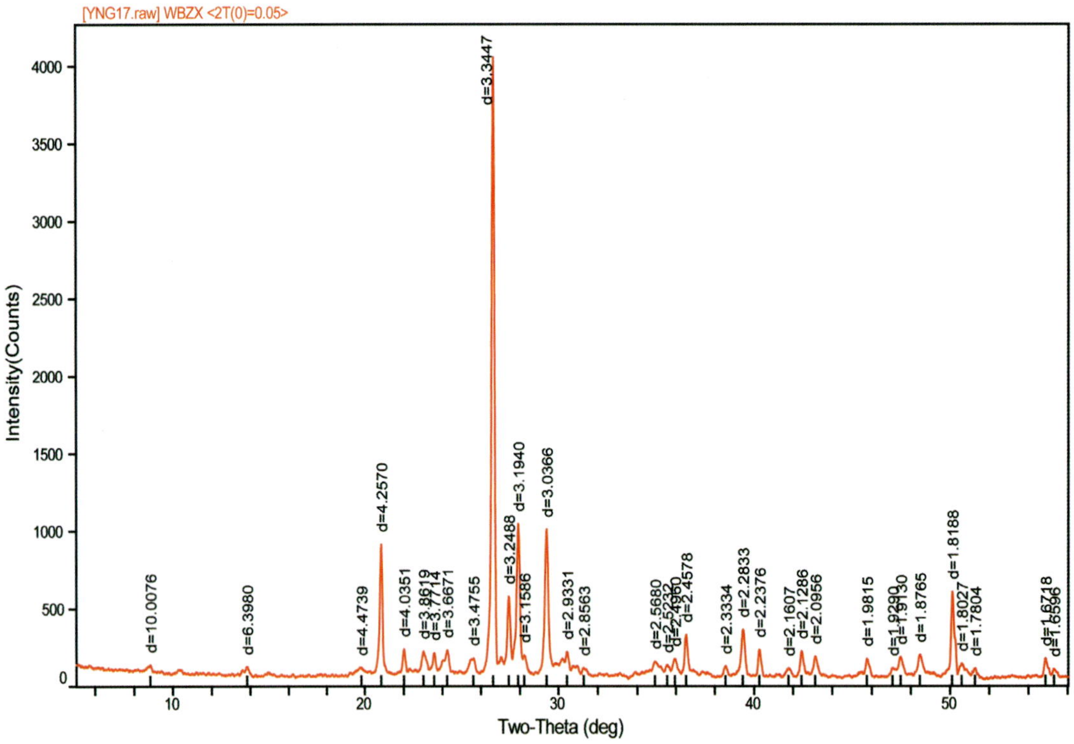

图 3—52　M2—201 衍射图谱

（六）M3−1 室棺木

共分析测试 8 个样品（树种 4 个、髹饰层 3 个、密封料 1 个）。取样位置及形貌、采用的分析测试方法以及简要分析测试结果见表 3-8，详细结果附后。

表 3-8　M3–1 室样品清单及分析测试方法与结果

序　号	编　号	类　别	取样位置及形貌	分析测试方法	结果简述
1	M3–102	木材	棺底座左后木条 / 块状	树种	侧柏
2	M3–104	密封料	棺底接缝处密封髹饰层 / 片状	显微 + 红外	单层，漆
3	M3–105	髹饰层	棺内髹饰层（布和漆）/ 片状	显微 + 红外	夹纻，漆
4	M3–106	髹饰层	棺墙前端外髹饰层 / 片状	显微 + 红外	单层，漆
5	M3–107	髹饰层	棺底外髹饰层 / 片状	显微 + 红外	单层，漆
6	M3–110（YNG11）	木材	盖板 / 块状	树种	圆柏
7	M3–111（2013.11–2）	木材	盖板 / 块状	树种	侧柏
8	M3–112（YNG12）	木材	散落 / 块状	树种	圆柏

1．树种

4 个树种鉴定样品分别取自盖板（M3-110 和 M3-111）、棺底座左后位置（M3-102）及散落木块（M3-112）。经鉴定，M3-102 和 M3-111 为侧柏，M3-110 和 M3-112 为圆柏。

2．髹饰层

3 个髹饰层样品分别取自棺内壁（M3-105）、棺墙前端外（M3-106）、棺底外（M3-107）。

M3-105：棺内壁髹饰层。样品表面呈棕红色；背面麻布组织结构明显，其上为木纹（图 3-53、3-54）。经红外光谱分析，其主要成分为生漆（图 3-55）。

M3-106：棺墙前端外髹饰层。样品呈黑色，表面很不平整，附着有污染物（图 3-56），背面有木材残留。从横截面可以观察到，此样品基本无分层结构，通体为黑色，中间可能掺杂有一些沙土类颗粒（图 3-57）。经红外光谱分析，其主要成分为生漆（图 3-58）。

图 3-53 M3-105 正面观察结果（34×）

图 3-54 M3-105 横截面观察结果（300×）

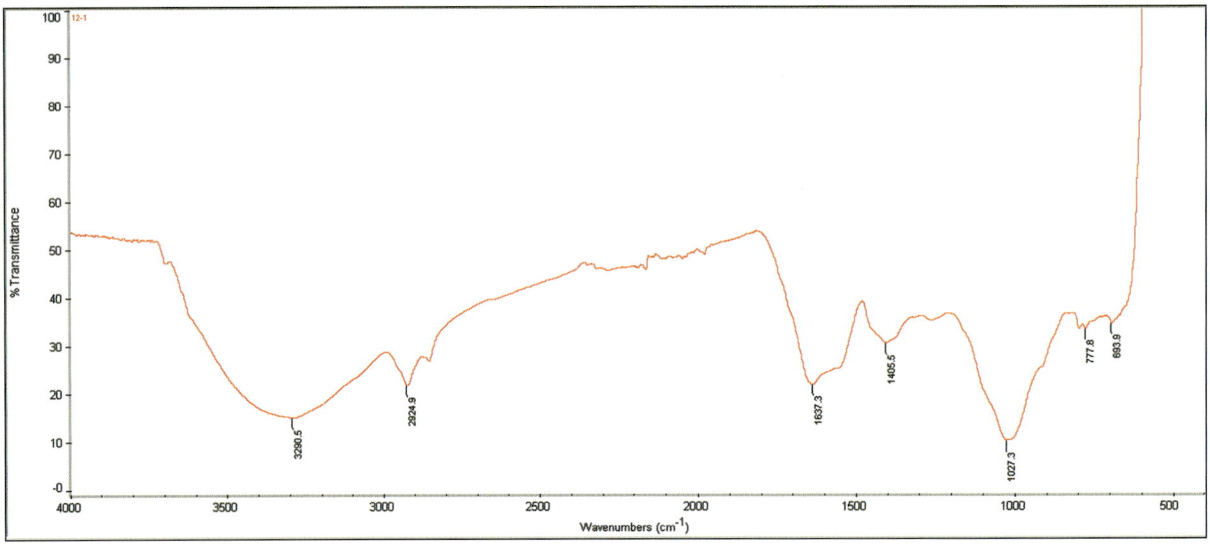

图 3—55　M3—105 红外图谱

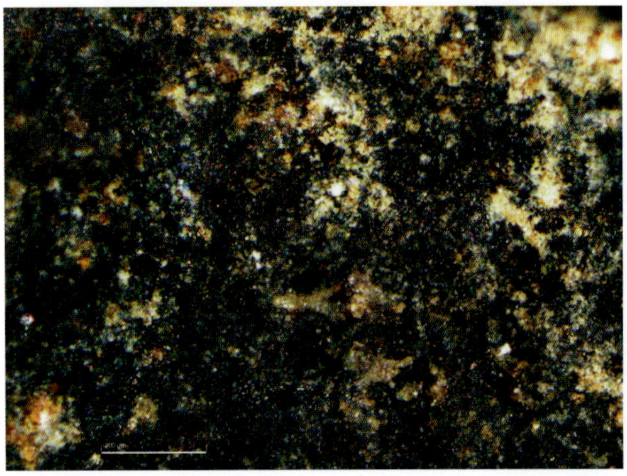

图 3—56　M3—106 正面观察结果（300×）

图 3—57　M3—106 横截面观察结果（300×）

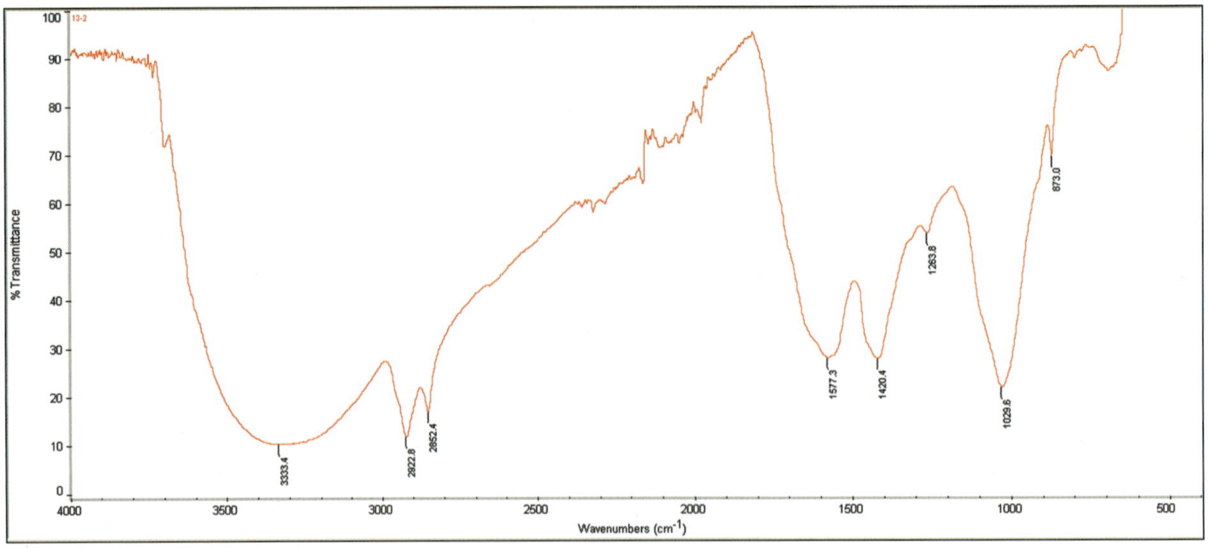

图 3—58　M3—106 红外图谱

M3-107：棺底外髹饰层。该样品与 M3-106 情况类似，表面存在大量污染物，背面有木材残留（图 3-59）。从横截面可以观察到，此样品无分层结构，剖面主体呈黑色，背面附着有一层木材残留（图 3-60）。经红外光谱分析，其主要成分为生漆（图 3-61）。

图 3—59　M3—107 反面观察结果（40×）

图 3—60　M3—107 横截面观察结果（250×）

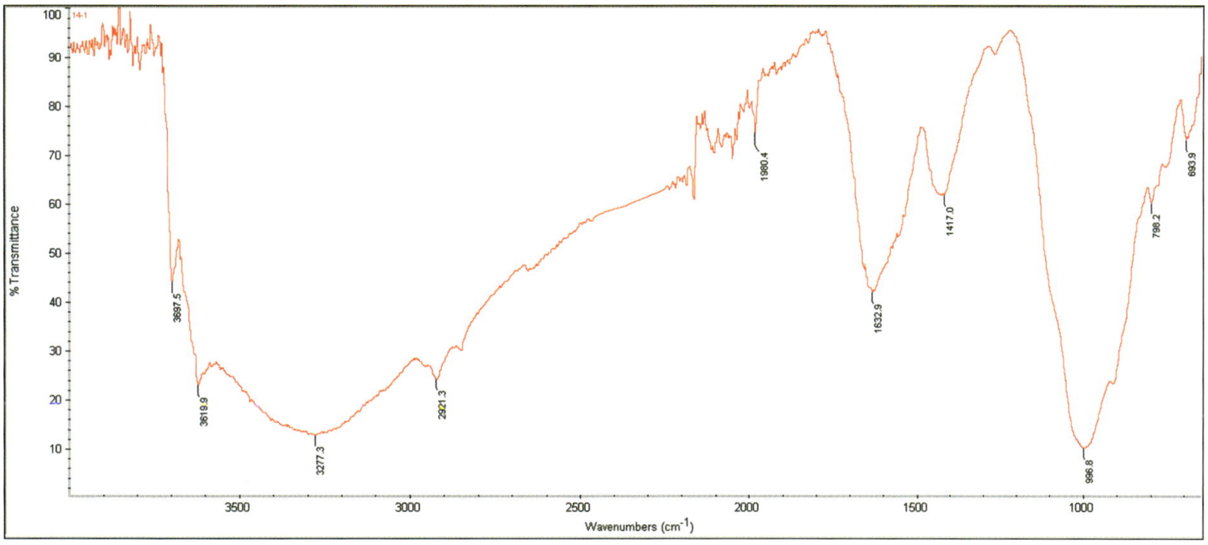

图 3—61　M3—107 红外图谱

3. 密封料

M3-104：棺底接缝处密封髹饰层。样品主体呈黑色，一面有污染物，另一面有木纹；主体结构是黑色层，其内有杂质（图 3-62）。经红外光谱分析，其主要成分为大漆（图 3-63）。

图 3-62 M3-104 横截面观察结果（300×）

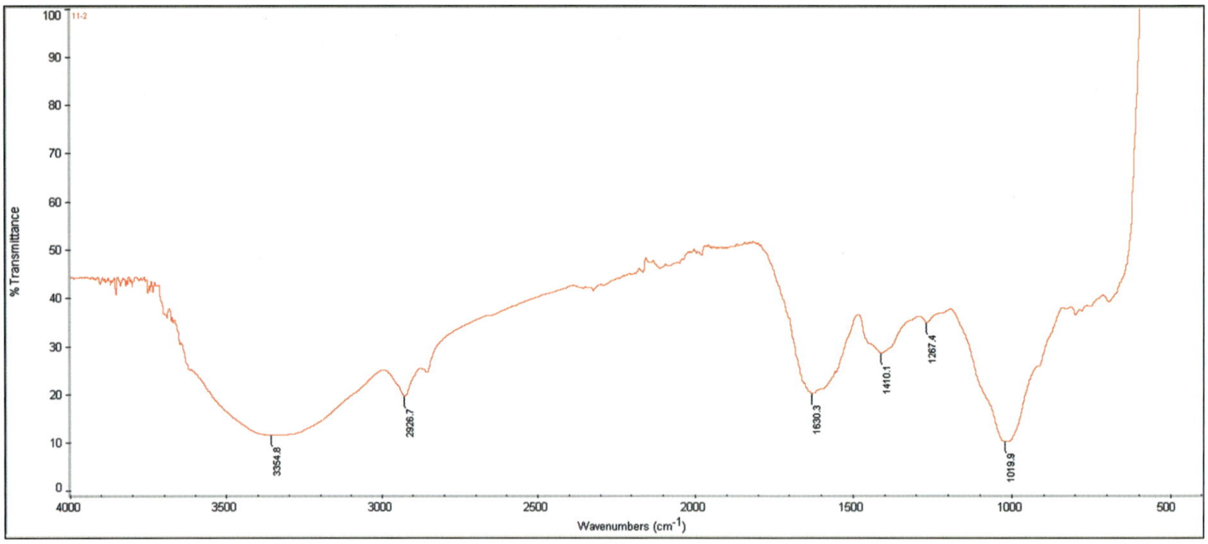

图 3-63 M3-104 红外图谱

（七）M3-2 室棺木

共分析测试 8 个样品（树种 1 个，髹饰层 5 个，填充物和污染物各 1 个）。取样位置及形貌、采用的分析测试方法以及简要分析测试结果见表 3-9，详细结果附后。

表 3-9 M3-2 室样品清单及分析测试方法与结果

序 号	编 号	类 别	取样位置及形貌	分析测试方法	结果简述
1	M3-201	髹饰层	右墙外髹饰层 / 片状	显微 + 红外	夹纻，漆，桐油
2	M3-202	污染物	右墙外侧 / 粉末	衍射	主要成分为 $CaCO_3$
3	M3-203	髹饰层	棺体前端榫头髹饰层 / 片状	显微 + 红外	单层，漆
4	M3-204	髹饰层	棺体前端底座髹饰层 / 片状	显微 + 红外	单层，漆
5	M3-205	髹饰层	棺底内髹饰层 / 片状	显微 + 红外	单层，漆
6	M3-206	髹饰层	棺底外髹饰层 / 片状	显微 + 红外 + 剖面染色	夹纻，三层，漆
7	M3-207	填充物	七星板下石灰层 / 粉末	衍射	主要成分为 $CaCO_3$
8	M3-209	木材	采集 / 片状	树种	侧柏

1. 树种

因该棺木保存较好，故采集木块（M3-209）进行树种鉴定。经鉴定，该样品为侧柏。

2. 髹饰层

5 个髹饰层样品分别取自右墙外（M3-201）、棺体前端榫头（M3-203）、棺体前端底座（M3-204）、棺底内（M3-205）和棺底外（M3-206）。

M3-201：右墙外髹饰层。样品主体为纺织品，从纺织品的纤维结构推测，纺织原料可能为麻纤维。样品表面及织线间有大漆渗入。样品剖面结构清晰，无分层（图 3-64、3-65）。红外光谱分析结果显示，其主要成分为生漆，掺杂有桐油（图 3-66）。

M3-203：棺体前端榫头髹饰层。该样品与 M3-201 相似，也为夹纻残块，一面呈棕色（图 3-67），一面呈棕黄色，有泥土附着。从其剖面结构可以看出，纤维和大漆交织在一起，无分层（图 3-68）。红外光谱分析结果显示，其主要成分为生漆（图 3-69）。

图 3-64 M3-201 反面观察结果（34×）

图 3-65 M3-201 横截面观察结果（100×）

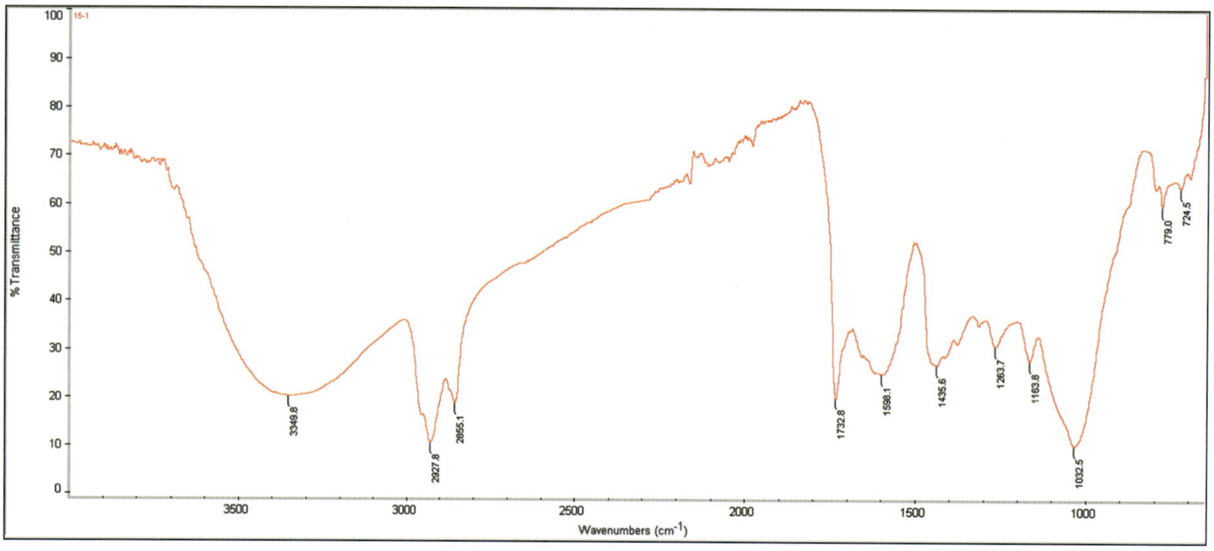

图 3—66 M3—201 红外图谱

图 3—67 M3—203 正面观察结果（34×）

图 3—68 M3—203 横截面观察结果（100×）

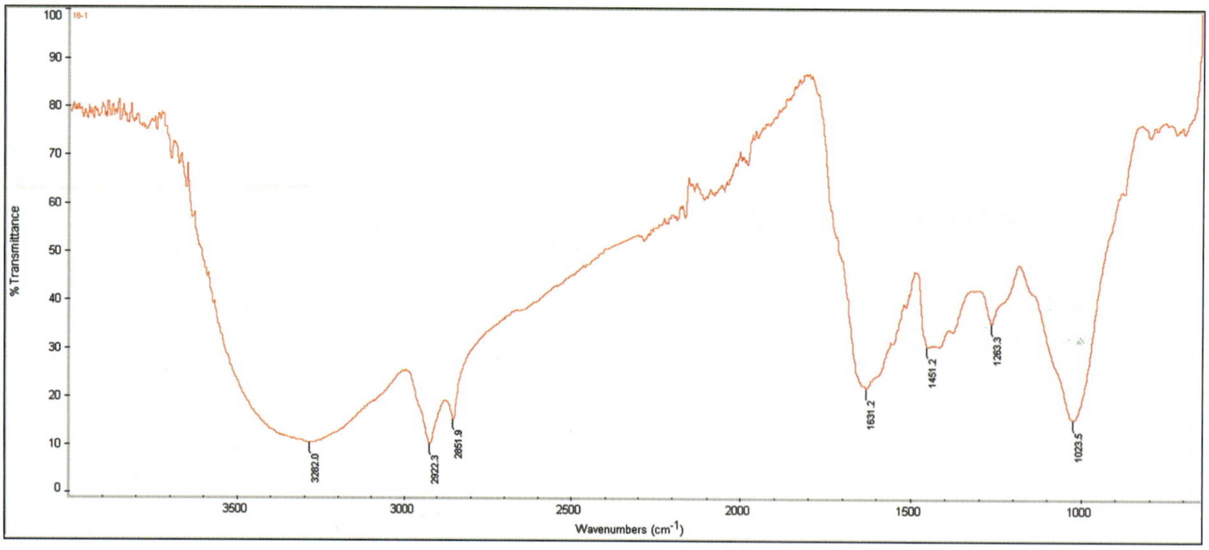

图 3—69 M3—203 红外图谱

M3-204：棺体前端底座主体为黑色。样品正面凹凸不平，存在大量污染物（图 3-70）；样品反面存在木材残留。从其剖面结构可以看出，此样品中间黑色层有孔洞，上为白色附着物，下为木材纤维（图 3-71）。红外光谱分析结果显示，其主要成分为生漆（图 3-72）。

图 3-70 M3-204 正面观察结果（34×）

图 3-71 M3-204 横截面观察结果（100×）

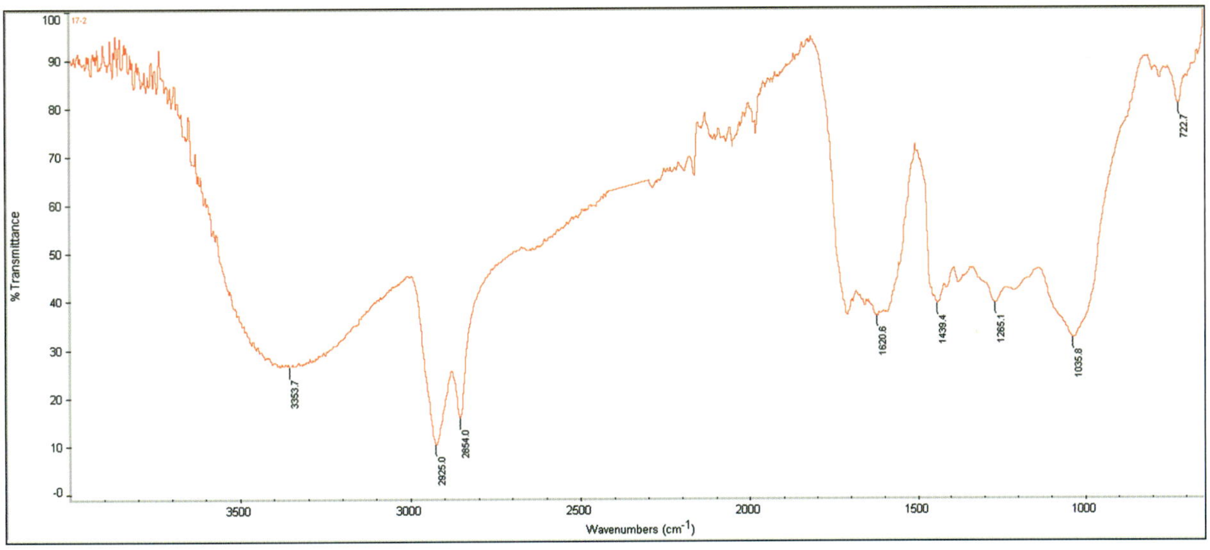

图 3-72 M3-204 红外图谱

M3-205：棺底内髹饰层。样品主体呈黑色，正反面无明显差异，但反面较正面的平整度差。剖面无分层结构（图 3-73）。红外光谱分析结果显示，其主要成分为生漆（图 3-74）。

图 3-73 M3-205 横截面观察结果（300×）

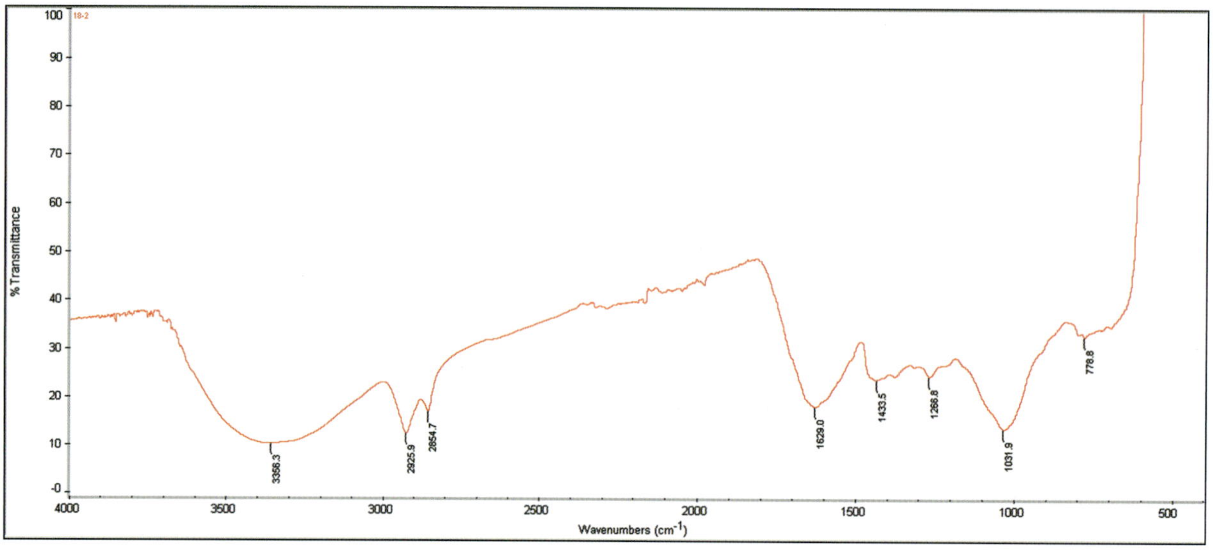

图 3–74　M3–205 红外图谱

图 3–75　M3–206 横截面观察结果（60×）

M3–206：棺底外髹饰层。样品中间为麻纤维组织，结构相对松散；上下均为黑色髹饰层，下层髹饰层刷涂不均匀，其下有木纹。剖面可分为三层（图 3–75）。经苏丹黑 B 染色后，样品中层纺织品层被染为黑色，大漆层基本无变化（图 3–76）。样品经考马斯亮蓝染色后基本无蓝色着色区，据此推测该样品中未添加蛋白胶类成分（图 3–77）。

图 3–76　M3–206 苏丹黑 B 染色后剖面（300×）

图 3–77　M3–206 考马斯亮蓝染色后剖面（200×）

经红外光谱分析，样品 M3-206 的主要成分为生漆（图 3-78）。

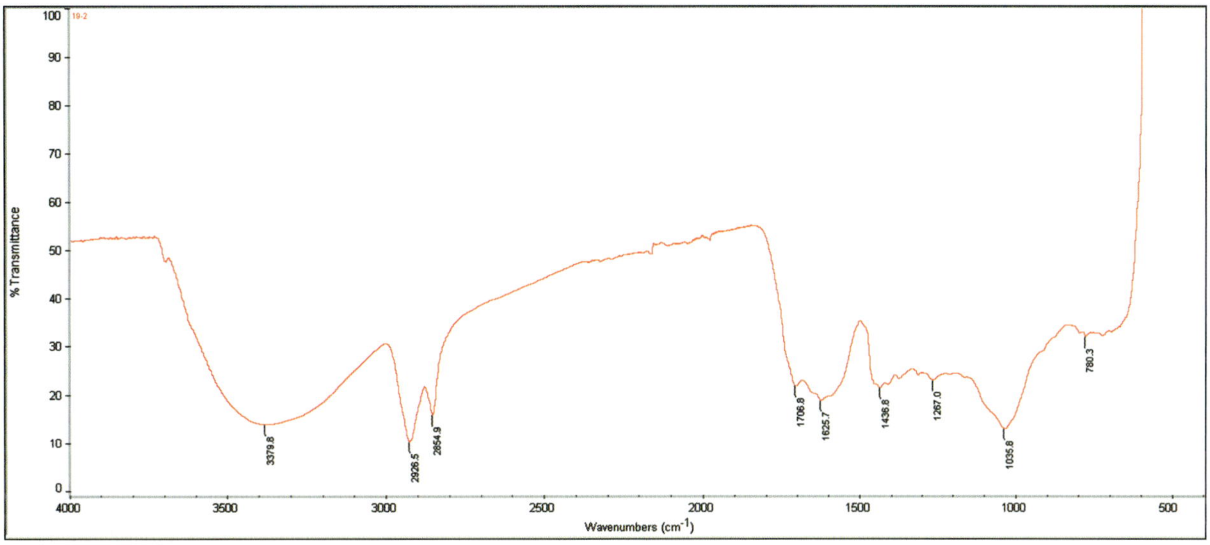

图 3—78　M3—206 红外图谱

3. 填充物

M3-207：棺内七星板下填充物。经衍射分析，其主要成分为 $CaCO_3$（图 3-79）。

4. 污染物

M3-202：棺外污染物。经衍射分析，其主要成分为 $CaCO_3$（图 3-80）。

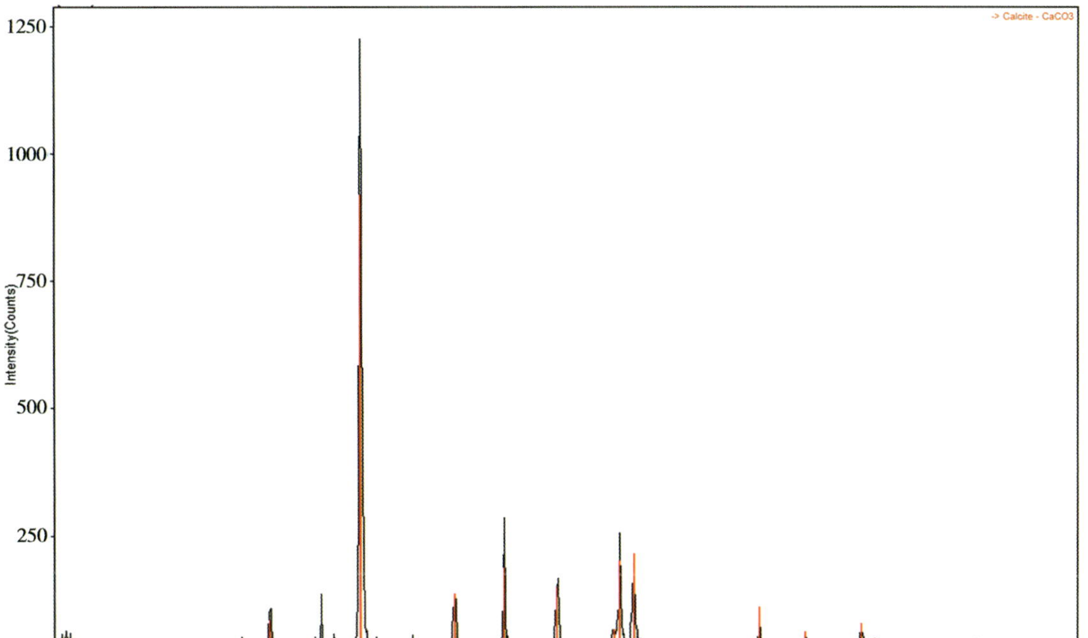

图 3—79　M3—207 衍射图谱

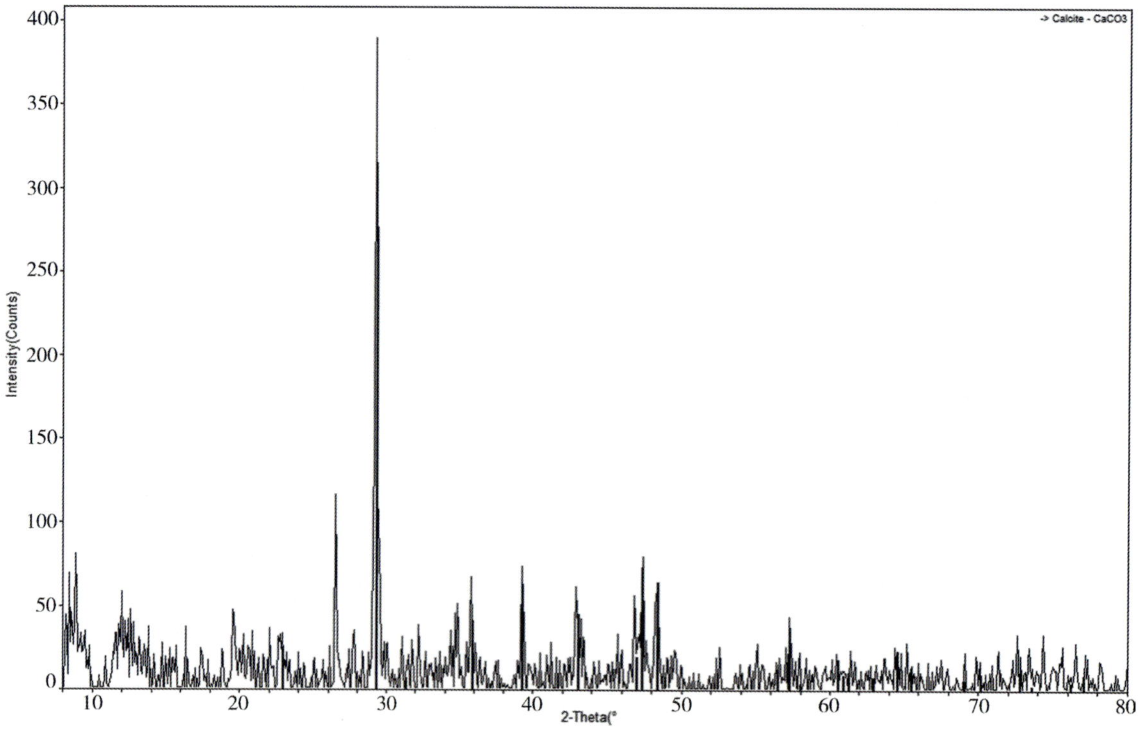

图 3—80　M3—202 衍射图谱

（八）M3–3 室棺木

共分析测试 9 个样品（树种 3 个，髹饰层 3 个，密封料、文字层和污染物各 1 个）。取样位置及形貌、采用的分析测试方法以及简要分析测试结果见表 3-10，详细结果附后。

表 3–10　M3–3 室样品清单及分析测试方法与结果

序　号	编　号	类　别	取样位置及形貌	分析测试方法	结果简述
1	M3–302	文字层	棺盖表面前端金漆 / 粉末	电镜	Au 元素含量为 85.92%
2	M3–305	污染物	棺盖表面泥土块 / 块状	衍射	Fe 元素含量较高
3	M3–306	髹饰层	棺盖表面髹饰层 / 片状	显微 + 红外	两层，漆，桐油
4	M3–310	木材	棺盖前端左侧木材 / 块状	树种	侧柏
5	M3–314	木材	右墙前燕尾榫木块 / 块状	树种	侧柏
6	M3–325	密封料	棺墙板与板接缝中材料 / 块状	红外	漆，桐油
7	M3–327	木材	左墙后端木块 / 块状	树种	侧柏
8	M3–328	髹饰层	右墙前燕尾扣处髹饰层 / 片状	显微 + 红外	三层，漆，桐油
9	M3–331	髹饰层	右墙上板缝外髹饰层 / 片状	显微 + 红外 + 剖面染色	三层，漆，桐油

1. 树种

3 个木材样品分别取自棺盖前端左侧（M3-310）、右墙前燕尾榫（M3-314）和左墙后端（M3-327），其树种鉴定结果均为侧柏。

2. 髹饰层

3 个髹饰层样品分别取自棺盖表面（M3-306）、右墙前燕尾扣处（M3-328）、右墙板缝外（M3-331）。

M3-306：棺盖表面髹饰层。样品表面红黑相间，有泥土等污染物附着。样品背面为棕色基底层（图 3-81）。样品剖面分两层，上层为黑色大漆层，下层为棕色基底层（图 3-82）。经红外光谱分析，其主要成分为大漆，且含有桐油（图 3-83）。

图 3-81 M3-306 反面观察结果（100×）

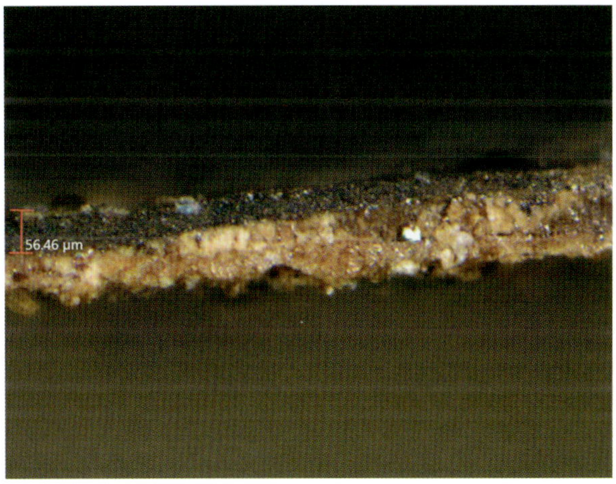

图 3-82 M3-306 横截面观察结果（300×）

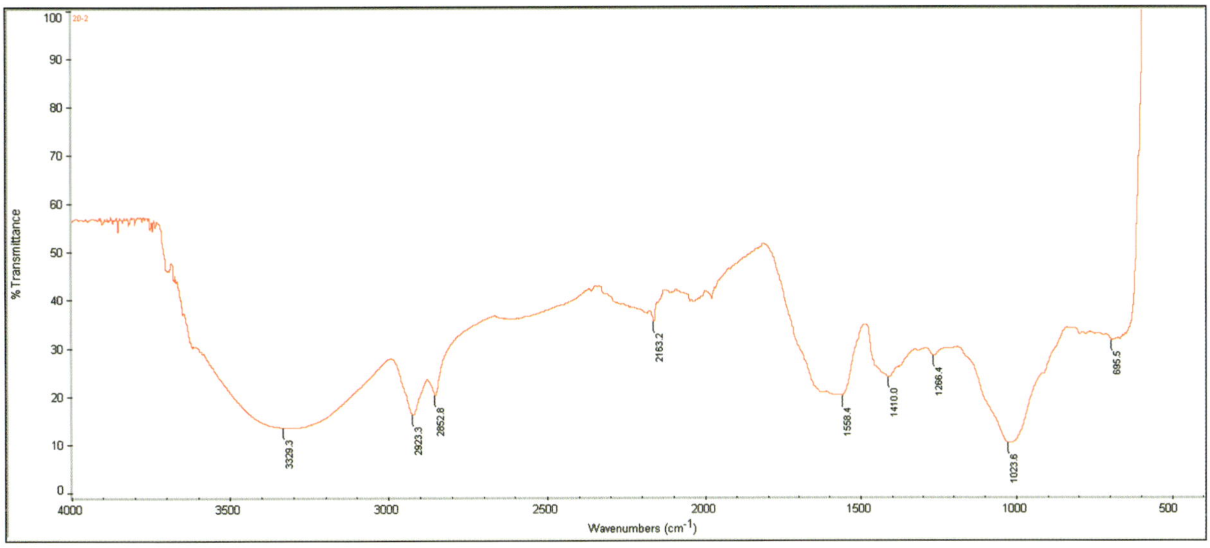

图 3-83 M3-306 红外图谱

M3-328：右墙前燕尾扣处髹饰层。样品表面呈黑色，髹饰层较薄，已出现断裂、破损等现象（图 3-84）。从剖面可以观察到，此样品是直接附着于木材表面的，并且其髹饰层分为两层，上为黑色层，下为棕红色基底层（图 3-85）。经红外光谱分析，其主要成分为大漆，且含有桐油（图 3-86）。

图 3–84　M3–328 正面观察结果（34×）

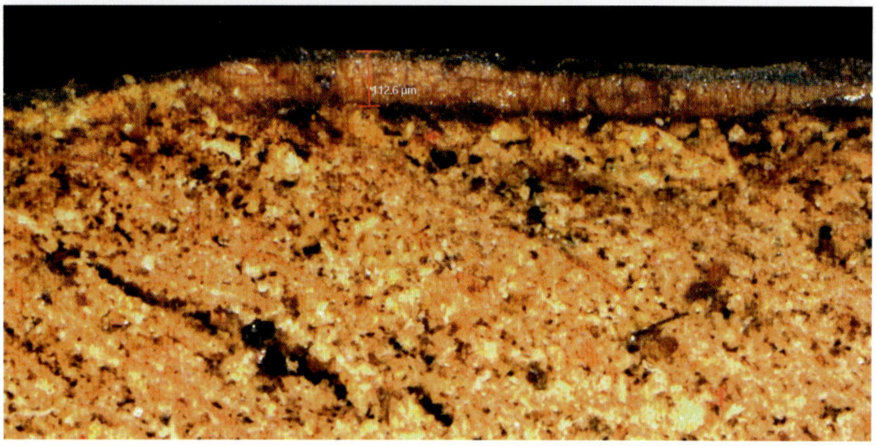

图 3–85　M3–328 横截面观察结果（100×）

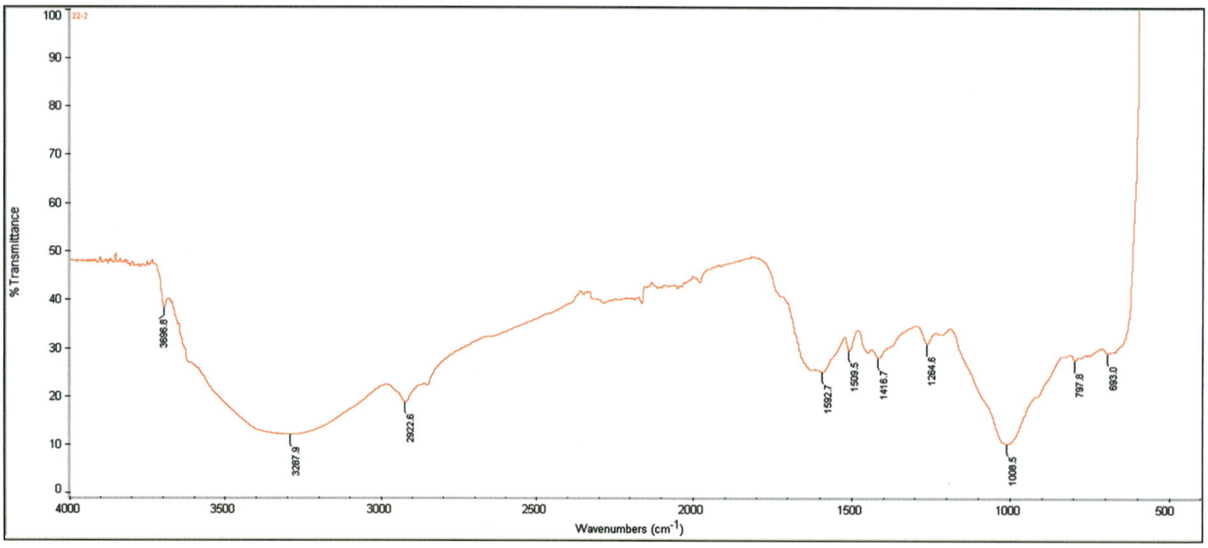

图 3–86　M3–328 红外图谱

M3-331：右墙板缝外髹饰层。样品表面呈棕红色，存在明显的收缩变形现象（图 3-87），背面为木材。从剖面结构观察，此样品在木材之上有两层，均呈棕红色（图 3-88）。

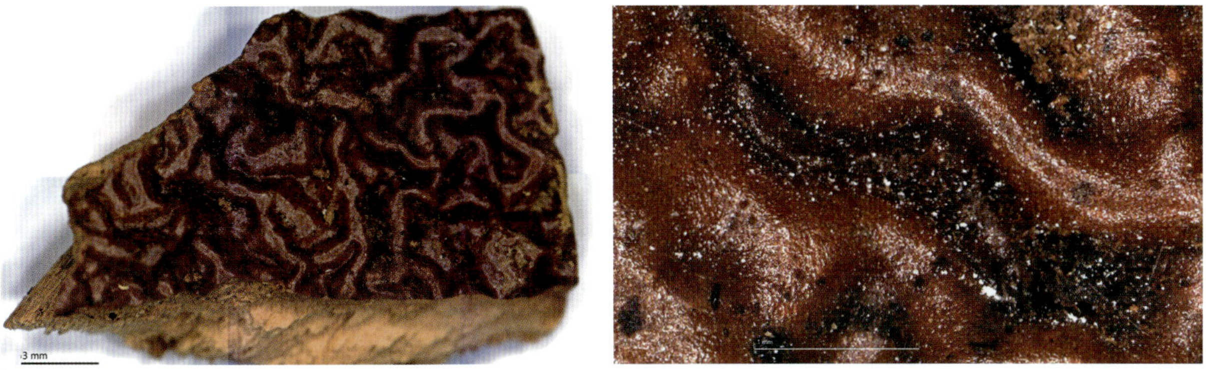

图 3—87　M3—331 正面观察结果（左 36×；右 100×）

图 3—88　M3—331 横截面观察结果（左 34×；右 100×）

经红外光谱分析，样品 M3-331 的主要成分为大漆，且含有桐油（图 3-89）。

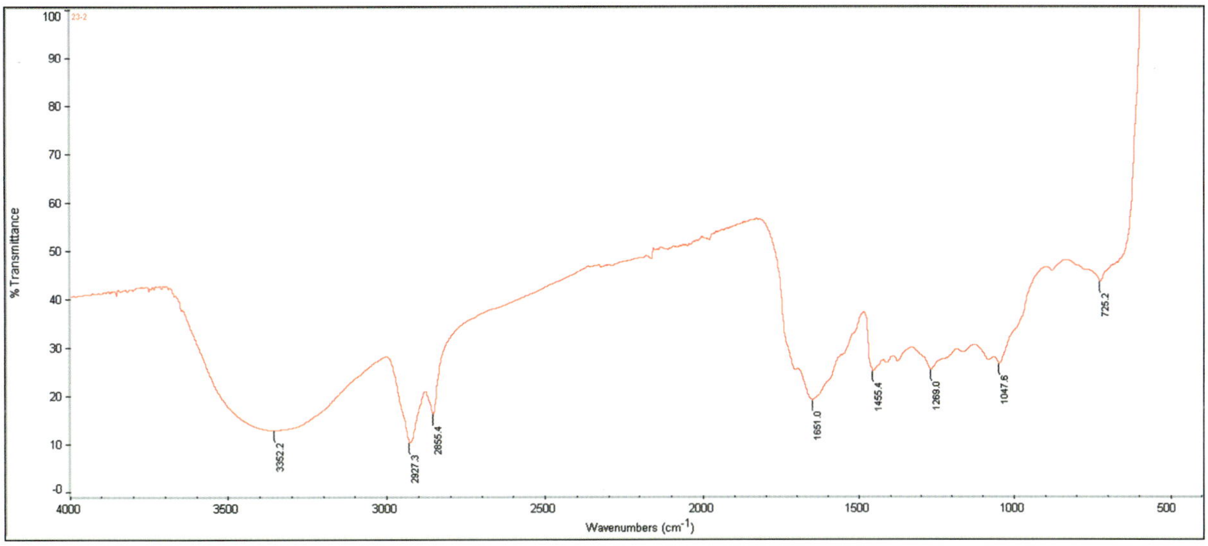

图 3—89　M3—331 红外图谱

经苏丹黑 B 染色后，样品 M3-331 剖面各层均被染为黑色且着色较深，由此推断此样品中含有大量油脂类成分（图 3-90）。经考马斯亮蓝染色后，样品 M3-331 剖面存在大量蓝色着色斑（图 3-91），由此推测此样品中添加了蛋白胶类成分。

3. 密封料

M3-325：棺墙板与板接缝内的密封料。经红外光谱分析，其主要成分为大漆，且含有桐油（图 3-92）。

图 3-90　M3-331 苏丹黑 B 染色后剖面（130×）

图 3-91　M3-331 考马斯亮蓝染色后剖面（100×）

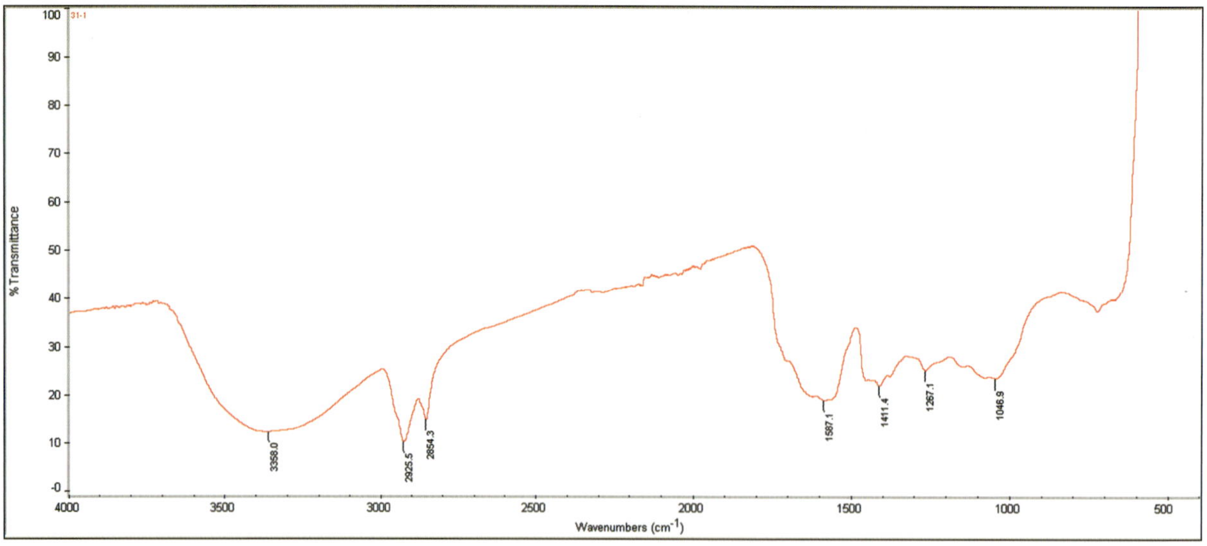

图 3-92　M3-325 红外图谱

4. 文字层

M3-302：棺盖上文字层。从两个测试点位的能谱分析结果来看（图 3-93、3-94），其为 Au 元素，最低含量为 79%，最高含量达 92%（表 3-11）。

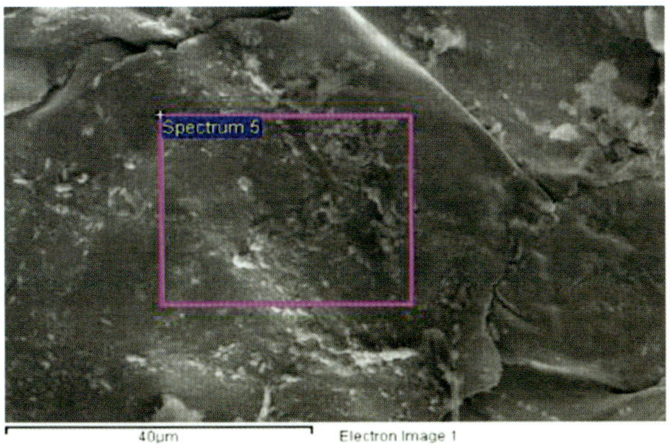

图 3—93　M3—302 电子能谱测试位点 1

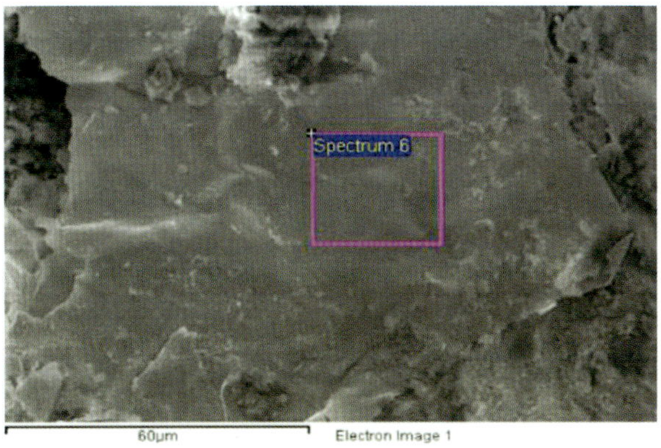

图 3—94　M3—302 电子能谱测试位点 2

表 3-11　M3-302 电子能谱测试位点 1 和 2 元素含量表

Element	1		2	
	Weight%	Atomic%	Weight%	Atomic%
Al K	1.19	7.49	0.82	5.30
Cl K	0.60	2.86		
Rb L	1.89	3.74		
Ag L	5.12	8.03	4.49	7.27
Au M	79.72	68.51	92.81	82.27
Pb M	11.48	9.38		
Cu L			1.88	5.16

5. 污染物

M3-305：棺盖表面泥土块。衍射分析结果表明，样品中 Fe 元素含量较高（图 3-95）。

图 3—95　M3—305 衍射图谱

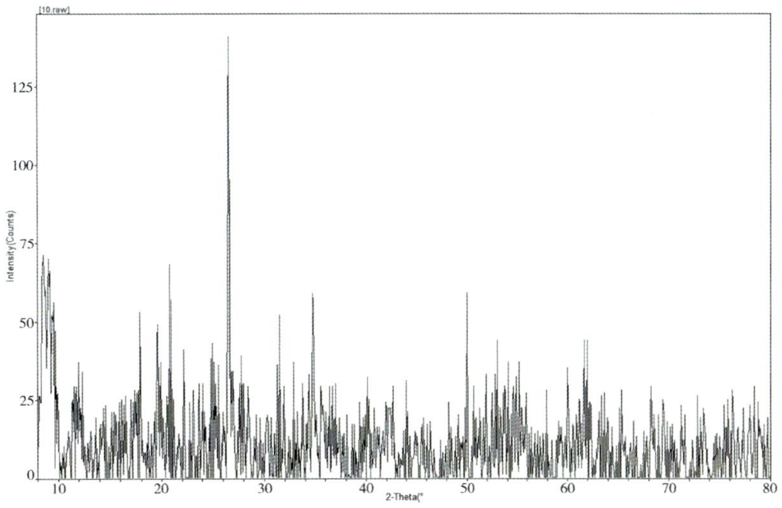

（九）M3-4 室棺木

共分析测试 18 个样品（树种 7 个，髹饰层 6 个，密封料 3 个，填充物和污染物各 1 个）。取样位置及形貌、采用的分析测试方法以及简要分析测试结果见表 3-12，详细结果附后。

表 3-12　M3-4 室样品清单及分析测试方法与结果

序　号	编　号	类　别	取样位置及形貌	分析测试方法	结果简述
1	M3-401	木材	后挡板木材 / 块状	树种 + 衍射	侧柏
2	M3-402	污染物	前挡板淤泥 / 块状	衍射	主要成分为 SiO_2
3	M3-403	木材	左墙后部木块 / 块状	树种	侧柏
4	M3-406	髹饰层	棺内髹饰层 / 片状	显微 + 红外	单层，漆
5	M3-408	填充物	棺内石灰层 / 粉末	衍射	主要成分为 $CaCO_3$
6	M3-409	木材	七星板下横托撑 / 块状	树种	侧柏
7	M3-411	木材	前挡板左下木块 / 块状	树种	侧柏
8	M3-414	密封料	棺内补配夹缝中漆块 / 块状	红外	单层，漆
9	M3-418	密封料	棺盖与棺身间密封髹饰层 / 块状	显微 + 红外 + 剖面染色	三层，漆，桐油
10	M3-423	密封料	棺盖板缝间密封料 / 块状	显微 + 红外	单层，漆
11	M3-424	髹饰层	后挡板外髹饰层 / 片状	显微 + 红外	单层，漆
12	M3-425	髹饰层	左墙后部外表面髹饰层 / 片状	显微 + 红外	单层，漆
13	M3-428	木材	棺盖木材 / 块状	树种	侧柏
14	M3-429	木材	棺盖前端补配木块 / 块状	树种	侧柏
15	M3-430	髹饰层	棺盖前端髹饰层 / 片状	显微 + 红外	单层，漆
16	M3-432（YNG06）	髹饰层	前挡最内层髹饰层	显微 + 电镜	单层，桐油
17	M3-433（YNG07）	髹饰层	前挡最外层髹饰层	显微 + 电镜	四层，桐油
18	M3-434（YNG08）	木材	散落 / 块状	树种	圆柏

1. 树种

7 个木材样品分别取自棺盖板（M3-428）、棺盖板前端补配木块（M3-429）、左墙板后部（M3-403）、前挡板左下部（M3-411）、后挡板（M3-401）、七星板下横托撑（M3-409）及散落木块（M3-434）。经鉴定，M3-434 为圆柏，其余皆为侧柏。

2. 髹饰层

共选取 6 个髹饰层样品，其中 M3-406 取自棺内壁，M3-424 取自后挡板外，M3-425 取自左墙后部，M3-430 取自棺盖前端，M3-432 取自前挡最内层，M3-433 取自前挡最外层。

M3-406：棺内壁髹饰层。样品为黑色髹饰块，表面刷涂不均匀，有明显的凹凸结构（图 3-96）。样品背面有附着物。样品剖面不分层。经红外光谱分析，其主要成分为生漆（图 3-97）。

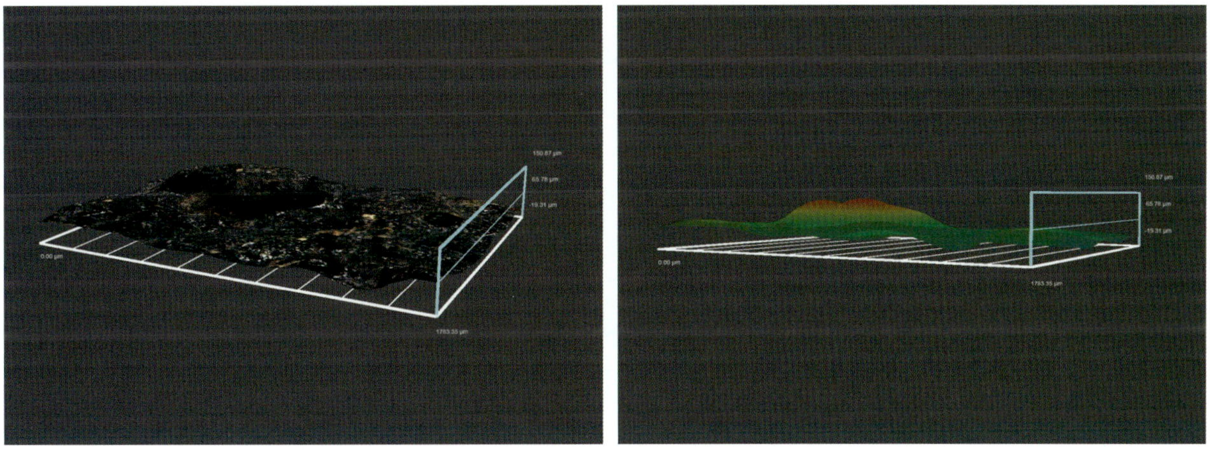

a. 3D　　　　b. 等高线图

图 3-96　M3-406 正面 3D 观察结果

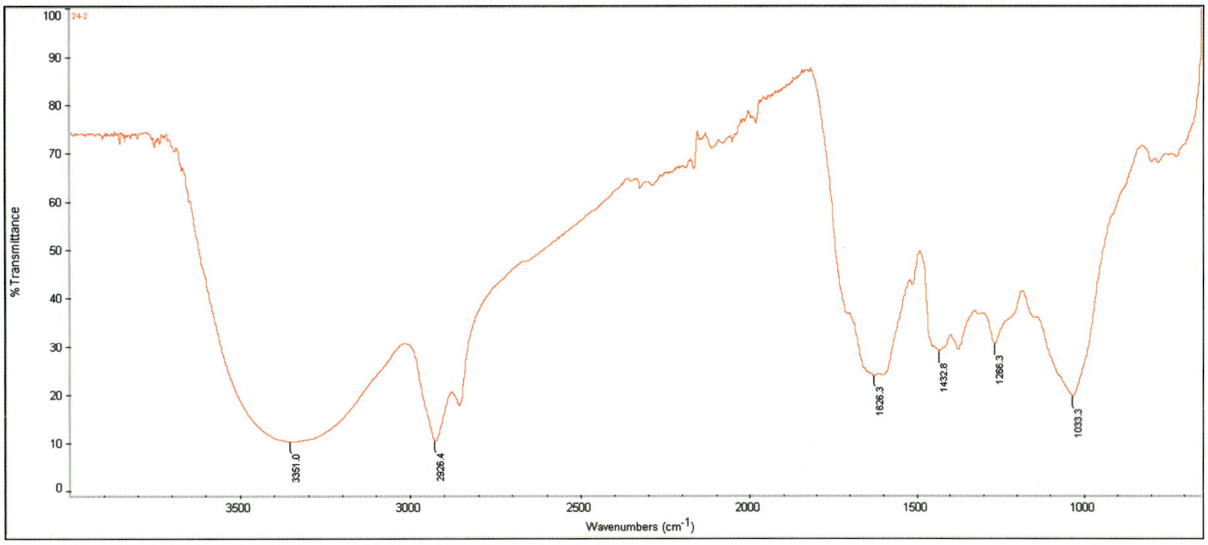

图 3-97　M3-406 红外图谱

M3-424：后挡板外髹饰层。样品为黑色髹饰块，表面刷涂不均匀。样品背面为木材。样品剖面不分层（图 3-98）。经红外光谱分析，其主要成分为生漆（图 3-99）。

图 3—98　M3—424 样品横截面观察结果（左 100×；右 300×）

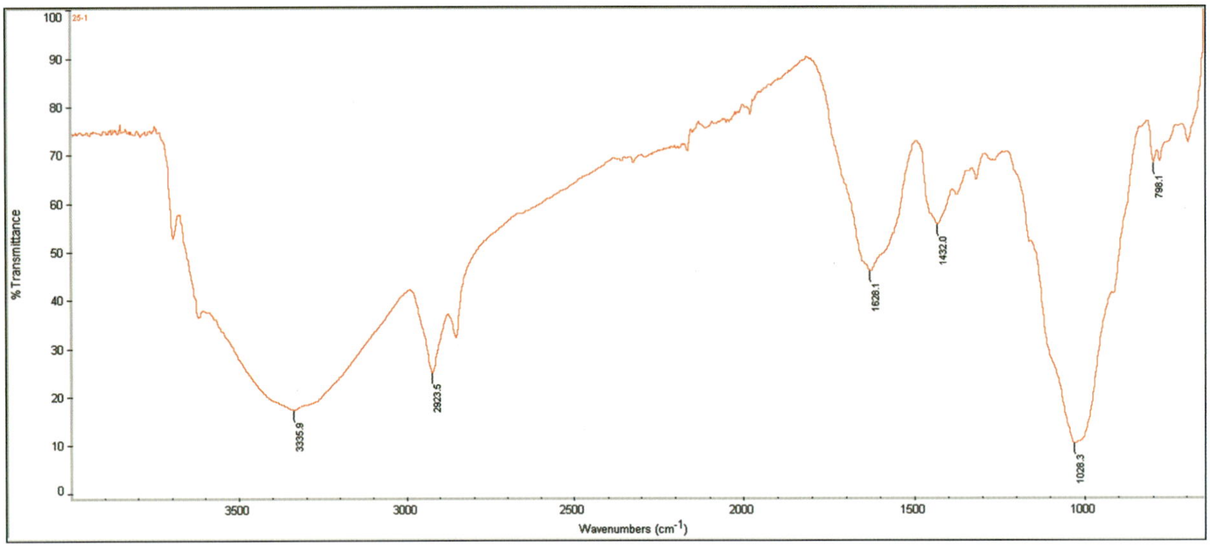

图 3—99　M3—424 红外图谱

M3-425：左墙后部髹饰层。该样品与 M3-424 相似，髹饰层下木材保存较好。样品表面主体呈棕红色，其间掺杂黑色颗粒，表面有较多污染物，漆层已出现收缩变形现象（图 3-100）。样品背面为木材。样品剖面不分层。经红外光谱分析，其主要成分为生漆（图 3-101）。

图 3—100　M3—425 正面观察结果（左 34×；右 100×）

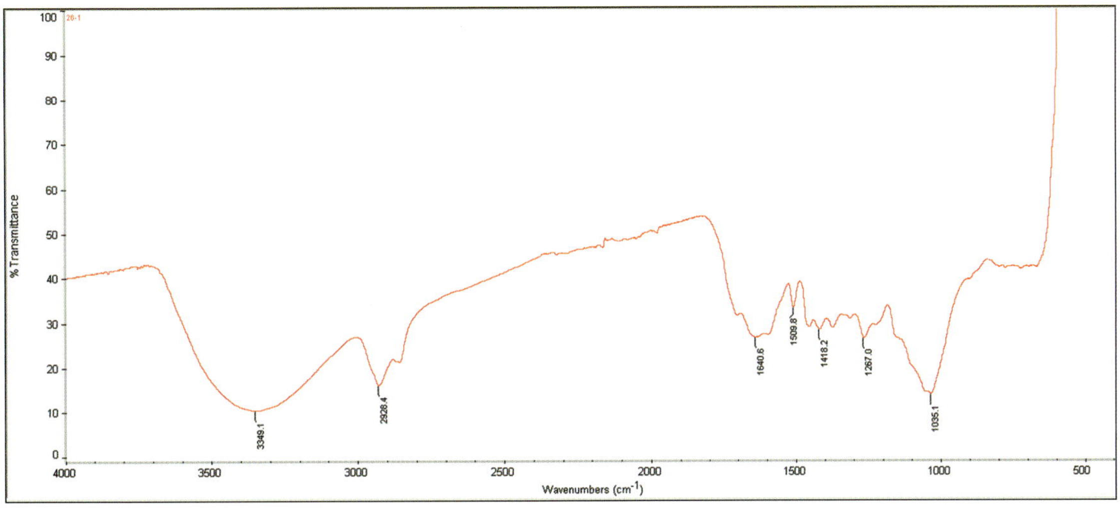

图 3—101　M3—425 红外图谱

M3-430：棺盖前端髹饰层。该样品与 M3-424 相似，表面主体呈黑色，有较多污染物，髹饰层存在收缩变形现象（图 3-102）。样品背面为木材。从剖面观察，其髹饰层不分层（图 3-103）。经红外光谱分析，其主要成分为生漆（图 3-104）。

图 3—102　M3—430 正面观察结果（34×）

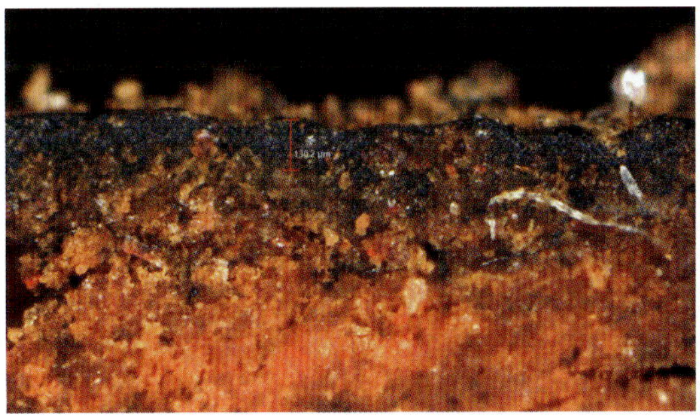

图 3—103　M3—430 横截面观察结果（200×）

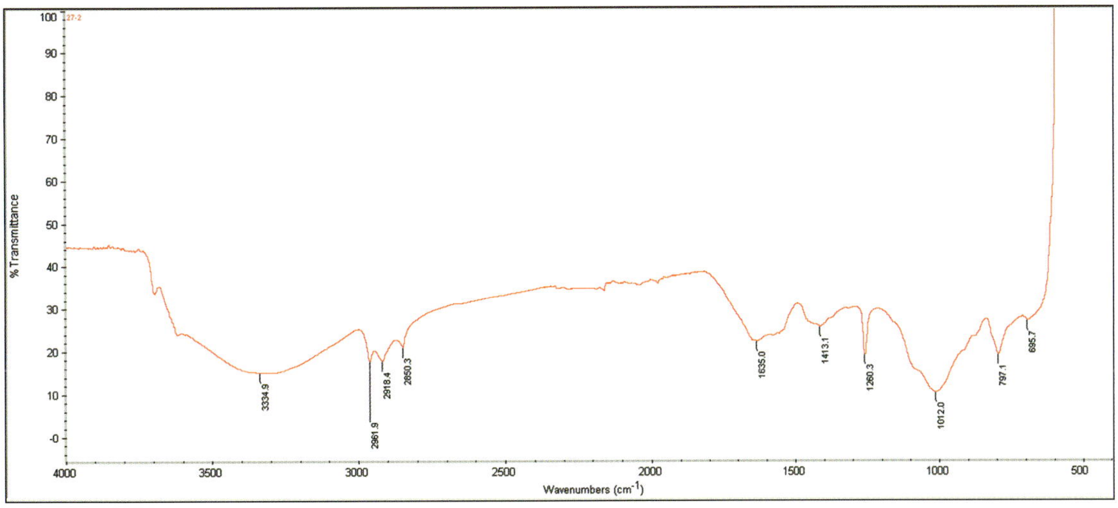

图 3—104　M3—430 红外图谱

M3-432：前挡最内层髹饰层。样品表面呈橘红色，有裂隙（图 3-105）。样品背面木材纹理清晰。样品剖面仅见一层桐油层（图 3-106）。能谱分析结果显示，其主体元素为 C、O、Mn 以及少量黏土矿物，说明其主体物质是有机物，而 Mn 元素可能来自桐油熟化工艺过程（图 3-107）。经红外光谱分析，其主要成分为桐油。

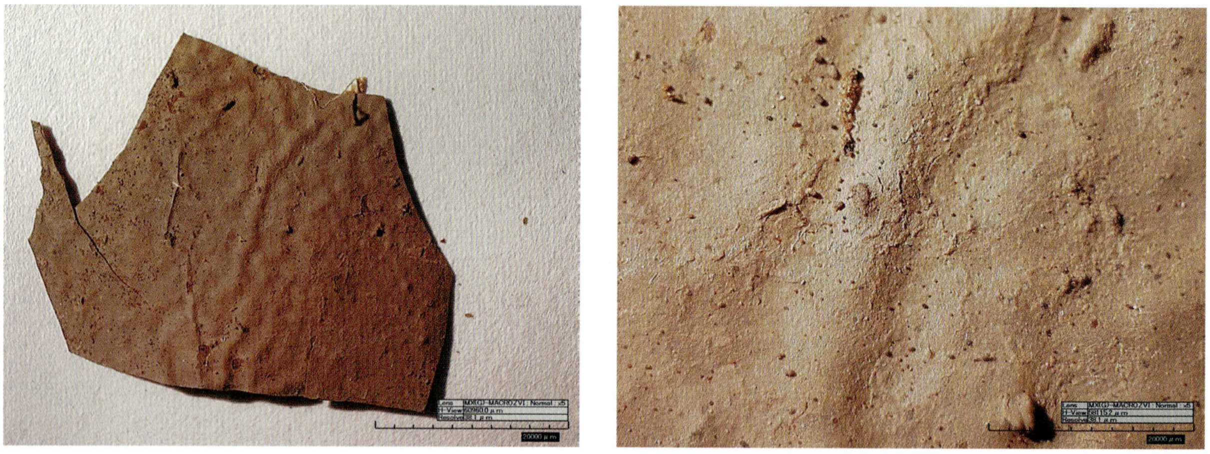

a. 正面（低倍）　　b. 正面（高倍）

图 3-105　M3-432 超景深观察结果

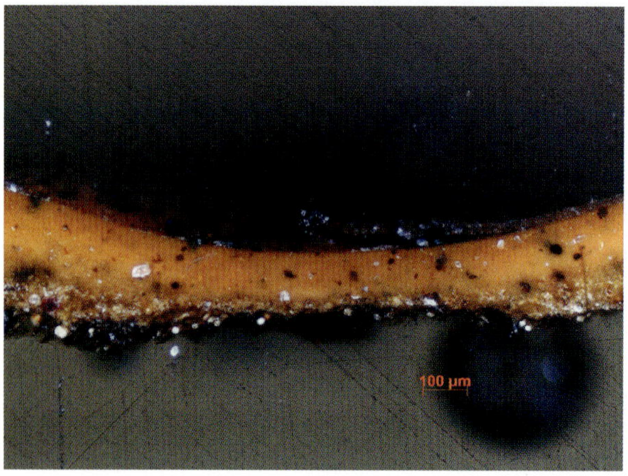

图 3-106　M1-432 切面照片（100×）

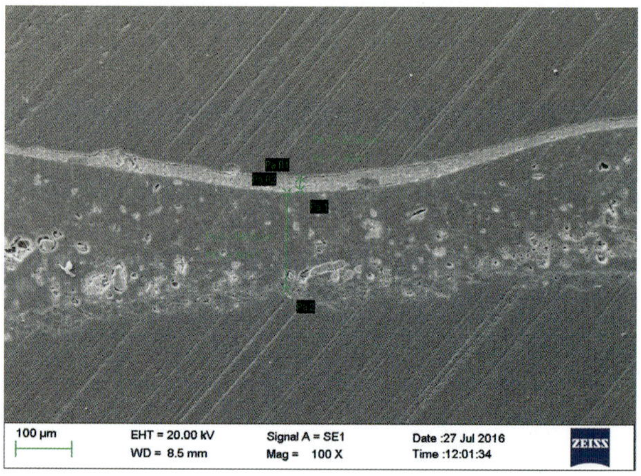

图 3-107　M3-432 扫描电镜图片

M3-433：前挡最外层髹饰层。样品正面呈橘红色泡状收缩（图 3-108），背面为纤维层。样品剖面可分为一层基底层和三层桐油层（图 3-109）。经能谱分析，其主体元素为 C、O、Mn 以及少量黏土矿物，说明其主体物质是有机物，而 Mn 元素可能来源于桐油熟化工艺过程（图 3-110、3-111）。经红外光谱分析，其主要成分为桐油。

图 3–108 M3–433 超景深观察结果

图 3–109 M3–433 切面照片（100×）

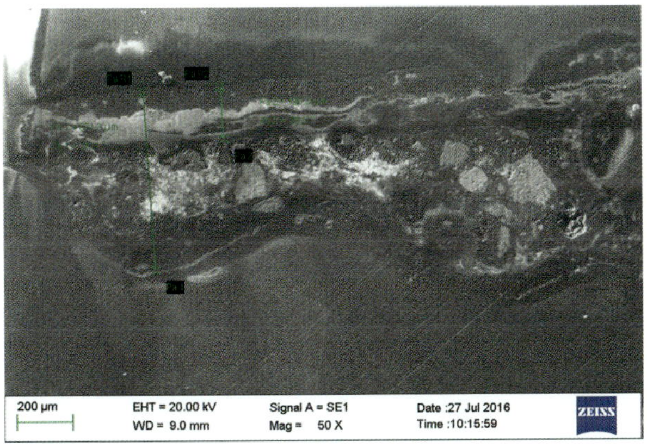

图 3–110 M3–433 扫描电镜图片 1

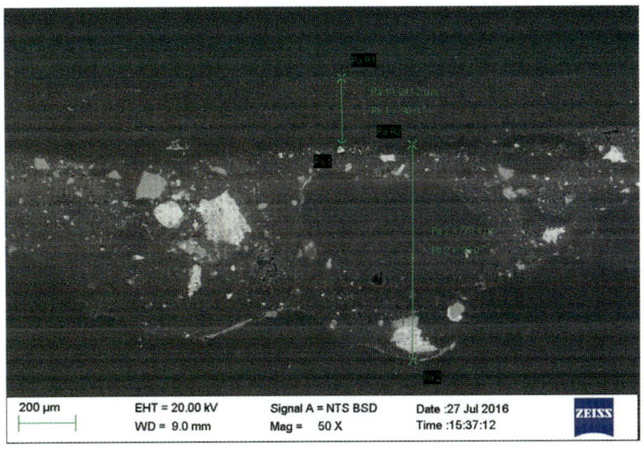

图 3–111 M3–433 扫描电镜图片 2

3. 密封料

共选取 3 个密封料样品，其中 M3-414 取自棺内板挖填木块与原材间，M3-418 取自棺盖与棺身间，M3-423 取自棺盖板缝间。

M3-414：棺内板挖填木块与原材间密封料。经红外光谱分析，其主要成分为生漆（图 3-112）。

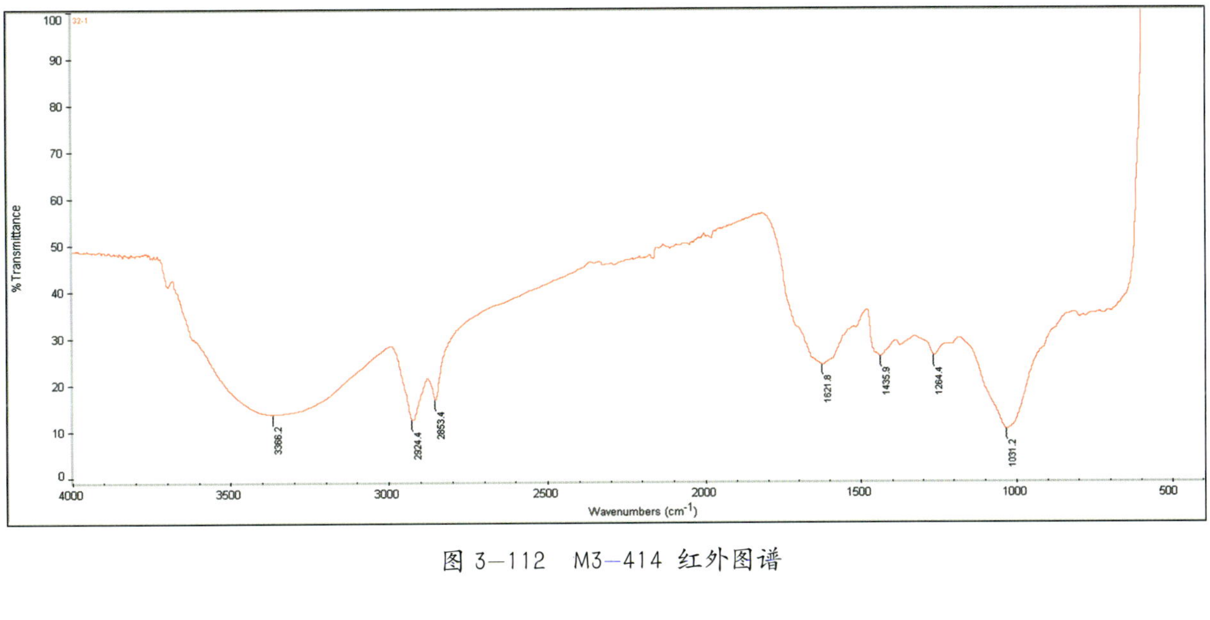

图 3–112 M3–414 红外图谱

M3-418：棺盖与棺身间密封料。样品两侧面分别呈黑色和褐色。从剖面来看，此样品除了上下表层，还包括黄色夹层、棕色夹层、黑灰色夹层（图 3-113）。经苏丹黑 B 染色后，样品剖面呈不同程度的黑色，表明其含有油脂类成分，推测为桐油（图 3-114）。

经考马斯亮蓝染色后，此样品剖面各层均未被染为蓝色，推测其中未添加蛋白胶类成分（图 3-115）。经红外光谱分析，其主要成分为生漆，且含有桐油（图 3-116）。

图 3-113 M3-418 横截面观察结果（100×）

图 3-114 M3-418 苏丹黑 B 染色后剖面（100×）

图 3-115 M3-418 考马斯亮蓝染色后剖面（200×）

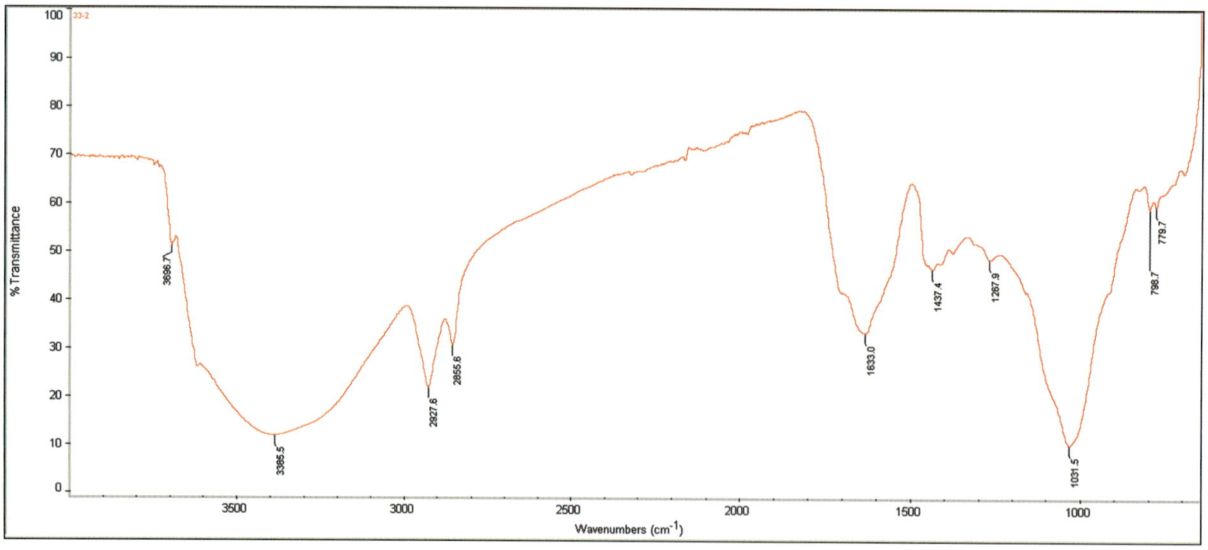

图 3-116 M3-418 红外图谱

M3-423：棺盖板缝间密封料。样品主体为黑色块，双侧面具有木纹痕迹，一侧附着有木材残留物。从剖面观察，此样品无分层结构（图 3-117）。经红外光谱分析，其主要成分为生漆（图 3-118）。

图 3-117　M3-423 横截面观察结果（100×）

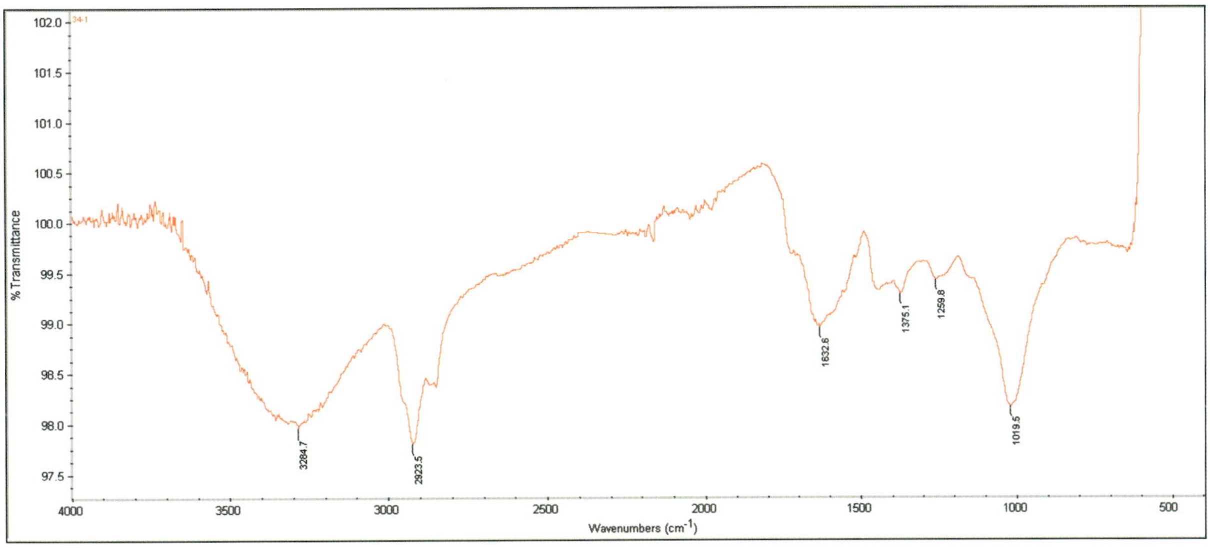

图 3-118　M3-423 红外图谱

4．填充物

M3-408：棺内石灰层。经衍射分析，其主要成分为 $CaCO_3$。

5．污染物

M3-402：前挡外淤泥。经衍射分析，其主要成分为 SiO_2（图 3-119）。

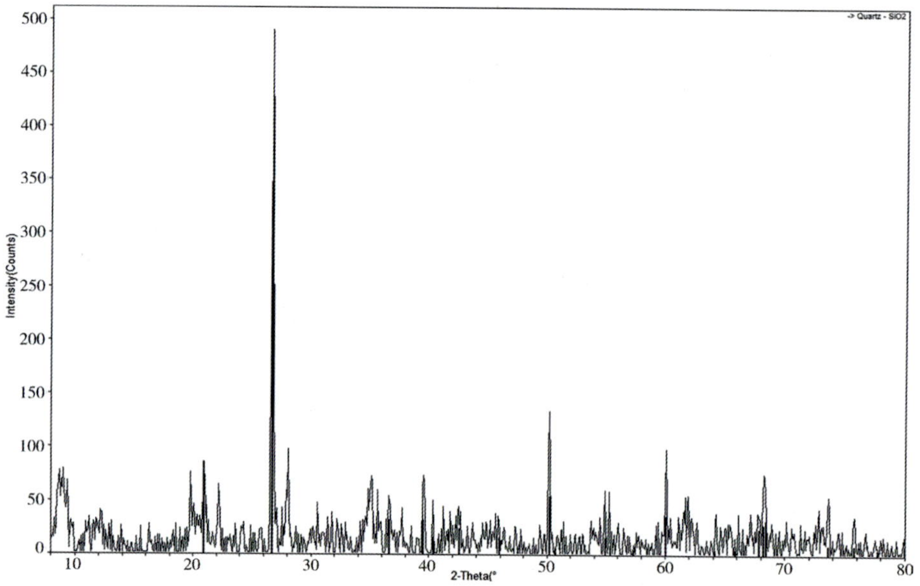

图 3-119 M3-402 衍射图谱

四、结果分析

根据以上 9 具棺木的 27 个树种、30 个髹饰层、7 个密封料、4 个填充物、6 个污染物、4 个文字层的分析测试结果，结合保护修复过程中的发现，初步得出以下认识。

（一）制作材料

1．木料选取

通过树种鉴定可知，本墓地棺木选材主要为圆柏或侧柏。两者都属乔木，高可达 20 米，圆柏直径可达 3.5 米，而侧柏直径为 1 米左右。在外形上，圆柏呈长尖塔形，而侧柏呈圆锥形；圆柏枝条向各个方向均匀分布，侧柏枝条几乎在一个平面上；圆柏孢子果较大，呈圆球形，侧柏孢子果外有 4 对孢子叶，成熟后完全开裂。古代棺木选材非常讲究，梓木最好，多为帝王所用，楠木次之，而多数人使用柏木。故 M1 南室棺木底部七星板所用梓木存在偶然性。

2．髹饰材料

通过对 37 个髹饰物和密封料样品进行红外光谱检测，发现被检测样品中均含有大漆成分，从而判断棺外髹饰材料主要为大漆。同时，根据 M1-302、M1-320、M3-201、M3-306、M3-328、M3-331、M3-418 等样品的红外分析结果，推测其中含有桐油。另外，部分髹饰材料中含有大量 Pb、Mn 元素，可能是由桐油熟化工艺过程中加入氧化锰和密陀僧所致。

3. 棺底填充材料

对取自M1南室（M1-311）、M2中室（M2-209）、M3-2室（M3-207）和M3-4室（M3-408）的4个棺底填充物样品进行衍射分析，结果表明其主要成分均为方解石。由此可推知棺底原填充生石灰来防潮，生石灰吸潮并接触空气后转化为碳酸钙。

4. 书画材料

通过对取自M1北室（M1-101）、M1中室（M1-201）、M2中室（M2-215）棺上的4个白色书写文字样品进行分析，可知4个样品的主要成分均为碱式碳酸铅（铅白）。通过对M3-3室棺盖表面前端金色描饰图案材料样品（M3-302）进行分析，推测其为金粉所绘。

（二）髹饰工艺

通过对37个髹饰层和密封料样品进行显微观察，结合红外光谱分析结果，可知这批棺木使用了多种髹饰工艺。即使同一棺木的不同位置，髹饰工艺也存在明显差异。据初步了解，该批棺木髹饰层有以下四种结构，从而可推测其髹饰工艺。

1. 单层

部分髹饰层样品为单层结构，红外光谱分析结果显示为大漆或桐油，或两者混合，色泽呈黑色（大漆）或褐色（桐油）。比较典型的样品有M1-308、M1-314、M3-106、M3-107、M3-203、M3-406等。推测这类髹饰层多没有漆灰基底层，而是在做好的木棺表面直接刷涂大漆或桐油，且髹饰层不分层。

2. 多层

部分髹饰层样品为多层结构，属传统髹饰工艺的做法。即先髹制基底层（或为平整木材表面坑洞而作），然后逐层髹饰。此类样品多为2—4层。其髹饰材料与单层髹饰层类似，为大漆或桐油，或两者混合。

3. 夹纻

此类结构在此次检测样品中并不多见，主要集中在M3的棺木样品中，其中最为典型的样品是M3-105、M3-206。初步推测其工艺流程为：制作木胎→涂刷漆灰层→裱裹麻布层（使用桐油）→髹制表层大漆。

4. 密封料

项目组将棺木运回室内后，发现棺盖与棺身间缝隙不清晰，有髹饰物填充其中；开棺后发现缝隙内有与外表一致的填充物，本项目称之为密封料。密封料的使用，推测有两种情况：一种情况是棺木制作时，板缝间除通过卯榫结构连接外，为增加密封性，还在接触面涂抹髹饰物；另一种情况是盖棺时，在棺盖与棺身间的接触面涂抹髹饰物。密封料除具有上述推测的填充板缝间、棺盖与棺身间的空隙，以增强其密封性的效果外，还具有使棺木表面平整、美观的效果。

多数密封髹饰层样品为单层结构，但取自棺盖与棺身密封处的样品M3-418除具有上下表层外，还包括黄色夹层、棕色夹层、黑灰色夹层。经染色观察，可知该样品内部多层结构虽有颜色差异，但各层主要成分中均含有桐油。

（三）剖面染色分析

剖面染色分析可进一步明确髹饰层的具体组分。项目组选取 3 座墓葬中较为典型的具有多层结构的髹饰层样品进行苏丹黑 B 染色实验后观察到，染色结果与超景深观察结果和红外光谱检测结果基本一致，除 M3-204 无明显着色外，其他红外光谱检测含有桐油的样品均有黑色着色。同时，也确认了样品基底层黄色、棕色或棕红色成分中均含有桐油。考马斯亮蓝染色结果进一步完善了其髹饰工艺特征，如通过对样品进行考马斯亮蓝染色实验，发现除 M3-331 外，其他样品均未出现大面积蓝色着色现象，由此推测 M3-331 可能为实现某种特殊工艺而在桐油外添加了蛋白胶类成分。

（四）棺外污染物

通过对取自 M1 北室（M1-106）、M1 南室（M1-301）、M2 中室（M2-201）、M3-2 室（M3-202）、M3-4 室（M3-402）等棺外污染物样品进行分析，可知棺外污染物的主要成分是碳酸钙、二氧化硅等。这类污染物可能是由该墓地的地势低所导致：周围水大时，棺木被浸泡在水中；水小时，棺内则缓慢出水（这一点从棺外水渍痕迹就可看出）。地下水中的可溶盐、泥土等在棺外不断沉积，从而形成棺外污染物。

第四章 病害调查与评估

为充分了解该批棺木的保存状况，项目组首先依据《可移动文物病害评估技术规程 竹木漆器类文物（WW/T 0060—2014）》对每具棺木进行了病害调查。在对每具棺木进行充分病害调查的基础上，对该批棺木的保存状况进行了整体评估，并对病害产生因素进行了初步分析。这些工作为后期的保护修复提供了重要参考。

一、M1

M1 位于墓地西部，白砂灰墓顶长 5.75 米，宽 4.40 米，为一墓三室结构。相对来讲，用白砂灰建造的墓葬规格比较高，并且白砂灰是棺木得以保存下来的重要因素。但从墓室内壁及棺木外表面的水渍来看，该墓葬曾进水。又由于白砂灰密封性较好等因素，造成进水和失水速度缓慢，墓室内部时而有水，时而无水，保存环境不稳定，对棺木的保护极为不利。

（一）M1 北室棺木

该棺木埋葬时间最早且属于迁葬性质，保存下来的棺木部件仅有一块带金字的棺盖板，上书“皇清例赠孺人刘母张太君享年二十六岁之灵柩”20 个金字（图 4-1）。棺盖板中部出现一条长 110.0 厘米的裂隙，端部糟朽严重，沿年轮形成了较多孔洞。棺盖内外表面尤其是字迹上附着有大量污染物及微生物，表面髹饰层有脱落、剥离现象，字迹存在模糊、残缺、脱落等病害，棺盖整体处于濒危状态。

图 4-1 M1 北室棺盖残留整体照

（二）M1 中室棺木

该棺木外形保存基本完整，构件齐全，整体强度尚可。棺木板材端部、边角和拼合处木质糟朽较重。髹饰层有开裂、脱落、剥离、残缺等病害。棺木整体外表面附着污染物较多。文字模糊不清。

1. 棺盖

棺盖外形完整，保存尚可，板与板连接处有缝隙，边角出现糟朽。髹饰层病害严重，存在起甲、空鼓、断裂、剥离、脱落等现象，且表层有较多污染物。因脱落及污染物，导致字迹模糊不清（图 4-2）。

图 4-2　M1 中室棺盖外

2. 棺身

棺身外形完整，保存尚可，髹饰层脱落、残缺等病害较重，污染物较多。左右墙基本完整，外层髹饰层脱落严重，伴有起翘、空鼓现象（图 4-3），右墙外髹饰层脱落尤其严重。前后挡板基本完整，最外层髹饰层尤其是前挡板髹饰层脱落严重（图 4-4、4-5）。底座后横向木块残缺，其余木块边角糟朽较重，髹饰层脱落严重。棺底髹饰层脱落严重。棺身各部位的边缘、连接处均存在木质糟朽及裂隙现象，局部残缺。棺底座上的铁环锈蚀严重。棺身外表面附着一层浮尘，左墙外有白色点状污染物。

图 4—3 M1 中室左墙外

图 4—4 M1 中室前挡外

图 4—5 M1 中室后挡外

3. 棺内

棺内保存有七星板和内盖板，表面沉淀的污染物较多。受尸液等影响，七星板下填充物呈泥状。

（三）M1 南室棺木

该棺木外形保存基本完整，棺内残缺七星板及内盖板，整体强度尚可。棺木板材边缘及交接处糟朽较重，缝隙加大，不乏存在表面髹饰层完整但其下有糟朽缝隙的情况。髹饰层有开裂、脱落、残缺等病害。棺木整体外表面附着污染物较多。文字模糊不清。

1．棺盖

棺盖外形完整，保存尚可，板与板连接处有缝隙，边角糟朽较重，髹饰层病害严重。棺盖左部拼接处有缝隙；中部板材拼接处的缝隙较深，最深处 5.0 厘米；右侧距前端 30.0 厘米处有一条长 28.0 厘米、最宽处 1.2 厘米、最深处 2.7 厘米的缝隙；缝隙内有糟朽木屑及污物等。棺盖尾部有三处糟朽的孔洞。棺盖内面前部糟朽缺损，左侧后角缺损。髹饰层存在起甲、空鼓、断裂、剥离、脱落等病害，且表层有较多污染物。因脱落及污染物造成字迹不清。

2．棺身

棺身外形完整，整体保存尚可，髹饰层脱落、残缺严重，污染物较多。左右墙有糟朽缝隙，其中右墙中部缝隙长 195.0 厘米，最宽处 1.0 厘米，最深处 1.2 厘米；右墙尾部、连接处均严重糟朽，且内部缺损严重，有深度为 50.0 厘米的糟朽洞；右墙下部有大面积白色污染物（图 4-6）。左墙缝隙较小。右墙最外层髹饰层脱落殆尽，左墙最外层髹饰层有较少残存（图 4-7）。

图 4-6　M1 南室右墙外

图 4-7　M1 南室左墙外

前后挡基本完整，略有缝隙，最外层髹饰层脱落，且脱落的髹饰层卷曲严重（图4-8、4-9）。

棺底拼接处存在三条糟朽缝隙，左侧缝隙相对较深，糟朽严重，髹饰层脱落严重。底座四个角存在糟朽残缺，右中后部残缺严重，尾部有一处糟朽洞，髹饰层脱落严重。棺身外侧附着泥土及大量微生物。棺底座上的四个铁环锈蚀严重。

图 4—8 M1 南室前挡外

图 4—9 M1 南室后挡外

3. 棺内

内盖板残缺，七星板糟朽严重，已呈片状。左右墙内表面有糟朽及孔洞现象，左墙中部有一条横向缝隙。内表面附着污染物较多。棺内填充物与糟朽碎屑混合在一起。

二、M2

M2 位于墓地东部，白砂灰墓顶长 6.25 米，宽 4.35 米，为一墓三室结构。其埋葬环境与 M1 相似。

（一）M2 东室棺木

仅存棺盖。棺盖正面残缺，存在多处糟朽坑洞；左侧基本完整，左侧裂隙宽约 0.5 厘米，深 5.0 厘米；右侧中后部残缺严重，右侧裂隙长 45.0 厘米。髹饰层病害较重。棺盖背面糟朽严重，髹饰层残缺。棺盖表面附着污染物较多。文字模糊不清（图 4-10、4-11）。

图 4—10　M2 东室棺盖外

图 4—11　M2 东室棺盖内

（二）M2 中室棺木

该棺木外形保存基本完整，棺木左墙中下部有盗洞，七星板下托撑木条糟朽严重，整体强度尚可。棺身口沿糟朽较重，板材边缘及交接处糟朽严重，缝隙加大。棺木板材端部、边角木质糟朽较重。髹饰层有开裂、脱落、剥离、残缺等病害。棺木整体外表面附着大量泥土及微生物，有植物根系残留。文字模糊不清。

1. 棺盖

棺盖外形基本完整，髹饰层病害严重，污染物较多。正面木板拼接处存在较多细小裂隙，其中前端裂隙长 33.0 厘米，后端裂隙长 55.0 厘米。可能因棺木湿度较低，导致木质有收缩现象，后由于环境干燥，致使木板拼接处出现裂隙。局部髹饰层出现开裂现象。棺盖表面存在污染物。字迹残缺、模糊（图 4-12、4-13）。

图 4—12　M2 中室棺盖外

图 4—13　M2 中室棺盖内

2. 棺身

棺身外形基本完整，保存尚可。棺口有糟朽，左墙因盗洞而残缺，左右墙木质均存在细小缝隙。前后挡保存尚可，底座糟朽较重，局部有残缺。棺身板材边角及接缝处糟朽，局部有残缺。髹饰层保存尚可，存在因板材糟朽而造成的空鼓等病害。棺身表面泥土等污染物及植物根系较多（图 4-14、4-15）。

图 4—14　M2 中室左墙外

图 4—15　M2 中室右墙外

3. 棺内

板材接缝处糟朽，并造成髹饰层脱落、空鼓、起翘等病害。七星板及内表面污染物较多，填充物已板结，呈块状。

三、M3

M3 位于墓地南部，白砂灰墓顶长 8.00 米，宽 4.50 米，为一墓四室结构。其埋葬环境与 M1 相似。

（一）M3-1 室棺木

1. 棺盖

棺盖外形基本完整，棺盖内面两侧边沿有多处缺损。内表面糟朽严重。外表面被较厚的泥土覆盖，文字及图案模糊不清。外表面前部右侧残存些许金粉，易掉落（图 4-16）。

图 4-16　M3-1 室棺盖外

2. 棺身

棺身外形完整，保存尚可，污染物较多。左右墙板糟朽，右墙后部有长 80.0 厘米的缝隙。前后挡保存尚可，前挡板上部两块板断裂。棺底两条缝隙明显，最宽处 8.0 厘米，且每块木板都有不同程度的糟朽坑洞。底座前部糟朽，前左角残缺。棺身板缝间及边角处均存在糟朽病害。除边角和缝隙处外的髹饰层保存尚可。棺身外表面附着泥土及大量植物根系。棺底座上的四个铁环锈蚀严重（图 4-17、4-18、4-19）。

3. 棺内

内盖板及七星板残缺。棺内壁糟朽较重，导致髹饰层脱落严重，且存在卷曲、残缺等病害。棺底有较多硬结物（图 4-20）。

图 4-17　M3-1 室右墙外

图 4-18　M3-1 室前挡外

图 4-19　M3-1 室后挡外

图 4-20　M3-1 室棺内

（二）M3-2 室棺木

该棺外形完整，棺口、板材边缘及接缝处糟朽，髹饰层保存尚可。棺木外表面附着大量泥土及微生物。

1. 棺盖

棺盖外形完整，内表面糟朽，且髹饰层剥离、脱落严重。棺盖上字迹、纹饰因灰尘而模糊不清，局部金粉和字迹有脱落现象（图 4-21）。

2. 棺身

整体外形完整，强度尚可。板材边缘及接缝处糟朽，造成髹饰层空鼓、开裂等病害。整个底座尤其是四角及边缘糟朽严重。底座前端有残缺和裂缝，底座尾部右侧糟朽严重，有一处深 30.0 厘米的糟朽洞。棺身外表面有泥土污染物、植物根系及白色钙化物。棺底座上的铁环锈蚀严重，表层附着有大量锈蚀硬结物（图 4-22、4-23、4-24、4-25）。

图 4-21　M3-2 室棺盖外

图 4-22　M3-2 室左墙外

图 4-23　M3-2 室右墙外

图 4-24　M3-2 室前挡外

图 4-25　M3-2 室后挡外

3. 棺内

内盖板、七星板及七星板下托撑等构件保存尚可。七星板下填充物尚存，但已板结。内壁髹饰层存在不同程度病害，表面污染物较多。七星板上有疑似尸液的黑色污染物。

（三）M3-3 室棺木

该棺木外形不存，前后挡板、棺底板及底座残缺。残存部分已散落成单块木板，且边缘糟朽较重。髹饰层脱落严重，且存在卷曲等病害。棺木表面污染物较多。

1. 棺盖

已散落成多块木板，整体糟朽严重，尤其是木板的边角处。因木板糟朽，导致其上髹饰层出现断裂、起翘、残缺等多种病害。棺盖外表面髹饰层上的金粉脱落，图案模糊。表层布满泥土、霉菌等附着物（图 4-26、4-27）。在该棺盖残存的木板上发现一处原始修补痕迹，为研究其拼板工艺提供了便利。

图 4—26　M3—3 室棺盖外

图 4—27　M3—3 室棺盖内

2. 棺身

棺板散落，外形无存。前后挡板、棺底板及底座糟朽无存，左墙除上部两块木板尚连接在一起外，其余均散落成单块木板。同时，残存的棺身板材存在边角糟朽、残缺、断裂及空洞等病害。因板材糟朽，导致髹饰层剥离严重，存在起翘、卷曲等较重病害。棺身内外髹饰层上布满泥土等污染物。

（四）M3-4 室棺木

该棺外形完整，棺口、板材边缘及接缝处糟朽较重，髹饰层保存尚可。棺木外表面附着大量泥土及微生物。

1. 棺盖

棺盖外形完整，内面卯榫口糟朽较重，局部有残缺，两侧残缺更重。板材边角处有糟朽现象，板与板接缝处有裂隙。髹饰层保存尚可，其上布满泥土及植物根系（图 4-28、4-29）。棺盖上有原始修补痕迹。

图 4—28 M3—4 室棺盖外

图 4—29 M3—4 室棺盖内

2. 棺身

整体外形完整，髹饰层保存尚可，表面污染物及植物根系较多。棺板边角及接缝处糟朽，造成裂隙、空洞等病害。棺木右墙表面有裂隙 9 处，长度 10.0—40.0 厘米不等，右墙中上部有多处糟朽缝隙和孔洞。左墙与底座连接处有糟朽缝隙。后挡板糟朽、残缺严重，木板连接处缝隙较宽且深。底座前部和底座后上部有三处糟朽的孔洞，深度为 5.0—10.0 厘米。棺身底部中间位置有一处原始修补痕迹。因木质糟朽，导致棺木边角及接缝处的髹饰层存在开裂、起翘等病害。棺身髹饰层上污染物较多，局部残留植物根系，且前挡板外有微生物病害(图 4-30、4-31、4-32、4-33）。

图 4-30 M3-4 室左墙外

图 4-31 M3-4 室右墙外

图 4—32　M3—4 室前挡外

图 4—33　M3—4 室后挡外

3．棺内

因棺内髹饰层薄，导致木质糟朽更重，尤其是接缝处。七星板已全部糟朽腐烂，七星板下托撑尚存。从残存迹象来看，左右墙及前后挡拼板后，用燕尾榫加强连接。可惜燕尾榫均糟朽较重，其周围棺体也受到影响。棺内共发现 6 个燕尾榫，分别位于右墙前部（1 个）、左墙后部（2 个）、底板前部（2 个）、底座后部（1 个）。棺底中间有 1 条贯通前后的裂隙，最大深度 3.0 厘米左右，最大宽度 0.5 厘米左右。髹饰层较薄，且因其下木质腐朽，故棺内髹饰层也存在与棺外髹饰层类似的病害。

四、病害评估

在国家文物局颁布的《馆藏出土竹木漆器类文物病害分类与图示 (WW/T 0003—2007)》和《可移动文物病害评估技术规程　竹木漆器类文物 (WW/T 0060—2014)》中，出土竹木漆器类文物的病害分为胎体饱水、胎体残缺、胎体断裂、胎体裂隙、胎体变形、胎体变色、胎体动物损害、胎体微生物损害、胎体盐类病害、胎体糟朽、漆膜残缺、漆膜脱落、漆膜裂隙、漆膜卷曲、漆膜起泡、彩绘残缺、彩绘脱落、彩绘褪色、字迹残缺、字迹模糊 20 种。

依据此标准，在前期单个棺木病害分析的基础上，项目组按照木胎、髹饰层、彩绘及文字三类，对该批棺木存在的病害进行了详细评估。

（一）木胎

1．饱水

指竹器、木器和漆器胎体其组织结构内饱含水分。该批棺木虽然出土于半干燥环境，但棺木板材中含有较多水分，且高于沂南地区木材的平衡含水率。自 2013 年运抵沂南县博物馆进行室内保存以来，经过近 3 年的自然脱水工作，该批棺木在进行保护修复前的含水率基本达到当地木材的平衡含水率。

2. 残缺

指出土竹器、木器、漆器胎体原器型出现缺失。9 具棺木中，出现残缺的情况较多，主要包括 M1 北室、M2 东室、M3-2 室、M3-3 室和 M3-4 室棺木等。残缺病害主要分两种，一种是构件缺失，如 M1 北室棺木仅剩一块板材，M2 东室棺木仅剩棺盖，M3-3 室棺木缺失前后挡、棺底板及底座；另一种是局部缺失，如 M2 中室棺木的底座及左后棺身（图 4-34、4-35）残缺。第二种情况多见于棺木底座或棺盖的四角边缘处以及木板的卯榫拼接处等位置，其成因主要有木质本身的糟朽、埋藏环境中污染物的影响及微生物损害等。此外，还有一些人为原因，如二次迁葬、盗扰等。

图 4-34 M2 中室底座残缺

图 4-35 M2 中室左后棺身残缺

3. 断裂

指竹器、木器、漆器胎体因种种原因从一个整体而断为两个甚至多个部分。在该批棺木中，断裂病害可分为两种。一种是整体结构的断裂，如 M2 东室、M3-3 室棺木等（图 4-36）。棺木的棺墙、前后挡等本为一个整体，因腐朽，板与板间的连接断裂而散为一块块单板，这种情况比较多见。另一种是一块单板因受力不均匀或木材本身有瑕疵，导致其从某一部位断裂（图 4-37）。

4. 裂隙

指竹器、木器、漆器胎体开裂产生的缝隙。9 具棺木的胎体均存在裂隙病害，且多位于树木的年轮交接处，也有的裂隙是因板材接缝而造成。部分裂隙因髹饰层脱落而比较明显，相应地，部分裂隙也会造成髹饰层的脱落。棺木的选材是棺木胎体产生裂隙病害的主要影响因素，其中，边材质量上乘，强度高且不易产生糟朽、裂隙等病害；表材或心材的缺陷较多，有些甚至需要进行修补后方可作为棺木的板材来使用，且这种板材在下葬后的埋藏过程中容易造成糟朽、裂隙等病害（图 4-38、4-39）。

图 4-36 M3-3 室左墙散开整体照

图 4-37 M3-3 室右墙木板断裂

图 4-38 M1 南室棺盖左侧板裂隙

图 4-39 M2 中室右墙细小裂隙

5. 糟朽

指在长期的保存过程中，构成竹器、木器、漆器胎体的纤维素、木质素等大分子物质的化学结构发生严重降解，导致竹器、木器、漆器胎体的生物结构疏松，力学强度大幅降低的现象。9具棺木胎本体均存在不同程度的糟朽。糟朽病害多存在于棺木各个构件的边脚、接缝处，棺底座处最为严重。部分板材因表面的髹饰层较薄，起不到保护作用，从而整体糟朽，如M2东室棺木（图4-11）。同时，木材糟朽又可导致髹饰层出现空鼓等病害。部分板材因树木巴结等自身缺陷，不仅会在表面出现糟朽病害，还会造成孔洞现象。有些小面积的糟朽孔洞位于髹饰层之下，不易被发现（图4-40、4-41）。

图 4—40　M3—3 室右墙内侧前部

图 4—41　M3—4 室棺木底座

6. 生物损害

指竹器、木器、漆器胎体因微生物的滋生而产生的伤害。推测 3 座墓葬上方原有居民居住且曾有高大的、根系发达的树木生长。树木根系从白灰浇灌空隙或盗洞中进入墓葬，从而导致棺木上长满了毛细树根。这一现象在 M3 中表现特别突出，如 M3-1 室棺墙上长满了毛细根系（图 4-17），M3-4 室棺盖上有较粗的树根（图 4-42）。

图 4-42 M3-4 室棺盖前部较粗根系

7. 盐类病害

指竹器、木器、漆器胎体因可溶性盐类存在而造成的病害。从棺木和墓壁的水痕印迹可以看出，这几座墓室曾经进过水，且水位变化较大。因此，地下水中的盐分会在棺木外富集，尤其是在一些髹饰层残缺、脱落的位置（图 4-43）。

图 4-43 M2 中室左侧板盐类病害

8. 人为损害

除以上常见病害外，该批棺木中还存在人为损害，其中尤其明显的是M2中室、M2西室遭受盗掘，M2中室棺木左墙被锯除较大缺口（图4-14）。人们的生产活动也会在不经意间对棺木造成损害，如植树（树木根系会对棺木产生破坏，其根本原因是人为损害）。

（二）髹饰层

《馆藏出土竹木漆器类文物病害分类与图示（WW/T 0003—2007）》中所指的漆膜方面的病害，在该批棺木中特指棺内外髹饰层的病害。

1. 残缺

指棺内外髹饰层出现缺失，无法保持髹饰层的完整性。从第三章的分析测试结果来看，这批棺木的髹饰层多为多次刷涂而成，刷涂时可能间隔时间比较长，导致髹饰层自然分层，结合不够紧密。另外，胎体的糟朽也会导致髹饰层残缺。以上两种因素均容易造成髹饰层整体或分层脱落，从而导致髹饰层残缺（图4-44）。

2. 脱落

指髹饰层完全脱离其依附的棺木基体。脱落多发生在多层髹饰层，因底层髹饰层与棺木结合紧密，但外层髹饰层与底层髹饰层刷涂时间间隔长，故与底层髹饰层结合不够紧密。另外，胎体的糟朽也会造成髹饰层脱落。9具棺木中，M1南室和M1中室棺木外表面髹饰层、M3-1室和M3-3室棺木内表面髹饰层脱落情况均较严重（图4-45）。

图4—44 M1中室棺盖髹饰层残缺

图4—45 M3—1室棺内髹饰层脱落、残缺

3. 裂隙

指髹饰层开裂而形成的缝隙。从第三章的分析测试结果来看，这批棺木髹饰层的制作时间短、制作工艺相对简单，加之受埋藏环境中湿度等因素影响，髹饰层容易发生开裂，从而形成裂隙。此外，棺板材接缝处松动或树木年轮，也容易造成髹饰层的裂隙（图 4-46）。

4. 卷曲

指棺木髹饰层部分脱离胎体呈卷起状。卷曲多发生在髹饰层较薄且有一点韧性的位置，是造成大面积脱落的前兆（图 4-47）。

5. 起泡及皱褶

起泡指棺木髹饰层出现水泡样突起；皱褶指有些髹饰层表面发生皱褶。二者是由于干燥过程中髹饰层出现不同程度收缩而造成（图 4-48、4-49）。

图 4-46　M1 中室棺盖髹饰层裂隙

图 4-47　M1 南室棺盖前端髹饰层卷曲

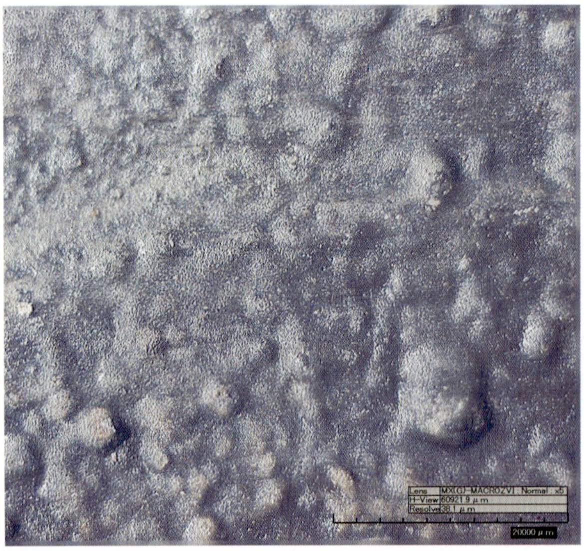

图 4-48　M1 南室棺内髹饰层起泡

图 4-49　M1 中室前挡外髹饰层皱褶

（三）彩绘及文字

1. 字迹及彩绘残缺

指棺木上的字迹或彩绘出现残缺，无法保持其完整。M1 北室、M1 中室、M1 南室、M2 东室、M2 中室、M3-1 室、M3-2 室、M3-3 室 8 具棺木的棺盖上保留有文字或彩绘，前三者保存较好，部分字迹或彩绘图案可以辨识，但都存在残缺病害（图 4-50）。

2. 字迹模糊

指肉眼可观察到的字迹模糊。每具保留有字迹的棺木均存在这一病害，但程度有所不同。其中，M1 北室棺木上的字迹保存最为完好，可辨识；M2 中使用白色颜料的 2 具棺木上的文字保存一般，可部分识别（图 4-51）；M3 诸棺木上的金粉字迹模糊不清（图 4-52）。

图 4-50　M2 东室棺盖板字迹残缺

图 4-51　M2 东室棺盖板字迹模糊

图 4-52　M3-1 室棺盖板金色图案模糊

3. 彩绘脱落

指彩绘完全脱离其依附的基体而与文物分离。M3 中的 3 具棺木制作考究，均有文字和彩绘，且其彩绘材料为金粉，直接施于棺板上，在后期的埋藏环境中容易脱落（图 4-53）。

4. 彩绘褪色

指彩绘颜料的色度降低，由鲜明变暗淡，由深变浅。M2 中的 2 具棺木上的文字采用白色颜料书写，受埋藏环境影响，产生了褪色现象（图 4-54）。

图 4—53　M3—1 室棺盖板彩绘脱落

图 4—54　M2 中室棺盖板字迹褪色

（四）铁环锈蚀

M1 南室、M1 中室、M3-1 室、M3-2 室和 M3-4 室棺木的底座上装有铁环，在埋藏过程中均产生了不同程度的锈蚀（图 4-55）。

图 4—55　M1 南室右墙底座铁环锈蚀

五、整体评估及病因分析

（一）保存状况整体评估

项目组依据《馆藏出土竹木漆器类文物病害分类与图示（WW/T 0003—2007）》，对每具棺木的具体病害进行分析整理并归类，大致分为棺木胎体、髹饰层、文字及其他三个部分（表 4-1），同时对每具棺木整体保存状况按照完好、微损、中度、严重和濒危五个等级进行了整体评估（表 4-2）。9 具棺木保存状况堪忧，亟待进行保护修复工作。

表 4-1 各棺木不同位置病害情况评估表

病害		M1 南	M1 中	M1 北	M2 东	M2 中	M3-1	M3-2	M3-3	M3-4
胎体	残缺	√	√	√	√	√	√	√	√	√
	断裂						√		√	√
	裂隙	√	√	√	√	√	√	√	√	√
	糟朽	√	√	√	√	√	√	√	√	√
	生物损害			√		√	√	√	√	√
	盐类病害	√	√	√	√	√	√	√	√	√
	人为损害					√				
髹饰层	残缺	√	√	√	√	√	√	√	√	√
	脱落	√	√	√	√		√	√	√	√
	裂隙	√	√	√	√	√	√	√	√	√
	卷曲	√	√	√	√		√		√	√
	起泡	√	√		√	√	√		√	
文字及其他	残缺	√	√	√	√	√	√		√	
	脱落	√	√	√	√				√	
	褪色	√	√	√	√	√	√	√	√	
	模糊	√	√	√	√	√	√	√	√	
	铁环锈蚀	√	√							

表 4-2 各棺木整体保存状况评估表

保存状况	M1 南	M1 中	M1 北	M2 东	M2 中	M3-1	M3-2	M3-3	M3-4
完好									
微损									
中度									
严重	√	√	√	√	√	√	√		√
濒危								√	

（二）病因分析

为更好地做好保护修复工作，项目组从内因、外因两方面对造成9具棺木上述病害的因素进行了简要分析。

1．内因

内因方面，导致棺木遭受病害的因素主要有以下两点。

一是选材。材料的选择是影响棺木出现病害的重要因素，若选材好，则不易产生病害；反之，则棺木出现病害的概率较大。如木材选择方面，M1南棺主体部分选用完整木材，故保存完好，没有任何糟朽痕迹。而有些棺木选用表材或心材，有些棺木选用存在树木巴结的木材并在巴结处采取挖补措施等，这些选材均容易导致病害的产生。此外，所选用木材的干燥程度也是影响棺木病害产生的因素。再如髹饰层材料的选择方面，选用桐油或生漆的质量也会影响髹饰层的质量，进而影响棺木病害的产生。

二是制作工艺。棺木胎体制作完成后，选料上乘的棺木就可以直接刷漆；对于表面光洁度差、表面缺陷多或有填补的棺木，则需先刷涂基底层进行修整，然后再进行外层刷涂。不同的棺木，其髹饰层的刷涂次数也有不同。这些制作工艺的不同，会导致棺木髹饰层厚薄及抵御病害的能力不同。另外，古人有提前准备寿材的习俗，提前准备的棺木，其髹饰工艺持续多年，髹饰层质量较好，不易产生病害。但也有仓促下葬的情况，这种情况下棺木的髹饰工艺比较着急，可能会导致髹饰层质量下降，容易产生病害。

2．外因

外因方面，导致棺木遭受病害的因素主要有以下两点。

一是埋葬环境。9具棺木中，多数棺外有水渍痕迹，部分棺内也有类似现象。推测是由于该墓地所处地势低，周围水大时，棺木被浸泡在水中，水小时，棺内则缓慢出水，从而导致棺木出现糟朽等各类病害。同时，地下水中的可溶盐、泥土等不断在棺外沉积，也导致棺外出现盐类病害。

二是人为因素。人们在墓葬上方进行污水排放、植树等各类活动，也会对棺木造成破坏，如人们的植树活动导致有些棺木外表面布满植物根系。另外，盗掘活动也对棺木造成了一定程度的破坏。

第五章　棺木木作材料、工艺与保护修复

丧葬文化是中华民族几千年文化文明史中的重要组成部分。土葬是我国产生最早、流传时间最长、使用范围最广、涉及民族最多的一种丧葬民俗，棺材是丧葬中最为重要的葬具，亦称寿棺、枋、寿枋、老房，是盛装人类遗体的匣柜。棺材可以用不同的物料制造，最常见的是以木材制造，一般用柏木、松木、楠木、柳木、桐木等。以往的研究中，学者对丧葬习俗的关注较多，对棺木木作工艺方面的关注较少。

一、木作材料

古代棺木选材非常讲究，其中梓木最好，多为帝王所用；楠木次之，楠木的色泽淡雅匀称，伸缩变形小，耐腐朽，木材优良，具芳香气，是古时的王孙贵族首选寿料用材；一般富裕人家多选用柏木，柏木耐腐性极强，加工容易，切削面光洁，经油漆后光亮性特好，古代帝王墓葬内著名的“黄肠题凑”即为上千根柏木方整齐堆叠而成；普通百姓家多选用柳木、桐木等常见树种，相对来讲比较杂。

在沂南河阳墓地出土的 9 具棺木中，项目组共选取 27 个木材样品进行树种鉴定工作（附录四）。除 M1 南室棺底七星板所用为梓木外，其余均为柏木，柏木树种分为圆柏和侧柏两种。为系统了解单具棺木各个部位的选材情况，项目组在 M3-4 室棺木的 7 个位置选取木材样品，分别是棺盖主材（M3-428）、棺盖补配材（M3-429）、左墙（M3-403）、前挡板（M3-411）、后挡板（M3-401）、七星板横托撑（M3-409）、散落木块（M3-434），其种树鉴定结果均为柏木。

这批棺木对棺盖、棺墙、棺底的厚度和块数等非常讲究。如 M1 南室棺盖、棺墙、棺底最大厚度为 17.0 厘米，相当于“六寸”；M1 南室的棺盖、棺墙、棺底板材块数分别为 3 块、3 块、5 块，从横断面来看，M1 南室棺木共由 14 块板材组成。

从以上分析来看，该墓地 9 具棺木的选材非常讲究，包括部分燕尾榫都选用了柏木，并且对板材的厚度和块数有较高要求，说明墓主家境比较殷实。

二、棺木木作概况

沂南河阳墓地出土的 9 具棺木表面髹饰层脱落严重，且部分棺木板材间脱离，为研究这批棺木的木作工艺提供了便利。

为提取棺木木作工艺信息，项目组主要关注了棺木外形及各组件的尺寸、各组件间的连接结构及细节。在测量过程中，项目组使用激光水准仪，以保证测量数据准确。同时，将数据导入计算机，利用 CAD 软件绘制图纸，并在制图过程中充分依据考古资料及棺木左右对称等特征，有效提高了图纸的精准性。精准图纸既可以用于研究棺木木作工艺，又为部分结构不完整棺木（如 M3-3 室棺木）的木胎保护修复工作提供数据支撑（图 5-1、5-2、5-3）。

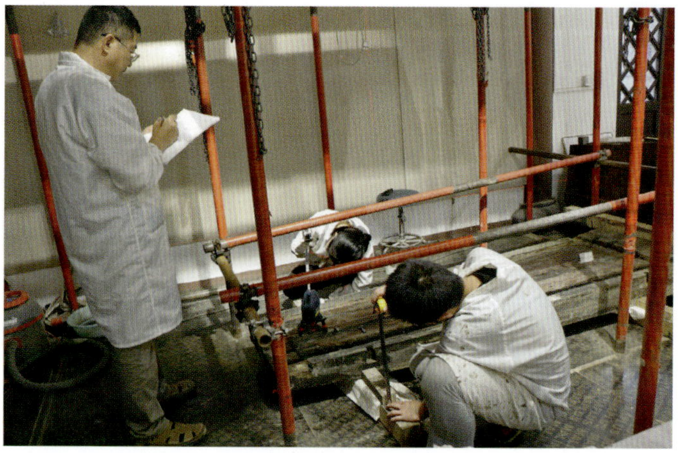

图 5-1　M3-3 室棺木棺盖尺寸记录

图 5-2　M3-3 室棺木放置水平仪

图 5-3　M3-3 室棺木前挡板测量

（一）M1 南室棺木

M1 南室棺木整体外形平直，前高后低，前宽后窄，上窄下宽，前视为梯形。棺木由棺盖、内盖板、左右棺墙、前后挡板、七星板、棺底、底座九部分构成。棺盖、棺墙、棺底、底座等构件外形与整体外形相似，前厚后薄，前宽后窄（图 5-4、5-5）。

棺盖：用材最重，总长 239.8 厘米，前端厚 17.0 厘米、宽 85.0 厘米，后端厚 14.5 厘米、宽 64.0 厘米。由三块板龙凤榫连接而成，每块板宽度基本一致。

棺墙：左右墙对称，尺寸相同。总长 227.1 厘米，前端厚 14.5 厘米、高 67.1 厘米，后端厚 13.0 厘米、高 48.0 厘米。各由三块板龙凤榫连接而成，每块板宽度基本一致。

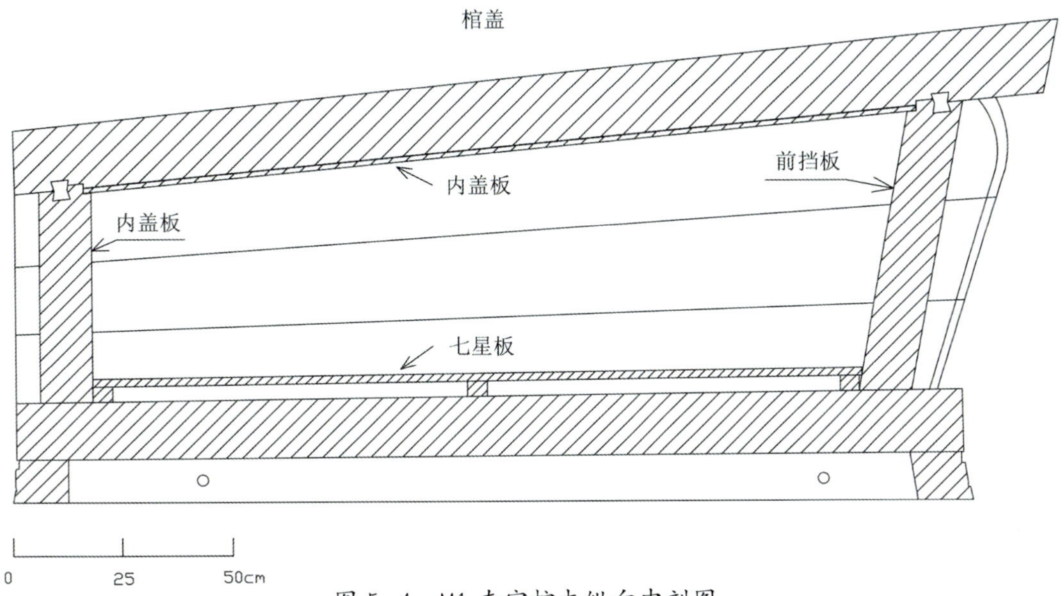

图 5-4 M1 南室棺木纵向中剖图

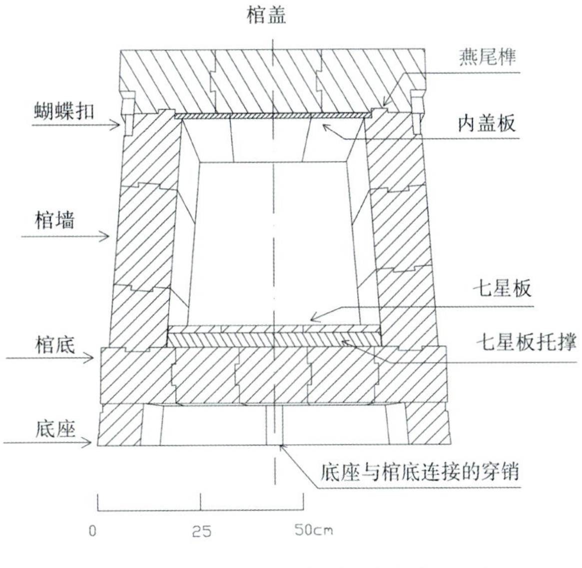

图 5-5 M1 南室棺木横向中剖图

棺底：棺底厚度略低于棺墙厚度，总长215.2厘米，前端厚14.4厘米、宽95.4厘米，后端厚13.0厘米、宽72.8厘米。由五块板龙凤榫连接而成，外侧两块板宽于中间三块板。

挡板：前挡板厚12.4厘米、高67.4厘米、上宽51.7厘米、下宽61.0厘米，后挡板厚12.0厘米、高48.5厘米、上宽35.8厘米、下宽43.5厘米。各由三块板龙凤榫连接而成，每块板宽度基本一致。

底座：由左、右、前、后四块木料制作而成。前端宽96.8厘米、高11.0厘米、厚12.0厘米，后端宽74.5厘米、高9.8厘米、厚12.0厘米，两侧边长218.5厘米。

七星板：由三块板拼成，只铺平，不做连接。整体长173.5厘米，前宽57.0厘米，后宽41.5厘米，厚1.8厘米。板面上按北斗七星的布局钻有透孔，孔直径2.3厘米。板下有三条宽4.5厘米、高3.5厘米的木方做横向托撑，前后两根托撑紧贴前后挡板，中间一根托撑位于棺木中部，托撑长度以棺内净尺寸为准（图5-6）。七星板下填铺生石灰。

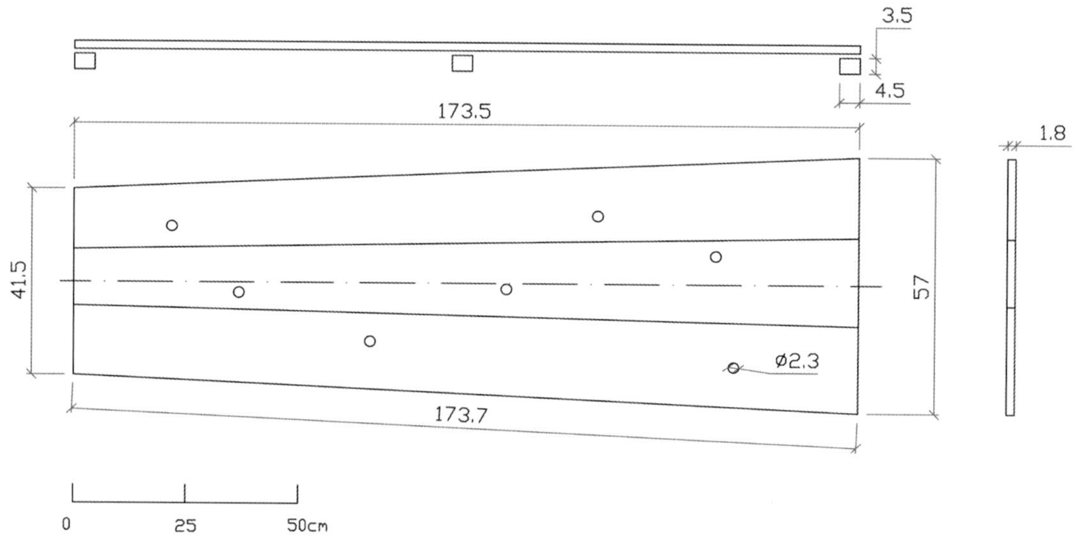

图5—6　M1南棺内七星板结构图

内盖板：也由三块板组成，平铺在棺口预留槽内，未做连接。长190.0厘米，前宽54.0厘米，后宽39.0厘米，厚1.2厘米。

（二）M1中室棺木

M1中室棺木结构与M1南室棺木一致，不同之处在于M 1中室棺底采用了7块板材拼接而成（图5-7、5-8）。

棺盖：用材最重。总长239.0厘米，前端厚17.0厘米、宽87.1厘米，后端厚15.0厘米、宽63.5厘米。由五块板龙凤榫连接而成，中间一块板略宽，其余四块板宽度基本一致。

棺墙：左右墙对称，尺寸相同。总长225.1厘米，前端厚14.5厘米、高61.0厘米，后端厚12.5厘米、高39.5厘米。各由三块板龙凤榫连接而成，上板宽度略宽，其他两块板宽度基本一致。

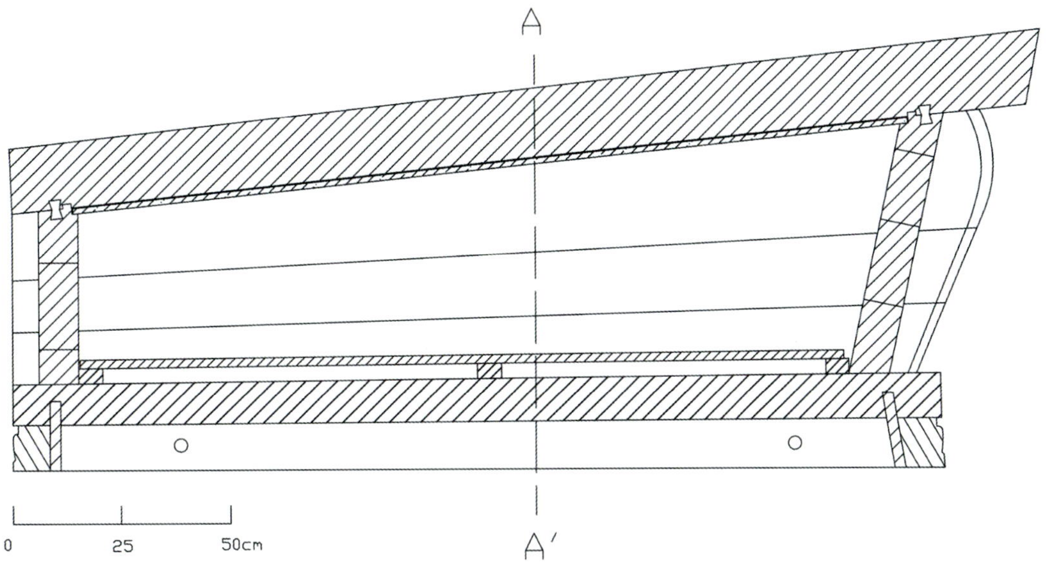

图 5-7 M1 中室棺木纵向中剖图

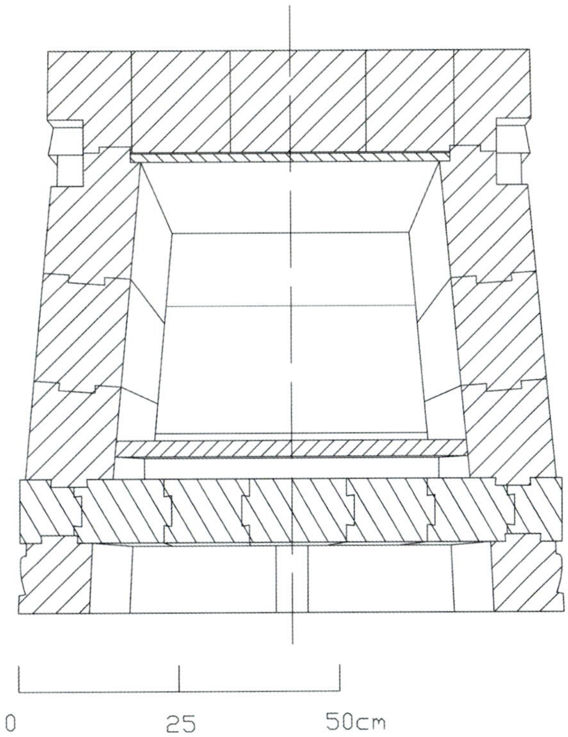

图 5-8 M1 中室棺木横向中剖图

棺底：棺底厚度低于棺墙厚度，总长 213.2 厘米，前端厚 10.5 厘米、宽 97.2 厘米，后端厚 9.5 厘米、宽 71.0 厘米。由七块板龙凤榫连接而成，外侧两块板比中间五块板略窄。

挡板：前挡板厚 9.2 厘米，高 61.5 厘米，向前倾斜，与棺底形成 78° 夹角，上宽 55.0 厘米，下宽 64.0 厘米，由四块板组成。后挡板厚 9.2 厘米，高 40.1 厘米，上宽 36.9 厘米，下宽 43.9 厘米，由三块板龙凤榫连接而成，中间一块板最宽，上下两块板基本一致。

底座：由左、右、前、后四块木料制作而成。前端宽 98.0 厘米、高 11.5 厘米、厚 12.2 厘米，后端宽 71.5 厘米、高 10.5 厘米、厚 11.0 厘米，两侧边长 214.4 厘米。

七星板：由三块板拼成，只铺平，不做连接。长 175.0 厘米，前宽 59.8 厘米，后宽 42.0 厘米，厚 2.0 厘米。板面上按北斗七星的布局钻有透孔，孔直径 2.3 厘米。下面有三条宽 5.5 厘米、高 3.5 厘米的木方做横向托撑，前后两根托撑紧贴挡板，中间一根托撑位于棺木中部，托撑长度以棺内净尺寸为准。七星板下填铺生石灰。

内盖板：也由三块板组成，平铺在棺口预留槽内，未做连接。长 191.0 厘米，前宽 58.0 厘米，后宽 42.0 厘米，厚 1.2 厘米。

（三）M1 北室棺木

M1 北室棺木保存较差，只剩棺盖板中间一块。总长 225.0 厘米，前端宽 28.0 厘米，后端宽 24.0，厚 10.5 厘米。该板两侧留有榫头（图 5-9）。

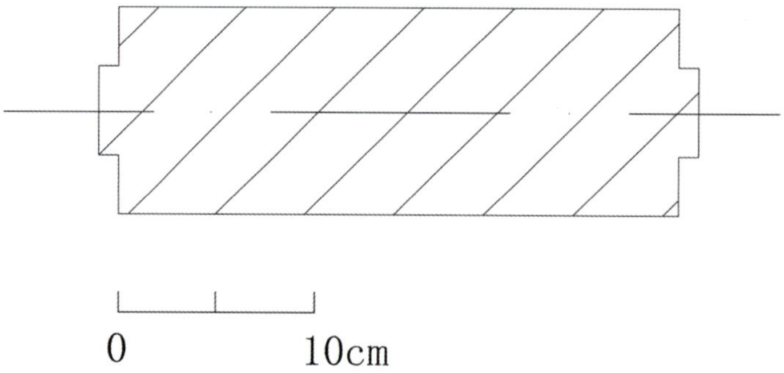

图 5-9　M1 北室棺盖板中间板横剖面图

（四）M2 东室棺木

只剩棺盖，由三块板构成。总长 235.8 厘米，前端宽 80.0 厘米，后端宽 60.5 厘米，前端厚 14.0 厘米，后端厚 10.5 厘米。根据残缺部分显示，其连接方式为钉连（图 5-10）。

图 5-10　M2 东室棺盖板钉连方式

（五）M2 中室棺木

该棺木表面髹饰层基本完好，根据棺体盗洞显示，其内部结构亦为卯榫结构，但其不同之处在于棺盖与棺体的配合方式：该棺墙内口各有一道纵向燕尾槽口，棺盖两侧各带纵向榫头与棺墙槽口配合，装配时棺盖由前向后推进，与棺身扣合锁紧（图 5-11、5-12）。

棺盖：用材最重。总长 249.5 厘米，前端厚 16.0 厘米、上宽 70.5 厘米、下宽 71.5 厘米，后端厚 14.0 厘米、上宽 53.5 厘米、下宽 55.0 厘米。由于该棺盖表面髹饰层完整，无法分辨其结构及由几块板组成。

棺墙：左右墙对称，尺寸相同。总长 235.1 厘米，前端厚 14.5 厘米、高 64.4 厘米，后端厚 12.2 厘米、高 35.8 厘米。各由三块板龙凤榫连接而成，中间一块板略窄，上下板宽度基本一致。

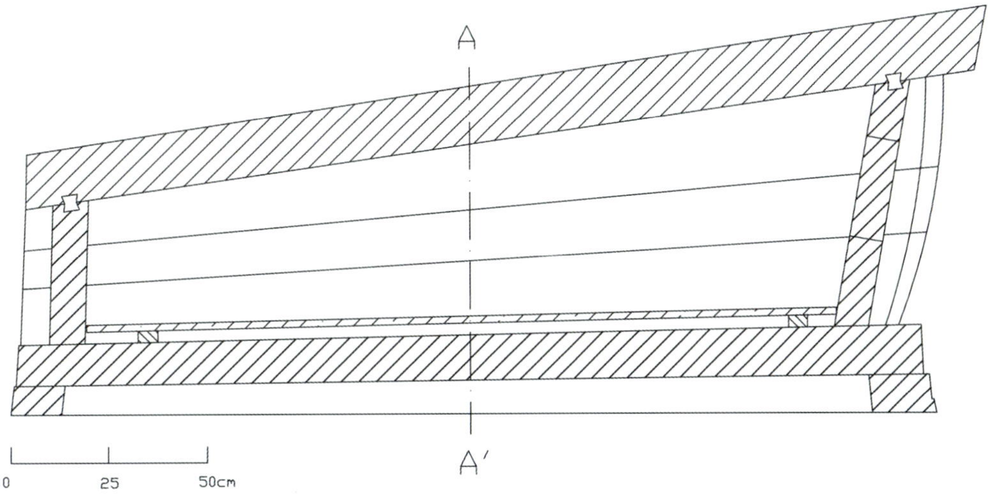

图 5—11　M2 中室棺木纵向中剖图

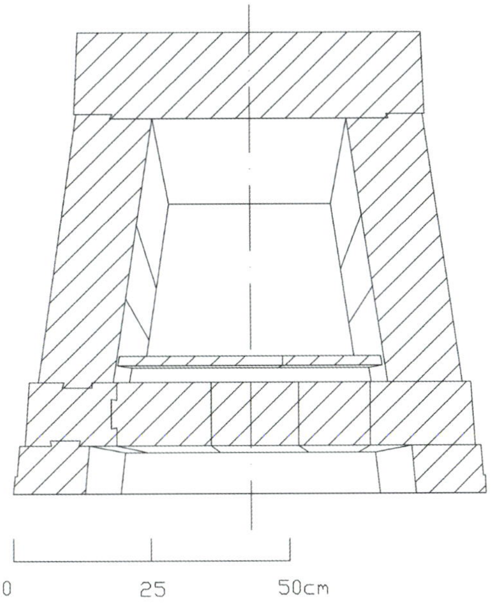

图 5—12　M2 中室棺木横向中剖图

棺底：棺底厚度略低于棺墙厚度，总长 231.2 厘米，前端厚 12.7 厘米、宽 94.7 厘米，后端厚 10.5 厘米、宽 68.1 厘米。由五块板龙凤榫连接而成，左侧第二块板与右侧第一块板略宽，其他三块板宽度基本一致。

挡板：前挡板厚 8.5 厘米，高 64.1 厘米，向前倾斜，与棺底形成 79° 夹角，上宽 41.5 厘米，下宽 59.7 厘米。后挡板厚 9.0 厘米，高 36.7 厘米，上宽 29.2 厘米，下宽 39.5 厘米。由于挡板表面髹饰层完整，无法分辨其结构及由几块板组成。

底座：由左、右、前、后四块木料制作而成。前端宽 99.5 厘米、高 10.0 厘米、厚 15.5 厘米，后端宽 72 厘米、高 7.5 厘米、厚 12.9 厘米，两侧边长 236.4 厘米。

七星板：由两块板拼成，只铺平，不做连接。长 186.5 厘米，前宽 55.5 厘米，后宽 38 厘米，厚 1.4 厘米。板面上按北斗七星的布局钻透孔，孔直径 2.3 厘米。下面有两条宽 4.5 厘米、高 3.5 厘米的木方做横向托撑，两根托撑与挡板的距离为 10.0—13.4 厘米，托撑长度以棺内净尺寸为准。七星板下填铺生石灰。

内盖板：无内盖板。

（六）M3-1 室棺木

该棺木木结构的主要连接方式为钉连，棺盖与棺体的配合方式同 M2 中室棺木，不同之处在于该棺木底座纵向与横向的连接处为等角钉连方式（图 5-13、5-14）。

棺盖：总长 235.7 厘米，前端厚 16.5 厘米、宽 80.5 厘米，后端厚 14.5 厘米、宽 59.5 厘米。由三块板连接而成，每块板宽度基本一致。

棺墙：左右墙对称，尺寸相同。总长 224.3 厘米，前端厚 12.7 厘米、高 65.1 厘米，后端厚 12.0 厘米、高 43.5 厘米。各由三块板连接而成，每块板宽度基本一致。

棺底：棺底厚度略低于棺墙厚度，总长 214.1 厘米，前端厚 11.5 厘米、宽 92.5 厘米，后端厚 12.0 厘米、宽 70.0 厘米。由五块板龙凤榫连接而成，中间一块板比两侧之板略宽。

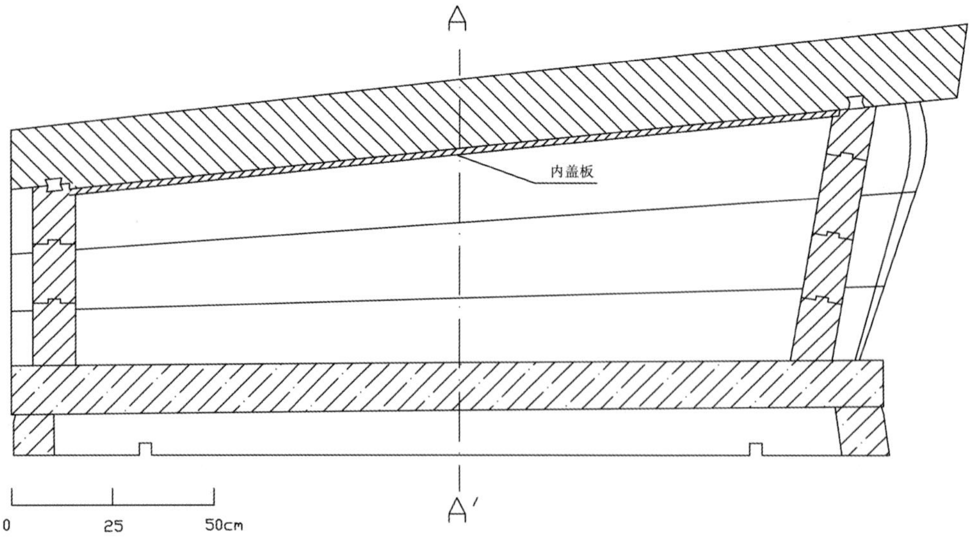

图 5-13　M3-1 室棺木纵向中剖图

挡板：前挡板厚 10.0 厘米，高 65.0 厘米，向前倾斜，与棺底形成 80° 夹角，上宽 52.8 厘米，下宽 64.0 厘米，由四块板龙凤榫连接而成，每块板宽度基本一致。后挡板厚 10.5 厘米，高 44.0 厘米，上宽 34.1 厘米，下宽 43.4 厘米，由三块板龙凤榫连接而成，每块板宽度基本一致。

底座：由左、右、前、后四块木料制作而成。前端宽 94.0 厘米、高 12.0 厘米、厚 11.4 厘米，后端宽 71.0 厘米、高 10.0 厘米、厚 10.0 厘米，两侧边长 214.4 厘米。

七星板：无七星板。

内盖板：由三块板组成，平铺在棺口预留槽内，未做连接。长 188.0 厘米，前宽 53.0 厘米，后宽 37.0 厘米，厚 1.2 厘米。

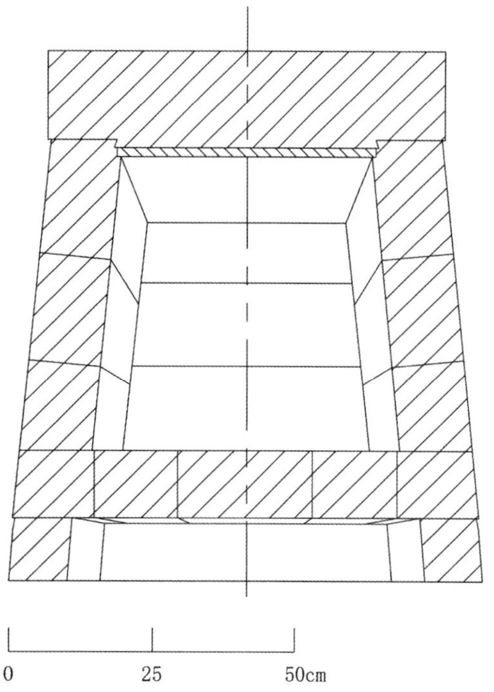

图 5-14　M3-1 室棺木横向中剖图

（七）M3-2 室棺木

该棺木由于髹饰层完整，故内部结构无法考证，推测其应与 M1 南室棺木结构基本一致（图 5-15、5-16）。

棺盖：用材最重。总长 250.5 厘米，前端厚 18.0 厘米、宽 83.2 厘米，后端厚 16.0 厘米、宽 60.5 厘米。

棺墙：左右墙对称，尺寸相同。总长 235.6 厘米，前端厚 14.5 厘米、高 65.0 厘米，后端厚 13.0 厘米、高 41.5 厘米。

棺底：棺底厚度略低于棺墙厚度，总长 226.0 厘米，前端厚 12.0 厘米、宽 96.0 厘米，后端厚 10.7 厘米、宽 71.2 厘米。

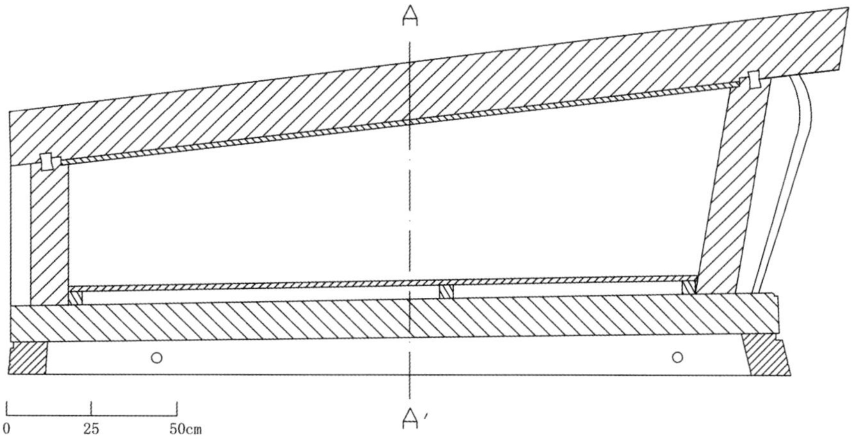

图 5-15　M3-2 室棺木纵向中剖图

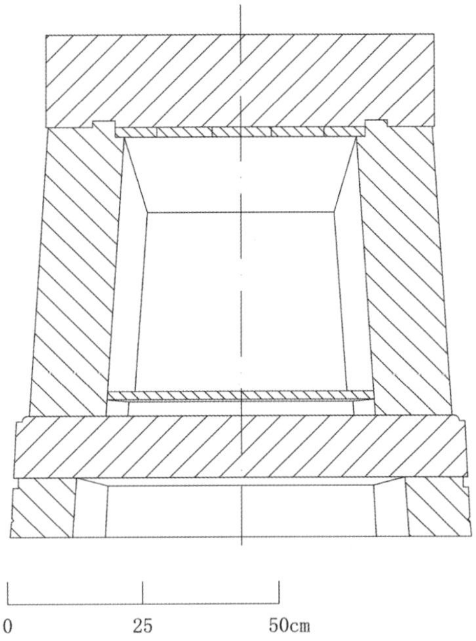

图 5-16　M3-2 室棺木横向中剖图

挡板：前挡板厚 11.5 厘米，高 65.0 厘米，向前倾斜，与棺底形成 79° 夹角，上宽 50.4 厘米，下宽 59.0 厘米。后挡板厚 11.0 厘米，高 42.1 厘米，上宽 34.0 厘米，下宽 40.0 厘米。

底座：由左、右、前、后四块木料制作而成。前端宽 98.0 厘米、高 12.5 厘米、厚 11.6 厘米，后端宽 72.0 厘米、高 9.5 厘米、厚 11.0 厘米，两侧边长 230.6 厘米。

七星板：由三块板拼成，只铺平，不做连接。长 184.0 厘米，前宽 57.5 厘米，后宽 39.0 厘米，厚 1.8 厘米。板面上按北斗七星的布局钻有透孔，孔直径 2.3 厘米。板下有三条宽 4.5 厘米、高 3.5 厘米的木方做横向托撑，前后两根托撑紧贴挡板，中间一根托撑位于棺木中部，托撑长度以棺内净尺寸为准。七星板下填铺生石灰。

内盖板：由三块板组成，平铺在棺口预留槽内，未做连接。长 198.0 厘米，前宽 51.0 厘米，后宽 38.0 厘米，厚 1.3 厘米。

（八）M3-3 室棺木

该棺木与 M1 南室棺木基本一致，但保存下来的盖板和左右侧板皆由五块板拼接而成，棺底、底座是补配的新料（图 5-17、5-18）。

棺盖：用材最重。总长 254.8 厘米，前端厚 17.2 厘米、宽 78.0 厘米，后端厚 12.0 厘米、宽 60.1 厘米。由五块板龙凤榫连接而成，中间一块板略宽，其他几块板宽度基本一致。

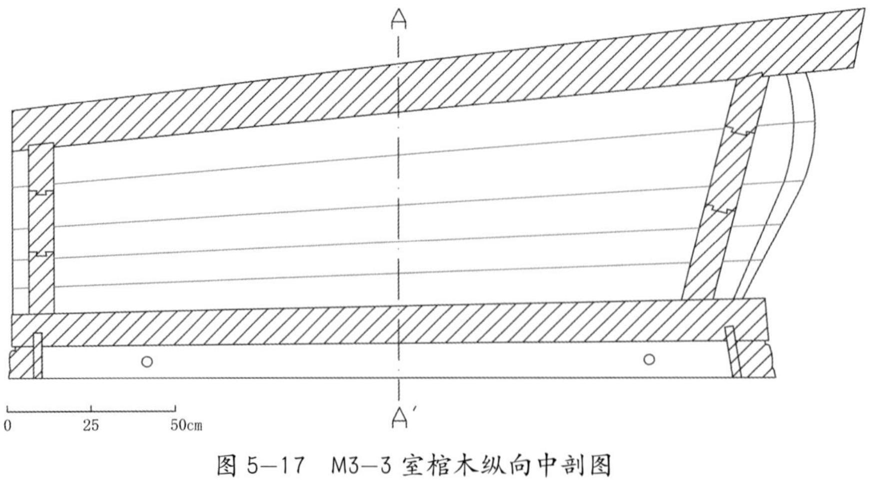

图 5-17　M3-3 室棺木纵向中剖图

棺墙：左右墙对称，尺寸相同。总长237.2厘米，前端厚14.5厘米、高67.2厘米，后端厚12.0厘米、高48.5厘米。各由五块板龙凤榫连接而成，上面两块板略宽，下面三块板宽度基本一致。

棺底：棺底厚度略低于棺墙厚度，总长224.0厘米，前端厚12.5厘米、宽93.3厘米，后端厚9.5厘米、宽70.8厘米。由五块板龙凤榫连接而成，外侧两块板和中间一块板较宽。

挡板：前挡板厚9.2厘米，高66.0厘米，上宽47.9厘米，下宽60.7厘米。后挡板厚7.5厘米，高48.5厘米，上宽35.4厘米，下宽44.4厘米。各由三块板龙凤榫连接而成，每块板宽度基本一致。

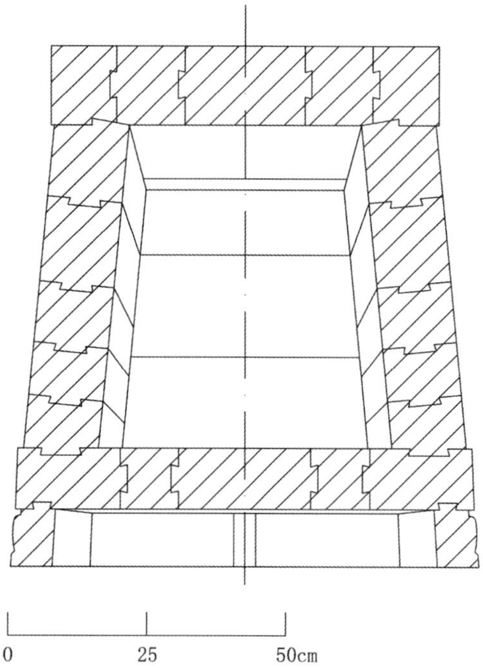

图 5-18　M3-3 室棺木横向中剖图

底座：由左、右、前、后四块木料制作而成。前端宽95.5厘米、高11.0厘米、厚12.5厘米，后端宽71.5厘米、高9.5厘米、厚10.0厘米，两侧边长227.0厘米。

七星板：无七星板

内盖板：无内盖板。

（九）M3-4 室棺木

该棺木与M1南室棺木结构基本一致，不同之处在于，该棺木的棺墙以龙凤榫连接，且在内侧增加燕尾扣，棺底板与棺墙外侧连接处两端增加燕尾扣，棺墙采用四块板材拼接而成（图5-19、5-20）。

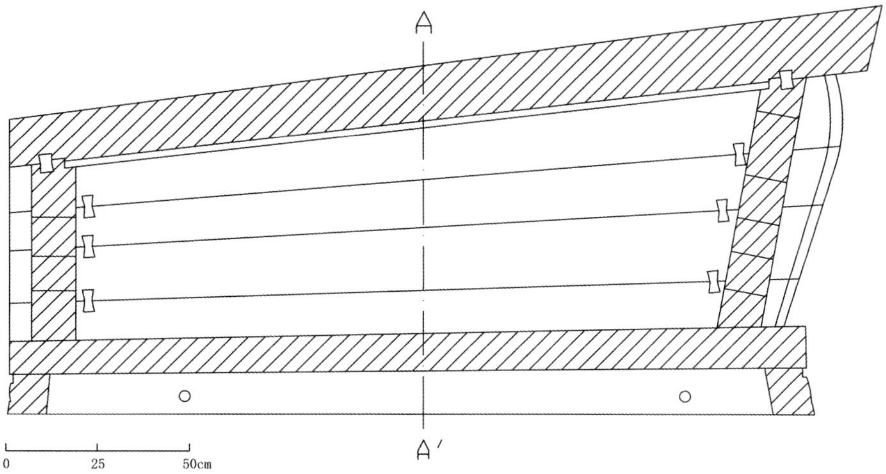

图 5-19　M3-4 室棺木纵向中剖图

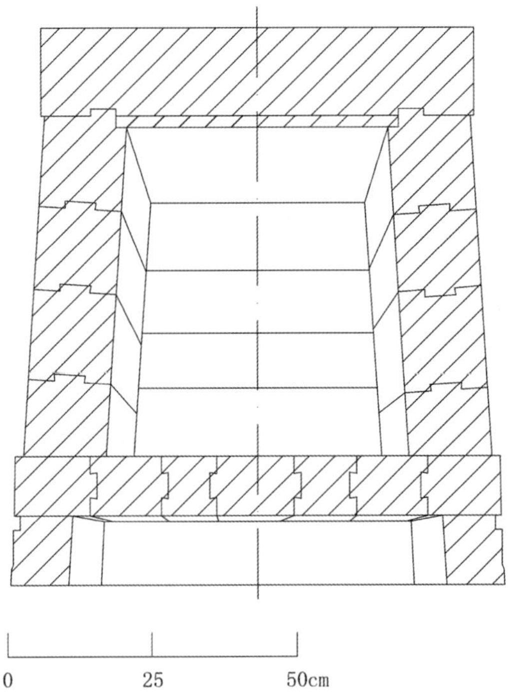

图 5—20 M3—4 室棺木横向中剖图

棺盖：总长 245.5 厘米，前端厚 17.5 厘米、上宽 85.0 厘米、下宽 86.0 厘米，后端厚 16.1 厘米、上宽 65.0 厘米、下宽 66.0 厘米。由五块板龙凤榫连接而成，每块板宽度基本一致。

棺墙：左右墙对称，尺寸相同。总长 228.0 厘米，前端厚 15.0 厘米、高 69.6 厘米，后端厚 13.5 厘米、高 48.0 厘米。各由四块板龙凤榫连接而成，每块板宽度基本一致。

棺底：棺底厚度略低于棺墙厚度，总长 218.2 厘米，前端厚 11.5 厘米、宽 94.8 厘米，后端厚 9.0 厘米、宽 73.0 厘米。由七块板龙凤榫连接而成，外侧两块板比中间之板略宽。

挡板：前挡板厚 12.0 厘米，高 69.7 厘米，向前倾斜，与棺底形成 71° 夹角，上宽 53.0 厘米，下宽 61.4 厘米，由六块板龙凤榫连接而成，自上而下第二块板略宽，其余宽度基本一致。后挡板厚 12.0 厘米，高 48.5 厘米，上宽 36.4 厘米，下宽 43.0 厘米，由四块板龙凤榫连接而成，每块板宽度基本一致。

底座：由左、右、前、后四块木料制作而成。前端宽 96.5 厘米、高 13.0 厘米、厚 11.4 厘米，后端宽 74.0 厘米、高 11.0 厘米、厚 10.5 厘米，两侧边长 221.3 厘米。

七星板：无七星板。

内盖板：由三块板组成，平铺在棺口预留槽内，未做连接。长 191.0 厘米，前宽 55.0 厘米，后宽 41.0 厘米，厚 1.5 厘米。

三、木作工艺

本小节首先介绍在 9 具棺木中所发现的卯榫结构，然后介绍卯榫结构在棺木各个位置的使用情况，最后以 M3-1 室棺木为例，利用 CAD 制图，试图复原其木作装配流程。

（一）卯榫结构

随着生产技术与工具的发展，木作工艺也不断进步，尤其到了明清时期，随着人们对家具品质要求的提高，木作工艺更得到长足发展。据不完全统计，现有 100 多种卯榫结构。在保护修复沂南河阳墓地出土的 9 具清代棺木的过程中，发现绝大部分棺木采用卯榫结构连接，具体包括龙凤榫、穿带、龙凤榫加穿带、燕尾榫及穿销五种卯榫结构。这五种卯榫结构不仅存在单独使用的情况，而且在同一部位也有类似于龙凤榫加穿带连用的情况。

1. 龙凤榫

原木锯解成板材后，因受限于原木直径，单块板材不能够满足宽度需求，需将不够宽的板材加宽时，就用到了龙凤榫结构。将板材的一侧刨出断面为上大下小的榫头，再将其相邻的板材开出下大上小的槽口，用推插的方法将两板材拼合，使其不能被横向拉开（图 5-21）。

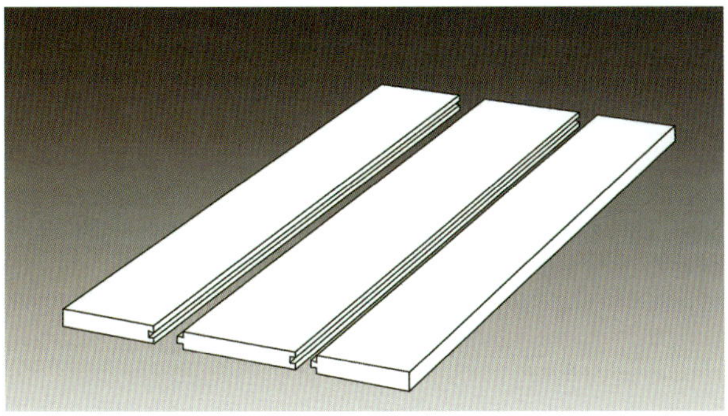

a. 拼合前

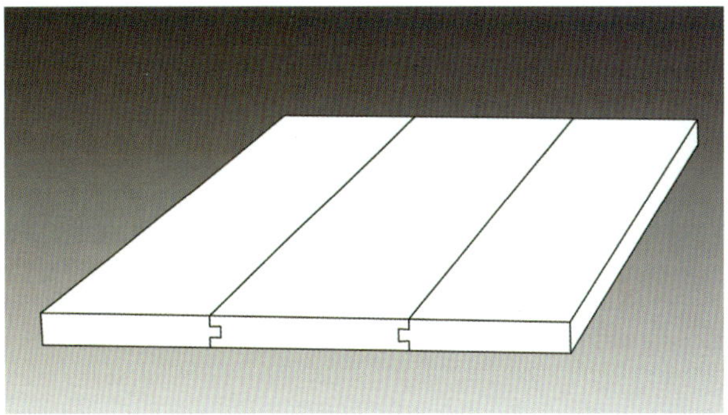

b. 拼合后

图 5-21　龙凤榫结构示意图

2. 穿带

板材通过龙凤榫或其他方式拼合粘牢之后，为增强连接的稳固性，就需使用穿带结构。在其一面开一个上小下大的槽口（带口），然后制作一条一面稍宽、另一面稍窄的梯形长榫。为了使其穿紧，长榫一般从宽的一边推向窄的一边（图 5-22）。

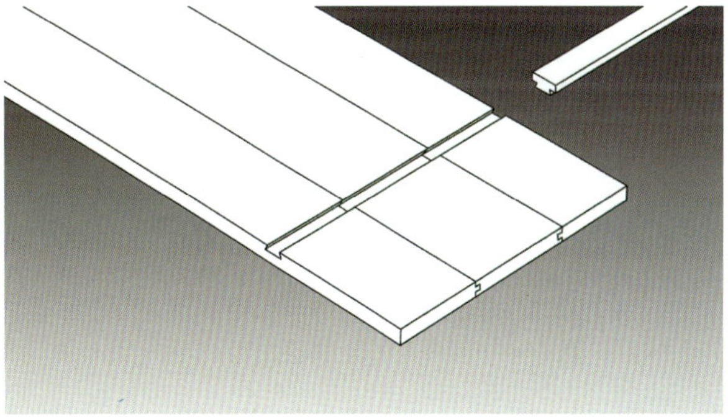

图 5-22　穿带结构示意图

3. 龙凤榫加穿带

将龙凤榫和穿带两者结合在一起便是龙凤榫加穿带结构（图 5-23）。

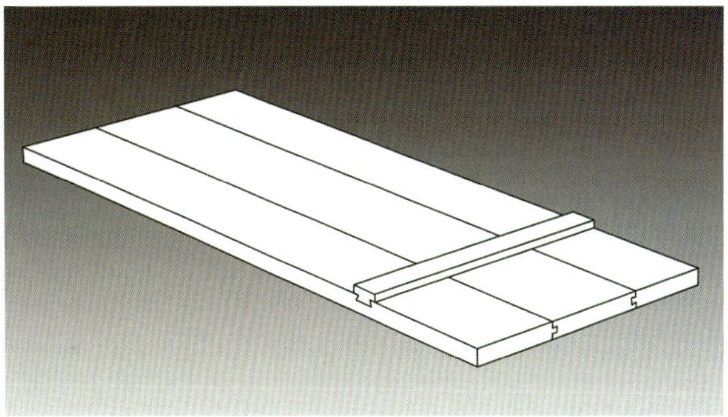

图 5-23　龙凤榫及穿带结构示意图

4. 燕尾榫

两块平板直角或平面相接时，为防止其受拉力时脱开，需将榫头做成梯台形，这种榫便是燕尾榫（图 5-24）。燕尾榫不仅用于平板相连，而且常与穿带结合用于棺盖与棺体的连接（如 M1 南室棺木）。此外，也有燕尾榫和龙凤榫连用的情况。

5. 穿销

在栽销的基础上延长其一端，使其贯穿牙板内侧，这种结构即为穿销。穿销通常有梯形的角度，边沿有燕尾榫的槽口，可在增强部件强度的同时，管束其干缩湿胀的方向，使相连接的两木板永远贴紧（图 5-25）。

a. 单用　　b. 连用

图 5-24　燕尾榫结构示意图

图 5-25　穿销结构示意图

（二）卯榫运用

1. 板材间

板材间的龙凤榫连接以 M1 南室棺盖为例。榫头凸起 1.2 厘米，前端上宽 6.2 厘米、下宽 5.5 厘米，后端上宽 4.1 厘米、下宽 3.5 厘米，卯槽尺寸与榫头相对应（图 5-26）。

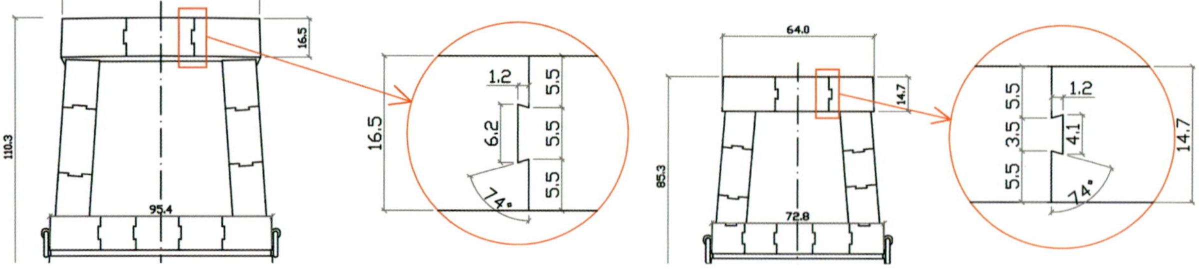

a. 棺盖前端　　b. 棺盖后端

图 5-26　M1 南室棺盖前后端卯榫

M3-4 室棺木的棺底板内侧使用燕尾榫连接（图 5-27）。板材拼合处有疑似生漆的髹饰层，且为两层。推测在拼合前，先用生漆刷涂板材表面，然后进行拼合。

2. 棺墙与挡板间

棺墙与挡板间的龙凤榫连接以 M1 南室棺木为例。榫头凸起 2.0 厘米，上宽 5.0 厘米，下宽 4.5 厘米。卯槽尺寸与榫头相对应（图 5-28）。

3. 棺墙、棺底与底座间

从 M2 中室盗洞中可以看出该棺底最外侧板与棺墙、底座的连接状况：最外侧棺底板三面留卯槽（图 5-29）。

项目组根据 M1 南室棺木前端暴露的卯榫情况，绘制了棺墙、棺底与底座间卯榫结构示意图（图 5-30）。推测

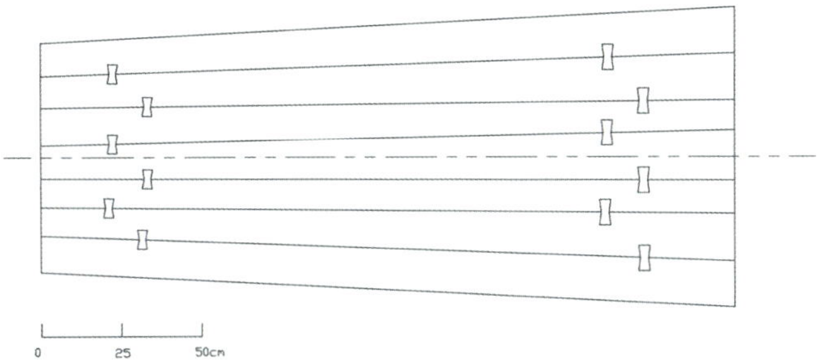

图 5-27　M3-4 室棺底板燕尾榫连接

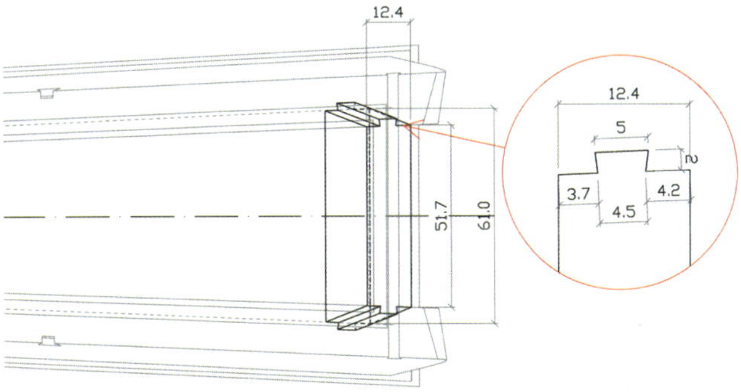

图 5-28　M1 南室前挡板与棺墙间连接

图 5-29　M2 中室左墙盗洞中呈现的棺墙、棺底与底座间的连接状况

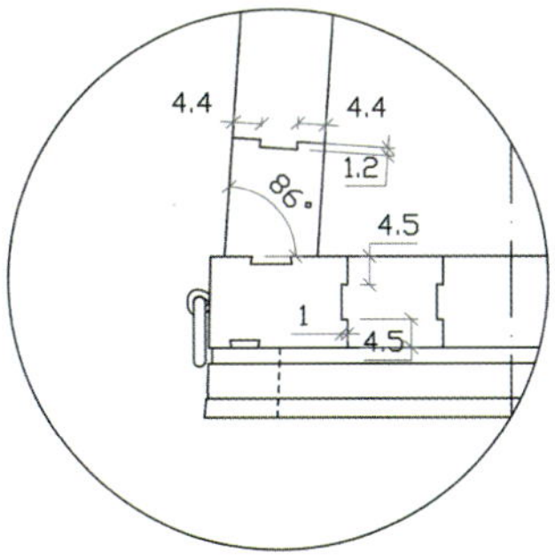

a. 卯榫结构尺寸、角度

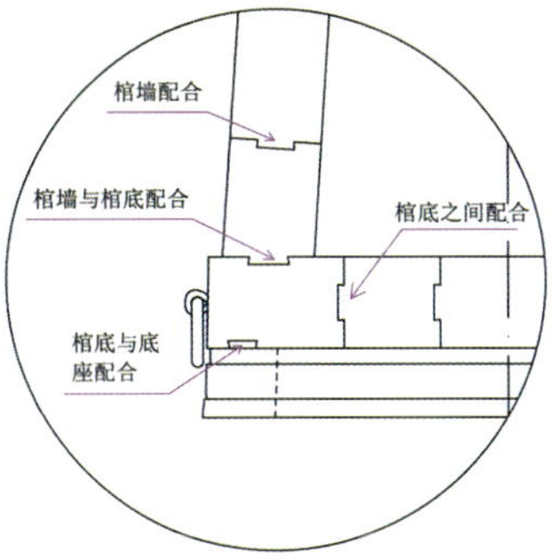

b. 连接关系

图 5-30　M1 南室棺墙、棺底与底座间卯榫连接及尺寸图

其制作与安装流程如下：先在棺底板最外侧木板的三面开出卯槽，将棺底板的最外侧木板安装在棺墙上，再由外向内依次安装棺底板；完成以上步骤后，开始安装底座纵向板和横向板，底座纵向板和横向板间通过卯榫连接；最后用穿销卯榫实现连接（图 5-31）。

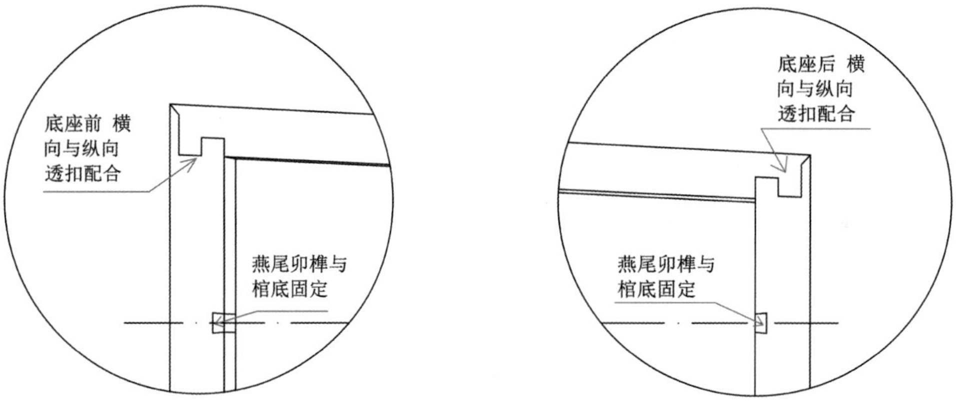

图 5-31　M1 南室底座连接示意图

4. 棺盖与棺身间

棺盖与棺身采用直卯榫配合（俗称龙凤扣），棺盖留卯、棺身留榫。棺盖与棺身位置确定后，在前后挡板正上方位置（棺盖与棺身接缝处）开贯通卯，再用形状相同的榫条（燕尾形穿带条）镶入。在制作过程中，穿带长度要大于棺盖宽度。此外，为便于穿带在卯槽中穿过，穿带一端宽度要略小于卯槽宽度，另一端宽度要略大于卯槽宽度。穿带完成穿插连接后，截去略长穿带条，若有缝隙，则打入木楔子，增强连接强度（图 5-32）。

为进一步加强棺盖与棺身的连接强度，在两侧棺墙与棺盖接缝的中间位置增加一个燕尾榫扣，深度为 3.0 厘米，不贯通棺墙。通过龙凤榫、穿带、燕尾榫等工艺，可保证棺盖与棺墙间的连接强度（图 5-33）。

在打开 M1 南室棺盖后，项目组发现棺盖与棺身间有一层与髹饰层一致的填充物，推测是盖棺前在缝隙间刷涂的桐油或漆灰，其作用为密封和黏结。

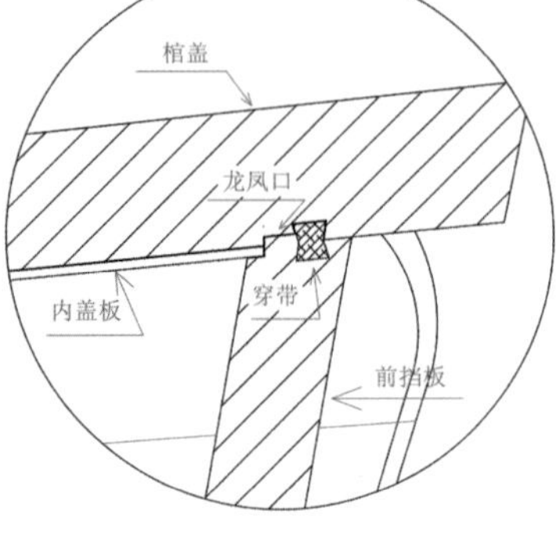

图 5-32　M1 南室棺盖与前挡板连接示意图

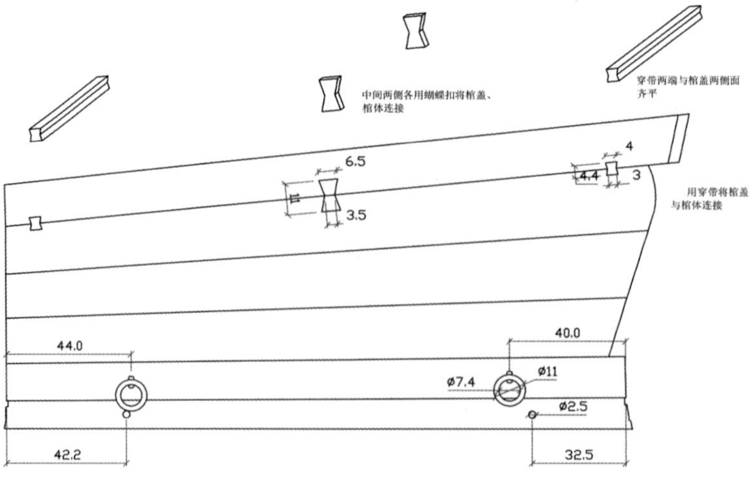

图 5-33　M1 南室棺盖与棺身连接示意图

（三）铁钉运用

虽然 3 座墓葬的下葬时间相距不远，但墓内各具棺木的木作工艺具有很多不同，其中一点表现就是对于铁钉的运用。如 M2 东室棺盖（图 5-10）、M3-1 室棺底均采用了枣核钉连接方式（图 5-34）。

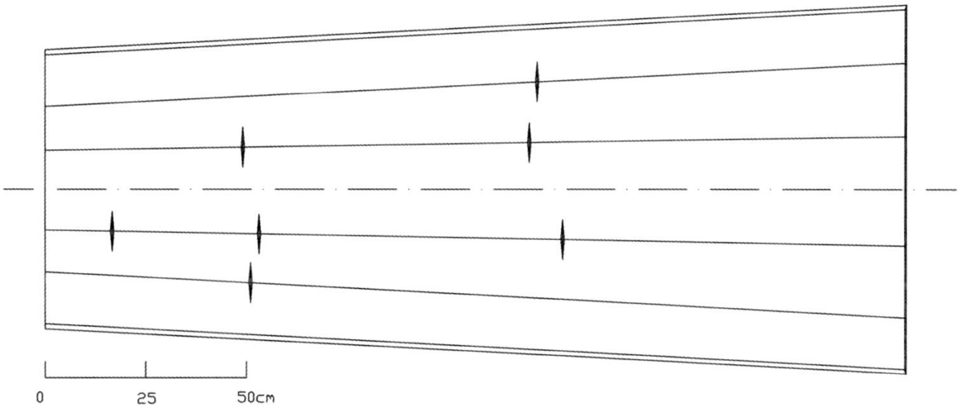

图 5—34　M3—1 室棺底暴露的部分铁钉

（四）M1 南室棺木制作与装配工艺流程

为真实重现棺木的制作与装配流程，兹以这批棺木中最具代表性的 M1 南室棺木为主，结合其他棺木（M3-3 室棺木）的实际保护修复工作，解读该批棺木的选材、加工等木作工艺，并使用 CAD 制图模拟棺木的装配过程。制作与装配工艺流程的复原，不仅可以指导如 M3-3 室棺木的保护修复工作，而且有利于棺木木作工艺的传承。

1. 构件预制

从 M1 南室棺木最小单块板材的大头净尺寸来看，单块板材取材树木的最小直径不小于 35.0 厘米。构件预制时，首先将原木锯解成毛坯料，四面刨光后，将其加工成所需尺寸的净材。然后根据实际情况在每一块板材的不同面上留榫或开卯。每块板材的制作工艺要求高、难度大。

如棺墙，在预加工好的第一块木板上开卯、下留榫（图 5-35），第二块木板上下均留榫（图 5-36），第三块木板下开卯。然后从下往上依次装配（图 5-37），先制作左墙，再制作右墙（图 5-38）。

前后挡板、棺盖可以和棺墙一样进行预制，而棺底、底座只能预加工单块板材，按照装配程序逐次安装。

2. 安装挡板

将制作好的棺墙两端开卯，初步加工棺墙前端弧度。按照棺墙加工工艺制作前后挡板，将挡板插入棺墙两端内侧卯槽内（图 5-39）。项目组在补配 M3-3 室棺木的前后挡板时，就按此工艺流程进行操作（图 5-40）。

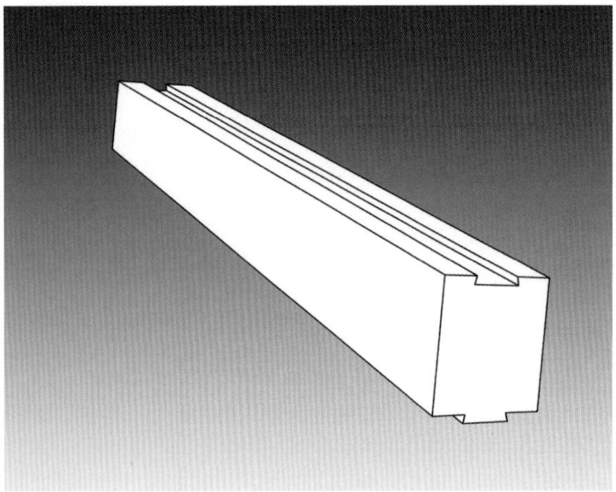

图 5-35　加工左墙第一块

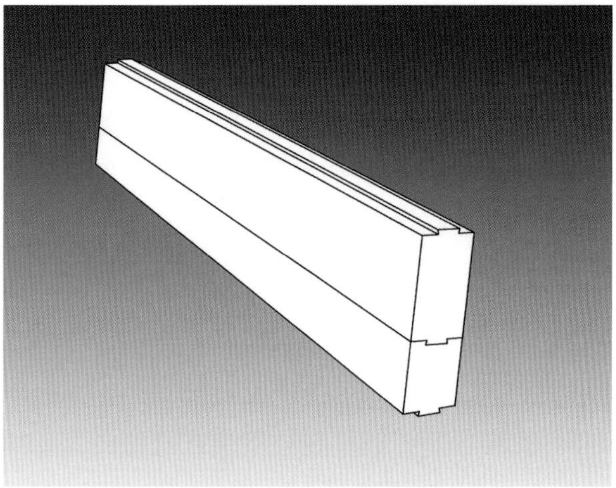

图 5-36　加工左墙第二块

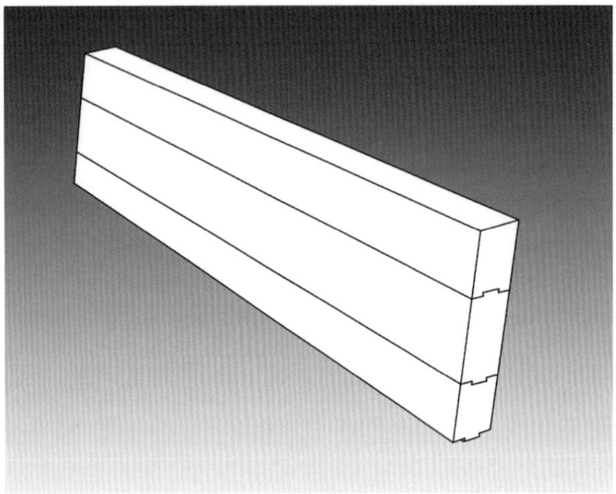

图 5-37　加工左墙第三块

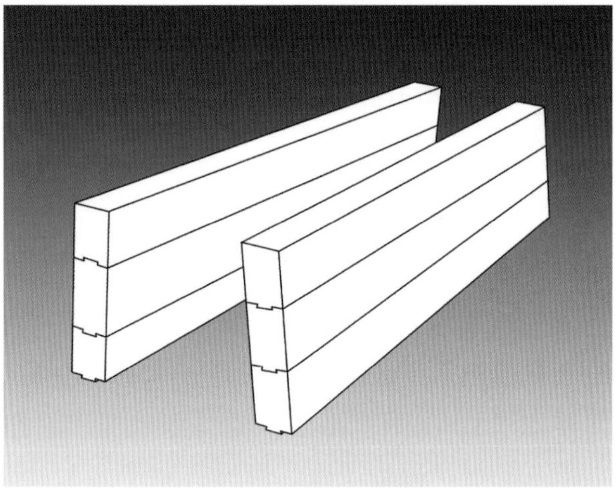

图 5-38　加工右墙

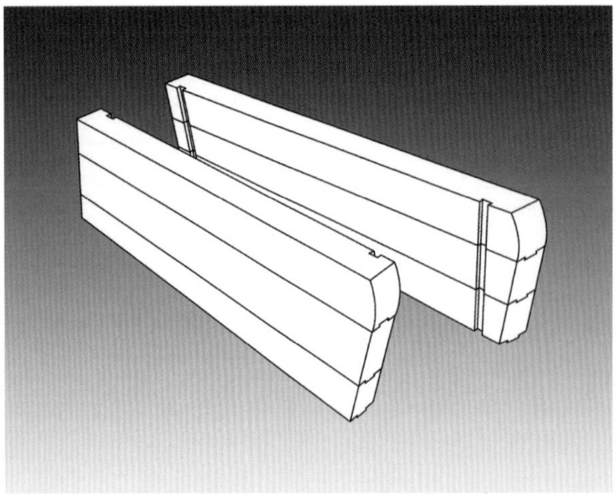

a. 加工前后挡板卯槽及前端弧度

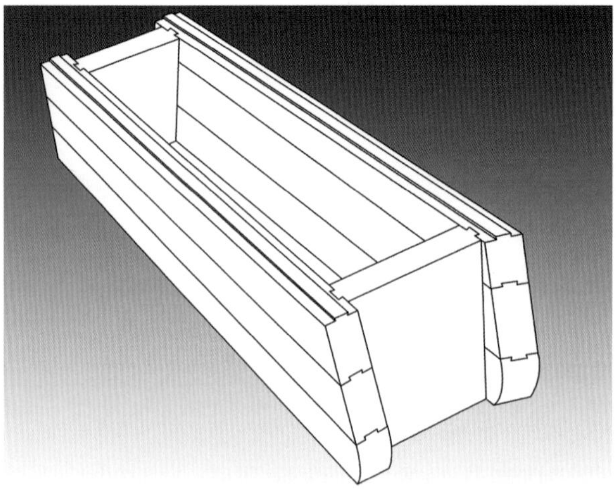

b. 插入前后挡板

图 5-39　左右墙前端弧度、挡板卯槽加工及插入前后挡板示意图

图 5-40 装配 M3-3 室前挡板

3. 安装棺底

棺底由五块板组成。通过龙凤榫先将最外侧两块板与棺墙最下侧板连接，再依次装入靠内侧的两块板，最后插入两侧带有榫头的中间板。龙凤榫不仅完成了棺底的拼接，而且完成了棺底与棺墙的连接（图 5-41）。项目组在补配 M3-3 室棺底时，就按此工艺流程进行拼装（图 5-42、5-43）。

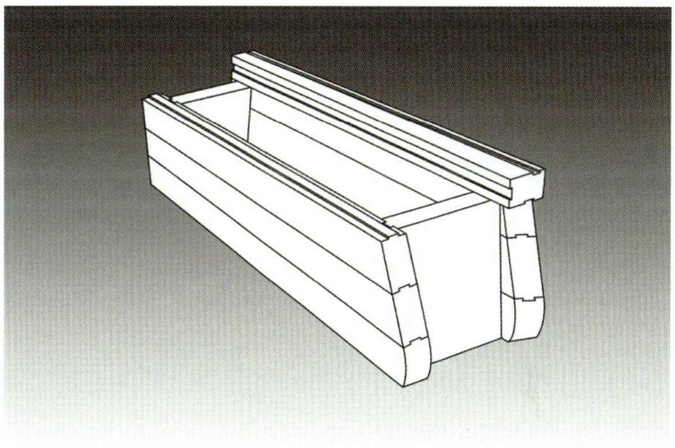

a. 装配第一块底板

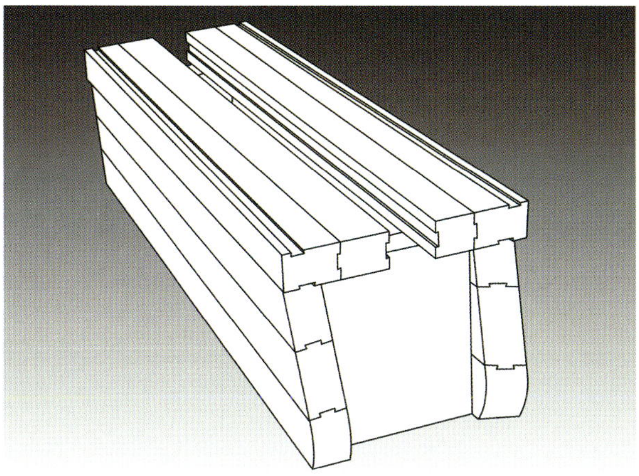

b. 装配中间底板

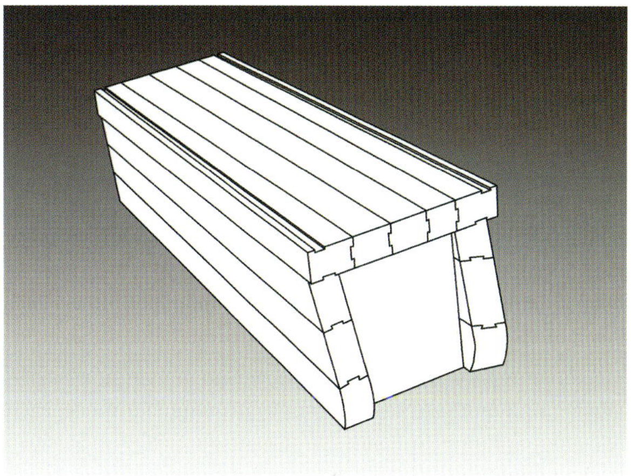

c. 完成底板装配

图 5-41 棺底装配示意图

图 5—42　装配 M3—3 室棺底

图 5—43　M3—3 室棺底装配完成后

4. 安装底座

先安装左右纵向底座板材，通过底座上的榫头与底板上预留的卯口连接。再依次将横向底座板材与纵向板材扣合（图 5-44），并在横向底座板材与棺底中间板间使用穿销结构（图 5-45）。项目组在安装 M3-3 室棺木底座纵横板和穿销时，就按此工艺流程进行操作（图 5-46、5-47）。

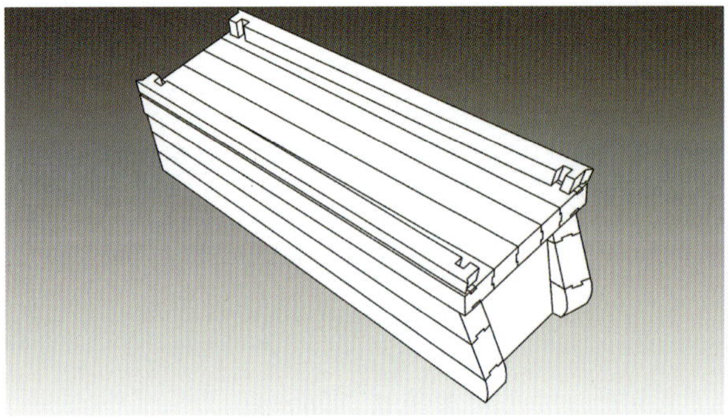

a. 安装纵板

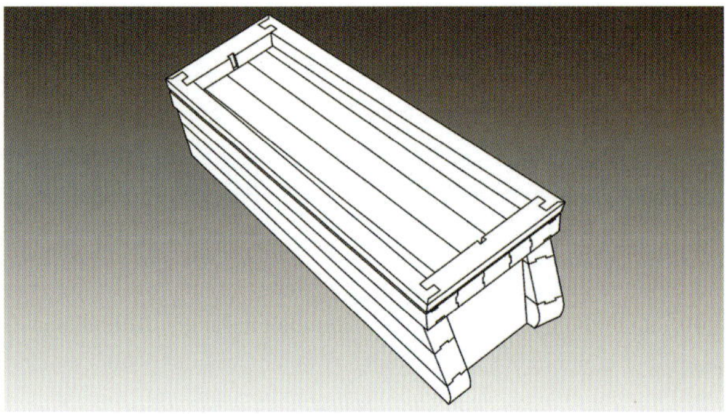

b. 安装横板

图 5—44　安装底座纵横板

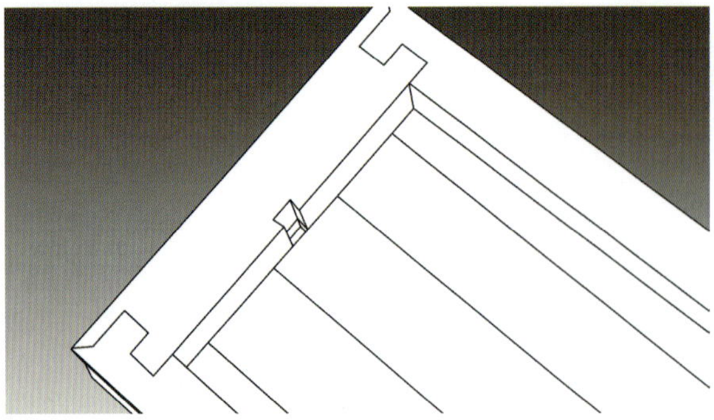

a. 底座纵横板卯榫连接及穿销孔制作

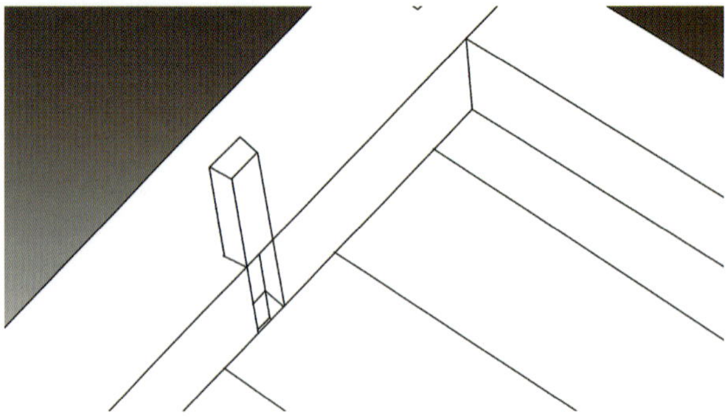

b. 穿销固定底座与底板

图 5—45　底座与底板间穿销安装示意图

图 5—46 M3—3 室底座纵横板卯榫结构

图 5—47 M3—3 室底座与底板间穿销结构

5. 棺口加工

完成底座与棺底的连接后，将棺身翻转 180°，使底座与地面接触，整个棺身的装配工作完成。然后在棺口上加工龙凤榫、穿带、燕尾榫，并制作内盖板（图 5-48）。

6. 放置七星板、内盖板

在棺内放置七星板托撑（图 5-49），铺撒生石灰，平整后铺装七星板（图 5-50）。将逝者遗体装入棺内后，放置内盖板，内盖板四边恰巧落在棺墙和挡板预制的槽口上（图 5-51）。

7. 安装棺盖板

参照棺墙制作工艺流程制作棺盖（图 5-52），将棺盖与棺身拼合在一起，并通过燕尾榫、穿带等将其固定（图 5-33）。

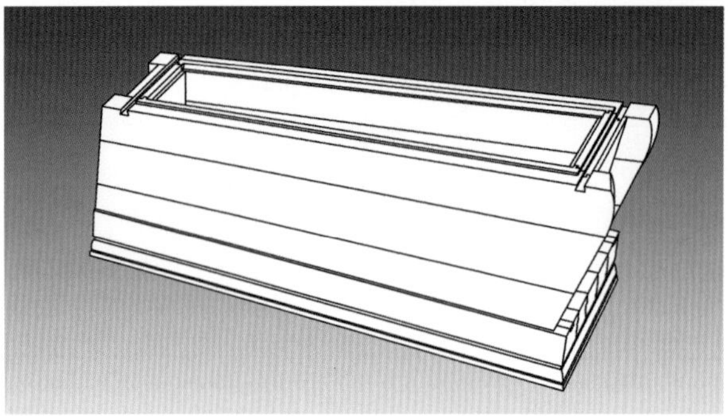

图 5-48　加工棺口卯榫结构

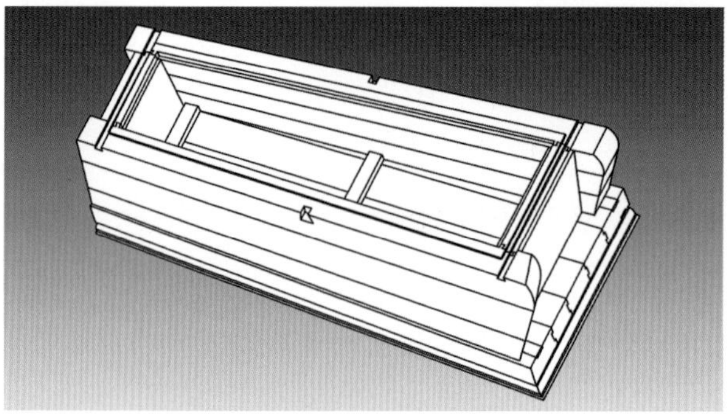

图 5-49　放置七星板托撑

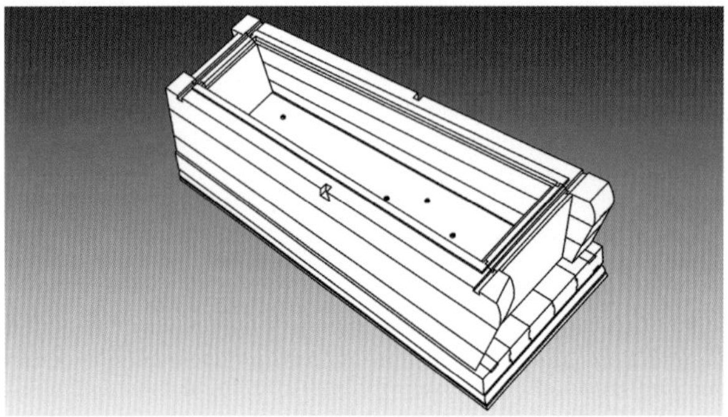

图 5-50　放置七星板后效果

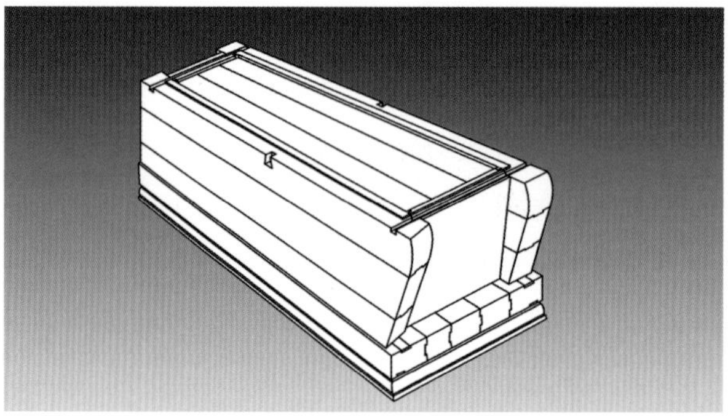

图 5-51　放置内盖板后效果

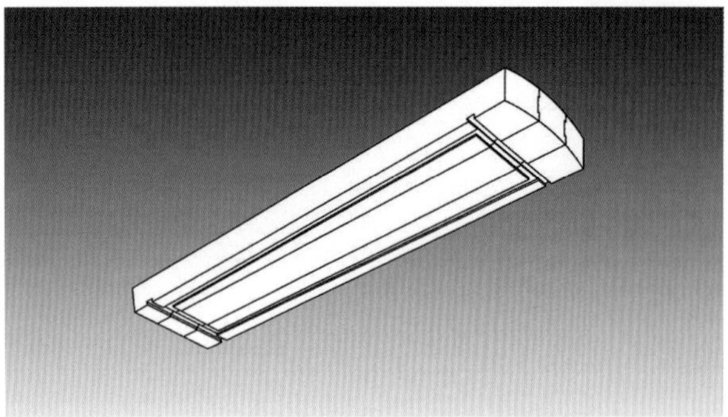

图 5-52　加工棺盖及卯结构

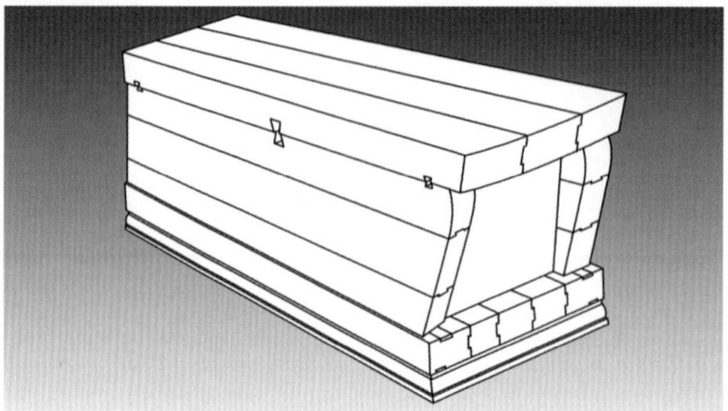

图 5-53　棺身与棺盖拼合后效果

四、棺木木质部分保护修复

项目组在充分掌握该批棺木制作工艺的基础上，首先开展的是棺木木质部分的保护修复工作，以消除木质病害，恢复棺木空间形态，展现其原貌。此次木质部分的保护修复工作大致有以下工序：清理与清洗、加固、防腐、补配和做旧。

（一）清理与清洗

主要使用硬毛刷、手术刀等工具，使用纯净水、酒精、2A或3A清洗剂，采用物理方法对木质部分进行清理与清洗。清理与清洗工作主要包括以下三方面内容。

1. 表面附着污染物及植物根系

用软毛刷清理棺木表层附着物及植物根系等。表层植物残留痕迹等污染物使用2A清洗剂进行再次清洗（图5-54）。

2. 糟朽缝隙

部分棺木存在糟朽缝隙，且其中有较多污染物，故需使用手术刀、硬毛刷、钢丝刷等工具清理棺木糟朽缝隙中的残存物（图5-55）。

3. 棺内污染物及硬结物

3座墓葬均为清代墓葬，时代较晚，棺内因尸液而污染严重，尤其是七星板。故在清理时，先在棺内喷洒浓度为75%的酒精杀菌消毒，再将七星板取出，用纯净水冲洗，然后用毛刷去除表面附着的污染物。对于硬结物，使用毛刷或手术刀进行清理，然后用酒精清洗（图5-56）。棺底填充物已板结，也一并进行清理。

图 5-54　清理 M3-4 室棺盖表层附着物及植物根系

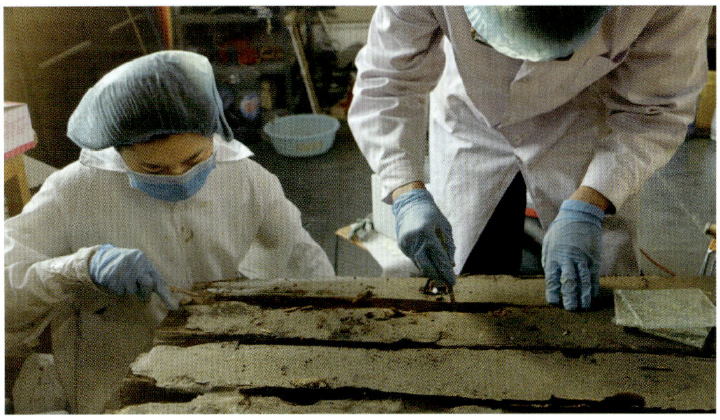

图 5-55　清理 M3-3 室棺墙缝隙

图 5-56　清理 M2 中室七星板上的污染物

（二）加固

该墓地出土棺木的木作结构间多以卯榫方式连接，因腐朽部分卯榫结构中的榫头或卯口丧失了功能，造成板材散落，且单板也存在开裂现象，故需要进行加固。下面以 M1 北室单板加固为例介绍丝杆加固工序。

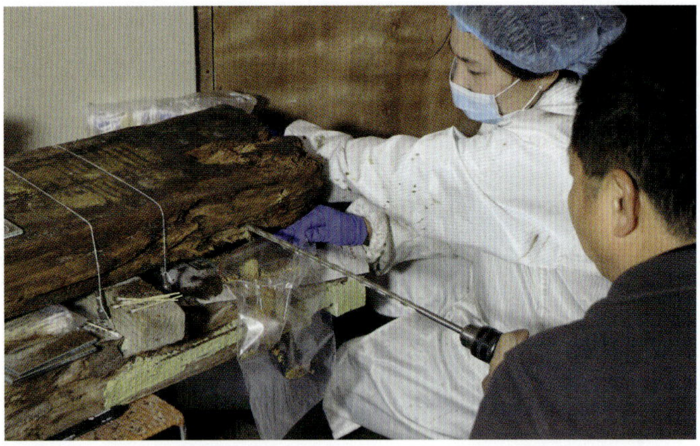

图 5-57　在 M1 北室棺板上钻孔

图 5-58　M1 北室棺板中部孔洞

图 5-59　M1 北室棺板中部穿入不锈钢丝杆

M1 北室棺盖残缺严重，仅存一块带金字的木板，其上有一条长 110.0 厘米的裂隙，导致棺盖板整体强度严重降低。为消除该病害，项目组根据裂隙情况，采取了前中后三点位丝杆加固措施。为了有效控制钻孔深度，项目组首先预测深度，并在钻头上做好标记，然后在选定位置开始钻孔（图 5-57），钻孔结束后退出钻头，清理干净孔洞（图 5-58），并在孔洞中滴入桐油，插入一条麻线。

为防止木板的裂隙在环境及外力影响下再次扩大，选取略粗不锈钢丝杆，以保证丝杆与木纤维间连接牢固。为便于切断不锈钢丝杆，依据孔洞深度在不锈钢丝杆上做标记，丝杆长度应略短于孔洞深度。随后利用电钻将不锈钢丝杆旋入已涂桐油和填入麻线的孔洞，待标记点进入孔洞口后停止。然后折断多余的不锈钢丝杆（图 5-59），并在孔洞口填漆灰。

对于板材间的加固，可使用 G 型夹固定位置，在所选位置开孔并按上述步骤旋入不锈钢丝杆即可。此方法适用于宽度不大的板之间的连接，其中一块板打透孔，另一块板打孔时控制在 2/3 深度。如果两块板都比较宽，从一侧打透孔较难，则采取销钉加固措施，在对应位置开孔，填入漆灰，埋入不锈钢丝杆并紧固定型。

（三）防腐

部分棺木因髹饰层脱落暴露出板材，又受埋藏环境等因素影响，腐朽较重。在对木质胎体进行清理与清洗后，为防止其进一步腐朽，需要对其进行封护和防腐处理。刷涂桐油是木材防腐的传统做法，此次对棺木木质胎体的保护修复工作中也采取这一方法。

首先将桐油加热至230℃，加入氧化铅，熟化。在前期清理工作的基础上，进一步清理掉棺木的腐朽部分，露出较新鲜木材面，然后在其上刷涂一层桐油，以达到防腐目的（图5-60、5-61）。对于补配用的新鲜木材，也应先使用桐油进行防腐处理，然后进行安装。

图 5—60　M1 北室棺盖内侧面桐油刷涂前后对比

（四）补配

补配工作一是针对结构性缺失部位，如M3-3室棺木底座、棺底和前后挡都缺失；二是针对因腐朽而出现的残缺、裂隙、孔洞等部位。对于结构性缺失部位，可按照棺木原加工工艺制作新构件进行补配。对于板材上的残缺部位，能用木材修补的就用木材补配，随后采用漆灰黏结或用不锈钢钉固定。裂隙和孔洞采用漆灰填补。在实际操作中，项目组针对棺木不同部位存在的不同程度的糟朽与残缺病害，采用了不同材料与方法进行修补，大体有以下几种情况。

图 5—61　M3—3 室棺盖暴露木质刷涂桐油后

1．裂隙

对于由木材自然收缩等原因导致的棺板间出现的细小裂隙，先注入大漆对裂隙进行预处理，然后用较细漆灰进行填补，漆灰中大漆、瓦灰和石膏的配比为1.1 ∶ 1.1 ∶ 1，并及时清理周围多余的漆灰（图5-62、5-63）。

图 5—62　M2 中室棺木缝隙注入大漆

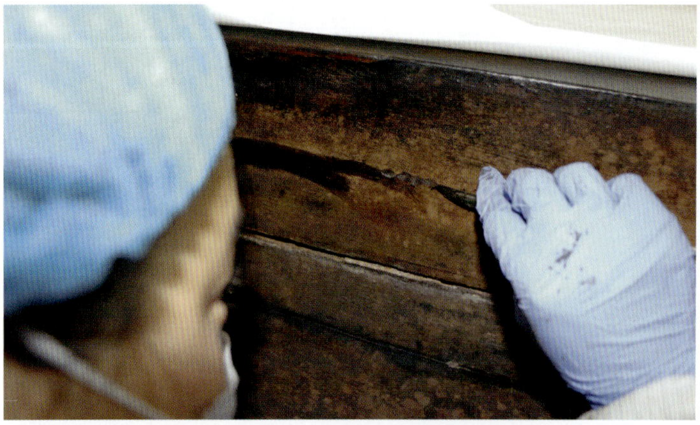

图 5-63 M2 中室棺木缝隙漆灰填补

图 5-64 M1 南室前挡板内侧漆灰填补孔洞

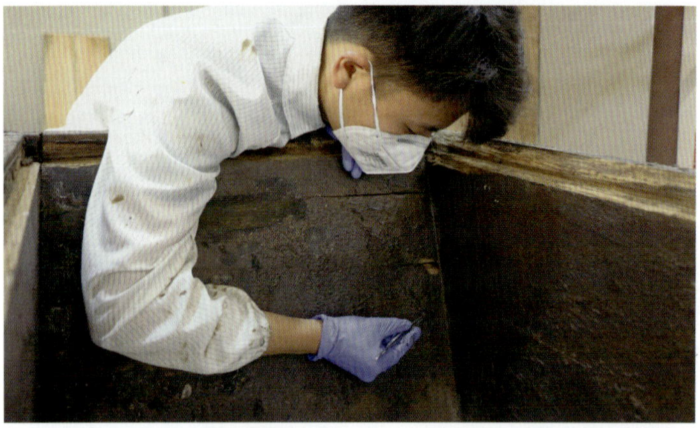

图 5-65 M1 南室前挡板内孔洞填补后髹饰层回贴

2. 孔洞

因树木巴结等因素影响，棺木上会出现孔洞。对于裸露在表面的孔洞，一般先清理糟朽部位，露出新茬口，然后在孔洞周围用透明胶带防护，涂抹生漆，待生漆半干时用细漆灰填平孔洞（图 5-64）。最后打磨平整，预留髹饰层高度。对于表面髹饰层完好但其下有孔洞的部位，一般先取下髹饰层，按上述方法填补孔洞，待漆灰半干后，再回贴髹饰层（图 5-65）。

3. 残缺

板材边缘因腐蚀，会出现较大残缺，有些残缺比较严重，尤其是在板与板接缝处。对于残缺部位，可采取漆灰和锯末填补方式。首先将漆灰和锯末按比例调匀，调至手捏成团、轻触即散状态备用。然后将需补修部位清理干净，使用大漆涂抹后，逐层捣入粗漆灰并逐层捣实，干燥后打磨取平（图 5-66、5-67）。

在保护修复过程中发现，部分棺木在制作过程中为增加板材宽度，会在接缝或巴结处用漆灰及木条进行修补。故对于棺木上的较大残缺位置，项目组选择在逐层捣实的粗漆灰层中适当加入木块或木条。这样既使用了原工艺，又加快了漆灰的干燥速度。

4. 缺失

指棺木的组件缺失，如 M3-3 室棺木的棺底、底座及前后挡板缺失；也指组件腐朽严重，无法继续使用。针对这两种情况，可在有充分依据的基础上，按照原尺寸制作新组件并安装到原棺木上，从外形或结构上恢复其完整性。如项目组根据测量尺寸对 M3-3 室棺木缺失之棺底进行补配，并对其上的卯榫结构进行加工制作（图 5-68）。

图 5–66 M3–3 室棺盖残缺位置填入漆灰并压实

图 5–67 M3–3 室棺盖残缺位置填补漆灰后

图 5–68 加工 M3–3 室补配棺底内侧卯口

项目组根据对该批棺木木作工艺的研究，推测 M3-3 室棺底由 5 块板材组成，故补配工作也是按照 5 块木板来开展的。棺底最外侧板上有两个卯口、一个榫头，需和棺墙上已有榫头配合，加工难度较大。项目组首先按照计算尺寸加工各块板上的卯榫结构，再按前文所述装配工艺流程进行试装和调试（图 5-69）。试装无误后将五块底板表面打磨光滑，在板缝接触面逐一刷涂桐油，以达到防腐和黏结作用（图 5-70）。随后，按照试装顺序装配好棺底。至此，该棺底的补配工作完成。然后按照同样操作完成该棺缺失的底座和前后挡板的补配，恢复该棺空间结构的完整性（图 5-71）。

图 5-69　试装配 M3-3 室补配棺底

图 5-70　M3-3 室新补配棺底刷涂桐油

图 5-71　M3-3 室补配棺底、挡板后

部分棺木的内盖板、七星板和石灰层缺失或腐朽严重，需进行补配。对此，应首先制作七星板下横向托撑并放入棺底，在其周围铺撒石灰粉（图 5-72）。然后按照棺底残留痕迹制作七星板。七星板一般由三块板组成，板间无连接，板面上钻有七孔（图 5-73）。内盖板应放置在棺墙和前后挡预留的凹槽内，其长度、厚度清楚，根据尺寸选用新材制作即可（图 5-74）。最后，通过刷涂桐油对新作七星板和内盖板进行防腐处理，不再进行做旧处理。

（五）做旧

新补配木材的色泽和周围木材差距较大，为此需要在新作部分尤其是棺木表层做旧，即制作髹饰层。此项工作需要针对不同棺木的髹饰工艺来进行。

以 M3-3 室棺木新补部分为例，首先在新木材上刷涂桐油。然后刷涂漆灰，不宜太厚，待干后用 400 目水砂纸稍稍粗磨（图 5-75、5-76）。接着刷涂第二层漆灰，待干后，先用 400 目水砂纸研磨，然后换 600 目水砂纸进行研磨，使其表面基本达到平整有光泽的程度。最后髹饰大漆（图 5-77、5-78）。

图 5—72　M1 南室棺内铺设石灰、七星板下托撑后

图 5—73　M1 南室棺内铺设七星板后

图 5—74　M1 南室棺内铺设内盖板后

图 5—75　M3—3 室棺木底座刮漆灰

图 5—76　M3—3 室棺底及底座底部刮漆灰后

图 5-77　M3-3 室棺木左侧底座髹漆

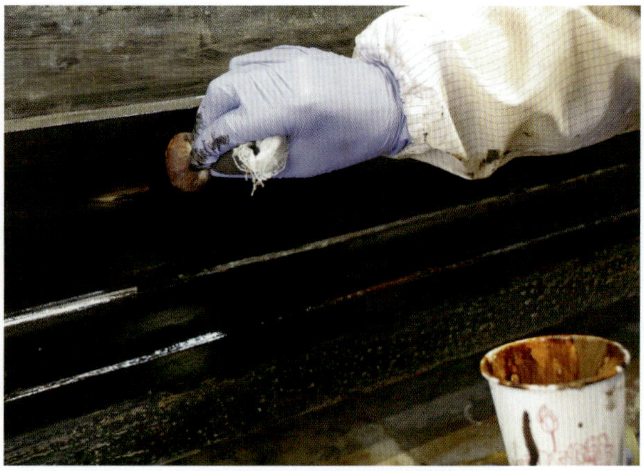
图 5-78　M3-3 室棺木右侧底座髹漆

五、铁环保护修复与托架制作

（一）铁环保护修复

M1 中室、M1 南室、M3-1 室、M3-2 室和 M3-4 室 5 具棺木底座上均有铁环，但锈蚀严重，需进行保护修复工作。此次铁环保护修复工作主要包括以下几道工序。

1. 除锈、清洗

先用雕刻刀等工具清理铁环表面的硬结物，再用尼龙刷清理铁环上附着的泥土沉积物，最后使用棉签蘸酒精清理铁环表面残留的灰尘及污染物（图 5-79）。

2. 脱盐

用纯净水浸泡厨房用纸，将其搅碎成纸浆并缠裹在棺身底座两侧的四个铁环上进行脱盐处理，每间隔两天或更长时间更换一次新的纸浆。重复上述脱盐步骤三次，可去除铁环上的可溶盐（图 5-80）。

图 5-79　清理 M1 南室棺外左侧铁环硬结物

图 5-80　M1 南室棺外铁环脱盐处理

3. 钝化

对铁环进行钝化（缓蚀）处理时，需调配磷酸作为钝化剂，然后用毛笔将其均匀刷涂在铁环上，且需多次刷涂（图 5-81），最后用蒸馏水进行清洗。

图 5—81　M1 南室棺外左侧铁环钝化处理

（二）托架制作

沂南河阳墓地出土的 9 具棺木都具有体积较大、重量大、不便于移动等特点，在长期的埋藏过程中，每具棺木底座也受到较多损害，保存情况不理想，修补工作也多在底座位置。为了在后续的保存中更好地保护棺木本体及便于棺木移动，需制作带轮托架以承托棺木。项目组根据棺木底部的重力分布特点制作了钢木结合的托架，以充分利用木材的柔性和钢材的刚性，增强整体稳定性。

1. 选材

木材选用宽 5.0 厘米、高 10.0 厘米的松木木方，钢材选用宽 5.0 厘米、高 10.0 厘米的国标槽钢。此外，选用单只能承重 600.00 千克的尼龙万向轮和定向轮。

2. 制作

按照棺底尺寸制作承载棺木的移动推车，裁截木材与槽钢（图 5-82、5-83）。

图 5—82　方木开槽

图 5—83　加工槽钢

在木方一端切出长 10.0 厘米、宽 0.8 厘米、深 2.0 厘米的凹槽，凹槽中心间隔 9.2 厘米；槽钢端部竖棱裁掉 3.0 厘米，保留 2.0 厘米，裁掉部分的长度为 10.0 厘米。然后将木方与槽钢进行组合，使二者合二为一，且不降低各自的强度（图 5-84）。

为进一步加强钢材和木材的连接强度，将轮子安装在钢木结合位置。托架前端安装定向轮，后端安装万向轮（图 5-85）。

为达到美观效果，按照黑透红效果在托架表面刷漆。首先刷涂三遍红漆，干燥后再刷涂三遍黑漆。漆干后进行打磨，使边棱处略透出一点红色，以达到预期目标（图 5-86、5-87、5-88）。

图 5-84　钢木结合

图 5-85　安装万向轮

图 5-86　刷涂红漆

图 5-87　刷涂黑漆

图 5-88 托架承托棺木效果

第六章　髹饰材料、工艺与保护修复

在距今约50万年至1万年间，我们的祖先在生产活动中发现了生漆。随着生漆的应用，出现了漆器。漆器一般指采用生漆或精漆髹饰的器物。从文物质地分类来讲，沂南河阳墓地出土清代棺木当属木胎漆器。

一、髹饰材料

漆树属于被子植物漆树科漆树属，是高大的阔叶落叶乔木。中国现在的漆树品种有114种，生漆的年产量在5000吨左右。漆树的分布范围很广，主要分布在南亚热带、中亚热带、北亚热带和南温带的湿润地区。竺可桢先生根据物候学的有力证据指出，距今6000—5000年以前，黄河流域的气候同现代的长江流域气候相似。古生物学家也指出，当时在我国北方的某些地区生活着只见于热带和亚热带的动物。因而专家们得出的结论是，在新石器时代晚期，竹类分布在黄河流域至东部沿海地区，也可以说，仰韶、殷墟时代是中国的温和气候时代[①]。这种气候条件完全适合漆树的生长。曹金柱等先生根据古文献及我国当前的漆树分布范围指出，自新石器时代至汉代，漆树在我国大致分布在东经104°—122° 30′、北纬28° 30′—41° 31′的范围内[②]。

（一）生漆的利用与加工

我国古代劳动人民最早使用的是未经任何加工的生漆。由于生漆的含水量较高，所形成的漆膜在色泽、透明度等方面都比较差，漆膜性硬而脆。后来，未经精制的生漆多用于调制黏结剂、漆灰等，不用作面漆。

随着技术的进步，人们开始对生漆进行脱水精制加工，即将生漆加热，去除部分水分。在古代，人们常常采用晒、煮等加热方法来去除生漆中的水分，这两种方法分别俗称为“晒

①竺可桢：《中国近五千年来气候变迁的初步研究》，载《考古学报》1972年第1期。

②曹金柱：《中国原始社会末期至战国时期的漆树地理分布》，载《陕西生漆》1979年第3期；曹金柱：《中国秦至清代漆树地理分布的史料考证（前篇）》，载《中国生漆》1982年第1期；肖育檀：《我国漆树的分布中心和可能的起源地》，载《中国生漆》1982年S1期；林剑鸣：《我国古代劳动人民对生漆的发现和利用》，载《西北大学学报（自然科学版）》1978年第1期。

漆”“煮漆”。当生漆中的含水量达到6%—8%时，便成为“推光漆”。

现代漆化学研究证明，在加热的过程中，漆酚中的各种基团之间发生不同的化学反应，从而进行初步的聚合作用，这时漆液实际上是一种高分子聚合物的初级产品。推光漆形成的漆膜在亮度、光泽、韧性等方面都比未经加工的生漆好，特别适宜制造黑漆。在早期时，人们就用这种推光漆来直接髹饰漆器，漆膜的自然光泽被称为“原光”或者“浮光”，但漆面不够平整而且有漆籽。

随着人们对漆器光泽要求的提高和技术的进步，退光、推光、泽漆和揩光等工艺相继出现。退光工艺就是待髹漆干透后，用灰条、桴炭或极细的砂纸磨净漆籽，使漆面平整，没有浮光。推光工艺是在漆面退光后，用老棉花或老羊皮次第蘸极细砖灰或土灰、牙粉、不干性植物油或光蜡，反复揩擦退光后的漆面，直到漆面发出内蕴之精光。泽漆工艺是在漆面退光后，用脱脂棉球蘸“提庄漆”薄薄揩擦退光后的漆面，不使余漆积于漆面，然后入窨候干，次日取出，再做泽漆。如此重复三遍，直至漆面发出内蕴之宝光。揩光是一种更高级、更讲究的推光工艺，是在数次泽漆后再推光，使漆面更加细腻亮滑[①]。

（二）生漆的主要成分

生漆是漆树皮层的一种分泌液，一种天然的有机化合物，主要由漆酚、漆酶、水分、树胶质以及其他物质组成[②]。

1．漆酚

漆酚是生漆的主要成分，漆酚的含量是生漆质量的重要标准。一般说来，漆酚在生漆中的含量可达50%—80%。它是一种具有不饱和长侧链的邻苯二酚或间苯二酚的化合物，其结构随不同地区、不同树种而异，一般可以用下面的结构式表示：

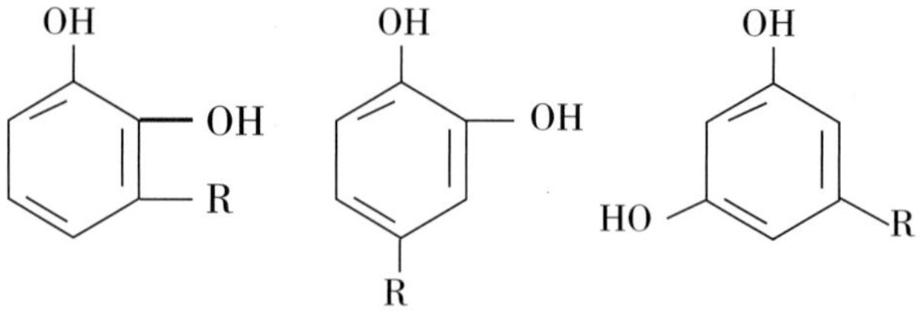

其中，R可以是不同类型的侧链，例如：

R_1=—$(CH_2)_{14}CH_3$

R_2=—$(CH_2)_7CH{=}CH(CH_2)_5CH_3$

R_3=—$(CH_2)_7CH{=}CHCH_2CH{=}CH(CH_2)_2CH_3$

R_4=—$(CH_2)_7CH{=}CHCH_2CH{=}CHCH{=}CHCH_3$

上述带有R_1类型的漆酚称为饱和漆酚；带有R_2类型的漆酚称为单烯漆酚；带有R_3类型的漆酚称为双烯漆酚；带有R_4类型的漆酚称为三烯漆酚（含有共轭双键）。漆酚系无色、黏稠状液体，其中饱和漆酚是无色固体，熔点为58℃—59℃，呈弱酸性。

①〔明〕黄成著，〔明〕扬明注，长北译注：《髹饰录图说》，山东画报出版社2007年版，第84页。

② 甘景镐：《生漆的化学》，科学出版社1984年版，第15~21页。

2. 水分

生漆的含水量一般在20%—40%之间，有少数生漆含水量低于10%，也有少数高达50%左右。水分越少，生漆的质量越好。水分的含量不但与树种、环境、割漆时间有关，也与割漆的技术有关，如割口过深，切入木质部时，流出的漆液的含水量就高一些。

3. 漆酶

漆酶存在于生漆中含氮的物质内，它不溶于有机溶剂，也不溶于水，但溶于漆酚，生漆中含氮物质的含量约在10%以下。漆酶是一种氧化酶，它能使漆酚在空气中氧化成醌类化合物并进一步反应聚合成膜，同时促使漆膜干燥。漆酶是生漆在室温下干燥时不可缺少的成分，漆酶的活性与生漆的放置时间、介质中的酸碱度、环境温湿度等有关。生漆放置时间越长，漆酶的活性越低。一般来说，当环境温度为30℃、相对湿度为75%或稍高时，漆酶的活性最好，温湿度过低或过高都会影响漆酶的活性。漆酶中含有的铜、铝等微量金属元素对漆酶的活性起着重要作用。

4. 树胶质

树胶质是生漆中不溶于有机溶剂而溶于水的部分，其内含有微量的钙、钾、铝、镁、钠、硅等元素，在生漆中的含量为3.5%—9%。从生漆中分离出的树胶质呈黄白色透明状。生漆中树胶质含量的多少影响着生漆的稠度，也影响着生漆与被髹饰器物表面的黏结强度。

5. 其他物质

除以上主要成分外，生漆中还含有甘露醇、氨基酸、有机酸、油分、二黄烷酮、氧化物、无机物等成分。

（三）生漆成膜机理及性能

有研究表明，生漆成膜是通过漆酚在漆酶和氧气的作用下氧化成醌，醌聚合成小分子，小分子聚合成低聚物，最后交织成高聚物，形成链状→网状→体型结构的过程。日本学者熊野认为在生漆成膜的过程中存在漆酚和树胶质的反应，并提出“细胞模型”结构。

在偏光显微镜及电子显微镜下观察到生漆固体漆膜为两相，有包围着聚合漆酚的树胶质外壳，并且通过漆酚溶解性胶质将聚合漆酚和水不溶解性胶质牢固地黏合。在这种细胞结构中，树胶质对聚合漆酚构成了阻挡壁垒，阻止了氧气对聚合漆酚的作用。

树胶质是一种多糖物质，多糖对氧气具有较高的能垒，虽然树胶质能吸水，但是吸收湿气将破坏其作为壁垒的性质，由此引起聚合漆酚的降解。而当其与憎水的聚合漆酚结合，却形成了低吸水性的细胞结构壁，这一特殊结构是生漆漆膜具有耐久性和耐腐性的条件。

漆膜的特殊漆酚多聚体结构决定了漆膜的物理性能。漆膜具有刚性大、柔韧性较小、气密性好、透气性差、耐磨性好、光泽明亮、附着力强、耐热性高、耐久性好、耐化学腐蚀性强、耐有机溶剂性好等特性[①]。

① 张飞龙：《生漆成膜反应过程的研究》，载《中国生漆》1992年第2期；胡继高、胡东波：《出土中国古代漆膜干缩翘曲分析及在修复粘接中问题的讨论》，载《文物保护与考古科学》2000年第2期。

根据以往的研究成果可知，生漆聚合物最后氧化降解的产物是苯乙烯、甲基苯乙烯、乙酸、茚、萘、1- 甲基萘、2- 甲基萘、乙酰胺、苯酚、3- 甲基酚、苯乙酮等。

（四）其他材料

1. 桐油

单纯使用生漆制作漆器，存在操作困难、漆膜厚薄不匀、漆膜干燥速度过快、漆膜易起皱等不利因素。随着对生漆利用技术的不断成熟，人们逐渐发现在生漆中添加桐油可以增加漆膜亮度、便宜操作、控制干燥速度。

郑佳宝等先生曾对扬州出土的 16 个汉代漆膜残片进行红外分析测试，发现其中 12 个样品中添加了桐油。同时他们指出，如果在生漆中添加桐油，由于桐油的 1745cm^{-1} 处特征吸收峰较强，且与 1712cm^{-1} 处吸收峰重叠，致使 1712cm^{-1} 附近的吸收峰强度增大，从而超过了 1622cm^{-1} 处吸收峰的强度。因此可以用 1712cm^{-1} 附近的吸收峰与 1622cm^{-1} 处吸收峰的强度对比来判断漆中是否含有桐油①。

从该批棺木髹饰层样品的分析测试结果来看，其生漆中大多添加了桐油，部分棺木髹饰层甚至只使用了桐油。

2. 漆灰

漆灰是将鹿角粉、蛤蜊壳、骨粉、瓦灰、瓷屑、木屑等无机物研磨成细粉末调入生漆中制成的。漆灰中的添加成分可细分为角灰、骨灰、蛤灰、石灰、瓷粉、砖灰、炭末等，由于添加成分不同，形成的漆灰性能便不同，功能用途也不相同。《髹饰录》中记载：“垸漆，一名灰漆。用角灰、磁屑为上，骨灰、蛤灰次之，砖灰、坏屑、砥灰为下。”

角灰：将动物的角研磨成细末，调入生漆中制成漆灰。其中，鹿角灰为上，牛角灰次之。

骨灰：将兽骨研碎调漆做漆灰。如古琴合缝即用牛胫骨灰调胶、漆。

蛤灰：将蛤蜊壳捣碎研细，调漆做漆灰。

石灰：用某种石质研碎调漆做漆灰。现在颜料店可以买到的土子，就是石质研成的。用它来调漆，很容易干固。

砖灰：将砖头研成粉末来调漆做漆灰。

坏屑：陶瓦未烧曰坏，使用坏屑加入生漆制成灰漆。

瓷（磁）屑：将残破的瓷器捣碎调漆做漆灰。这是过去漆棺木常用的一种材料。

炭末：将木头烧成炭，研成粉末，调漆做漆灰。它的特点是体质轻。

漆灰是采用生漆调和以上无机类材料制成的，相当于现代常用的腻子。它不仅能够提高漆器胎体的机械性能，还利于后续的打磨、刮削等成型加工处理，是制造器型优美漆器的重要技术环节。

王世襄先生在《髹饰录解说》一书中提到，调整生漆和其中添加成分的比例可以制成粗漆灰、中漆灰和细漆灰。粗漆灰的调制方法是用 40% 的生漆、20%的糯米糊、40%的砖瓦灰

① 郑佳宝等：《古代漆器的红外光谱》，载《复旦学报（自然科学版）》1992 年第 3 期。

调拌成泥状。中漆灰的调制方法是用 40% 的生漆、5% 的糯米糊、25% 的瓦灰、30% 的细黄土粉外加 15% 的清水调拌成泥状。细漆灰的调制方法是先将 55% 的黄土细粉调入 10% 的生漆中调拌均匀后，再将 30% 的生漆掺入其中调拌均匀，最后加 10% 的清水调拌成泥状[①]。

3. 颜料

制作彩色漆器必然用到色漆。制作色漆的方法是在漆液中加入植物油（桐油或苏子油），然后加入矿物颜料。常用矿物颜料有银朱、矾红、丹砂、绛矾、雄黄、石黄、赭石、雌黄、漆绿、石青、石绿、韶粉、烟煤等。

根据不同颜色的需要，可调配单种颜料入漆的比例，或者将多种颜料结合使用。单色漆品种主要有黑色、红色、黄色、绿色、紫色、褐色及金色等[②]。色漆使漆器制作工艺更加进步，漆器的品种、图案花色更多[③]。

黑色：生漆完全干燥后呈黑色，为了增强其色泽，古代常用铁锈、烟煤作为黑漆的入漆颜料。由于铁锈水中的铁末容易氧化，从而导致漆色发红而非正黑色，所以人们逐渐淘汰铁锈，改用烟煤。烟煤俗称“黑烟子”，即木材、松脂、石油燃烧后的黑色烟炱。

红色：古代漆器中使用的红色颜料主要有银朱、丹砂、绛矾、赭石等。银朱是由人工提炼而成的上等红色颜料，入漆后色泽艳而不俗，典丽厚重，遮盖力极佳，历千年而不变色。丹砂即朱砂、辰砂，是汞和硫的天然化合物，其中状如箭镞的俗称箭头砂，最为珍贵。丹砂入漆也很耐久，但不及银朱鲜亮。绛矾是天然矾石，亦称明矾石，为六角系结晶石，有白色、黄色、赤色等，绛矾指其赤色者而言。漆工所用的红色颜料，以此为次劣。赭石是自然生长的赤铁矿，如土，易碎。

黄色：古代使用的黄色颜料主要有雄黄、雌黄和石黄等。雌黄因其产于山阴而得名，与雄黄的化学成分相同。雄黄颜色发红而结晶，雌黄色正黄而不甚结晶。调制黄漆时也有采用天然石黄的做法，石黄应是属于铬合物的铬酸铅[④]。

绿色：古代使用漆绿，或者将臭黄和韶粉混合后入漆调成绿漆。漆绿指漆姑草的汁，臭黄指劣质的雄黄，韶粉为氧化铅。

紫色：紫漆是将不同比例的红色和黑色颜料混合后入漆调制而成。

褐色：褐漆是将不同比例的黄色和黑色颜料混合后入漆调制而成。

蓝色：石青、石绿是天然铜矿石，原石斑纹美丽，不仅可以用于漆器填嵌，而且精研并去除其中的天然铜颗粒后也可以入漆来调制色漆。

4. 麻

我国古代种植的麻有两种：大麻和苎麻。大麻纤维比较粗硬，适合制造绳索等；苎麻纤维较柔软，适合制造纺织品。苎麻在《说文》中被称为“纻”，《诗经·陈风》中有“东门之池，可以沤麻”“东门之池，可以沤纻”等记载。所谓“沤麻”“沤纻”，就是将刚砍伐

---

① 王世襄：《髹饰录解说》，文物出版社 1983 年版，第 45~46 页，第 166~167 页。

②〔明〕黄成著，〔明〕扬明注，长北译著：《髹饰录图说》，山东画报出版社 2007 年版，第 218~237 页。

③ 后德俊：《楚国的矿冶髹漆和玻璃制造》，湖北教育出版社 1995 版，第 94~125 页。

④〔明〕黄成著，〔明〕扬明注，长北译著：《髹饰录图说》，山东画报出版社 2007 年版，第 12 页。

的大麻或苎麻放在水池中浸泡一段时间，利用微生物发酵来去除麻纤维中的胶质，使麻纤维疏松并易于从麻秆上剥离下来。直到今天，我国部分地区仍使用这种方法进行麻纤维的脱胶处理[①]。

苎麻是古代人们制作漆器的主要原料之一，此外还有其他类的麻织物可用在漆器的制作中。到后来，人们也开始使用麻筋或厚纸代替麻织物。麻织物的主要成分是纤维素，不仅吸水膨胀，而且易氧化、降解，同时易遭受微生物的破坏[②]。

苎麻纤维最初是由葡萄糖基被氧桥连接成的链状大分子平行排列，聚合成分子团系统，进而组成有空隙的纤维素骨架——纤丝系统。柯娜利用碘酒染色的方法观察了单根苎麻纤维及其断面，从中我们可以看到苎麻单纤维纵向表面有明显的竖条纹，而横节条纹短而细，且分布较密；截面呈不规则的腰圆形，有中腔及裂缝[③]。

二、木胎漆器的一般制作流程

明代黄成在《髹饰录·质法十七中》中详细讲到，单色漆木胎漆器的制作包括棬榛、合缝、捎当、布漆、垸漆（粗灰漆、中灰漆、细灰漆）、糙漆（灰糙、生漆糙、煎糙）、漆（髹漆）七个步骤。

简单来说，漆器的制作过程可以分为四个阶段，一是制胎（即棬榛、合缝、捎当、布漆），二是地仗制作（垸漆、糙漆），三是髹面漆（漆），四是表面装饰。

1. 制胎

棬榛：指制作漆器的胎体。木胎的制作方法有斫木、镟木、棬木、刻镂卯榫等，制作的木质胎体要平、正、薄、轻。

合缝：指用底漆拌入木屑、斮絮等，嵌入木质胎体拼合处的缝隙内，黏合胎体。

捎当：指用漆在木胎上打底。在合缝的基础上，用漆对木质胎体进行通体刷涂，待漆干后，胎体才会坚固。捎当可防止漆液在髹漆过程中渗入木胎中。

布漆：指木胎打底后，用稀漆水或动植物胶在木胎表面裱糊麻布，以增强胎骨的强度，使棱角合缝处不至于松脱。有时也可使用生牛皮、熟牛皮、厚纸或者麻丝代替麻布。

合缝、捎当、布漆这三步是对胎体的进一步加工。

2. 地仗制作

垸漆（灰漆）：就是用漆或胶调和骨、角、瓷、砖等粉状无机物，在做完布漆的木质胎骨上灰漆。用筛子将漆灰筛出粗、中、细三种，调和生漆后，依次涂抹在胎骨上。明代黄成将垸漆分为五步：第一次粗灰漆，第二次中灰漆，第三次作起棱角、补平窳缺，第四次细灰漆，第五次起线缘。

① 后德俊：《楚国的矿冶髹漆和玻璃制造》，湖北教育出版社 1995 版，第 200~250 页。

② 和玲编：《文物保护技术学（讲义）》，西安交通大学 2003 年版，第 10 页。

③ 柯娜：《简易纤维形态特征显微显示法》，载《纤检技术》1994 年第 3 期。

长北先生指出，其实灰漆只有三次，黄成所述的第三、第五次只是局部的精加工。每次做完灰漆并晾干后，都要进行打磨，然后再进行下一步的灰漆工作。垸漆的目的不仅是起棱角，使器物规矩、表面平整，有时也是为雕刻、镶嵌等做准备。

糙漆：指在做完灰漆之后，在灰漆上面上灰漆及漆，目的是使漆面平滑坚实。一般来说，糙漆要做三遍，三道糙漆和三道灰漆一样，也是由粗到细。黄成称之为灰糙、生漆糙、煎糙。

3. 髹面漆

漆（髹漆）：指在漆胎上髹涂面漆，这是制作漆器的最后一步。将生漆过滤、沉淀，除去水分，当生漆中水分含量达 3%—5% 时，即为精制漆，可以用于调制各色推光漆。通过分析古代漆器和现代漆器的制作工艺可知，一件严格按照上述工艺制作的木胎漆器外表面的结构应如图 6-1 所示。

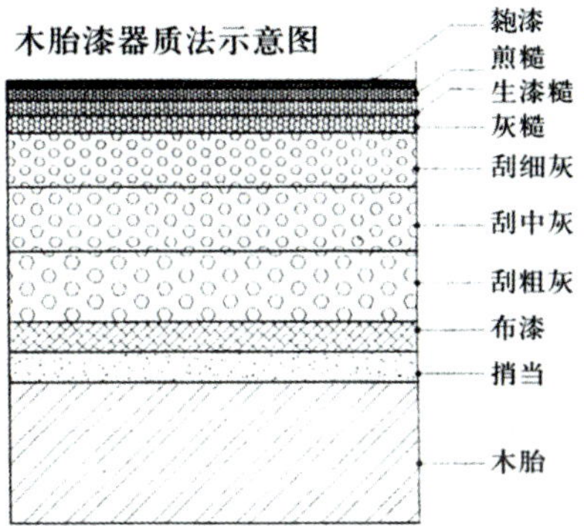

图 6—1　单色木胎漆器横断面结构图

4. 表面装饰

漆器表面的装饰工艺种类繁多，明《髹饰录》一书中主要记述了纹匏、罩明、描饰、填嵌、阳识、堆起、雕镂、枪划等多种工艺。

三、各棺木髹饰工艺

在沂南河阳墓地出土清代棺木的保护修复过程中，工作人员采用显微观察、红外光谱分析、扫描电镜及能谱分析等分析测试手段对棺木表面髹饰层结构、成分等进行了分析测试，并依据分析测试结果，结合保护修复过程中的实际观察，详细了解了各棺木的髹饰工艺。

（一）M1

1. M1 北室棺木

仅剩棺盖中间一块。因木材糟朽，内侧面无髹饰层残留。从样品 M1-105 的剖面观察（图 3-4），该样品可分为三层，自外向内分别为黑色颗粒层、棕红色层、土黄色层。黑色颗粒层应为污染物层，棕红色为基底层，土黄色层应系木材糟朽后黏附在髹饰层上的物质，故此推断该棺盖应为单层髹饰层。经红外光谱检测，其主要有机成分为大漆。该棺盖髹饰层上有金色文字，金元素含量在 84% 左右，系招魂幡所遗留。

2. M1 中室棺木

棺木整体保存较完整。从样品 M1-208（图 3-9）和 M1-209（图 3-12）的剖面来看，棺外髹饰层应为两次刷涂而成。底层髹饰层表面呈乌黑泡状，分为基底层、两层桐油层。基底层近木面平整，有木纹痕迹。外层髹饰层为四层，红外光谱显示该髹饰层为桐油。据此推测，该棺木做好后，先将木质表面修饰平整，随后用漆灰（基底层）进一步找平，即垸漆（灰漆）工艺。然后在外表面刷涂两层桐油，干燥待用。盖棺时在棺体与棺盖间及燕尾槽内刷涂桐油层后扣合，再在外表面刷涂四层桐油。根据分析测试结果并通过现场仔细辨认可知，棺内髹饰层应为较薄桐油层。此外，该棺盖上有白色文字。

3. M1 南室棺木

通过棺盖样品 M1-302（图 3-21）、右墙外样品 M1-319、前挡外样品 M1-322（图 3-30）与 M1-323（图 3-34）和棺底样品 M1-314（图 3-26）的剖面来看，棺盖和前挡外底层为大漆层，其外以桐油刷涂，且存在分层现象。棺墙外和棺底外的髹饰层为生漆，掺杂有桐油。从棺盖与棺身密封料、燕尾榫内侧密封料的分析测试结果来看，棺盖与棺身接触面及燕尾榫槽内刷涂了添加有桐油的生漆，起到密封作用。棺盖上有金色文字，现存字迹不清晰。棺内刷涂生漆层，无分层情况（图 3-24）。

（二）M2

1. M2 东室棺木

仅剩棺盖。因木质糟朽，棺盖内表面等位置髹饰层残缺。棺盖外表面髹饰层呈黑色，刷涂不均匀；从其剖面来看，黑色漆层直接附着于木材表面，未分层（图 6-2），推测是在木材表面直接刷涂大漆。棺盖上有白色文字。

图 6-2　M2 东室棺盖外髹饰层显微观察结果（100×）

2. M2 中室棺木

棺木整体保存较为完整。从样品 M2-214（图 3-46、图 3-47）的分析测试结果来看，棺外髹饰层分为黑色漆层和棕黄色底层两层，即棺木外表面使用桐油打底，外刷涂生漆。因髹饰工艺或时间因素影响，髹饰层表面有收缩变形现象。从样品 M2-207（图 3-42）的分析测试结果来看，棺内髹饰工艺与棺外相似，髹饰层也分为黑色漆层和棕黄色底层两层。棺盖上有招魂幡所留白色字迹（图 3-49）。

（三）M3

1. M3-1 室棺木

从样品 M3-106（图 3-57）和 M3-107（图 3-60）的分析测试结果来看，棺外髹饰层为大漆层，表面很不平整，分层不明显，整体呈黑色。从样品 M3-106 的剖面可看到髹饰层中有颗粒状物质掺杂，推测为漆灰。即在木材表面髹饰漆灰后，再髹饰一层较薄大漆层。

从样品 M3-105（图 3-54）的分析测试结果来看，棺内为棕红色髹饰层，且在髹饰层未干时粘贴麻布，使漆液浸入麻布，麻布外未再刷涂髹饰层。从样品 M3-104（图 3-62）的分析测试结果来看，棺木板缝间采用了刷涂大漆以密封和黏结棺板的方法。

2．M3–2 室棺木

从右墙外样品 M3-201（图 3-65）、棺底外样品 M3-206（图 3-75）、棺体前端榫头样品 M3-203（图 3-68）和棺体前端底座样品 M3-204（图 3-71）等棺外髹饰层的分析测试结果来看，除底座外，棺外髹饰层基本采用夹纻工艺，且髹饰层主体成分为大漆，掺有桐油。与 M3-1 室棺木相比，采用夹纻工艺的髹饰层较厚，且较致密。从棺底内样品 M3-205（图 3-73）的分析测试结果来看，棺内髹饰层应为生漆层，分层不明显。

3．M3–3 室棺木

从棺盖表面样品 M3-306（图 3-82）、右墙上板缝外样品 M3-331、右墙前燕尾扣处样品 M3-328（图 3-84、3-85）的分析测试结果来看，棺外髹饰层分为黑色大漆层、棕色基底层两层。推测为棺木做好后，先涂一层桐油层保护木材，再刷涂大漆。从样品 M3-325 的分析测试结果来看，板缝间刷涂生漆和桐油混合髹饰层，以起密封作用。棺盖上有金色文字，金元素含量在 79% 以上。棺内髹饰层工艺与 M3-1 室棺内相似。

4．M3–4 室棺木

从后挡板外样品 M3-424（图 3-98）、左墙后外样品 M3-425（图 3-100）、棺盖前端样品 M3-430（图 3-102）、前挡最内层样品 M3-432（图 3-106）、前挡最外层样品 M3-433（图 3-109）的分析测试结果来看，前挡外髹饰层分层较多，且有夹纻工艺，但棺外其他位置为生漆髹饰层。故此推测样品 M3-433 可能来自前挡修补位置。从棺内壁样品 M3-406（图 3-96）的分析测试结果来看，内壁刷涂生漆髹饰层，且表面凹凸不平，可见刷涂工艺不规范。

（四）文字及描饰层

该批棺木中，8 具棺木的棺盖上保留有文字，M3-1 室、M3-2 室和 M3-3 室棺外还有金色描饰层。但受地下埋葬环境因素影响，除个别文字清晰外，其余文字及描饰层多模糊不清。

1．M1

M1 北室棺盖：金色字体下有布，应系覆盖在棺盖上的招魂幡所留。个别字迹有缺失，经辨认为“皇清例赠孺人刘母张太君享年二十六岁之灵柩”。

M1 中室棺盖：从残留痕迹来看为金字，但文字残缺严重，且字迹模糊不清（图 6-3）。

M1 南室棺盖：情况同 M1 中室（图 6-4）。

图 6–3　M1 中室棺盖字迹局部

图 6–4　M1 南室棺盖字迹局部

2．M2

M2 东室棺盖：白色字体，直接书写在棺盖髹饰层上。个别字迹不清（图6-5），经辨识，为“皇清例赠孺人□继妣□太□之□”。

图 6-5　M2 东室棺盖字迹局部

M2 中室棺盖：白色字体下有布，为招魂幡所留。多数字迹不清，经清理后辨认，为“皇清例赠□职佐郎□进士候选训导□□□”。

3．M3

M3-1 室棺盖：残存痕迹为金色，字迹极少残留，模糊不清。部分位置残存金色描饰，但不连续，图案不详（图 6-6、6-7）。

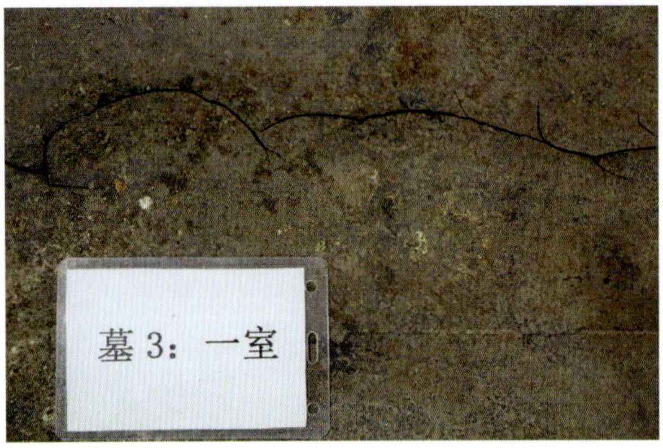

图 6-6　M3-1 室棺盖金粉字迹局部

图 6-7　M3-1 室棺盖右侧金色描饰

M3-2 室棺盖：情况同 M3-1 室（图 6-8、6-9）。

图 6-8　M3-2 室棺盖前端字迹

图 6-9　M3-2 室棺盖侧面描饰局部

M3-3 室棺盖：字迹边缘不清，比 M3-2 室状况略好。清理后可辨认 13 个金字：“皇清例赠孺人刘母王太君享年□□□□。”

（五）小结

根据以往研究成果，结合分析测试结果及保护修复档案可知，该批棺木中除 M1 南室棺木髹饰工艺比较讲究外，其余棺木的髹饰工艺相对简单。M3-1 室棺内、M3-2 室棺外、M3-3 室棺内髹饰层虽使用了夹纻工艺，但髹饰工艺流程不够严谨。棺内外髹饰层选用材料为生漆、桐油，有单独使用者，有混合使用者；有底层是桐油、外层是生漆的情况，也有底层是生漆、外层是桐油的情况。文字及描饰工艺中，多选用铅白和金粉作为材料。部分文字及描饰层是招魂幡所遗留，部分是直接书写或描饰于棺木上（表 6-1）。

表 6-1　各棺木髹饰材料与工艺简表

棺　木	文字及描饰层			棺　外			棺　内		
	材料	工艺	外观	材料	工艺	外观	材料	工艺	外观
M1 北	金	招魂幡	金色	生漆	刷涂	棕红色，较薄	—	—	—
M1 中	铅白	书写	白色	桐油	刷涂多层	棕红色，较厚	桐油	刷涂	棕红色，较薄
M1 南	金	书写	金色	生漆 + 桐油	刷涂多层	棕红色，较厚	生漆	刷涂	黑色
M2 东	铅白	书写	白色	生漆	刷涂	黑色	—	—	—
M2 中	铅白	招魂幡	白色	生漆 + 桐油	刷涂	黑色	生漆 + 桐油	刷涂	黑色
M3-1	金	书写描饰	金色	生漆	刷涂	黑色，较薄	生漆 + 麻布	夹纻	黑色，较薄
M3-2	金	书写描饰	金色	生漆 + 桐油 + 麻布	夹纻	黑色，厚重	生漆	刷涂	黑色
M3-3	金	书写描饰	金色	生漆 + 桐油	刷涂	黑色，厚重	桐油 + 麻布	夹纻	棕红色
M3-4	—	—	—	生漆 + 桐油	刷涂	黑色，较薄	生漆	刷涂	黑色，较薄

四、髹饰层保护修复

该批棺木的髹饰层主要存在残缺、脱落、裂隙、卷曲、起泡等病害，难以满足保存、展览的需求。项目组针对不同病害，按照回软与定型、拼对、回贴、清理与清洗、补配和做旧等操作步骤进行保护修复。但实际操作中并非严格遵照上述顺序进行，对有些需要取下进行清理、回软等处理工作的髹饰层进行了灵活处理。

（一）回软与定型

主要针对存在脱落、卷曲病害的髹饰层。通过加热回软脱落、卷曲髹饰层，借助外力使其定型。项目组利用热风枪加热较薄髹饰层，待其恢复韧性后，及时压在小块玻璃板下，部分在玻璃板上配重。三天左右，髹饰层即可恢复平整待用（图 6-10、6-11）。

图 6-10　M1 中室棺木髹饰层回软前

图 6-11　M1 中室棺木髹饰层定型

对于部分较厚髹饰层，则采用水浴加热方式回软。按髹饰层所在位置的不同，将脱落的髹饰层分类摆放在铺有塑料布的细木工板上（图 6-12），将水浴箱温度保持在 75℃左右，逐块放入髹饰层残块使其回软（图 6-13），约 15 分钟后取出并按原位置放回，及时覆盖玻璃板，同时用石块配重（图 6-14、6-15）。

因水浴加热方式使髹饰层内浸入了一定水分，故需十天左右进行脱水和定型处理。干燥定型时间略长，中间需注意观察。对于较难定型的髹饰层残块，可重复以上步骤。该批棺木的髹饰层多为平面状，故回软定型工作难度相对较小。

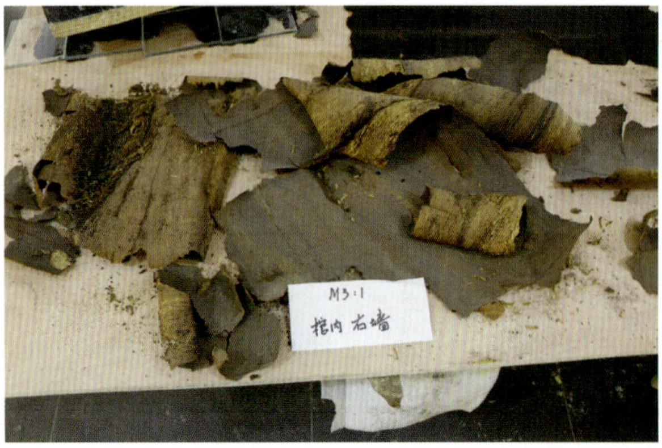

图 6-12　M3-1 室棺木髹饰层回软前

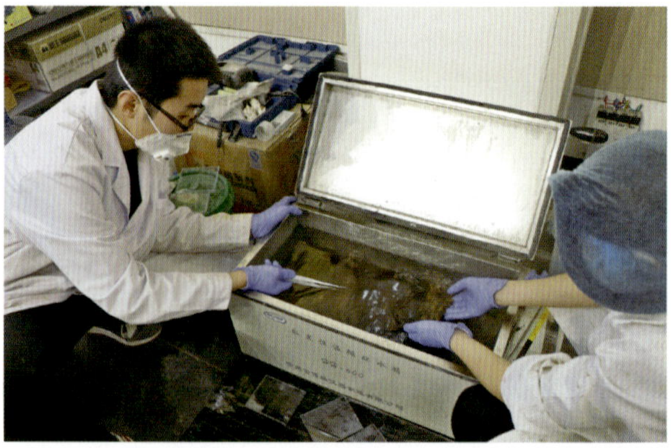

图 6-13　M3-1 室棺木髹饰层浸入水浴箱

图 6–14　M3–1 室棺木髹饰层回软后

图 6–15　配重压平 M3–1 室棺木髹饰层

（二）拼对

在棺木的自然干燥过程中，部分髹饰层脱离了棺木表面（图 6-16、6-17）。在将髹饰层残块回软定型后，首先尝试按茬口将髹饰层在细木工板上进行拼对，然后再在棺木表面进行拼对（图 6-18、6-19）。

图 6–16　M1 南室棺木底部髹饰层脱落

图 6–17　M1 南室棺木脱落髹饰层

图 6–18　回软定型 M1 南室棺木左墙髹饰层

图 6–19　拼对 M1 南室棺木左墙髹饰层

对于位置清晰，但因木材糟朽而剥离的髹饰层残块，以及存在卷曲等病害且须取下来回软定型的髹饰层残块，则需在取下前进行拼对并标记。同时，尽可能选择原位热风枪回软定型方式。回软定型后，依据标记再进行拼对工作（图 6-20、6-21）。

图 6—20　拼对 M3—3 室棺盖上髹饰层

图 6—21　标记 M3—3 室棺盖上髹饰层

（三）回贴

指将脱落或剥离的髹饰层按原位置贴回到棺木本体上。可分为整体回贴、局部原位回贴两种方式。

1. 整体回贴

将已经回软、定型、拼对后的髹饰层回贴到原位置。其操作程序大致如下：清理髹饰层内表面，清理或修补棺体上对应位置；在两者接触面均匀涂抹黏结剂，按照事先拼对位置，将脱落的髹饰层黏结在棺木上，并压实粘牢。项目组选用了鱼鳔胶、丙烯酸树脂、白乳胶、拼板胶、环氧树脂类胶、漆灰等多种黏结材料，经过多次尝试和实验，最终遵循原材料、原工艺，选用漆灰作为回贴黏结材料。

以 M3-1 室棺木左墙内面髹饰层回贴为例。首先清理脱落髹饰层黏结面，并用手术刀等工具清理左墙体上的对应位置。然后在黏结面均匀涂抹漆灰（图 6-22、6-23），待半干时，

图 6—22　在 M3—1 室棺体上涂抹漆灰

图 6—23　在 M3—1 室棺木髹饰层上涂抹漆灰

将髹饰层残块按原位置贴回，并用沙袋和石块按压，边缘位置需加大按压力度。按压大约半天时间后取下石块，观察回贴效果（图 6-24、6-25）。

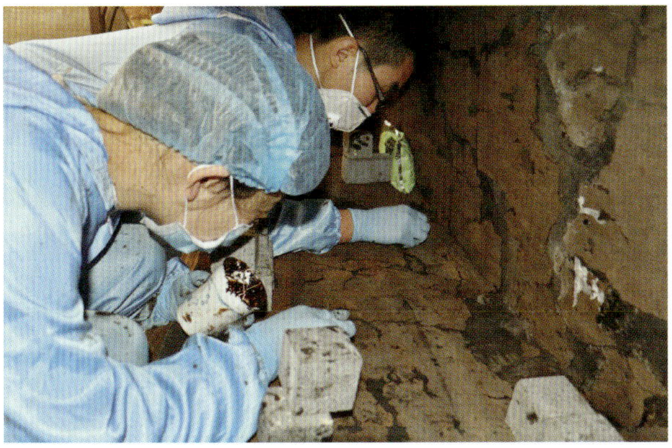

图 6–24　回贴 M3–1 室棺木左墙髹饰层

图 6–25　检查 M3–1 室棺木髹饰层回贴效果

可能因刷涂漆灰不均匀等因素影响，髹饰层会黏结不牢，这种情况多发生在髹饰层黏结面边缘。此时可使用注射器注入适量漆灰，再次用力按压。此外，也存在因涂刷漆灰过多而造成黏结面周围有漆灰被挤出的情况，待其半干时，用手术刀剔除即可。

2. 局部原位回贴

主要针对尚未完全脱离棺体的髹饰层。这种情况多存在于棺板缝、部分板材巴结或原有修补或糟朽处，也存在于髹饰过程中产生的空鼓位置。项目组针对不同情况，采用了相应的回贴措施。

起翘病害多发生在生漆髹饰层。在使用热风枪回软后，轻轻掀开起翘髹饰层，仔细清理黏结面污染物。然后使用较稀细漆灰修补棺木本体表面，待其半干时，使用热风枪加热髹饰层，回贴，压实，完成后将多余漆灰清理干净（图 6-26、6-27）。

a. 回贴前

b. 回贴后

图 6–26　M3–1 室棺木起翘髹饰层回贴前后对比

对于部分连接较少、存在卷曲等病害，且原位回贴操作难度大的髹饰层，项目组沿可控位置切开并取下髹饰层，按照整体回贴的操作方法进行回贴。

（四）清理与清洗

按照文物保护修复的常规做法，应首先进行清理与清洗工作。但为了拼对准确，项目组根据实际情况，在完成髹饰层回贴工作、预加固棺盖上文字及描饰图案后，再开展髹饰层表面的清理与清洗工作。

清理与清洗工作的基本方法是用脱脂棉蘸取 2A 溶液，轻擦已黏结的髹饰层，然后用软毛刷蘸取清洗液，对脱脂棉清理不彻底的髹饰层细纹或裂隙中存在的污染物进行清理，最后用毛巾将残留的水分吸干（图 6-27、6-28）。

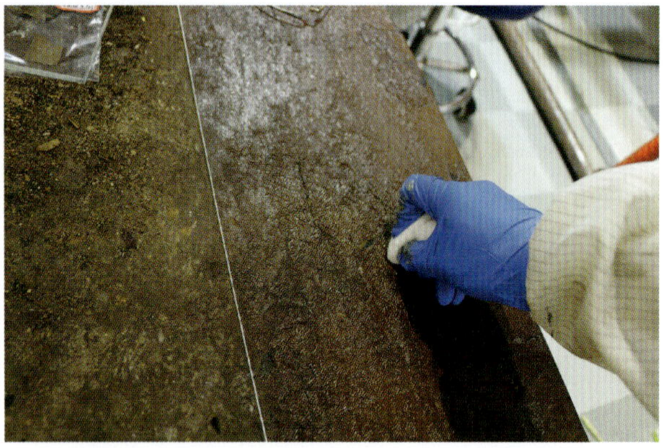

图 6-27　擦拭 M1 南室棺木髹饰层

图 6-28　使用牙刷清理 M1 南室棺木髹饰层

（五）补配

回贴髹饰层残块后，髹饰层中尚有残缺部位需要进行补配。项目组遵循修旧如旧的原则，根据桐油或生漆髹饰层的残缺情况，采取了相应的补配措施。如选用熟桐油加矿物颜料补配桐油髹饰层，并仿制出原始髹饰层外观效果，使用纯生漆或漆灰补配大漆髹饰层等。补配工作主要有桐油髹饰层、大漆髹饰层及夹纻髹饰层三种情况。

1. 桐油髹饰层

M1 中室和 M1 南室棺木外桐油髹饰层比较厚，残缺也较严重。项目组依据前面所分析的髹饰工艺，经多次尝试，采用在熟桐油中添加适量矿物颜料多次刷涂的方法进行补配。下面以 M1 南室棺木为例解释具体操作步骤：

第一步：熟桐油熬制和矿物颜料筛选。首先使用电磁炉（设定温度 240℃）将生桐油熬制成熟桐油。然后将不同目数矿物颜料添加到熟桐油中，制成试样。经多次尝试，选取适宜的矿物颜料目数和数量。

第二步：刷涂第一遍桐油做底。对棺身左墙、右墙、前挡板、后挡板的外侧面残缺处刷涂桐油打底（图 6-29）。以缺失处周围原始桐油髹饰层的颜色为参考，根据试样效果调整熟桐油中矿物颜料的加入量，以使补配处颜色与周围原始髹饰层颜色协调（图 6-30）。

图 6-29　M1 南室棺木右墙残缺处涂熟桐油打底

图 6-30　M1 南室棺木右墙涂刷第一遍熟桐油后

第三步：刷涂第二遍桐油。第一遍桐油凝固后，开始对棺外进行第二遍桐油的刷涂。同样，调整熟桐油中矿物颜料的加入量，以使补配处颜色与周围原始髹饰层颜色协调（图 6-31、6-32）。

图 6-31　M1 南室棺木后挡板刷涂第二遍桐油

图 6-32　M1 南室棺木后挡板刷涂第二遍熟桐油后

第四步：刷涂第三遍桐油，这也是最后一遍熟桐油刷涂工序。同样，根据不同位置，调整熟桐油中矿物颜料的加入量，以使补配处颜色与周围原始髹饰层颜色协调。

项目组在前期实验中发现，因室外通风条件良好且温度适宜，大约 2 小时左右，新刷涂桐油层表层就会凝结，且产生与棺木上原始桐油髹饰层褶皱相似的效果（图 6-33、6-34）。因此，M1 中室和 M1 南室棺外桐油髹饰层的第三遍补配工作均在室外进行。

2．大漆髹饰层

对于大漆髹饰层，直接采用大漆进行刷涂，其干燥后呈黑色。为达到某些棺木外表大漆髹饰层点状凸起的效果，项目组采取打捻工艺进行处理。具体做法是：将漆灰涂抹于补配处，在漆灰未干时，用干丝瓜瓤蘸细漆灰轻轻敲打并快速提起，干后用棉布进行抛光。经此过程，新补配髹饰层点状凸起效果与周围原始髹饰层基本一致（图 6-35、6-36）。

图 6-33　在室外补配 M1 南室棺木残缺髹饰层

图 6-34　M1 南室棺木底座髹饰层补配后效果

图 6-35　M3-1 室棺外修补漆灰（打捻）

图 6-36　抛光补配后 M3-1 室棺外髹饰层

3. 夹纻髹饰层

M3-1 室棺木和 M3-3 室棺木髹饰层中均采用了夹纻工艺，项目组在补配过程中也采用了类似工艺。

首先用高锰酸钾对粗棉布进行染色（图 6-37、6-38）。

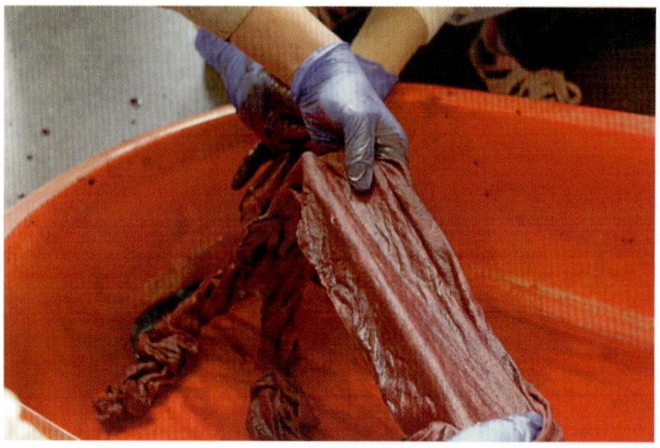

图 6-37　使用高锰酸钾对棉布染色

图 6-38　棉布染色前后对比

然后利用塑料薄膜临摹缺失位置髹饰层的轮廓（图 6-39、6-40）。

图 6-39　贴敷塑料薄膜

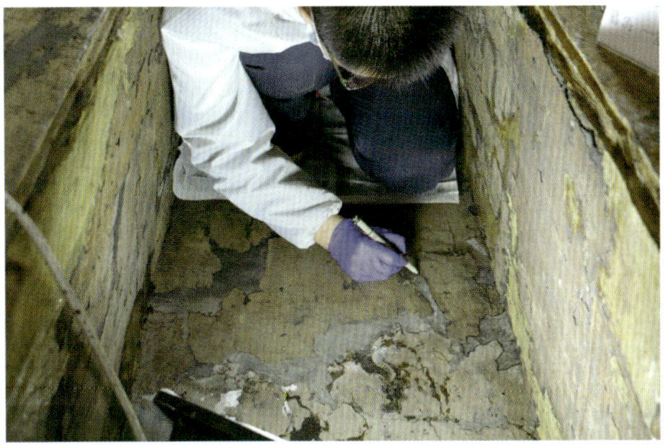

图 6-40　临摹 M3-1 室棺木残缺髹饰层轮廓

随后将塑料薄膜贴合在已染色的粗棉布上，并沿着标记剪下（图 6-41、6-42）。

图 6-41　将塑料薄膜贴敷在染色后的棉布上

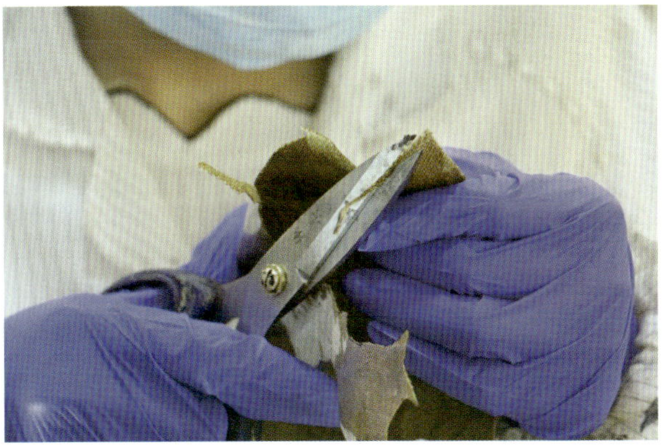

图 6-42　沿标记剪出所需棉布

最后在粗棉布和缺失位置的黏结面均匀涂抹漆灰，粘贴并施压。漆灰会顺粗布纤维渗出，最终与周围原始髹饰层效果基本一致（图 6-43、6-44）。

图 6-43　在所需位置涂抹漆灰

图 6-44　M3-1 室棺木补配棉布后

（六）做旧

在髹饰层补配过程中，需非常注意补配处颜色与周围原始髹饰层颜色协调，但总存在差距大、接界处跳色鲜明的情况，故需对补配处进行做旧处理。使用大漆、桐油调和矿物颜料在需要位置进行刷涂，坚持由浅及深、整体协调原则，以达到“远看一致，近看有别”的效果（图 6-45、6-46）。

图 6—45　M1 南室棺木右墙补配处做旧

图 6—46　M1 南室棺木左墙补配做旧

五、文字及描饰层保护

在该墓地出土的 9 具棺木中，8 具棺木上有文字和描饰层，文字有白色和金色两种，描饰层为金色，保存状况均不佳。这批文字及描饰层具有三种情况，一是招魂幡残留（M1 北室、M2 中室棺木），二是金色材料直接书写或描绘在棺木上（M1 南室、M3-1 室、M3-2 室、M3-3 室棺木），三是白色材料直接书写在棺木上（M1 中室、M2 东室棺木）。项目组在进行髹饰层保护修复过程中积累了一定经验，可用于指导文字及描饰层的保护修复工作。

（一）预处理

主要包括预清理和预加固。首先对文字、描饰层周边区域的木质及泥土附着物进行大致清理。使用软毛刷清扫后，再使用酒精、纯净水、脱脂棉或棉签擦拭表层（图 6-47、6-48）。

然后用细线将棺盖上的表层字迹划分好，使用酒精、纯净水和脱脂棉擦拭表层（有金粉处轻擦），进行初步清理（图 6-49、6-50）。

最后使用浓度为 5% 的 Paraloid B72 乙酸乙酯溶液或浓度为 5% 的松香酒精溶液，对棺盖上有字迹的位置进行预加固和封护（图 6-51、6-52）。

预清理和预加固步骤交替进行，目的是清理字迹和描饰层周围的污染物，界定字迹和描饰图案的范围，为下一步字迹和描饰图案本体的细致保护工作奠定基础。预清理、预加固之后，需慎重进行清理和清洗工作。下文以 M1 北室、M2 东室及 M3-3 室棺木为例，介绍文字及描饰层本体清理、加固和黏结情况。

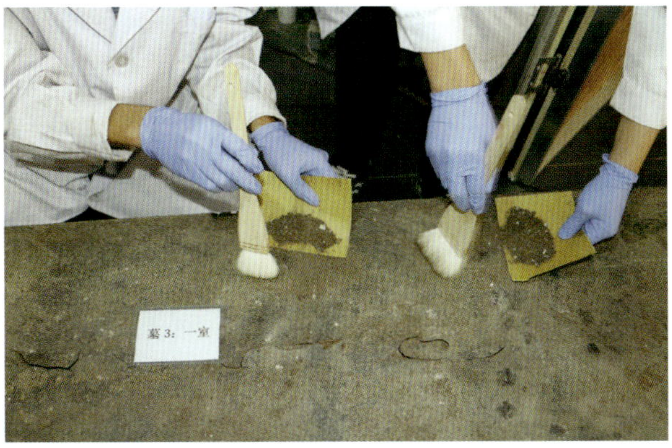

图 6–47　收集 M3–1 室棺木外表层尘土

图 6–48　清扫 M3–1 室棺木外浮尘

图 6–49　使用棉签清理 M3–1 室棺木外附着物

图 6–50　使用棉签清理 M3–2 室棺木描饰层周围污染物

图 6–51　临时加固 M1 南室棺盖字迹

图 6–52　临时封护 M1 南室棺盖字迹

（二）M1 北室棺木

该棺上的金字为招魂幡所遗留，金字与棺体间有织物间隔，文字有移位和起翘情况。在清理字迹本体上的污染物时，首先检查字体是否活动。然后使用浓度为 20% 的 Paraloid B72 乙酸乙酯溶液对起翘或脱落的金字进行回贴。在对字体上的污染物进行清理前及清理过程中，只要发现有松动情况，便立即停止清理工作，先行黏结，再进行清理（图 6–53）。

图 6–53　粘贴 M1 北室棺盖上起翘的金字

图 6–54　清理 M1 北室棺盖字迹周围污染物

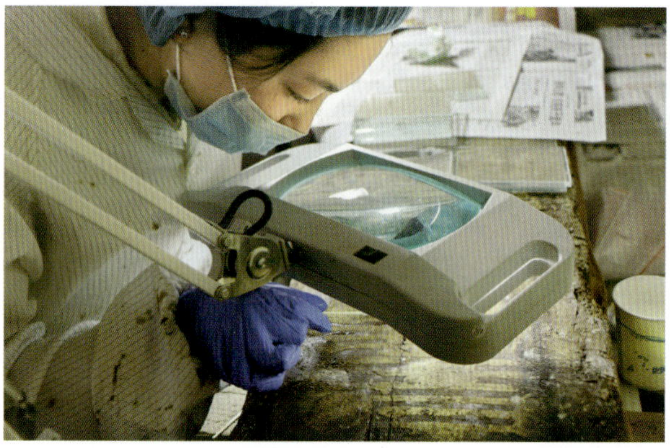

图 6–55　清理 M1 北室棺盖字迹边缘

当字体表面有较多污染物时，可以先采用软毛刷等进行清理（图 6–54）。随后使用酒精等化学材料进行清洗时，要进行试验。如发现金粉掉落，必须停止清理工作，使用浓度为 5% 的松香酒精溶液对字迹进行加固，然后再进行清理。清理与加固可能会交替进行。项目组在 LED 放大镜下，使用蘸纯净水、2A 溶液的棉签多次滚动清理金字边缘部位（图 6–55）。

对于棺木外的金色描饰层，项目组也采取如上方法进行了简单清理，然后喷洒浓度为 5% 的松香酒精溶液进行整体加固封护。

（三）M2 东室棺木

该棺上的文字是用铅白直接书写。因胶结物老化，字迹有粉化现象。清洗前先用毛笔蘸浓度为 5% 的 Paraloid B72 乙酸乙酯溶液对文字进行封护加固（图 6–56）。湿润后，字迹边缘较干燥时清晰，项目组及时记录字迹情况，并继续对文字周边进行清理（图 6–57）。

然后使用棉签蘸纯净水、2A 溶液，多次滚动清理字迹上的污染物。因原加固剂渗透深度较浅，清理过程中若发现有粉末随棉签掉落，需及时进行渗透加固，然后再进行清理（图 6–58、6–59）。

最后采用喷洒浓度为 5% 的松香酒精溶液的方法进行整体加固封护。

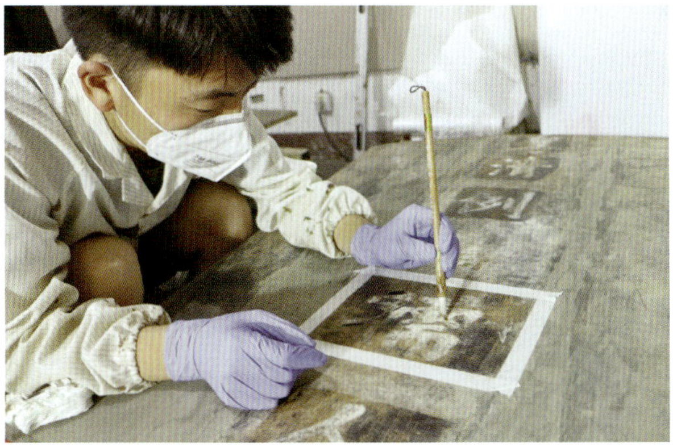

图 6-56　封护与加固 M2 东室棺木文字

图 6-57　清理 M2 东室棺木文字周围附着物

图 6-58　M2 东室棺木“赠”字清理前

图 6-59　M2 东室棺木“赠”字清理后

（四）M3-3 室棺木

该棺上的文字为金色材料直接书写。因糟朽，棺盖板散开，棺盖上有较厚淤泥，且淤泥龟裂，金色字迹随龟裂泥片脱离棺板。为尽可能保留下该棺金色文字，项目组尝试使用以下方法进行保护工作。

首先清理淤泥层上的污染物，划定每个字迹的范围，清理字迹周围的泥土层（图 6-60）。

随后将透明胶带一端固定在棺板上，以起定位作用。另一端粘贴在龟裂的泥土层上，此时可以掀开胶带，暴露出金字的背面（图 6-61）。简单清理字迹背面浮土，在字迹位置滴注浓度为 40% 的 Paraloid B72 乙酸乙酯溶液（图 6-62），尽快沿原位贴回，并轻轻按压透明胶带约 30 分钟（图 6-63）。

然后轻轻将透明胶带取下，用棉棒蘸温水将字迹周围及其上的泥土慢慢去除。因字迹背面滴渗了浓度为 40% 的 Paraloid B72 乙酸乙酯溶液，加固剂会把靠近字迹的部分泥土一同粘贴在棺板上，用温水较难将其去除。此时，可使用棉棒蘸取酒精进行清理（图 6-64、6-65）。如发现字迹粘贴不牢，可采用浓度为 5% 的 Paraloid B72 乙酸乙酯溶液进行渗透加固，然后再进行清理。

最后喷洒浓度为 5% 的松香酒精溶液进行整体加固封护。

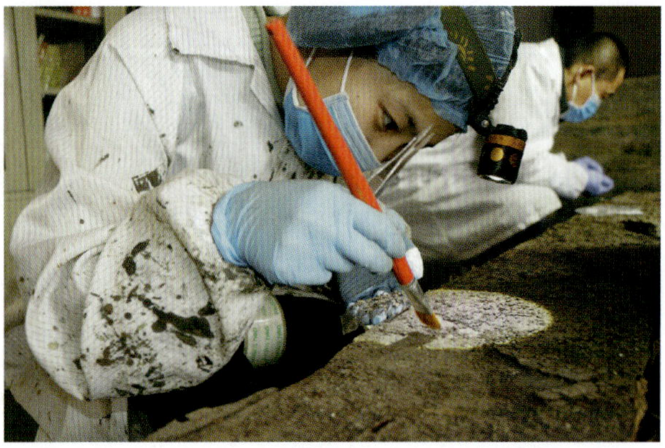

图 6—60 清理 M3—3 室棺木字迹周围泥土层

图 6—61 使用透明胶带定位 M3—3 室棺木金字层

图 6—62 在 M3—3 室棺木金字背面刷涂乙酸乙酯溶液

图 6—63 回贴并按压 M3—3 室棺木金字

图 6—64 清理 M3—3 室棺木金字周围泥土

图 6—65 清理及加固 M3—3 室棺木金字

通过此方法，项目组有效保护了该棺上书写的文字“皇清例赠孺人刘母王太君享年□□□□”，解决了如何将原本与泥土层混为一体的字迹保存下来的难题，效果比较理想。

第七章　保护修复后的棺木

沂南河阳墓地位于村中一处凸起的台地上，地表原有6米多高的封土。随着周围生产活动的破坏，高大的封土逐渐被夷为平地。同时因不法分子的盗掘活动，各墓室遭受了不同程度的破坏。受降水、地下水活动等因素影响，墓室内水位波动较大，加之棺木自身制作工艺和材质选择等内在因素影响，墓室内的棺木均遭受了不同程度的破坏。

当然，带有不同病害种类和病害程度的棺木为研究其制作工艺提供了便利。项目组在编制保护修复方案及进行保护修复的过程中，有针对性地收集了100多个样品。同时，借助现代科学技术手段，系统开展了对该墓地出土9具棺木的树种、髹饰层及污染物等78个样品的分析测试工作。分析测试结果不仅有利于该批棺木选材、木作工艺和髹饰工艺等研究，而且有力指导了保护修复工作，为使用原材料、原工艺进行保护修复提供了科学依据。

在近5年的保护修复过程中，项目组始终以科学、严谨的态度实施具体工作。通过进行分析测试、病害分析与评估等工作，不仅保证了保护修复工作顺利进行，而且促进了对该批棺木的价值挖掘，如对棺盖上文字的清理与辨认，对棺木木作工艺、髹饰工艺、埋葬习俗的认识，等等。这些成果为下一步做好棺木的展示与利用提供了基础。为系统掌握每具棺木的保护修复工作过程、效果，本章在前文的基础上，总结每具棺木的保护修复过程，重点阐述每具棺木存在的病害、采取的保护修复措施及特征。

一、M1

（一）M1北室棺木

该棺木为M1中最早埋葬者，且属于迁葬性质，保留下来的仅有一块带金字的棺盖板。棺盖板外表存在大量污染物。文字层存在模糊、残缺、脱落等病害。木质胎体存在裂隙、糟朽等病害。髹饰层存在脱落、剥离等病害。项目组在充分评估M1北室棺木保存状态的基础上，制定了针对性保护措施，并建立保护修复档案，详细记录棺木本体病害。

首先清理棺盖板外表存在的较大污染物，然后使用浓度为5%的Paraloid B72乙酸乙酯溶液预加固金字，使用浓度为20%的Paraloid B72乙酸乙酯溶液对松动、起翘的金字进行回贴。

在棺盖板的前中后位置分别穿入不锈钢丝杆，加固棺板裂隙。

随后使用毛刷、钢丝刷以及酒精溶液仔细清理表面细小污染物。金字的保护修复过程详见本书第六章内容。然后调配漆灰对胎体残缺部位进行补配，并使用桐油对暴露木质进行防腐处理。

最后采用浓度为2%的Paraloid B72乙酸乙酯溶液调和矿物颜料对补配位置进行做旧处理，使其色泽与周围颜色协调。

经以上步骤后，棺上文字清晰牢固、色泽协调，达到预期保护目标。保护修复后的M1北室棺盖板总长225.0厘米，前端宽28.0厘米，后端宽24.0厘米，厚10.5厘米（图7-1）。

a. 棺盖板正面

b. 棺盖板背面

c. 金字

d. 金字局部

图7-1　保护修复后的M1北室棺盖板

（二）M1中室棺木

该棺木外形保存基本完整，构件齐全。外表污染物较多。文字模糊不清。棺木胎体多在端部、边角、拼合处有腐朽现象。髹饰层存在开裂、脱落、剥离、残缺等病害，其中脱落病害严重。

项目组根据 M1 中室棺木的保存情况，采取以下有效保护修复措施。

清理表面较大污染物，清理棺底填充物，收集、规整脱落髹饰层。水浴回软脱落髹饰层，同时仔细清理木胎糟朽部位，使用桐油或生漆对暴露木质进行防腐处理，用漆灰进行补配或修补胎体表面。仔细检查尚存于胎体表面的髹饰层尤其是边角和接缝处是否存在空鼓、起翘等情况，若存在此类情况，需及时使用漆灰填补其下胎体，并做好髹饰层的回贴工作。

拼对回软后的髹饰层逐步按原位置进行回贴。采用熟桐油和矿物颜料补配髹饰层残缺位置，然后采用浓度为 2% 的 Paraloid B72 乙酸乙酯溶液调和矿物颜料对补配位置进行做旧处理，使其色泽与周围颜色协调。清理铁环表面锈蚀物，使用纸浆包裹脱盐，使用磷酸进行钝化处理。最后进行整体封护，制作移动托架。

保护修复后的 M1 中室棺木整体长 236.5 厘米，前视上宽 87.0 厘米、下宽 98.0 厘米、高 101.5 厘米，后视上宽 63.5 厘米、下宽 71.5 厘米、高 74.5 厘米（图 7-2）。该棺木完整复原，达到预期保护目标。

a. 斜视

b. 左墙

c. 右墙

d. 前挡

e. 后挡

g. 棺口及七星板局部

f. 棺盖

h. 棺口及内盖板

图 7–2　保护修复后的 M1 中室棺木

（三）M1 南室棺木

该棺木外形保存基本完整，棺内残缺七星板及内盖板，整体强度尚可。整体外表面附着污染物较多。金字及描饰图案模糊不清。棺木胎体端部、边缘及拼合处糟朽较重。髹饰层有开裂、脱落、残缺病害。根据 M1 南室棺木的保存情况，项目组采取与 M1 中室棺木类似的保护修复措施，并根据棺底和棺口尺寸补做了七星板和内盖板。

保护修复后的 M1 南室棺木整体长 237.5 厘米，前视上宽 85.0 厘米、下宽 96.8 厘米、高 110.3 厘米，后视上宽 64.0 厘米、下宽 74.5 厘米、高 85.3 厘米。该棺木完整复原，达到预期保护目标（图 7-3）。

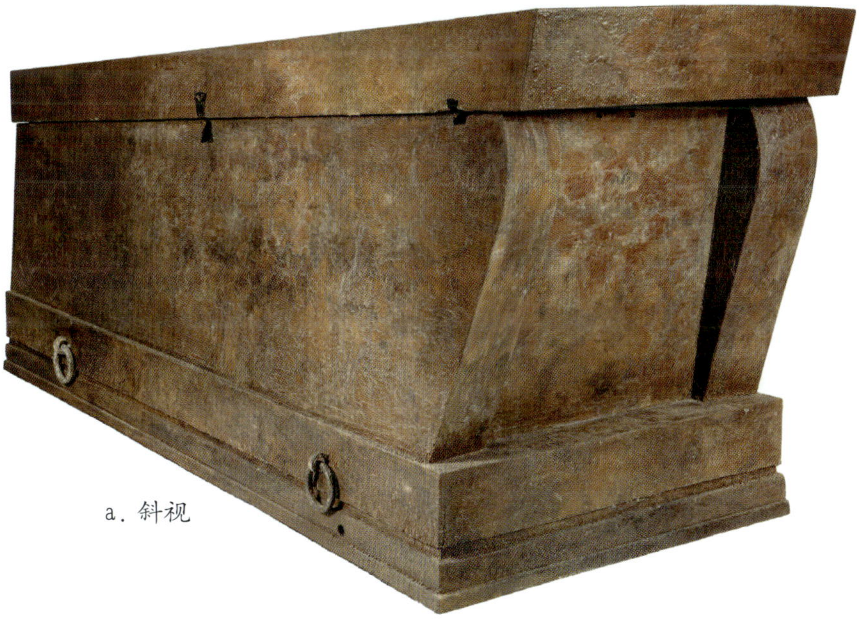

a. 斜视

b. 左墙

c. 右墙

d. 前挡

e. 后挡

f. 棺口及内盖板

图 7–3　保护修复后的 M1 南室棺木

二、M2

（一）M2 东室棺木

仅存棺盖，且通体存在污染物，表面文字不清晰。胎体糟朽、残缺、裂隙病害较重，尤其是背面。髹饰层脱落、空鼓等病害较重。针对 M2 东室棺盖的保存现状，项目组建立保护修复档案，对其进行测绘、取样，深入评估其保存状况，并采取以下有效保护措施。

清理较大污染物，采用浓度为 5% 的 Paraloid B72 乙酸乙酯溶液预加固白色文字。深入清理胎体上的糟朽物，使用桐油或生漆进行防腐处理。从暴露处可看出此棺盖采用钉连方式进行连接，故依其基本形状固定各块棺板，打孔旋入不锈钢丝杆进行连接。依据缺失处的形状挖制木块进行补配，局部小的缺失部位采用锯末加漆灰进行补配后，修整边角，多次髹漆灰打磨，为补配髹饰层做准备。在以上工作过程中用塑料薄膜覆盖字迹，防止文字层被污染。

完成胎体的保护修复工作后，开始其上文字层的保护修复工作，详见本书第六章内容。完成文字层的保护修复工作后，使用生漆和矿物颜料补配髹饰层缺失部位。使用浓度为 2% 的 Paraloid B72 乙酸乙酯溶液调和矿物颜料进行做旧处理，使其色泽与周围颜色协调。

保护修复后的 M2 东室棺盖总长 235.8 厘米，前端宽 80.0 厘米、厚 14.0 厘米，后端宽 60.5 厘米、厚 10.5 厘米（图 7-4）。该棺盖完整复原，达到预期保护目标。

a. 棺盖正面

b. 棺盖背面

c. 清理后文字

图 7-4　保护修复后的 M2 东室棺木

（二）M2 中室棺木

该棺木被盗墓贼凿开左墙，留有一较大盗洞。棺木外表面污染物和植物根系较多。字迹不清。胎体有残缺、糟朽病害。髹饰层有开裂、脱落、剥离、残缺等病害。

项目组采用松木块补配胎体盗洞处，采用细漆灰或生漆补配残缺髹饰层。其他保护修复措施基本与 M1 中室棺木相近，不再赘述。

经过保护修复，该棺木完整复原，达到预期保护目标。保护修复后的 M2 中室棺木整体长 244.4 厘米，前视上宽 70.5 厘米、下宽 99.5 厘米、高 104.8 厘米，后视上宽 53.5 厘米、下宽 72.0 厘米、高 67.0 厘米（图 7-5）。

a. 斜视

b. 左墙

c. 右墙

d. 前挡

e. 后挡

f. 棺口及棺内

图 7–5 保护修复后的 M2 中室棺木

三、M3

（一）M3-1 室棺木

该棺木外形完整，整体强度尚可。棺木外表面污染物较多。金字及描饰图案不清晰。胎体腐朽病害多位于边角处，尤以底座较重。棺外髹饰层典型病害为空鼓，棺内髹饰层虽采用夹纻工艺，但脱落、卷曲严重。

该棺木胎体和铁环保护修复方法同 M1 中室棺木。棺外髹饰层的保护修复主要是解决空鼓病害。采用高锰酸钾染色粗棉布，以漆灰作黏合剂修复棺内残缺髹饰层。文字及描饰层保护修复措施类似于 M2 东室棺木。经过保护修复，该棺木完整复原，达到预期保护目标。保护修复后的 M3-1 室棺木整体长 234.2 厘米，前视上宽 80.0 厘米、下宽 94.0 厘米、高 106.3 厘米，后视上宽 59.5 厘米、下宽 71.0 厘米、高 80.1 厘米（图 7-6）。

a. 斜视

b. 左墙

c. 右墙

d. 前挡

e. 后挡

图 7-6 保护修复后的 M3-1 室棺木

（二）M3-2 室棺木

该棺木外形完整，整体强度尚可。棺木外表面污染物较多，尤其是棺盖上污染物较厚。金字及描饰层模糊不清。胎体在棺口、板材边缘及接缝处糟朽较重。髹饰层保存尚可。

该棺木胎体和铁环保护修复方法同 M1 中室棺木。棺外髹饰层的保护修复主要是解决空鼓病害。文字及描饰层保护修复措施类似于 M2 东室棺木。经过保护修复，该棺木完整复原，达到预期保护目标。保护修复后的 M3-2 室棺木整体长 247.0 厘米，前视上宽 83.2 厘米、下宽 98.0 厘米、高 109.2 厘米，后视上宽 60.5 厘米、下宽 72.0 厘米、高 77.8 厘米（图 7-7）。

a. 斜视

b. 左墙

c. 右墙

d. 前挡

e. 后挡

f. 棺底填充石灰后

g. 棺口及内盖板

图 7-7 保护修复后的 M3-2 室棺木

（三）M3–3 室棺木

该棺木保存状况极差，整体外形不存。棺木外表面污染物较多，棺盖上有厚约 1.5 毫米的泥土。金字及描饰层被泥土覆盖。胎体缺失前后挡板、棺底板及底座，残存的左右墙及棺盖均已散落成单块木板，且边缘糟朽较重。因木材糟朽，造成髹饰层脱落严重且存在卷曲等病害。该棺木的保护修复工作是 9 具棺木中难度最大的，尤其是对其木质胎体和金字的保护修复。

因该棺木外形不存，整体修复工作必须先确定外形尺寸。幸运的是，依据棺木板材上残存的加工痕迹及其上髹饰层等，可确定棺墙、棺盖尺寸。项目组仔细观察残存板材上的卯榫结构，发现其木作工艺与 M2 中室棺木相近，其尺寸与 M3–1 室棺木相近。根据棺盖与棺墙间的连接面，可确定棺墙的外倾角，进而能确定棺底板和前后挡的尺寸。棺座是沿棺底四周而作，尺寸自然可得。同时，项目组发现该棺木的棺板间采用龙凤榫方式连接。

棺内髹饰层为夹纻工艺，但因棺体糟朽，造成髹饰层脱离，故需将髹饰层按原位移到细木工板上。棺外髹饰层为大漆，与棺体结合相对紧密。棺盖上有厚约 1.5 毫米的泥土层包裹着金字，并与棺体脱离，保护修复难度大。项目组通过透明胶带定位，在金字背面刷涂浓度为 40% 的 Paraloid B72 乙酸乙酯溶液，成功解决此难题。具体操作方法参见本书第六章内容。

棺盖板、左右墙板间脱离，原卯榫结构无法使用，故采用不锈钢丝杆方法加固连接。接缝及边角等缺失处采用锯末加漆灰的方法进行填补，并做修补，以备回贴、补配髹饰层。

依据残存棺盖和棺墙确定两者的原尺寸，利用 CAD 软件计算出棺底、前后挡、底座的尺寸。按照棺底由 5 块板、前后挡由 3 块板龙凤榫拼合的组成结构，进一步计算出每块板材的尺寸及其上龙凤卯榫的尺寸。购买上好松木，按照设定尺寸加工板材。加工完板材后，进行试拼装，保证各部件间完全吻合。然后在木材表面刷涂桐油防腐，在板与板连接处刷涂较厚桐油。具体拼装过程参见本书第五章内容。

在新补配木材表面按照传统工艺髹漆。因已刷涂了一层桐油，新木材表面毛刺固定，故可用砂纸打磨平整，便于刮漆灰。首先刮粗漆灰一层，干燥后用水砂纸打磨，再刮中漆灰一层，干燥后刮细漆灰一层。干燥后打磨，刷涂一层面漆，慢慢阴干。

棺外髹饰层的保护修复措施类似于 M1 中室棺木，棺内髹饰层的保护修复措施类似于 M3–1 室棺木。然后使用浓度为 2%—5% 的 Paraloid B72 乙酸乙酯溶液调和矿物颜料做旧。新补配髹饰层呈暗红色，与原髹饰层有色差。

项目组参考同墓地出土棺木的制作工艺，依据对称性原则，恢复了 M3–3 室棺木外形，达到预期保护目标。保护修复后的 M3–3 室棺木整体长 251.8 厘米，前视上宽 78.0 厘米、下宽 95.5 厘米、高 109.6 厘米，后视上宽 60.5 厘米、下宽 72.0 厘米、高 79.6 厘米（图 7–8）。

a. 斜视

b. 左墙

c. 右墙

d. 前挡

e. 后挡

f. 棺口

图 7-8 保护修复后的 M3-3 室棺木

（四）M3-4 室棺木

该棺木外形完整，缺失七星板和内盖板。棺木外表面有大量泥土及微生物，棺盖上的泥土层较厚。胎体在棺口、端部、边缘及接缝处糟朽较重。髹饰层保存尚可。

清理棺木表面较大污染物，进一步开展尺寸、照片等信息提取工作，建立保护修复档案。按尺寸补全七星板及内盖板。局部采用不锈钢丝杆加固木质胎体。清理胎体糟朽处污染物，使用漆灰补配并加以修整，为后期回贴髹饰层或补配髹饰层做准备。随后回软定型髹饰层，按常规方法回贴髹饰层，并用软毛刷、牙刷等清洗工具蘸纯净水或 2A 溶液清洗髹饰层表面。通过刮细漆灰、刷涂生漆等方法补配髹饰层缺失部位，然后使用浓度为 2% 的 Paraloid B72 乙酸乙酯溶液调和矿物颜料进行做旧处理。

保护修复后的 M3-4 室棺木整体长 242.4 厘米，前视上宽 85.0 厘米、下宽 96.5 厘米、高 113.0 厘米，后视上宽 65.0 厘米、下宽 74.0 厘米、高 81.3 厘米，外观效果理想，达到预期保护目标（图 7-9）。

a. 斜视

b. 左墙

c. 右墙

d. 前挡

e. 后挡

f. 七星板及石灰

g. 内盖板

图 7–9　保护修复后的 M3–4 室棺木

本项目于 2017 年 9 月 17 日通过山东省文物局验收。与会专家认为，项目组严格按照国家文物局批复方案完成了 9 具棺木的保护修复任务，保护修复效果良好；所开展的前期研究工作科学、可靠，制作工艺研究充分，价值认知清楚，病害评估准确；采用的技术路线和操作工艺科学合理；项目管理规范，资料齐全，保护修复档案完整、翔实（图 7-10、7-11）。

图 7-10　验收会专家现场考察

图 7-11　验收会会议现场

通过验收后，项目组参照与会专家所提意见，进一步完善了保护修复档案，向沂南县博物馆提出保存建议。沂南县博物馆根据实际情况，将保护修复后的棺木暂时存放在该馆一楼展厅（图 7-12、7-13），并建立了日常保养、监测制度。

图 7—12　保护修复后的棺木 1

图 7—13　保护修复后的棺木 2

四、后期养护建议

为使棺木长期保存，后期的日常养护工作也非常重要。要严格按照国家文物局颁布的有关博物馆藏品环境标准来保存棺木及实施布展等，光照应采用无紫外线的冷光源。除建立安全保卫制度外，还应建立全日制检查养护机制，采取适当的防霉、防虫、防裂等措施。

《博物馆藏品保存环境试行规范》规定，木胎漆器保存环境温度为20℃ ±5℃，相对湿度应控制在50%—60%之间。今后保存、展示环境温湿度尽量按此标准执行，并建立由专人负责监测、记录温湿度的机制。

若展出时间较长，棺木表面会堆积灰尘，故建议每月进行一次清理。具体清理方法是：使用小型吸尘器先进行初步清理，再用微潮抹布进行擦拭，擦拭时注意保护文字和描饰层区域。同时，加强对棺木的跟踪观察与养护，做好预防性保护工作。

《中国文物古迹保护准则（2015年）》第3条指出："文物古迹的价值包括历史价值、艺术价值、科学价值以及社会价值和文化价值。"历史价值是指文物古迹作为历史见证的价值。艺术价值是指文物古迹作为人类艺术创作、审美趣味、特定时代的典型风格的实物见证的价值。科学价值是指文物古迹作为人类的创造性和科学技术成果本身或创造过程的实物见证的价值。

对具有历史价值、艺术价值、科学价值的历史遗留采取的一系列防止其受到损害的措施的过程，就是文物保护。文物保护工作不仅要保存文物的载体，而且要进一步挖掘文物背后的价值，对其进行合理评估，提升学界认知水平。在本项目实施过程中，项目组一直遵循这一原则，不仅致力于消除该批棺木存在的病害、保护文物载体，而且努力挖掘文物背后的价值，并且对其加以合理评估，有效提升了学界对这一时期棺木制作工艺的认知水平。

第八章 结 语

木质葬具起源较早。新石器时期的考古遗址中就发现有木质葬具或木质葬具的痕迹，尤其到了龙山时期，木质葬具更是大规模地出现，且已经开始逐渐采用更先进的加工工艺，用以体现墓主人更高的身份地位或经济实力。如发现于山东省潍坊市临朐西朱封的M202，是目前已知山东龙山文化中规格最高、随葬品最丰富的墓葬，其葬具便已具有棺、椁之分。

夏商周时期，尤其是在以殷墟为代表的商代晚期之后，木质葬具进一步发展为身份地位的象征。高等级墓葬的葬具均采用多重棺椁的形制，而且尺寸更大，棺木用料也更为考究。周代随着礼制的完善，以棺椁重数为代表的丧葬礼仪作为国家制度的一部分被正式确定下来。《仪礼》《礼记》《周礼》等对此均有详细的记载，考古发现也较多地证实了这一事实。

秦汉以降，棺木作为主要的丧葬用具，在中国历史上一脉相承、不断延续。秦汉以后，受文化交流传播的影响，葬具中出现较多的丧葬文化交融因素，如南北朝时期盛极一时的石质棺床、因火葬盛行而流行的骨灰罐等，但是它们始终未能取代棺木的主体地位。

一、明清棺木发现与研究

考虑到丧葬习俗的延续性特点，项目组在重点关注清代棺木出土情况的基础上，也收集了明代棺木的出土情况。明清墓葬在田野考古发掘、配合基本建设的过程中多有发现，但未能引起人们足够的重视，加之在遗址中零星地出现及保存现状不佳等因素的影响，目前经过规范清理并公布材料的明清墓葬不多，地域分布也较为分散。

（一）明清棺木出土概况

出土棺木的明代墓葬主要有：上海市松江区华阳桥镇明代墓群[①]、湖北襄阳桃花岭墓

① 上海博物馆考古研究部：《上海市松江区华阳明代墓群发掘简报》，见《上海博物馆集刊》第九期，上海书画出版社 2002 年版。

地明代墓葬[①]、江西南昌市江联小区明墓[②]、陕西铜川新区未来城明墓[③]和河南新乡市老道井明代 101 号墓[④]。

出土棺木的典型清代墓葬有：黑龙江省二〇二国道爱辉支线清代墓葬[⑤]、齐齐哈尔市建华区红光村清代夫妻合葬墓[⑥]、吉林省榆树市上台子墓群[⑦]、北京市门头沟区清代壁画墓[⑧]、北京西郊小西天清代墓葬[⑨]、山西省长治市襄垣清代墓葬[⑩]、河北省邢台市内丘西关清代石椁墓[⑪]、山东淄博清代壁画墓[⑫]、苏州盘门清代墓葬[⑬]、四川什邡市星星村遗址明清墓葬[⑭]等。此外，还有一些墓地中发现有清代墓葬，但并未公布材料，如安徽肥东县小黄村墓地[⑮]、重庆巫山土城坡墓地[⑯]、山东青州邵庄墓葬群[⑰]等。

受埋藏环境、自身材质以及人为因素等影响，清代墓葬中棺木的保存状况多不理想，仅剩板灰痕迹，这种情况在北方地区尤为明显。棺木基本结构尚存的仅有二〇二国道爱辉支线清代墓葬、红光村清代夫妻合葬墓、上台子墓群、小西天清代墓葬和苏州盘门清代墓葬五处。

（二）明清丧葬习俗研究

受限于出土材料的不足，目前学界尚未有关于明清棺木的综合研究成果，学者们多围绕出土个例，结合文献记载进行与之相关的社会观念、礼仪习俗等方面的探讨[⑱]。

上海市松江区华阳桥镇明代墓群中，M8 出土的 2 具棺木上各覆盖 1 块长绢，其中男性墓主之绢上写有“诰封武略将军四山杨公之墓”，女性墓主之绢上写有“诰封太宜人杨母

---

① 襄阳市文物考古研究所：《湖北襄阳桃花岭墓地明代墓葬发掘简报》，载《江汉考古》2016 年第 6 期。
② 江西南昌市博物馆：《江西南昌市江联小区明墓发掘简报》，载《南方文物》2013 年第 4 期。
③ 铜川市考古研究所：《陕西铜川新区未来城明墓发掘简报》，载《考古与文物》2016 年第 2 期。
④ 郑州大学历史学院考古系、河南省文物局南水北调文物保护办公室:《河南新乡市老道井明代 101 号墓发掘简报》，载《华夏考古》2009 年第 3 期。
⑤ 何晓光：《二〇二国道爱辉支线清代墓葬清理发掘的主要收获》，载《黑河学刊》2002 第 1 期。
⑥ 齐齐哈尔市文物管理站：《齐齐哈尔市建华区红光村清代夫妻合葬墓发掘简报》，载《北方文物》2005 年第 3 期。
⑦ 吉林省文物考古研究所、榆树市博物馆：《吉林省榆树市上台子墓群发掘报告》，载《北方文物》2010 年第 1 期。
⑧ 刘义全：《北京市门头沟区发现清代墓葬壁画》，载《文物》1990 年第 1 期。
⑨ 苏天钧：《北京西郊小西天清代墓葬发掘简报》，载《文物》1963 年第 1 期。
⑩ 朱识斌：《长治襄垣清代墓葬研究——以郭庄 E 区墓葬为例》，山西大学 2014 年硕士学位论文。
⑪ 内丘县文物保管所：《内丘西关清代石椁墓》，载《文物春秋》2014 年第 4 期。
⑫ 淄博市博物馆：《山东淄博清代壁画墓发掘简报》，载《中国国家博物馆馆刊》2016 年第 10 期。
⑬ 苏州博物馆：《苏州盘门清代墓葬发掘简报》，载《东南文化》2003 年第 9 期。
⑭ 四川省文物考古研究院等：《四川什邡市星星村遗址唐宋、明清墓葬发掘简报》，载《四川文物》2014 年第 6 期。
⑮ 安徽省文物考古研究所、肥东县文物管理局：《安徽肥东县小黄村西汉墓（M5）发掘简报》，载《东南文化》2016 年第 1 期。
⑯ 武汉市文物考古研究所、巫山县文物管理所：《重庆巫山土城坡墓地 2004 年发掘简报》，载《江汉考古》2009 年第 2 期。
⑰ 王英勋、李宝垒：《青州邵庄汉代墓葬群的发掘》，载《理财（收藏）》2016 年第 6 期。
⑱ 李飞：《礼达乡闾：贵州凯里炉山一号墓所见之清代礼仪》，载《中国国家博物馆馆刊》2016 年第 2 期。

张氏之墓”。两绢上的“诰封”两字皆用金漆书写，其余各字使用白漆①。湖北襄阳桃花岭墓地明代墓葬②、江西南昌市江联小区明墓③、陕西铜川新区未来城明墓④和河南新乡市老道井明代101号墓⑤中出土的棺木或棺木残块上均施红漆。

上文所列清代墓葬中，爱辉支线清代墓葬中的棺木形制较为特殊，棺墙用半圆形松木堆起，棺顶用半圆形松木顺棺木走向排列、覆盖，属于清初边疆少数民族兀的哈人墓葬。小西天清代墓葬2号墓中有一棺一椁，形状如长方木箱，此种棺椁为满族特有的样式，俗称“合抱材”，系用金丝楠木制成，内外挂漆，内为红色，外为黑色。红光村清代夫妻合葬墓中有两具南北向的棺木，棺盖为覆斗式，棺木前端彩绘图案及满文墓志铭，棺身通体施红漆，漆层上施金粉蝙蝠、“万”字、祥云、双钱、绶带、“寿”字等装饰图案。盘门清代墓葬中的棺木在头端铭刻有字，上台子清代墓群中的棺木形制与近代相似，二者均未有详细介绍。其余墓葬中的棺木因腐朽，基本形制已难以辨别。

与明代墓葬出土棺木进行对比研究后发现，清代棺木总体承袭明代棺木较多因素，例如棺盖上放置写有墓主人身份的铭旌，皇家、品官等的棺木多通体髹红漆，棺内尸骨置于七星板上，等等。以棺木等为代表的墓葬类考古遗存体现的是一定时期的丧葬礼俗，具体到清代棺木，其特征之一就是在多民族、广地域的影响下出现了多种多样的棺木形式，并由此体现了民族融合的趋势。如相对于汉族人丧葬所用的铭旌，满族的风习是设丹旐。关于铭旌，《清稗类钞》“丧用之铭旌”条载：“近代用绛帛粉书叙其官爵，曰皇清诰授某某大夫或某某将军原任某官之灵柩……葬时，去杠及题者姓名，以旌加于柩上。”丹旐俗称大幡，高达数丈，《黑龙江风俗琐记》载：“俗有丧，树木杆于庭，上挂长幡，以示远近。”丹旐于每天黎明悬出，日暮取下，放在棺柩一侧，发引时以其为前导，殡后焚掉。二者形式、功用类似，但在置放时间、后续处理等细节方面存在差异。就棺木而言，满族人的棺材形式呈屋脊形，内部高大，外绘彩画，在棺材外还有棺罩围之⑥。此外，明清时期的棺木中还常使用笭板。笭板即七星板，其上雕有七个圆孔，排成北斗七星的形状，其间有凹槽相连。

根据以上分析并结合沂南河阳墓地出土的清代棺木可以看出：目前出土的清代棺木形制较为多样，这可能与墓主人的族别、身份、个人喜好、当地工艺传统等相关。同时与文献资料相结合进行分析后发现，在形制多样化的前提下，大多数棺木都严格遵循与墓主人身份相匹配的等级制度。据清代颁行的《钦定大清通礼》记载，葬具制度包括棺木板材的备办、制作和漆饰等内容⑦，甚至棺木表面髹漆多少道以及棺内衬布的层数等细节问题都有严格的规

① 上海博物馆考古研究部：《上海市松江区华阳明代墓群发掘简报》，见《上海博物馆集刊》第九期，上海书画出版社2002年版，第650页。

② 襄阳市文物考古研究所：《湖北襄阳桃花岭墓地明代墓葬发掘简报》，载《江汉考古》2016年第6期。

③ 江西南昌市博物馆：《江西南昌市江联小区明墓发掘简报》，载《南方文物》2013年第4期。

④ 铜川市考古研究所：《陕西铜川新区未来城明墓发掘简报》，载《考古与文物》2016年第2期。

⑤ 郑州大学历史学院考古系、河南省文物局南水北调文物保护办公室：《河南新乡市老道井明代101号墓发掘简报》，载《华夏考古》2009年第3期。

⑥ 孙彦贞：《满汉丧葬礼俗之异同与演变》，载《中国历史文物》2006年第5期。

⑦ 参见李寅：《清代皇家棺具考略》，见《明清档案与历史研究论文集》，新华出版社2008年版，第1300~1311页。

定[①]。清朝统治者将满族的丧葬习俗与汉族丧葬礼仪及佛教思想等糅合在一起，例如人死后以请僧人为逝者诵经为荣等[②]，在此基础上形成了一套繁复细密的新的丧葬习俗。

近年来，关于明清丧葬习俗综合研究的成果不断涌现[③]，使我们对这一问题有了更全面、更深入的了解，也为我们深入考证沂南河阳墓地的墓主身份、丧葬习俗等提供了切入点和佐证。

（三）明清棺木木作工艺研究

有关棺木制作工艺的研究，目前所见成果较少，其原因有二：一是出土棺木的保存状况大多较差，可供提取的信息比较有限；二是文献中关于这一方面的记载较少，且不够详尽。在实际工作中，对出土棺木进行保护修复工作的同时开展制作工艺和材料选取等方面的研究，不失为一种行之有效的方法。

有关棺木保护修复与研究的案例主要有《成都商业街船棺葬出土棺木保护概述》[④]、《内蒙古博物院藏四子王旗出土彩绘木棺的保护》[⑤]、《北京房山金陵红漆银片錾花鎏金木棺的保护修复》[⑥]、《河北宣化辽墓群出土木质文物的保护修复研究》[⑦]、《东莞市博物馆馆藏木质棺椁病害调查与保存环境分析》[⑧]、《陕西出土明代漆棺制作工艺及材质研究》[⑨]、《高陵出土明代彩绘漆棺的制作工艺及材质研究》[⑩]等。

《高陵出土明代彩绘漆棺的制作工艺及材质研究》一文中，作者对漆棺底胎的制作工艺进行了分析，总结出如下基本流程：制木坯—合缝—捎当。同时，作者对各个步骤的具体内容进行了阐释，但并未就棺木木作工艺进行详细研究。此外还有其他与棺木木作工艺相关的研究成果，但研究程度均不够深入，参考价值有限。

（四）明清棺木髹饰工艺研究

有关棺木髹饰工艺的研究成果也较少，原因如下：一是文物样品十分珍贵且数量极少；二是底层、髹饰层、颜料层不易分离且难以提取，给分析研究工作带来较大困难。[⑪]

自棺木出现以来，各式各样与之相关的装饰就层出不穷。新石器时代晚期，以齐家文化为代表，棺木上即已出现涂彩的痕迹。而到了西周时期，礼制的逐步确立使棺木装饰更加多样化，有铜铃、铜鱼、铜贝、玉管、陶珠等缀连在棺罩即荒帷上，然后覆盖于棺木之上。较

---

① 参见岑大利：《清代满族的丧葬习俗》，载《故宫博物院院刊》1992 年第 4 期。

② 葛玉红：《清代丧葬习俗特点之研究》，载《辽宁大学学报（哲学社会科学版）》2014 年第 3 期。

③ 这一方面的研究成果有佟雪：《清代丧葬典礼考述》，浙江大学 2015 年硕士学位论文。

④ 肖嶙、白玉龙：《成都商业街船棺葬出土棺木保护概述》，载《江汉考古》2014 年 S1 期。

⑤ 张恒金等：《内蒙古博物院藏四子王旗出土彩绘木棺的保护》，载《中国博物馆》2010 第 3 期。

⑥ 李宁：《北京房山金陵红漆银片錾花鎏金木棺的保护修复》，载《江汉考古》2014 年 S1 期。

⑦ 雷金明：《河北宣化辽墓群出土木质文物的保护修复研究》，见《中国文物保护技术协会第七次学术年会论文集》，科学出版社 2013 年版，第 109~118 页。

⑧ 金紫琳：《东莞市博物馆馆藏木质棺椁病害调查与保存环境分析》，西北大学 2016 年硕士学位论文。

⑨ 樊晓蕾等：《陕西出土明代漆棺制作工艺及材质研究》，载《文物保护与考古科学》2012 年第 4 期。

⑩ 张彤：《高陵出土明代彩绘漆棺的制作工艺及材质研究》，西北大学 2015 年硕士学位论文。

⑪ 吴玥等：《古代漆膜的分析研究现状及进展》，载《文物保护与考古科学》2016 第 2 期。

早的荒帷样本在晋侯墓地中已有发现[①]，山西绛县横水西周墓 M1 中发现的铺盖在外棺上的荒帷是目前所知面积最大、保存最完好的荒帷[②]。

此外，西周时期也开始将髹漆工艺应用于棺身的装饰上[③]。这一做法在秦汉时期发展到顶峰，马王堆汉墓出土漆棺就是其中的典型代表：内涂朱漆，外髹黑漆，并在外表面描绘众多神仙、异兽图像。此后，多民族的融合带来了更多的棺木及棺饰类型，例如北魏时期盛行的石质葬具及棺木上的彩绘图画等[④]。

而到了明清时期，棺木的髹饰工艺、图案及棺面上书写的文字等都具有了等级意义，有严格的规定。例如，清代棺木的棺内衬布，皇帝为 13 层，皇后为 9 层，其他按级别递减；漆饰上更是严格，皇帝、太后为 49 道漆，皇后有 49 道，也有 47 道的，皇贵妃以下递减[⑤]，从而得以实现规范化。但与此同时，众多复杂工艺例如堆漆、锥髹、雕漆、雕填等极少出现在棺木上[⑥]，棺木的装饰相比于之前显得单调、均一。

《高陵出土明代彩绘漆棺的制作工艺及材质研究》一文中，作者将检测实验的数据结果与文献《髹饰录》中的记载相结合，总结出如下髹饰工艺步骤：布漆（在木胎上裹糊纤维）—垸漆（在纤维层之上刮漆灰）—糙漆（在漆灰层之上施三道或两道生漆）—制作彩绘层（使用颜料等在漆层上绘制花纹）[⑦]。在《陕西出土明代漆棺制作工艺及材质研究》一文中，作者也将髹饰工艺总结为“纤维—灰层—漆膜—颜料”四个步骤[⑧]。由此可见，明清棺木的髹饰工艺总体较为一致，这与当时严格的丧葬礼仪是相适应的。

二、沂南河阳清代棺木研究

沂南河阳墓地 M2 位于墓地东部，M1 位于西部，M3 位于中部偏南，三座墓葬整体呈倒“品”字形排列。其中，M1 与 M3 的形制非常接近，墓室四壁均各设一壁龛，其神门道、壁龛尺寸大致吻合，壁龛内随葬品的放置也具有相同规律。稍有不同的是，M3-1 室、M3-2 室和 M3-3 室棺盖板上不仅发现有金色文字，而且棺盖板侧面饰龙凤呈祥描饰图案，而 M1 南室、M1 中室棺盖板上虽有文字，却未发现图案。M2 的形制与 M1、M3 略有不同，墓室内仅东、西、南三面设有壁龛，且尺寸与 M1、M3 之壁龛略有差别，壁龛内放置的随葬品也不尽相同。

就沂南河阳墓地出土清代棺木而言，其整体保存状况较好。项目组通过保护修复过程中

① 北京大学考古学系、山西省考古研究所：《天马——曲村遗址北赵晋侯墓地第二次发掘》，载《文物》1994 年第 1 期。
② 乔卓俊：《两周时期中原地区的棺饰研究》，山东大学 2009 年硕士学位论文。
③ 河南省文物考古研究所、三门峡市文物考古研究所：《河南三门峡虢国墓地 M2008 发掘简报》，载《文物》2009 年第 2 期。
④ 贺西林：《从长沙楚墓帛画到马王堆一号汉墓漆棺画与帛画——早期中国墓葬绘画的图像理路》，见《中国汉画学会第九届年会论文集（上）》，中国社会出版社 2004 年版，第 449~472 页。
⑤ 李寅：《清代皇家棺具考略》，见《明清档案与历史研究论文集》，新华出版社 2008 年版，第 1300~1311 页。
⑥ 张飞龙：《中国髹漆工艺溯源》，载《中国生漆》2008 年第 1 期。
⑦ 张彤：《高陵出土明代彩绘漆棺的制作工艺及材质研究》，西北大学 2015 年硕士学位论文。
⑧ 樊晓蕾等：《陕西出土明代漆棺制作工艺及材质研究》，载《文物保护与考古科学》2012 年第 4 期。

的信息提取和与此同时开展的实验室样品分析，大致还原了这批棺木的木作工艺、髹饰工艺流程。同时，结合现有材料和研究成果，对这批棺木乃至整个葬具的发展演变史进行梳理，从中尽可能找出与制作工艺等相关的研究内容，以期获得更深认识。

（一）木作工艺

从沂南河阳墓地出土棺木的整体形制来看，这批棺木外表面平直，前高后低，前宽后窄，上窄下宽，前视为梯形，显示出一种厚重、大气的风格。这在全国范围内出土的同时期棺木中都属罕见，同时这批棺木在形制上各有不同之处，具有较高的历史、艺术和科学价值。

古代棺木制作之讲究，首先表现在木材的选用上。梓木最好，多为帝王所用，楠木次之，多数人使用柏木。本墓地棺木主材都是柏木。另外，木材分为心材、边材、表材等，对于非常考究的棺木，绝不使用表材。棺木一般由盖板、内盖板、墙板、挡板、内底板、底板、支脚板等部分组成，底部两侧有铁环，推测可能为供下葬使用。

其次表现在板材的细节加工上。由前文可知，棺木所需板材的尺寸应与棺木整体外形一致，前宽后窄，前厚后薄。为适应板材的形状，龙凤榫制作也采取了前宽后窄的形式。以M1南室棺盖为例，榫头前端上宽6.2厘米、下宽5.5厘米，而后端上宽4.1厘米、下宽3.5厘米，龙凤榫的上宽尺寸前后相差2.1厘米，下宽尺寸前后相差2.0厘米，但榫头高度一致，均为1.2厘米。在此以M1南室棺盖板为例介绍龙凤榫的加工：按照前端厚度17.0厘米、后端厚度14.6厘米（暂不管宽度和长度）加工板材后，在上下两边向内5.0厘米的位置打墨线，沿线（去线）剔除木材，加工深度为1.2厘米，榫头两侧再向内剔除1厘米深度，就可以形成上文所述前后端尺寸不一的龙凤榫。采用这种方式，一是便于加工，二是装配时由前向后，由于卯榫大小头原理，拼装后的板材不会出现后滑现象，使棺板间更加牢固。

最后表现在棺木的卯榫结构上。沂南河阳墓地出土棺木的制作工艺非常考究，不仅板材皆经过细致加工，而且板材间的连接采用了多种卯榫结构。这种做法一方面可以使棺木的结构更为牢固，另一方面也为人们带来了独特的审美体验。造型多样的卯榫充分显示出古代劳动人民的勤劳与智慧。

在沂南河阳墓地出土棺木中，龙凤榫工艺主要用在板与板的连接中。棺盖与棺身之间使用龙凤榫加穿带工艺不仅可起到对棺盖板的穿带作用，而且有效连接了棺盖、棺身与挡板三构件。燕尾榫在板材连接中经常使用，个别棺木会用在棺盖与棺身的中间位置，与前后穿带一同加强棺盖与棺身的连接强度。穿销工艺主要用在底座与棺底的连接中，且多用在前后端板材的中间位置。

以上多指板与板的连接，而棺盖与棺身结合的方式更为复杂。首先，棺墙上口有凸起的榫头，棺盖内侧有与榫头相对应的槽口，使棺盖、棺身实现龙凤榫配合。其次，在前后挡板位置，棺身与棺盖上分别开有燕尾槽口，两个槽口相对后形成中间小、上下大的槽口，需根据槽口形状及尺寸制作穿带，插入槽孔。另外，在棺身两侧跨棺墙和棺盖开深约4.0厘米的燕尾槽，盖棺后打入燕尾榫，俗称人绝扣。

一般而言，较短时间范围内的文化面貌不易发生较大的变化，这与河阳墓地出土9具棺木的情况相符：略处于同时代的M1和M3中的棺木形制接近，棺木的木作工艺也几乎相同，而M2中的棺木因时代偏早而具有一些个性因素。以M2中室棺木为例，其棺底座前端的连接方式采用燕尾榫的形式，不同于M1和M3中棺木底座前后端使用的制作更为复杂的透扣配合形式。另外，M2东室棺盖的板材间采用的铁钉相连的方式同时出现在M3-1室棺木中，其原因还需进一步研究。至于更多与之相关问题的研究，还有待于将来文献资料的进一步完善和相关发现的进一步充实。

从以上3座墓葬出土棺木的木作工艺中可以看出，每具棺木在总体结构保持一致的同时，也具有一些个性因素，例如板材数量、连接方式等，这些因素必然有其特定的成因，例如同时代的流行风格，墓主人的身份地位、经济实力、个人经历和喜好，工匠的技术水平，等等。如何解读这些因素背后的历史文化内涵，是更深层次的研究目的，需要引起我们的关注。

（二）髹饰工艺

该墓地出土棺木表面皆有髹饰层，其中M3中的棺木在外表面有金粉装饰的图案和文字。一些棺木内部也存在髹饰层。项目组在对棺木进行保护修复的过程中，采用显微观察、红外光谱分析、扫描电镜及能谱分析等分析测试手段对出土棺木的髹饰层结构、成分等进行了分析测试。

在保护修复过程中，项目组在充分研究其传统髹饰工艺的基础上，就材料的选择、温度的控制以及环境的利用等多方面内容进行了实验，最终不仅完成了髹饰层、文字及描饰层的保护修复工作，而且对每一具棺木的髹饰工艺进行了研究，并将其特点如实记录下来，从而对这一问题有了更为全面的认识与了解。

9具棺木的髹饰工艺大致有以下四种情况：（1）在木材表面直接髹饰大漆。此种工艺简单，髹饰层较薄，导致木材腐朽较重；（2）先用漆灰打底，再髹饰大漆。此种工艺相对复杂，髹饰层较厚，利于木材保护；（3）采用夹纻工艺，在木材表面贴麻布后，再髹饰桐油或大漆，或大漆与桐油的混合液；（4）直接髹饰桐油。即先在木材上刷涂多层稀桐油以保护木材，然后再刷涂较厚桐油层。桐油层较好地保护了棺木木材。

9具棺木的髹饰层一般在盖棺前进行髹饰，但有部分是在盖棺后进行髹饰的。项目组在发掘结束后将棺木取回室内，发现棺木的棺盖与棺身间缝隙不清晰，开棺后发现缝隙内有与外表一致的填充物，且棺盖与棺身间燕尾榫在髹饰层之下。古人常在活着时就开始制作自己的棺木，故推测这批棺木是在木质胎体做好后，先刷涂髹饰材料，令其缓慢干燥，待墓主人去世入殓盖棺后，再在棺盖与棺身缝隙处刷涂桐油或大漆的。

9具棺木表面的髹饰工艺使棺木的整体性更强，不同色泽的髹饰层都带给人们庄严、肃穆之感。棺外刷涂桐油者，外表呈褐红色，去世者年龄应相对较大；棺外刷涂大漆者，外表呈黑色，去世者年龄应相对较小。

在9具棺木中，棺盖上写有文字的共有8具（M3-4室棺木除外），文字内容皆与墓主人身份有关。从文字的书写方式来看，一种是将文字写在布或丝织品（即招魂幡）上，因下葬时招魂幡覆盖在棺盖上而残留下来，即该文字原有载体（如M1北室、M2中室棺木）；另一种是直接写在棺盖表面。从文字的书写材料来看，有金漆和铅白两种，其中金漆文字见于 M1 北室、M1 南室、M3-1 室、M3-2 室和 M3-3 室棺木，铅白文字见于 M1 中室、M2 东室、M2 中室棺木。从字体来看，除 M1 北室棺木上为隶书外，其余皆为楷体。装饰、字体各异的棺盖文字也为清代书法及美术等相关问题的研究提供了资料。

三、沂南河阳清代棺木保护修复工作

项目组根据该批棺木的结构特征，围绕棺木的保护修复工作，设计了 2 条技术主线、4 条技术子线。2 条技术主线分别为胎体保护修复（含托架制作）、髹饰层保护修复（包括文字和描饰层保护修复）。

胎体的保护修复工作步骤有清理、清洗、加固、修补及局部封护等。河阳墓地出土棺木的木胎整体保存状况较差。M1 北室、M2 东室棺木只保留了部分棺盖板，M3-3 室棺木虽保留了左右墙和棺盖，但因糟朽已散落成单块。M2 中室棺木被盗，左墙中下部有一较大盗洞。M1 中室、M1 南室、M3-1 室、M3-2 室和 M3-4 室棺木整体结构保存较为完整。9 具棺木的胎体均有不同程度的残缺、断裂、裂隙和糟朽等病害，且病害多出现于棺木四角、板材拼接处。

项目组在关注该批棺木胎体病害以及开展胎体保护修复工作的同时，对每具棺木的形状、尺寸、板材间的连接方式等信息进行收集，及时借助 CAD 制图软件等工具对每一具棺木的宏观尺寸及细部特征进行绘制。通过以上信息收集工作，项目组掌握了板与板间的卯榫结构、棺盖与棺墙等构件间的卯榫结构，充分了解了该批棺木的木作工艺及装配流程。同时，利用 CAD 软件，复原了 M1 南室棺木的制作、装配流程，不仅为研究明清棺木制作工艺提供了技术路线，而且有效指导了 M3-3 室棺木缺失棺底、前后挡、底座的补配工作。

除完成以上棺木胎体缺失构件的补配任务外，项目组还清理了胎体上的污染物及糟朽部分，并进行了防腐与加固处理。然后在棺木胎体上存在糟朽、板缝、孔洞的位置填补漆灰等材料，使得板材间的结合更为紧密、整体强度得到提高，维持了棺木形态的基本完整。

在开展棺木胎体保护修复的同时，项目组依据棺底座的形状设计制作了钢、木结合的移动托架，为髹饰层回贴、修补、做旧及整体封护等工作提供了便利，也为后期棺木的移动与展示提供了便利。

在棺木髹饰层的保护修复工作中，项目组针对不同材质、不同工艺的髹饰层分别采取了相应措施。通过清理与清洗、回软与定型工作，使脱落的髹饰层大致恢复原状。在对棺木不同部位、不同种类的髹饰层进行回贴时，试用了多种黏合剂，最终选择漆灰作为回贴黏合剂，使原始髹饰层得以归位。修补工作涉及工艺较为复杂，项目组在实际工作中尽量使用原始材料进行补配，并通过控制温湿度、改变环境来达到与棺木原始髹饰层较为接近的效果。做旧工作主要针对髹饰层的新修补位置进行，选用材料也尽可能与最初使用的材料相一致，并通过打捻、点戳、使用泥浆水等方法来使做旧部分达到预期效果。

文字和描饰层的保护修复工作是难点，也是重点。项目组遵循最小干预原则，根据文字边沿的清晰程度对 8 具棺盖上的文字进行了清理保护。其中，对 M1 北室棺盖上的文字进行了全面清理，对 M2 东室盖上的文字进行了大部分清理，对 M2 中室棺盖上的文字进行了小部分清理，其他棺盖上的文字则保留其原始状态。

通过上述一系列工作，使棺木外形得以恢复，且强度得到加强，棺木表面的髹饰层得到较好的保护与修复，大多数文字信息得到释读。最后的做旧工作使棺木的外表面更为均一、美观。项目组在开展以上工作的同时，注重对档案资料的留存，项目结束后完善了保护修复档案。

项目组对这批棺木的木作、髹饰工艺进行了研究，并利用研究成果开展相应的保护修复工作，为今后清代棺木木作和髹饰工艺的研究、保护与修复提供了参考与借鉴。保护修复后的棺木效果基本达到了“远看一致，近看有别”的要求，完成了预期目标。

四、今后研究方向

今后，对河阳墓地及其出土棺木的研究工作主要包括以下两方面：

第一，考古发掘资料的整理与研究。该墓地主要出土棺木、纺织品和金银器等遗物，现已完成了棺木的保护修复工作和丝织品的保护修复工作，但该墓地的考古发掘资料尚未进行深入整理与研究。对该墓地考古发掘资料的整理与研究将是今后的研究方向之一，此项工作的开展一方面可以与文献记载相佐证，充实地方历史，另一方面也可以为清代沂水世家大族的葬俗等相关研究提供一份不可多得的实物资料。

第二，价值认知。在沂南河阳墓地出土的 9 具棺木中，有 6 具保存较好，结构基本完整，这在全国范围内出土的同时期棺木中都属罕见，具有较高的历史、艺术和科学价值。在本项目开展过程中，项目组虽然非常注重该批棺木的木作和髹饰工艺等价值认知工作，但尚存一些空白。今后，项目组将更深入开展部分样品的分析测试工作，结合国内新的相关研究成果，进一步挖掘、评估、认知该批棺木的历史价值、艺术价值和科学价值。

附录一

国家文物局批复意见

国　家　文　物　局

文物博函〔2015〕1531 号

关于沂南河阳墓地出土棺木保护修复等 2 项方案的批复

山东省文物局：

你局《关于呈报沂南河阳墓地出土棺木保护修复等 2 项方案的请示》（鲁文发〔2015〕173 号）收悉。经研究，我局原则同意所报 2 项方案，请你局组织相关单位做好保护修复工作。如需申请国家重点文物保护专项补助资金，请按照相关要求编制预算，按程序报批。

此复。

国家文物局

2015 年 4 月 14 日

公开形式：主动公开

抄送：本局办公室

国家文物局办公室秘书处　　2015 年 4 月 16 日印发

初校：刘清　　终校：曹明成

附录二

项目启动会专家意见

沂南河阳社区墓地出土棺木文物保护修复项目

咨询会专家意见

2016 年 5 月 20 日至 22 日，受山东省文物局委托，山东省文物保护修复中心邀请有关专家召开了“沂南河阳社区墓地出土棺木文物保护修复项目咨询会”。与会专家考察了保护修复现场，查阅了项目材料，听取了项目组的汇报，经质询讨论，形成如下意见：

1、项目组按照国家文物局批复的《沂南河阳社区墓地出土棺木文物保护修复项方案》（文物博函〔2015〕1531 号），编制了保护修复实施方案，技术路线和操作工艺合理。

2、项目实施中，应进一步加强棺木树种、含水率、髹漆工艺等科学分析，以指导具体保护修复工作。

3、进一步利用现代科技手段开展多学科研究，加强文物信息的提取。

4、项目执行过程中，应加强保护修复材料及工艺试验研究。

5、做好项目管理、保护修复档案等相关工作。

专家签字：

2016 年 5 月 22 日

附录三

项目结项会专家意见

山东沂南河阳墓地出土棺木保护修复项目结项验收会

专 家 意 见

2017 年 09 月 17 日，山东省文物保护修复中心邀请相关专家在莒县博物馆召开了“山东沂南河阳墓地出土棺木保护修复项目”结项验收会。与会专家考察了保护修复后的文物，查阅了项目资料，听取汇报，经质询讨论形成如下意见：

1、项目组严格按照国家文物局批复方案（文物博函〔2015〕1531号），完成了所涉及文物的保护修复工作，保护修复效果良好。

2、项目组前期分析测试工作科学、可靠，制作工艺研究充分，价值认知清楚，病害评估准确。

3、在前期充分研究的基础上，采用技术路线和操作工艺科学合理，选用材料适宜。

4、项目管理规范、资料齐全，保护修复档案完整、详实。

同意该项目通过验收。

专家签名：

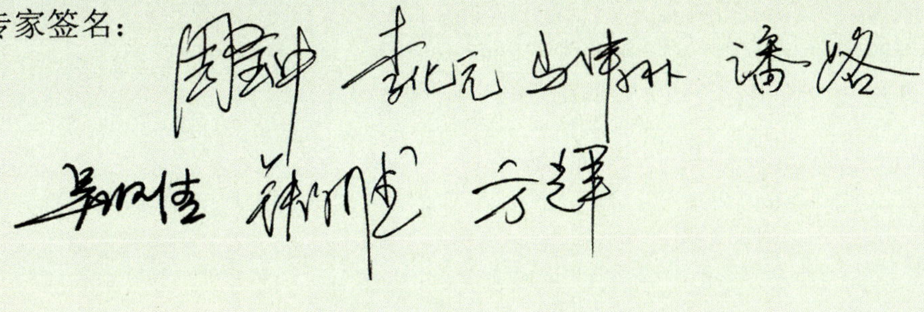

2017 年 09 月 17 日

附录四

分析测试说明及部分分析测试结果

项目组为顺利推进沂南棺木保护修复项目的进行，从9具棺木上共选取78个样品（包括27个树种、30个髹饰层、7个密封料、4个填充物、6个污染物、4个文字层），先后进行了5次分析测试工作。有关分析测试工作及结果简述如下：

一、分析测试说明

2013年11月，为编制《山东沂南河阳墓地出土棺木保护修复方案》，委托中国林业科学研究院离退休科技工作者协会开展2个木材样品的树种鉴定（图F4-1）。

2016年6月，项目启动，项目组有针对性地选择了部分样品，其中7个木材样品继续委托中国林业科学研究院离退休科技工作者协会开展树种鉴定工作（图F4-2）。

与此同时，项目组选择了10个髹饰层样品委托西安西工大青松高科技研究所开展显微观察、红外光谱分析、扫描电镜及能谱分析、衍射分析等分析测试工作（图F4-3）。

2017年5月，随着项目的有序开展，为深入研究该批棺木的木作和髹漆工艺，项目组在前两次分析鉴定的基础上，系统选择了大量样品，并将样品进行统一编号。其中有18个木材样品，继续委托中国林业科学研究院离退休科技工作者协会开展树种鉴定工作（图F4-4）。

2017年6月，项目组委托山东大学文化遗产研究院开展58个样品的分析检测工作。此次主要从髹饰层的表面、横断面结构成分以及污染物等方面，运用扫描电镜、超景深视频显微镜、红外光谱仪等分析测试手段进行分析测试工作（图F4-5）。

以上是5次分析测试工作的基本情况，因限于篇幅等因素，树种鉴定结果未全部纳入正文第三章，故本附录详述树种鉴定结果、汇总髹饰层等分析测试结果，以保证分析测试结果的完整性。

树种鉴定报告单

送样单位	山东文物考古研究所	**送样人**	吴双成
样品名称	1.M1 中室侧板;2.M3 一室盖板。	**送样时间**	2013．11.18

样品经过处理后进行切片、染色、脱水、用树脂胶把切片封闭在玻璃片上，用显微镜进行观察、分析、鉴定。其鉴定结果如下：1、2 号为同一个树种。

柏科 CUPRESSACEAE Bartl.

侧柏亚科 THUJOIDEAE Pilger

侧柏属 Platycladus Spach

侧柏 P.orientalis(L.) Franco

详细内容请见附件 1,2。

中国林科院老科协

鉴定人：腰希申

2013 年 11 月 22 日

图 F4—1 2013 年树种鉴定报告封面

山东济南树种鉴定报告单

送样单位	山东济南文物保护修复中心	送样人	吴双成
样品名称	古墓中七个木材样品	送样时间	2016.6.16

样品经过处理后，再进行冰冻、切片、染色、脱水、用树脂胶把切片封闭在玻璃片上，用显微镜进行观察、分析、鉴定。其鉴定结果如下：

样品名称及编号	科	属	种
03M1 中室左侧外板	柏科 Cupressaceae B.	圆柏属 Sabina Mill	圆柏 Sabina chinensis (L.) Ant.
04M1 中室右下垫角	柏科 Cupressaceae B.	圆柏属 Sabina Mill	圆柏 Sabina chinensis (L.) Ant.
08M34 室木材侧 板	柏科 Cupressaceae B.	圆柏属 Sabina Mill	圆柏 Sabina chinensis (L.) Ant.
11M3 一室棺盖板	柏科 Cupressaceae B.	圆柏属 Sabina Mill	圆柏 Sabina chinensis (L.) Ant.
12 M3 一室南室棺木	柏科 Cupressaceae B.	圆柏属 Sabina Mill	圆柏 Sabina chinensis (L.) Ant.
15LVu 南室棺内七星板	紫薇科 Bignoniaceae Juss.	梓树属 Catalpa Scop.	梓树 Catalpa ovata Don .
16M2 中室左侧板木材	柏科 Cupressaceae B.	圆柏属 Sabina Mill	圆柏 Sabina chinensis (L.) Ant.

详细内容请见图字。

中国林科院老科协
鉴定人：腰希申
2016年7月7日

图 F4—2　2016 年树种鉴定报告封面

山东沂南河阳社区墓地出土棺木漆皮

分析测试报告

西安西工大青松高科技研究所

2016 年 8 月

图 F4—3 西安西工大青松高科技研究所分析测试报告封面

山东清代墓地出土棺木鉴定报告单

送样单位	山东考古修复中心	送样人	吴双成
样品名称	清代墓地出土棺木	送样时间	2017.5.22

样品经过处理后，再进行冰冻、切片、染色、脱水、用树脂胶把切片封闭在玻璃片上，用显微镜进行观察、分析、鉴定。其鉴定结果如下：

序号	墓葬号	编号	科	属	种
3	M1:北室	M1-103	柏科 Cupressaceae B.	侧柏属 Platycladus Spach	侧柏 Platycladus orientalis (L.) Franco
11	M1:中室	M1-204	柏科 Cupressaceae B.	侧柏属 Platycladus Spach	侧柏 Platycladus orientalis (L.) Franco
40	M1:南室	M1-321	柏科 Cupressaceae B.	侧柏属 Platycladus Spach	侧柏 Platycladus orientalis (L.) Franco
45	M2:东室	M1-101	柏科 Cupressaceae B.	侧柏属 Platycladus Spach	侧柏 Platycladus orientalis (L.) Franco
46	M2:东室	M2-102	柏科 Cupressaceae B.	侧柏属 Platycladus Spach	侧柏 Platycladus orientalis (L.) Franco
56	M2:中室	M2-208	柏科 Cupressaceae B.	侧柏属 Platycladus Spach	侧柏 Platycladus orientalis (L.) Franco
61	M2:中室	M2-213	柏科 Cupressaceae B.	侧柏属 Platycladus Spach	侧柏 Platycladus orienttalis (L.) Franco
66	M3:1 室	M3-102	柏科 Cupressaceae B.	侧柏属 Platycladus Spach	侧柏 Platycladus orientalis (L.) Franco
83	M3:2 室	M3-209	柏科 Cupressaceae B.	侧柏属 Platycladus Spach	侧柏 Platycladus orientalis (L.) Franco
94	M3:3 室	M3-310	柏科 Cupressaceae B.	侧柏属 Platycladus Spach	侧柏 Platycladus orientalis (L.) Franco
98	M3:3 室	M3-314	柏科 Cupressaceae B.	侧柏属 Platycladus Spach	侧柏 Platycladus orientalis (L.) Franco
111	M3:3 室	M3-327	柏科 Cupressaceae B.	侧柏属 Platycladus Spach	侧柏 Platycladus orientalis (L.) Franco
118	M3:4 室	M3-401	柏科 Cupressaceae B.	侧柏属 Platycladus Spach	侧柏 Platycladus orientalis (L.) Franco
120	M3:4 室	M3-403	柏科 Cupressaceae B.	侧柏属 Platycladus Spach	侧柏 Platycladus orientalis (L.) Franco
126	M3:4 室	M3-409	柏科 Cupressaceae B.	侧柏属 Platycladus Spach	侧柏 Platycladus orientalis (L.) Franco
128	M3:4 室	M3-411	柏科 Cupressaceae B.	侧柏属 Platycladus Spach	侧柏 Platycladus orientalis (L.) Franco
145	M3:4 室	M3-428	柏科 Cupressaceae B.	侧柏属 Platycladus Spach	侧柏 Platycladus orientalis (L.) Franco
146	M3:4 室	M3-429	柏科 Cupressaceae B.	侧柏属 Platycladus Spach	侧柏 Platycladus orientalis (L.) Franco

中国林科院老科协

鉴定人：腰希申

2017 年 7 月 5 号

图 F4—4　2017 年树种鉴定报告封面

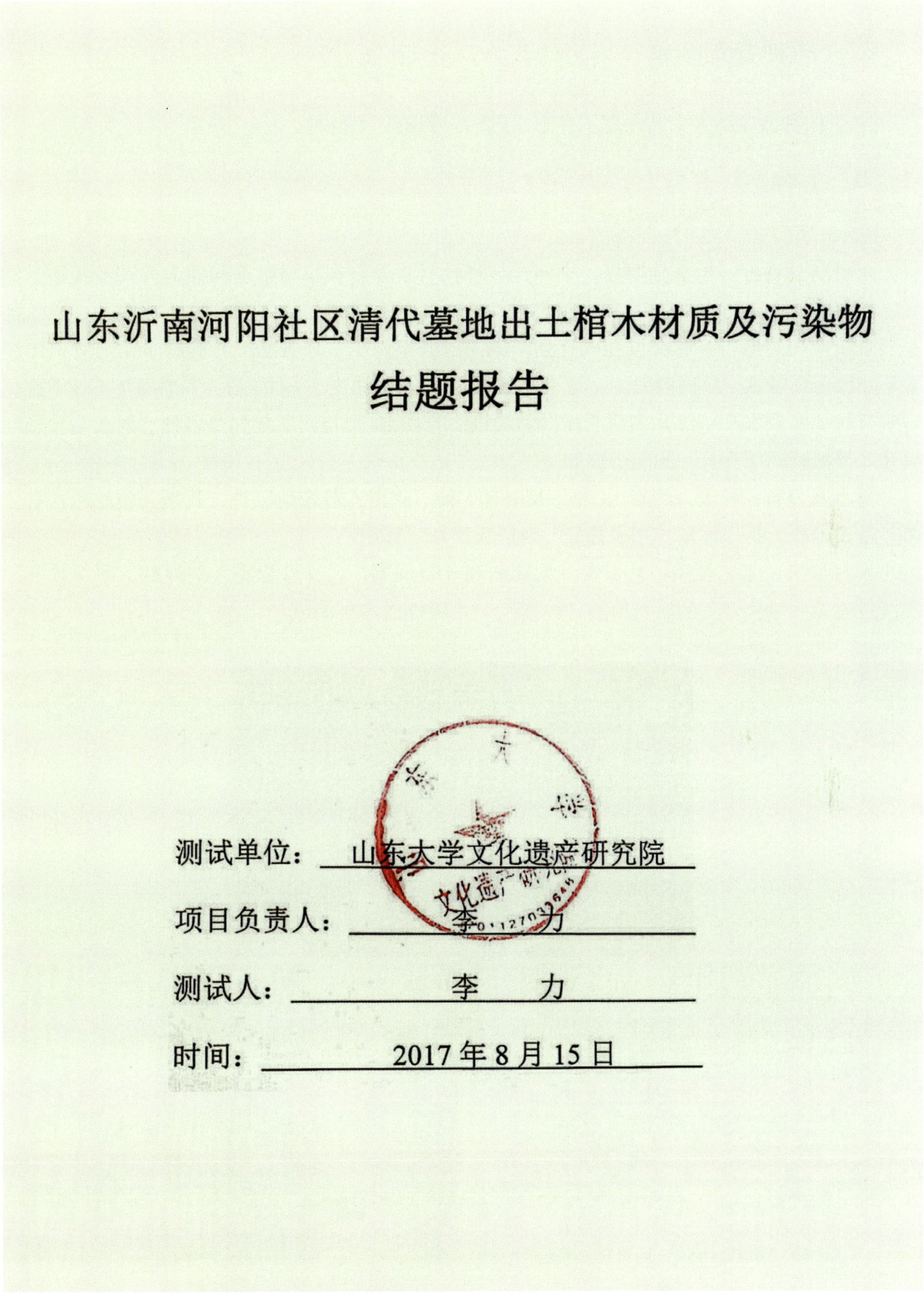

山东沂南河阳社区清代墓地出土棺木材质及污染物

结题报告

测试单位：山东大学文化遗产研究院

项目负责人：李 力

测试人：李 力

时间：2017年8月15日

图 F4—5 山东大学文化遗产研究院分析鉴定报告封面

二、树种鉴定结果

27个树种鉴定结果中共发现了梓木、侧柏、圆柏三个树种。

（一）梓木

梓木，拉丁名：Catalpa ovata Don.。

木材解剖特征：生长轮明显，半环孔至环孔材。导管在早材带横切面为卵圆及圆形，宽1—5列，壁薄，侵填体丰满；在晚材带横切面为不规则多角形，呈簇集状。单穿孔，螺纹加厚偶见于小导管壁上。管间纹孔式互列。轴向薄壁组织少，环管状，在晚材带常与管口团结合呈断续弦向带状。单列射线少，高1—9细胞；多列射线宽2—4细胞，多数高7—15细胞，端壁节状加厚及水平壁纹孔多而明显。射线组织异性III型与同形单列及多列。射线与导管间纹孔式类似管间纹孔式。胞间道缺如。

树木及分布：梓木，约有13种，我国有5种。除南方热带地区外，我国其他地区均有分布。生长迅速，材质优良，用途甚广，为广大群众所喜用。

木材加工、工艺性质：易干燥，无翘曲和开裂现象，尺寸性稳定，抗蚁蛀，耐腐蚀强。我国封建专制时代帝王的棺材即称“梓宫”，系用梓树木材制成。

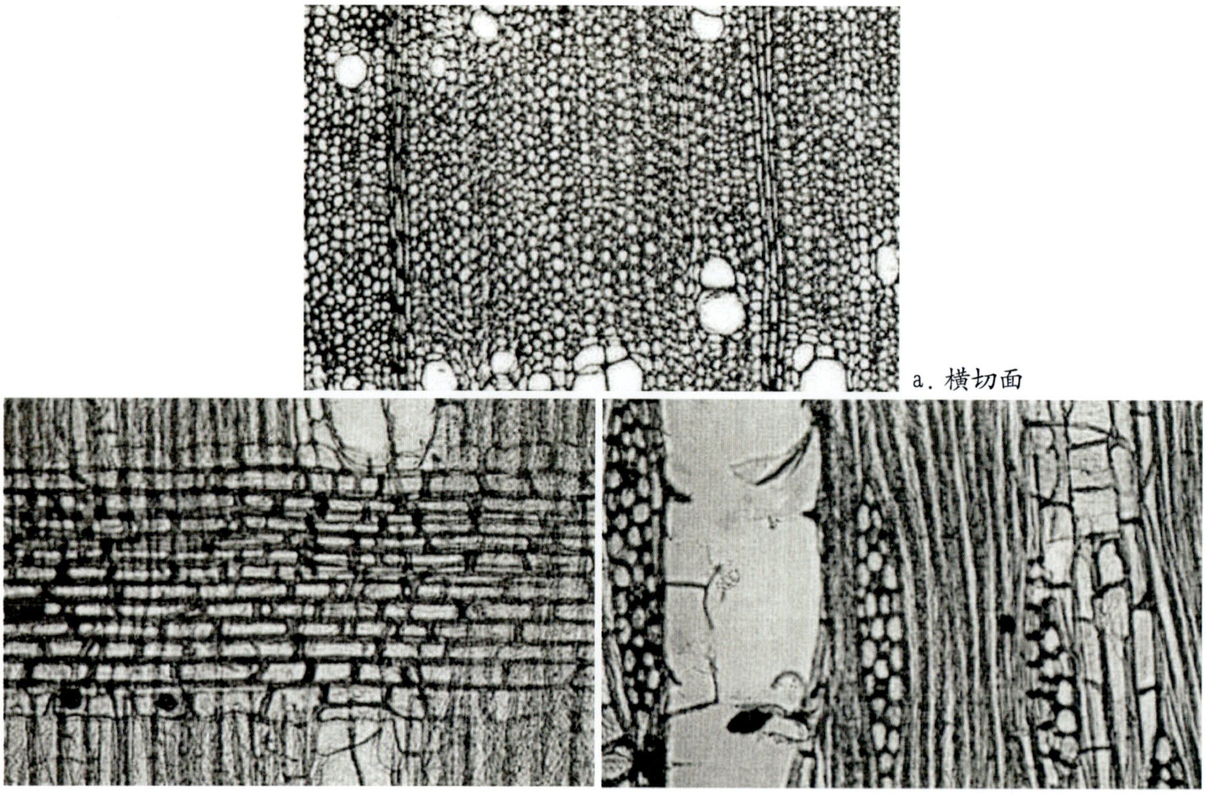

a. 横切面

b. 径切面　　c. 弦切面

图F4—6　M1—325（YNG15）树种切片显微照片

木材利用：常用做房架、格栅、柱子、门窗及其他室内装修部件。其板材或胶合板可制作家具，性能稳定，油漆后光亮性亦强。因木材耐腐蚀性强，又是做枕木、坑木、立柱、桩材、电杆、船舶及桥梁土木工程与交通用材的原料。

物理力学性质（参考地——浙江昌化）

中文名称	密度 (g/cm²)		干缩系数 (%)			抗弯强度 (MPa)	抗弯弹性模量 (MPa)	顺纹抗压强度 (MPa)	冲击韧性 (KJ/m²)	硬度 (MPa)		
	基本	气干	径向	弦向	体积					端面	径面	弦面
梓木	0.525	0.617	0.104	0.230	0.352	96.9	10.1	47.1	147.9	51.8	43.3	47.9

27个样品中，只有取自M1南室棺木内七星板的M1-325（YNG15）的鉴定结果为梓木（图F4－6）。

（二）侧柏

侧柏，拉丁名：Platycladus orientalis（L.）Franco。

木材解剖特征：生长轮明显，早材至晚材渐变。早材管胞横切面为圆形、方形；晚材管胞横切面为长方形、椭圆形，径壁具缘纹孔1列。轴向薄壁组织量多或略少，呈星散及弦向带状。木射线单列，高1—28细胞，多数高2—15细胞，水平壁厚，通常不见纹孔，端壁节状加厚通常缺如；凹痕明显。射线细胞与早材管胞间交叉场纹孔式为柏木型1—4个（通常2—3个）。树脂道缺如。

树木及分布：侧柏属乔木，高可达20米，胸径可达1米。分布在内蒙古、东北南部，经华北向南至两广北部，西至陕西、甘肃，西南至四川、云南、贵州等地。

木材加工、工艺性质：纹理斜，结构细而均匀，重量及硬度中，干缩小，强度及冲击韧性中，干燥较慢，但干后性质稳定，不变形，耐腐性强，抗蚁性中。

木材利用：因加工及耐腐性能好，适合做雕刻、文具及建筑方面的多种材料，亦可制作家具。

物理力学性质（参考地——安徽萧县）

中文名称	密度 (g/cm²)		干缩系数 (%)			抗弯强度 (MPa)	抗弯弹性模量 (MPa)	顺纹抗压强度 (MPa)	冲击韧性 (KJ/m²)	硬度 (MPa)		
	基本	气干	径向	弦向	体积					端面	径面	弦面
侧柏	0.502	0.612	0.093	0.132	0.249	95.686	8431	46.078	77.224	54.608	41.569	44.902

27 个样品中，有 20 个样品的鉴定结果为侧柏（表 F4-1、图 F4-7 至图 F4-26）。

表 F4-1 侧柏树种样品清单

序 号	棺 木	样品编号	取样位置	图 号
1	M1 北	M1-103	棺盖板前端	图 F4-7
2	M1 中	M1-204	棺体与棺盖穿销	图 F4-8
3		M1-213（2013.11-1）	右墙	图 F4-9
4	M1 南	M1-321	棺盖中燕尾扣	图 F4-10
5	M2 东	M2-101	棺盖右侧木材	图 F4-11
6		M2-102	棺盖背面中部	图 F4-12
7	M2 中	M2-208	棺底残木块	图 F4-13
8		M2-213	前挡板木材	图 F4-14
9	M3-1	M3-102	棺底座左后木条	图 F4-15
10		M3-111（2013.11-2）	盖板	图 F4-16
11	M3-2	M3-209	采集	图 F4-17
12	M3-3	M3-310	棺盖前端左侧木材	图 F4-18
13		M3-314	右墙前燕尾榫木块	图 F4-19
14		M3-327	左墙后端木块	图 F4-20
15	M3-4	M3-401	后挡板木材	图 F4-21
16		M3-403	左墙后部木块	图 F4-22
17		M3-409	七星板下横托撑	图 F4-23
18		M3-411	前挡板左下木块	图 F4-24
19		M3-428	棺盖木材	图 F4-25
20		M3-429	棺盖前端补配木块	图 F4-26

a. 横切面

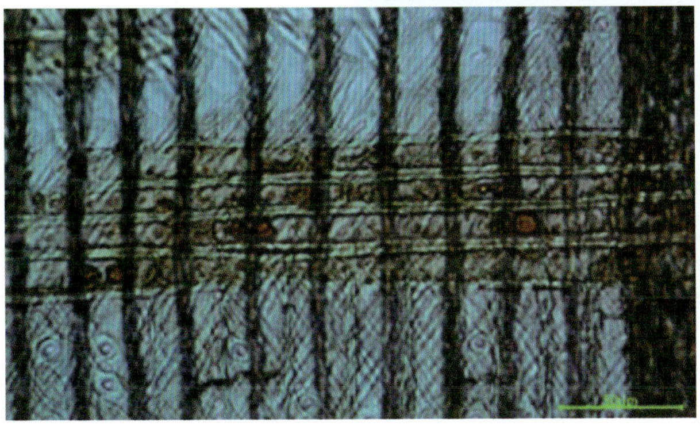

b. 径切面

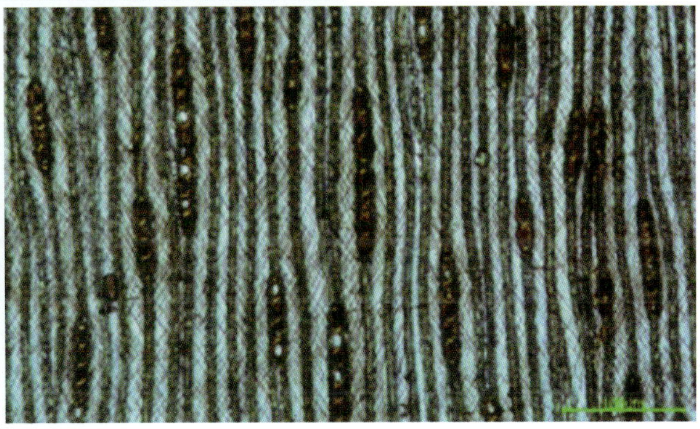

c. 弦切面

图 F4—7　M1—103 树种切片显微照片

a. 横切面

b. 径切面

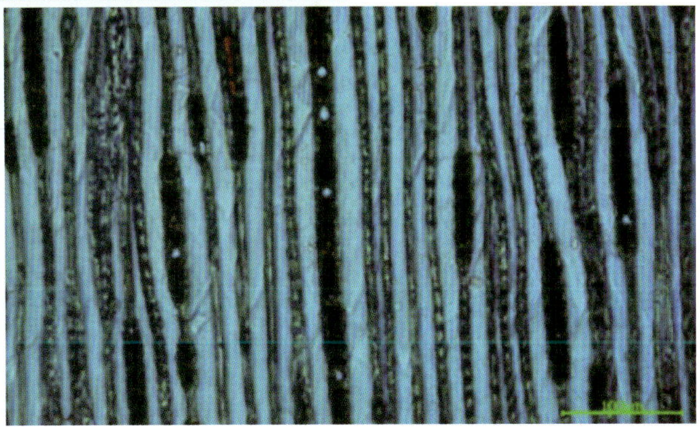

c. 弦切面

图 F4—8　M1—204 树种切片显微照片

a. 横切面

b. 径切面

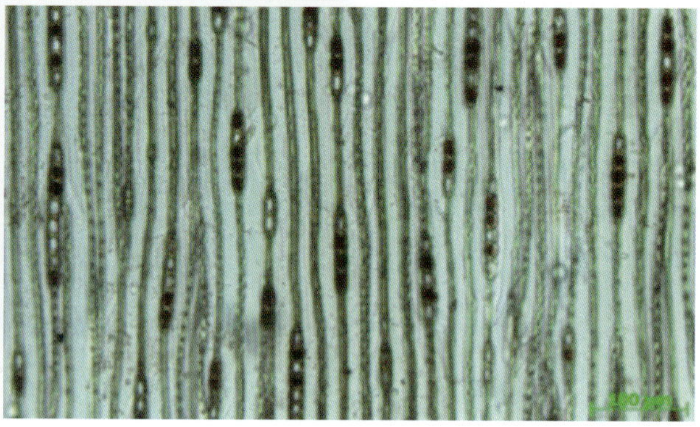

c. 弦切面

图 F4—9　M1—213（2013.11—1）树种切片显微照片

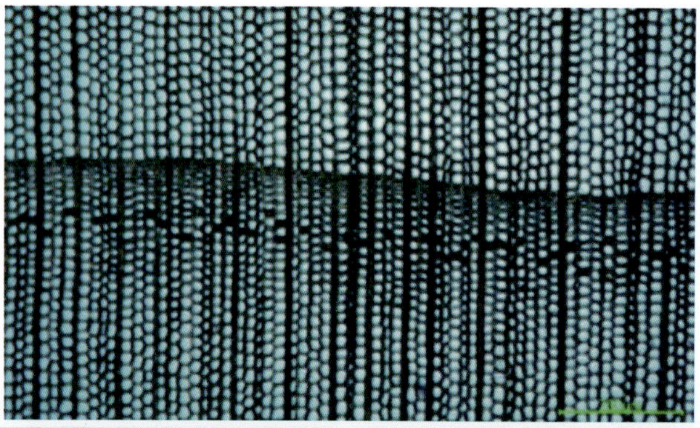

a. 横切面

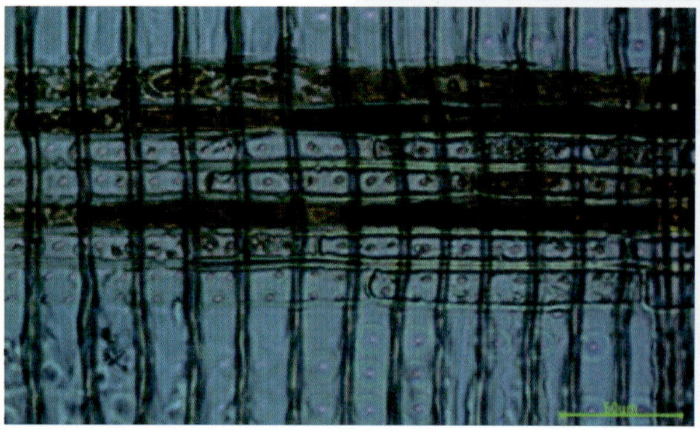

b. 径切面

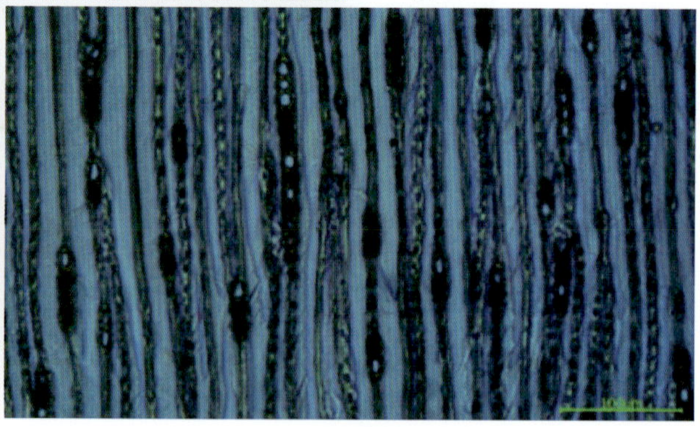

c. 弦切面

图 F4—10　M1—321 树种切片显微照片

a. 横切面

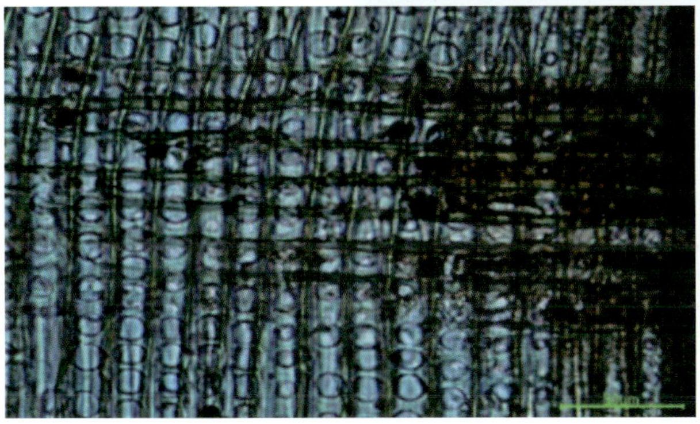
b. 径切面

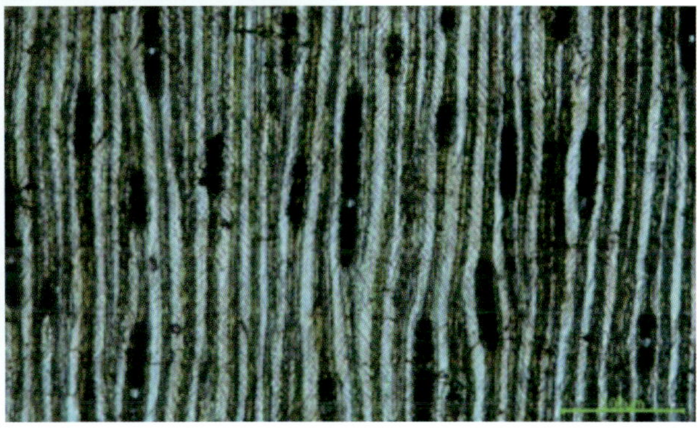
c. 弦切面

图 F4—11　M2—101 树种切片显微照片

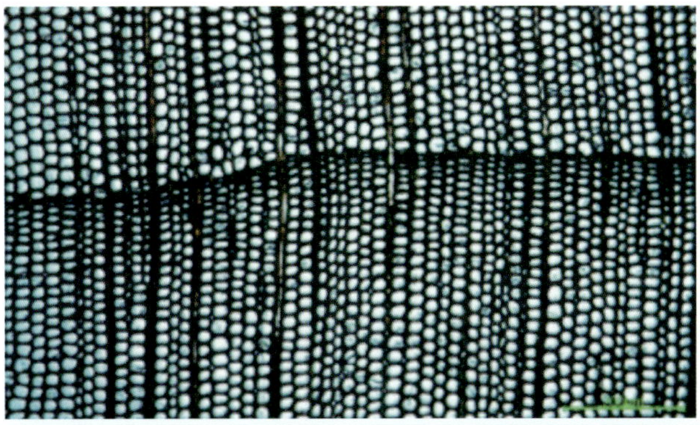
a. 横切面

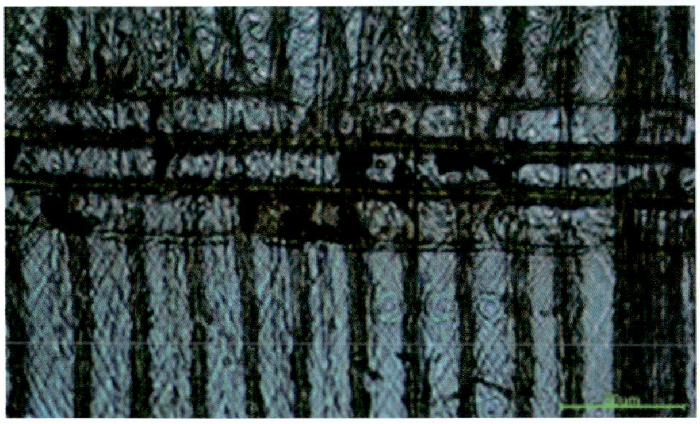
b. 径切面

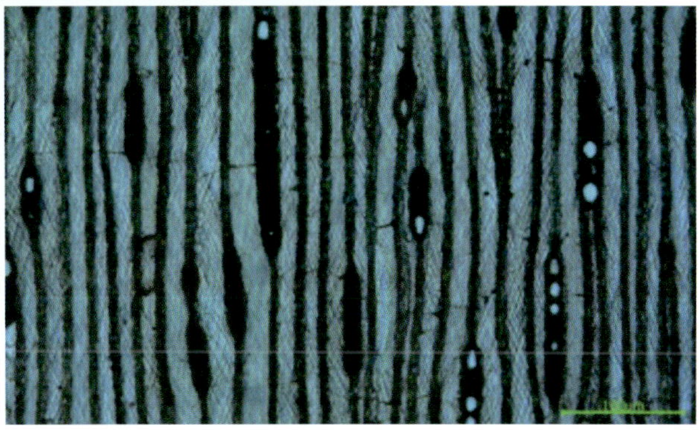
c. 弦切面

图 F4—12　M2—102 树种切片显微照片

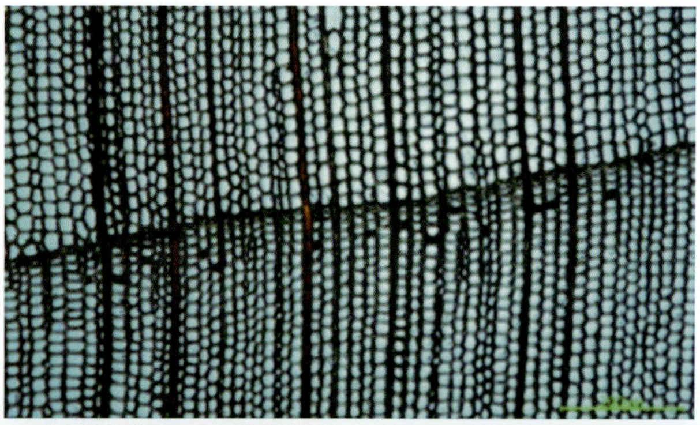

a. 横切面

b. 径切面

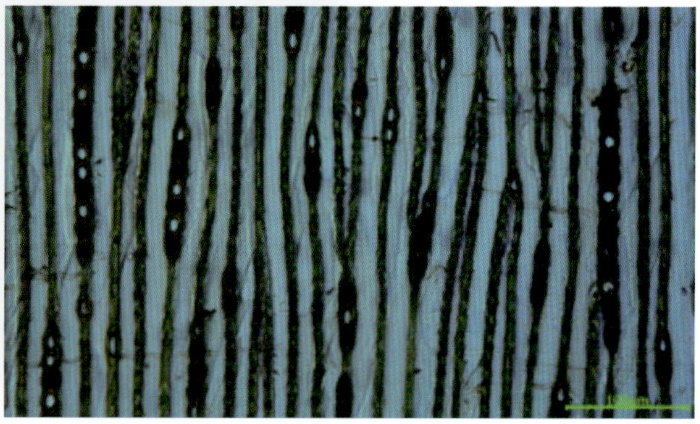

c. 弦切面

图 F4—13　M2—208 树种切片显微照片

a. 横切面

b. 径切面

c. 弦切面

图 F4—14　M2—213 树种切片显微照片

a. 横切面

b. 径切面　　c. 弦切面

图 F4—15　M3—102 树种切片显微照片

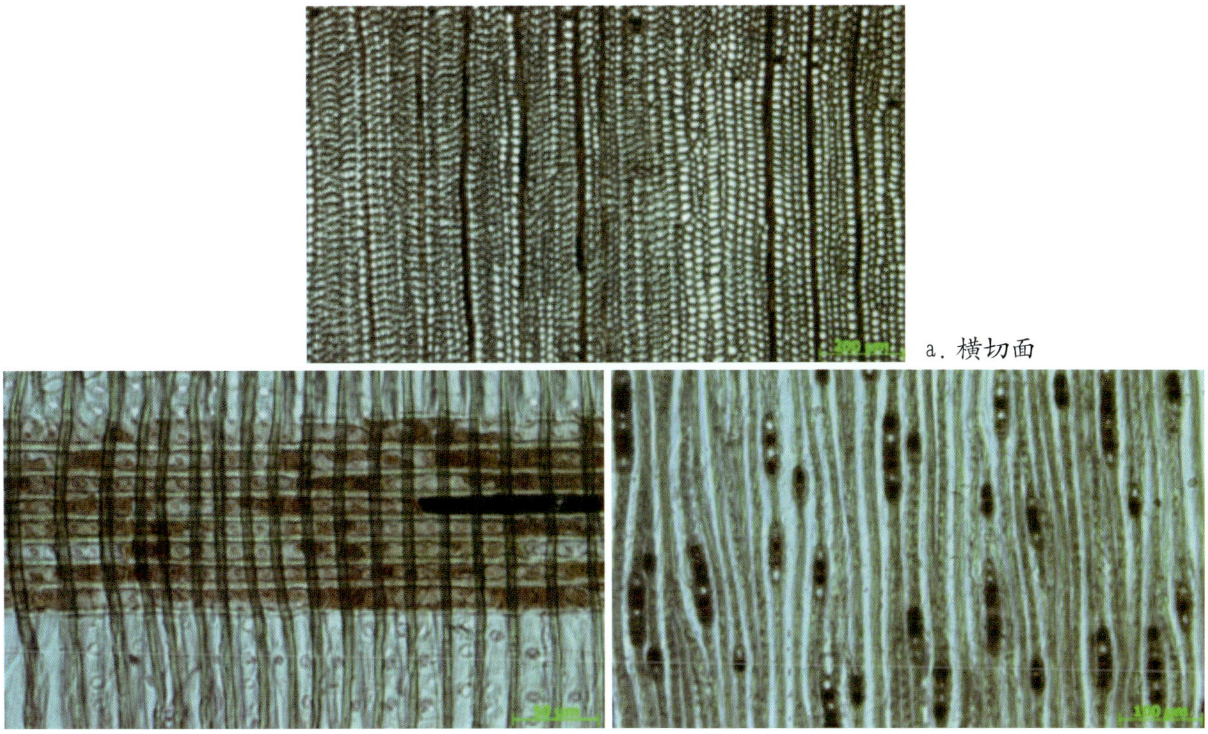

a. 横切面

b. 径切面　　c. 弦切面

图 F4—16　M3—111（2013.11—2）树种切片显微照片

a. 横切面

b. 径切面　　c. 弦切面

图 F4—17　M3—209 树种切片显微照片

a. 横切面

b. 径切面　　c. 弦切面

图 F4—18　M3—310 树种切片显微照片

a. 横切面

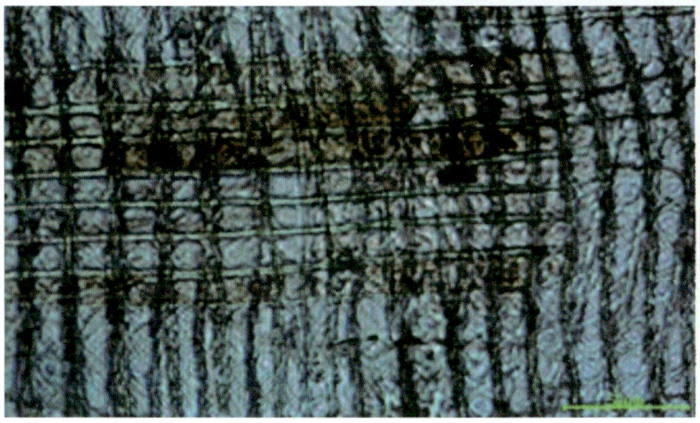
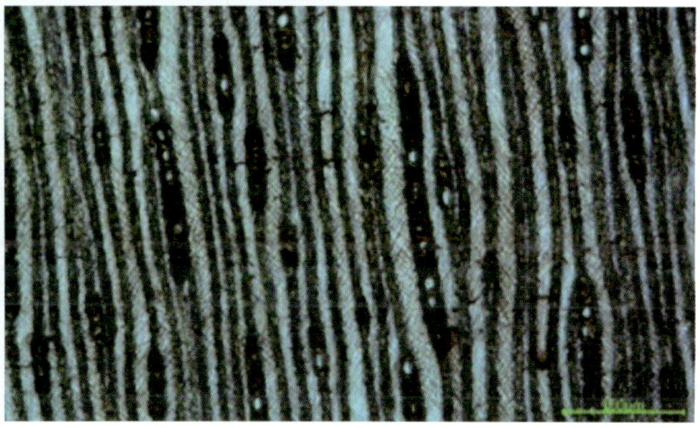
b. 径切面　　c. 弦切面

图 F4—19　M3—314 树种切片显微照片

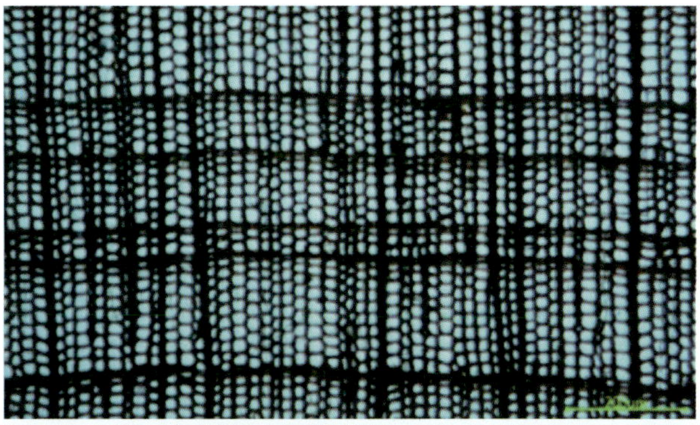
a. 横切面

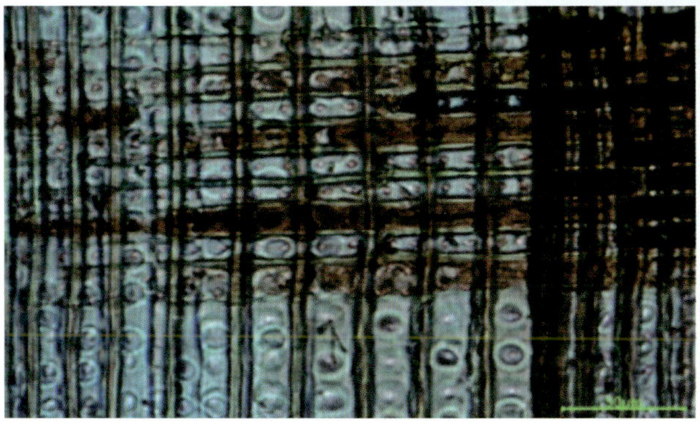
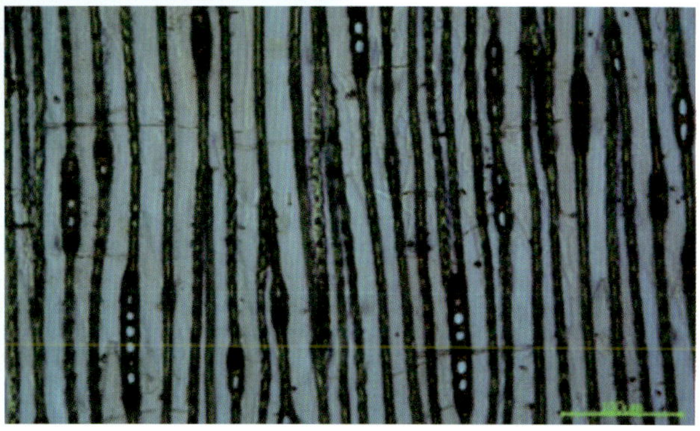
b. 径切面　　c. 弦切面

图 F4—20　M3—327 树种切片显微照片

a. 横切面

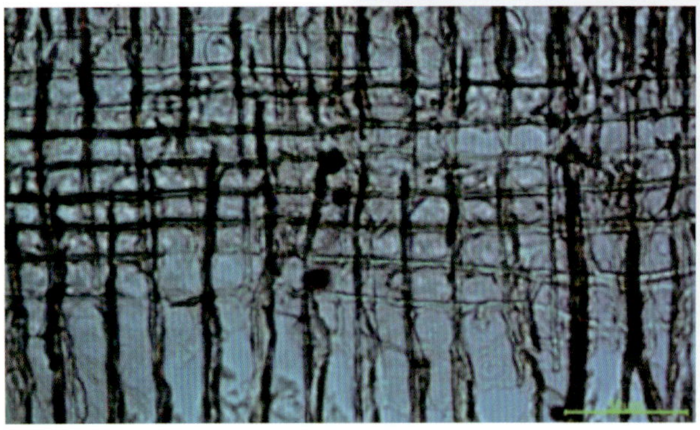

b. 径切面

c. 弦切面

图 F4—21　M3—401 树种切片显微照片

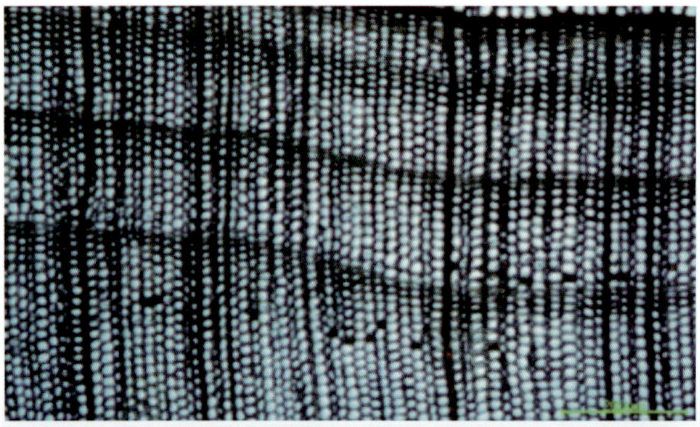

a. 横切面

b. 径切面

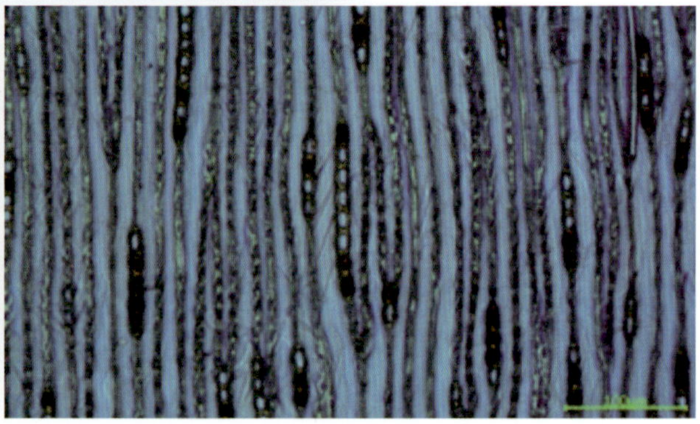

c. 弦切面

图 F4—22　M3—403 树种切片显微照片

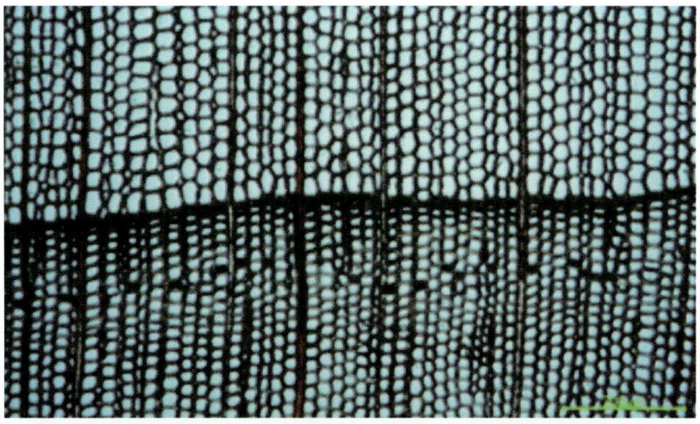
a. 横切面

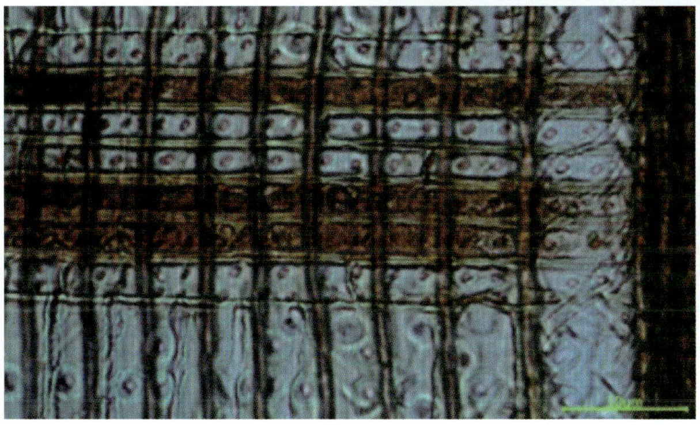
b. 径切面

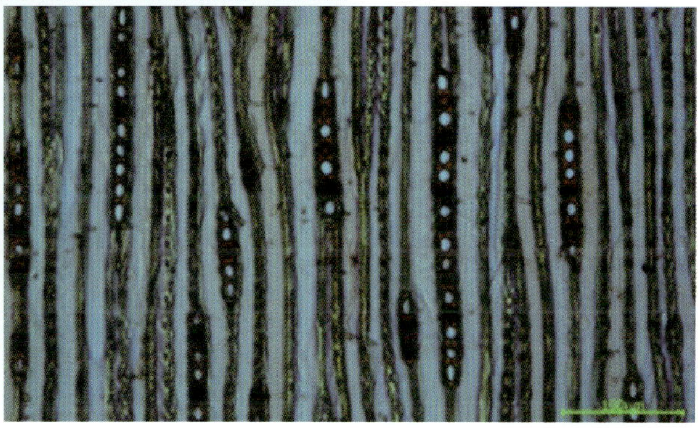
c. 弦切面

图 F4—23 M3—409 树种切片显微照片

a. 横切面

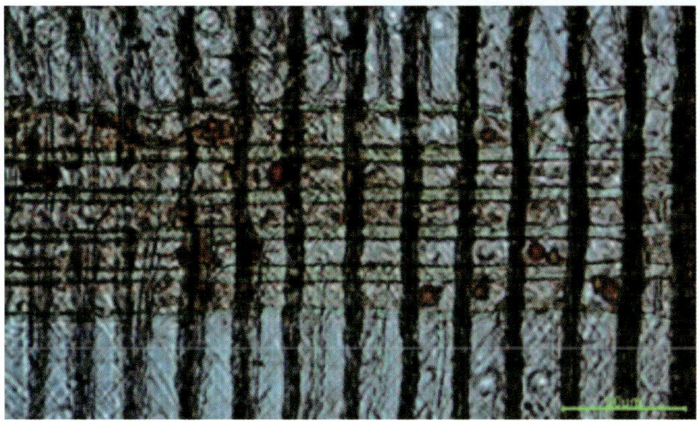
b. 径切面

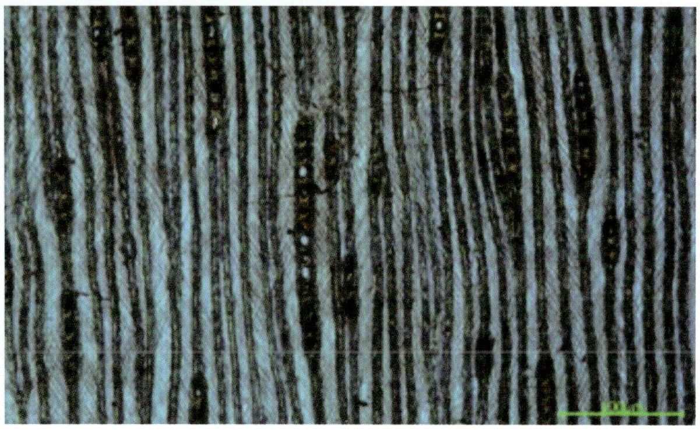
c. 弦切面

图 F4—24 M3—411 树种切片显微照片

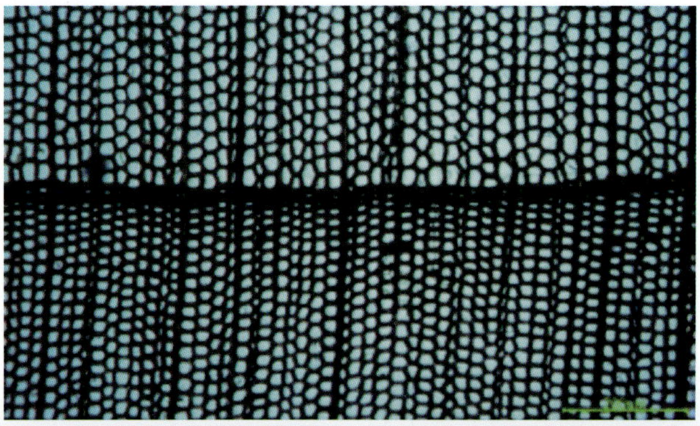

a. 横切面

b. 径切面

c. 弦切面

图 F4—25　M3—428 树种切片显微照片

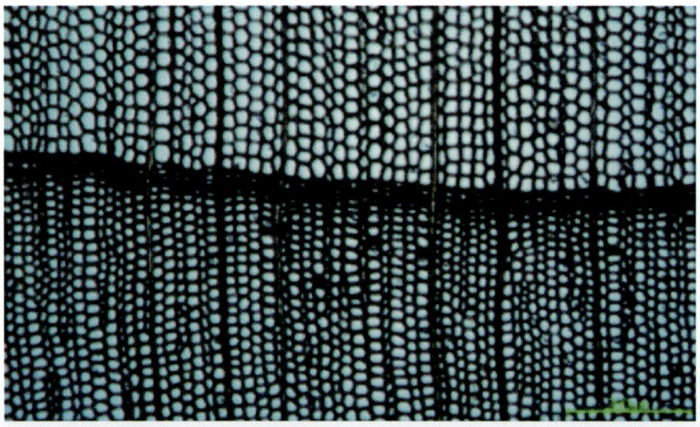

a. 横切面

b. 径切面

c. 弦切面

图 F4—26　M3—429 树种切片显微照片

（三）圆柏

圆柏，拉丁名：Sabina chinenist（L.）Ant.。

木材解剖特征：生长轮明显，早材至晚材渐变。早材管胞横切面为圆形、方形；径壁具源纹孔 1 列。晚材管胞横切面为长方形、椭圆形，径壁具缘纹孔 1 列。最后数列管胞弦壁纹孔明显。轴向薄壁组织量多或略少，呈星散及弦向带状，常含树脂。木射线单列，高 1—13 细胞，多数高 2—9 细胞。射线细胞水平壁厚，纹孔数少，端壁节状加厚明显或不明显；凹痕明显。射线细胞与早材管胞间交叉场纹孔式为柏木型 1—5 个（通常 2—4 个）。树脂道缺如。

树木及分布：圆柏属乔木，约有 50 种，我国有 15 种，高可达 20.0 米，胸径可达 3.5 米。分布在内蒙古南部、华北各省，南达长江流域至两广北部，西至四川、云南、贵州等地。

木材加工、工艺性质：纹理斜，结构细而均匀，重量及硬度中，干缩小，强度及冲击韧性中，干燥较慢，很少产生干燥缺陷，尺寸稳定，耐腐性及抗蚁性强。

木材利用：可用做建筑及室内装修材料，亦适合做桩木、枕木等，是易腐朽条件下的优良用材。

物理力学性质（参考地——浙江昌化）

中文名称	密度 (g/cm^2)		干缩系数 (%)			抗弯强度 (MPa)	抗弯弹性模量 (MPa)	顺纹抗压强度 (MPa)	冲击韧性 (KJ/m^2)	硬度 (MPa)		
	基本	气干	径向	弦向	体积					端面	径面	弦面
圆柏	0.513	0.609	0.140	0.190	0.350	77.7	8.140	46.863	33.7	62.6	43.1	47.3

27 个样品中有 6 个样品的鉴定结果为圆柏（表 F4 - 2、图 F4 - 27 至图 F4 - 32）。

表 F4-2 圆柏树种样品清单

序　号	棺　木	样品编号	取样位置	图　号
1	M1 中	M1-211（YNG03）	左墙	图 F4-27
2		M1-212（YNG04）	右下角垫脚	图 F4-28
3	M2 中	M2-211（YNG16）	左墙盗洞残块	图 F4-29
4	M3-1	M3-110（YNG11）	盖板	图 F4-30
5		M3-112（YNG12）	散落	图 F4-31
6	M3-4	M3-434（YNG08）	散落	图 F4-32

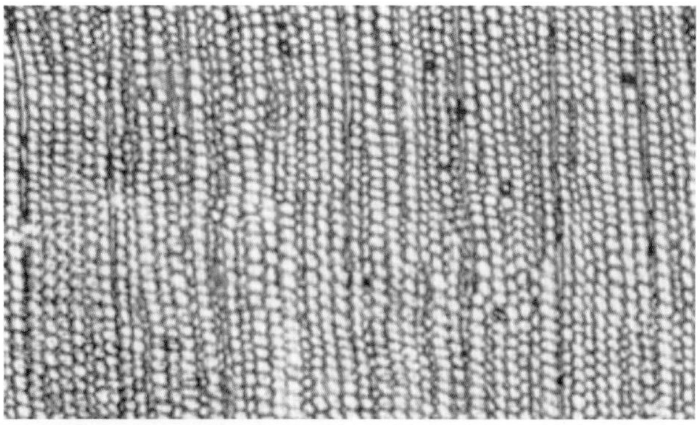

a. 横切面

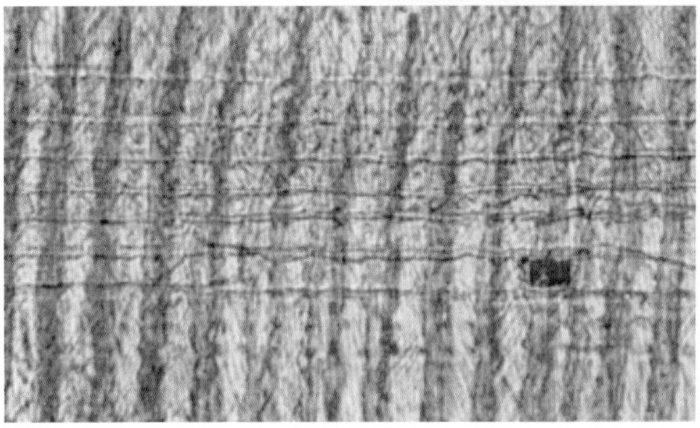

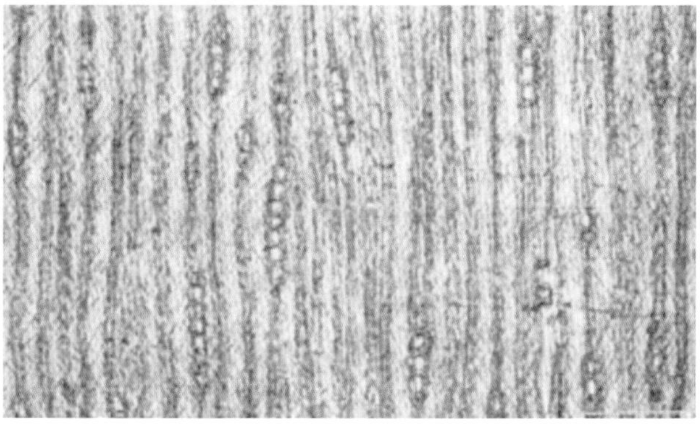

b. 径切面　　c. 弦切面

图 F4–27　M1–211（YNG03）树种切片显微照片

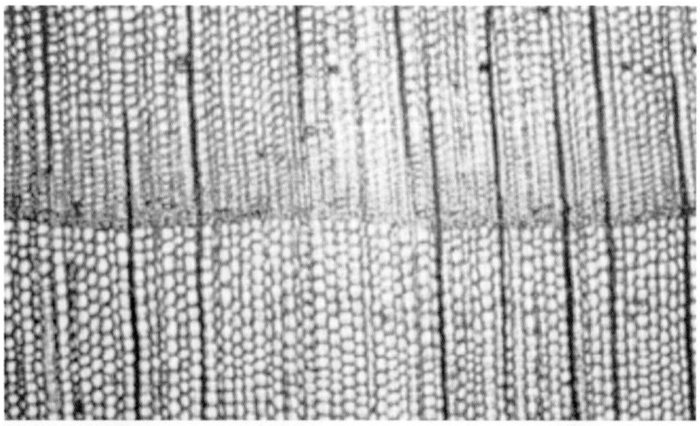

a. 横切面

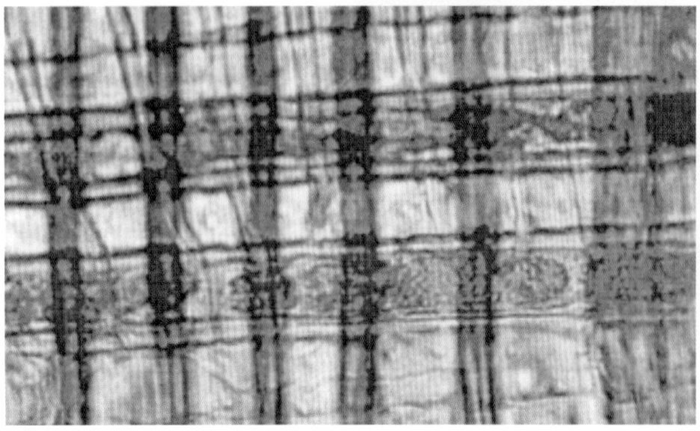

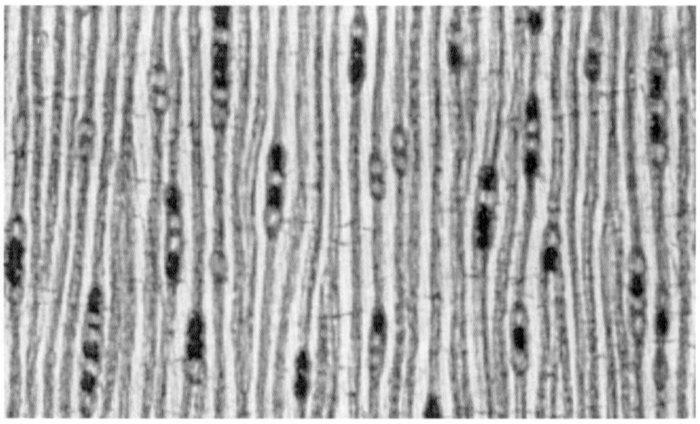

b. 径切面　　c. 弦切面

图 F4–28　M1–212（YNG04）树种切片显微照片

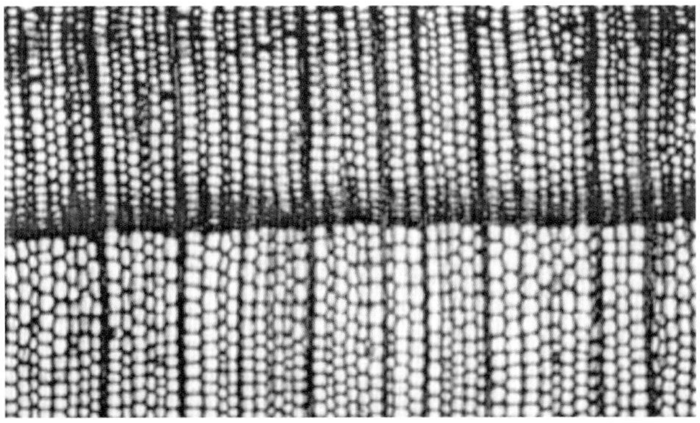

a. 横切面

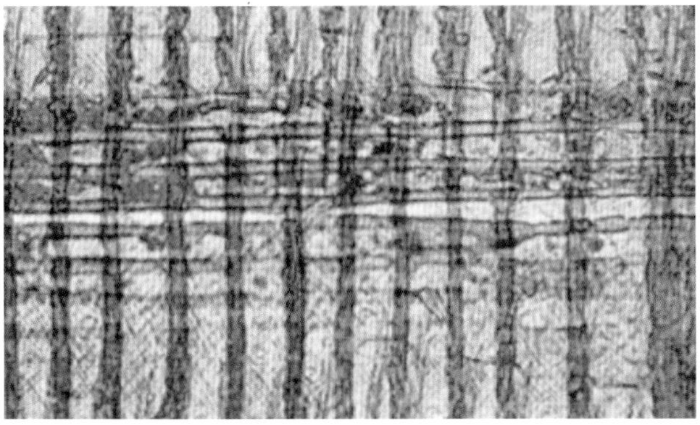

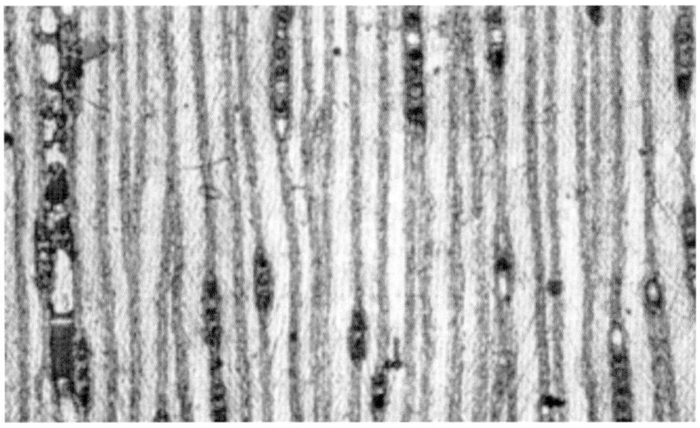

b. 径切面　　c. 弦切面

图 F4—29　M2—211（YNG16）树种切片显微照片

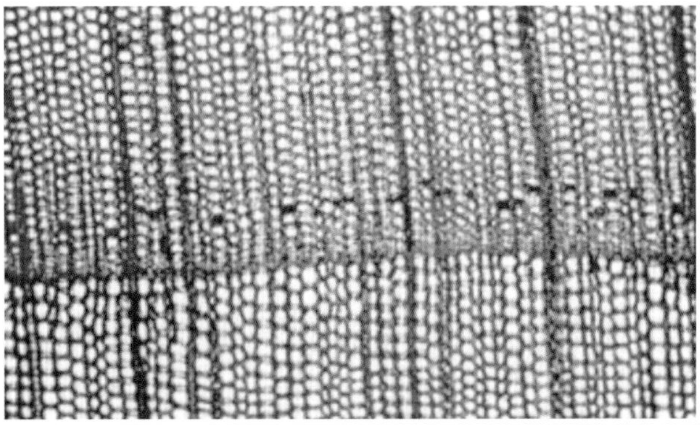

a. 横切面

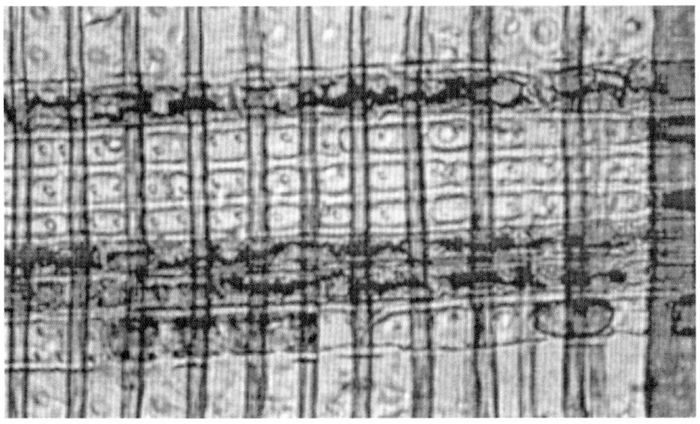

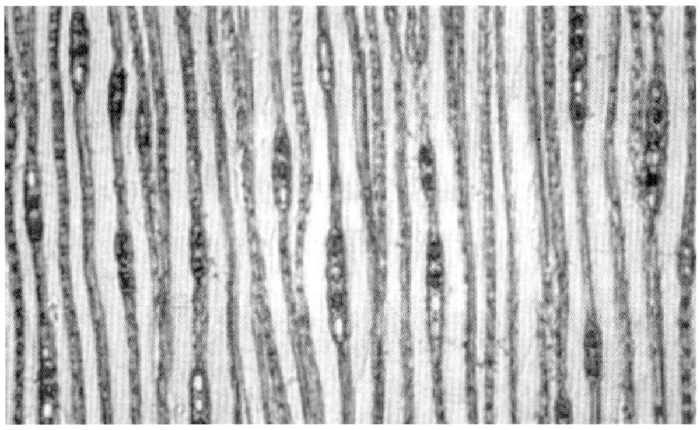

b. 径切面　　c. 弦切面

图 F4—30　M3—110（YNG11）树种切片显微照片

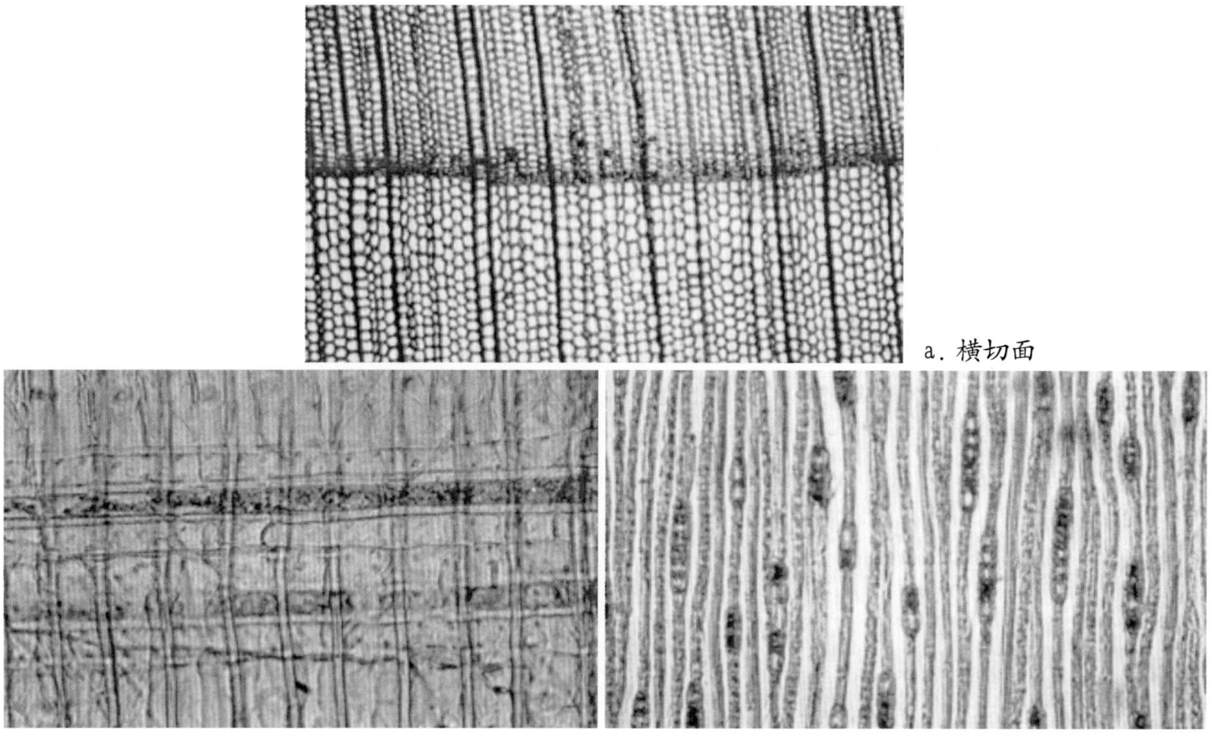

a. 横切面

a. 径切面　　a. 弦切面

图 F4—31　M3112（YNG12）树种切片显微照片

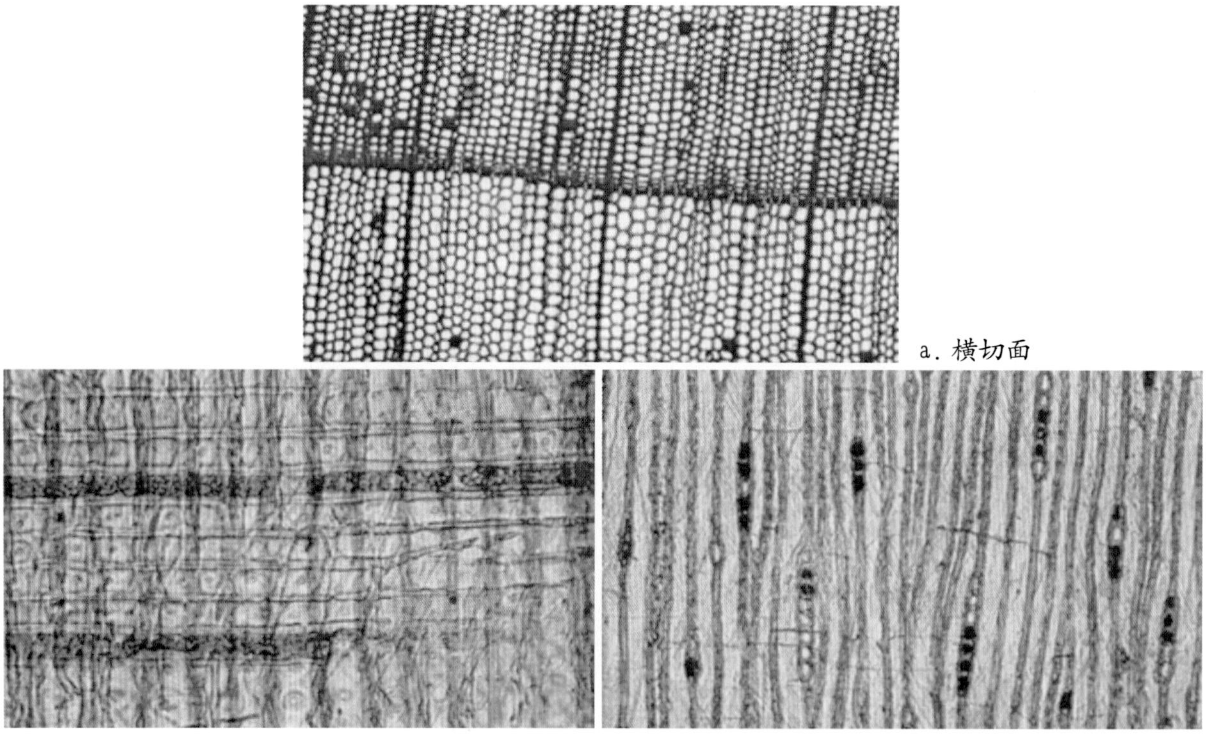

a. 横切面

b. 径切面　　c. 弦切面

图 F4—32　M3—434（YNG08）树种切片显微照片

三、髹饰层等分析测试结果

78个样品中除27个树种样品外，其余为30个髹饰层、7个密封料、4个填充物、6个污染物、4个文字层样品。该部分分析测试结果多融入第三章中，在此不再赘述，只把结果汇总在一起（表F4-3），便于对比。

表 F4-3 髹饰层等样品及结果清单

序号	棺木	编号	取样位置及形貌	分析测试方法	结果简述
髹饰层					
1	M1 北	M1-105	棺盖表层髹饰层 / 片状	显微 + 红外	棕红色，剖面分层，大漆
2	M1 中	M1-208（YNG01）	前挡底层髹饰层 / 片状	显微 + 电镜	褐红色，三层，桐油
3		M1-209（YNG02）	前挡外层髹饰层 / 片状	显微 + 电镜	褐红色，四层，桐油
4		M1-210（YNG05）	中上燕尾榫外 / 片状	显微 + 电镜 + 红外	单层，桐油
5	M1 南	M1-302	棺盖表面髹饰层 / 片状	显微 + 红外 + 剖面染色	分层，漆，桐油
6		M1-308	棺体内层髹饰层 / 片状	显微 + 红外	单层，漆，桐油
7		M1-314	棺底 / 片状	显微 + 红外	单层，漆
8		M1-319	右棺墙髹饰层 / 片状	显微 + 红外	单层，漆，$CaCO_3$
9		M1-322（YNG13）	前挡髹饰层外层 / 片状	显微 + 电镜 + 红外	两层，桐油
10		M1-323（YNG14）	前挡髹饰层底层 / 片状	显微 + 电镜 + 红外	两层，漆
11	M2 中	M2-207	棺内髹饰层 / 片状	显微 + 红外 + 剖面染色	两层，漆
12		M2-210	前挡板髹饰层 / 片状	红外	漆
13		M2-214	左墙盗洞残块 / 片状	显微 + 红外	两层，漆
14	M3-1	M3-105	棺内髹饰层（布和漆）/ 片状	显微 + 红外	夹纻，漆
15		M3-106	棺墙前端外髹饰层 / 片状	显微 + 红外	单层，漆
16		M3-107	棺底外髹饰层 / 片状	显微 + 红外	单层，漆

续 表

序 号	棺 木	编 号	取样位置及形貌	分析测试方法	结果简述
17	M3-2	M3-201	右墙外髹饰层 / 片状	显微 + 红外	夹纻，漆，桐油
18		M3-203	棺体前端榫头髹饰层 / 片状	显微 + 红外	单层，漆
19		M3-204	棺体前端底座髹饰层 / 片状	显微 + 红外	单层，漆
20		M3-205	棺底内髹饰层 / 片状	显微 + 红外	单层，漆
21		M3-206	棺底外髹饰层 / 片状	显微 + 红外 + 剖面染色	夹纻，三层，漆
22	M3-3	M3-306	棺盖表面髹饰层 / 片状	显微 + 红外	两层，漆，桐油
23		M3-328	右墙前燕尾扣处髹饰层 / 片状	显微 + 红外	三层，漆，桐油
24		M3-331	右墙上板缝外髹饰层 / 片状	显微 + 红外 + 剖面染色	三层，漆，桐油
25	M3-4	M3-406	棺内髹饰层 / 片状	显微 + 红外	单层，漆
26		M3-424	后挡板外侧髹饰层 / 片状	显微 + 红外	单层，漆
27		M3-425	左墙后部外表面髹饰层 / 片状	显微 + 红外	单层，漆
28		M3-430	棺盖前端髹饰层 / 片状	显微 + 红外	单层，漆
29		M3-432（YNG06）	前挡最内层髹饰层	显微 + 电镜	单层，桐油
30		M3-433（YNG07）	前挡最外层髹饰层	显微 + 电镜	四层，桐油
密封料					
1	M1 南	M1-306	棺盖与棺身密封材料 / 块状	显微 + 红外	分层，漆，桐油
2		M1-320	盖中燕尾扣内侧黏结物 / 块状	显微 + 红外	单层，漆，桐油
3	M3-1	M3-104	棺底接缝处密封髹饰层 / 片状	显微 + 红外	单层，漆
4	M3-3	M3-325	棺墙板与板接缝中材料 / 块状	红外	漆，桐油
5	M3-4	M3-414	棺内补配夹缝中漆块 / 块状	红外	单层，漆
6		M3-418	棺盖与棺身间密封髹饰层 / 块状	显微 + 红外 + 剖面染色	三层，漆，桐油
7		M3-423	棺盖板缝间密封料 / 块状	显微 + 红外	单层，漆

续　表

序　号	棺　木	编　号	取样位置及形貌	分析测试方法	结果简述
填充物					
1	M1 南	M1–311（YNG09）	七星板下填充层 / 粉末	衍射	主要成分为 $CaCO_3$
2	M2 中	M2–209	七星板下填充层 / 粉末	衍射	主要成分为 $CaCO_3$
3	M3–2	M3–207	七星板下石灰层 / 粉末	衍射	主要成分为 $CaCO_3$
4	M3–4	M3–408	棺内石灰层 / 粉末	衍射	主要成分为 $CaCO_3$
文字层					
1	M1 北	M1–101	棺盖上文字 / 片状	电镜	Au 元素含量为 84%
2	M1 中	M1–201	棺盖文字 / 粉末	衍射	白铅矿，水白铅矿
3	M2 中	M2–215（YNG10）	棺盖上白色字体 / 粉末	显微 + 红外	碱式碳酸铅（铅白）
4	M3–3	M3–302	棺盖表面前端金漆 / 粉末	电镜	Au 元素含量为 85.92%
污染物					
1	M1 北	M1–106	金字“之”上污染物 / 粉末	衍射	Ca 元素含量较高
2	M1 南	M1–301	棺盖表面附着物 / 粉末	衍射	主要成分为 SiO_2
3	M2 中	M2–201（YNG17）	棺木右墙上白色污染物 / 粉末	衍射	主要成分为 SiO_2
4	M3–2	M3–202	右墙外侧 / 粉末	衍射	主要成分为 $CaCO_3$
5	M3–3	M3–305	棺盖表面泥土块 / 块状	衍射	Fe 元素含量较高
6	M3–4	M3–402	前挡板淤泥 / 块状	衍射	主要成分为 SiO_2

附录五

各棺木病害图

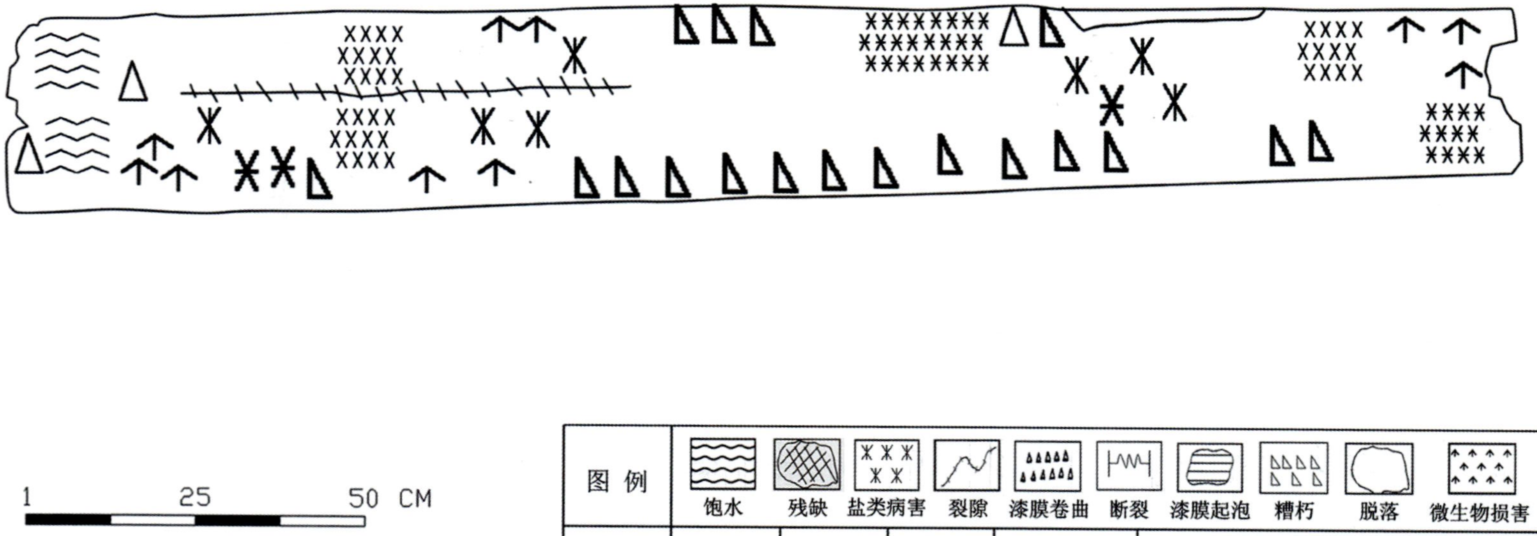

图例	饱水	残缺	盐类病害	裂隙	漆膜卷曲	断裂	漆膜起泡	糟朽	脱落	微生物损害	字迹残缺

调　查	刘建国	校　核	吴双成	项目名称	沂南县河阳社区墓地出土棺木保护修复项目		
制　图	文凤浩	审　定	吴顺清	制作单位	山东省文物保护修复中心	日期	2016年8月

图 F5—1　M1 北盖板外病害图

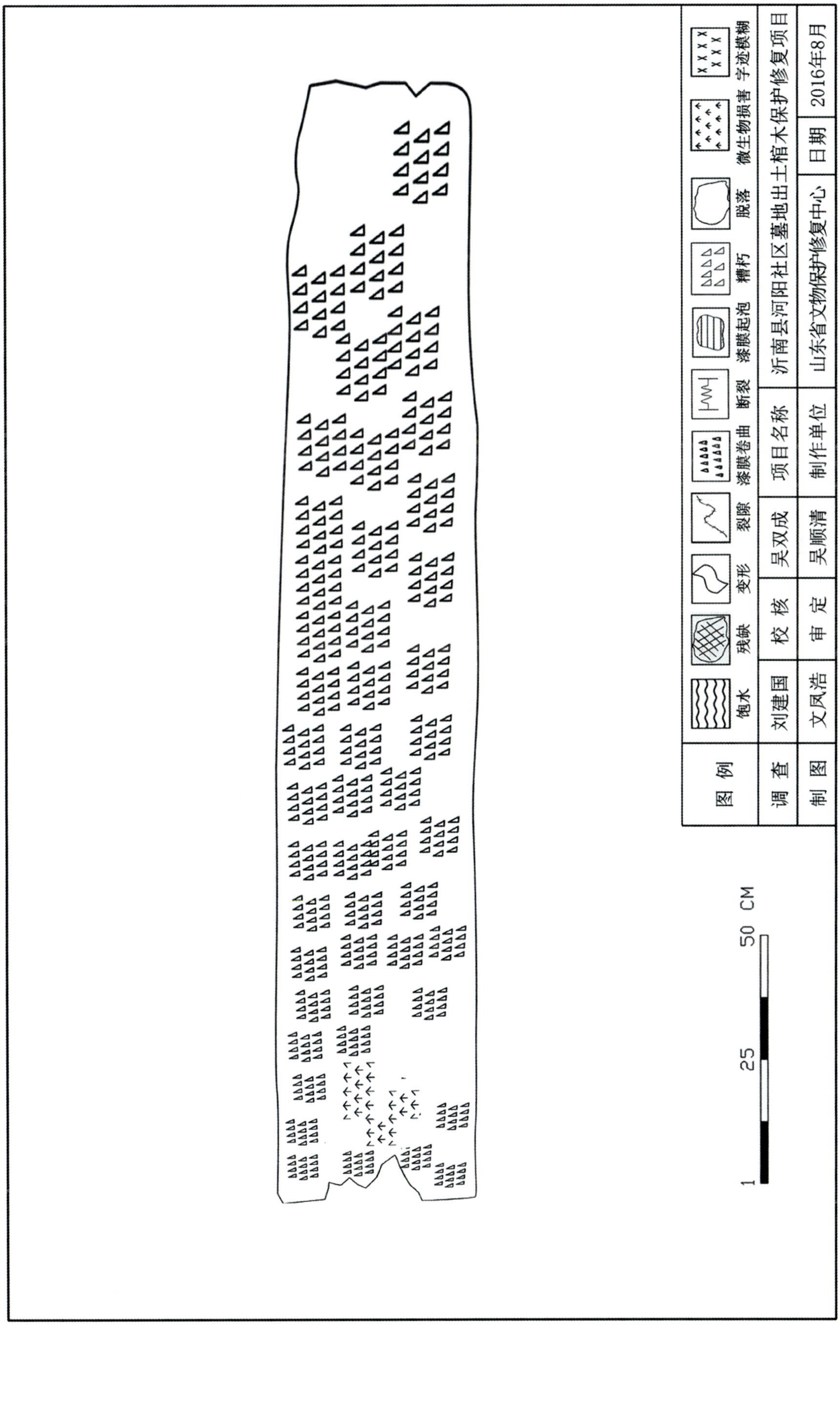

图 F5-2 M1 北盖板内病害图

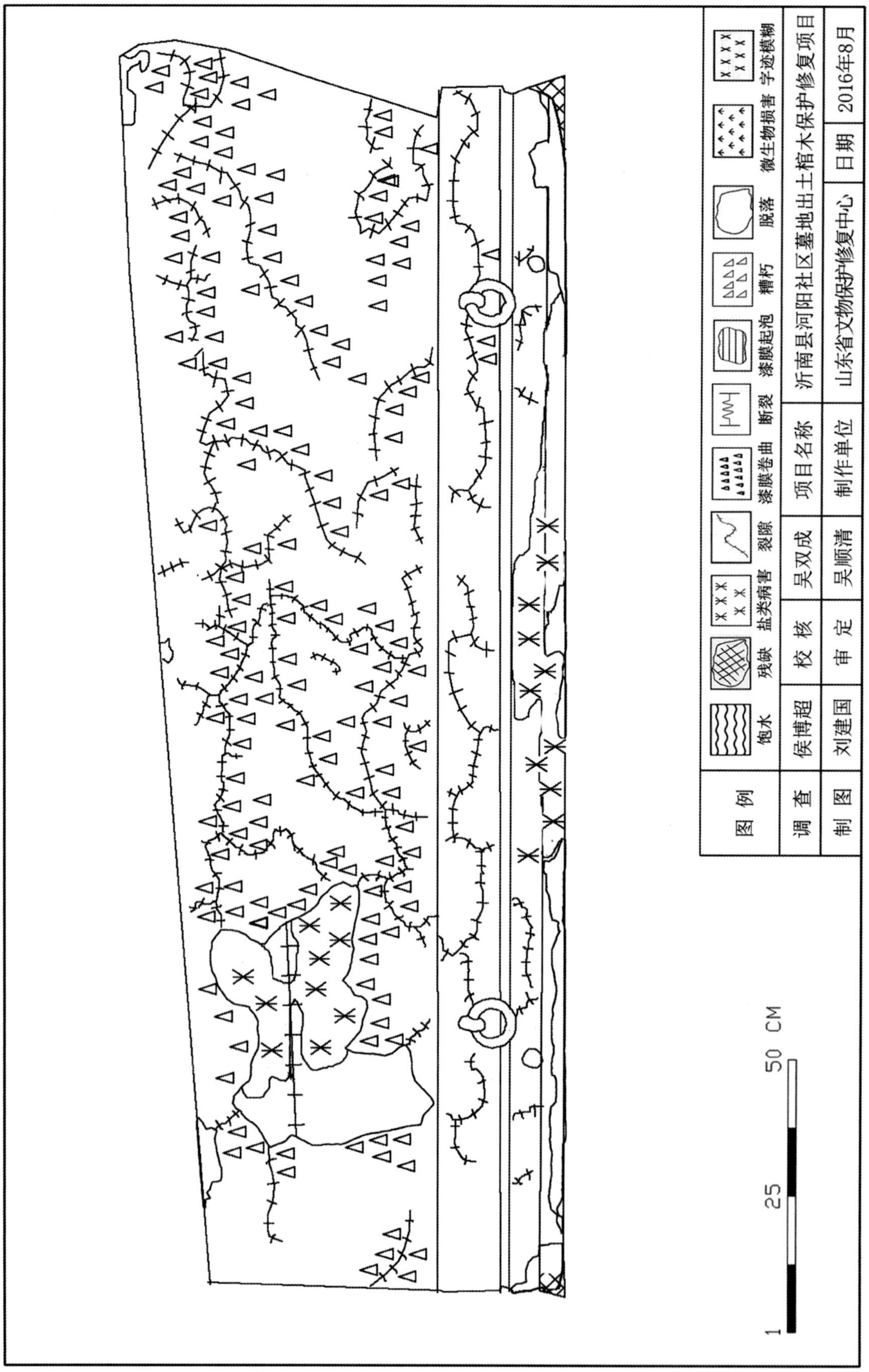

图 F5—3 M1 中左墙外病害图

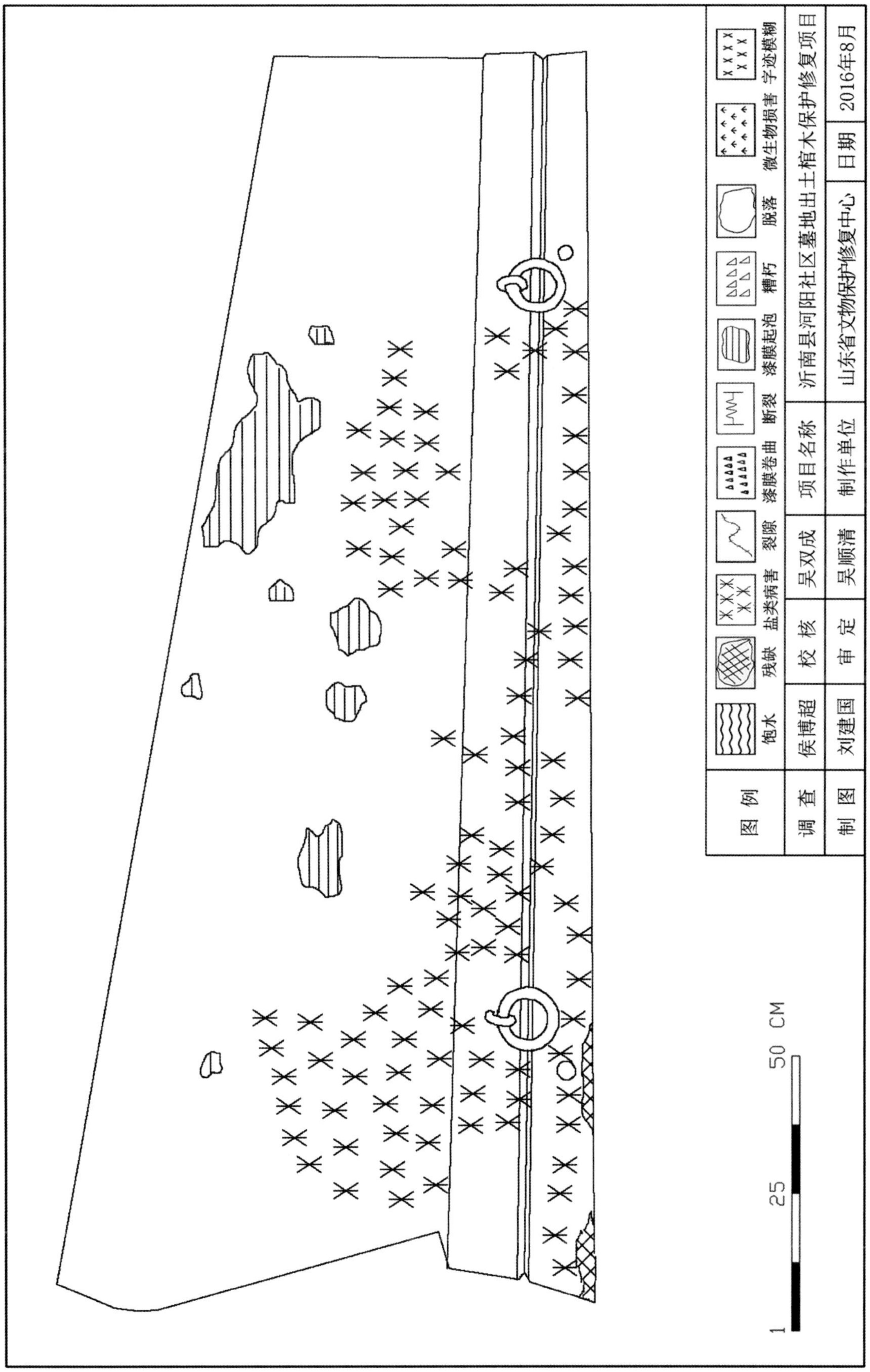

图 F5-4 M1 中右墙外病害图

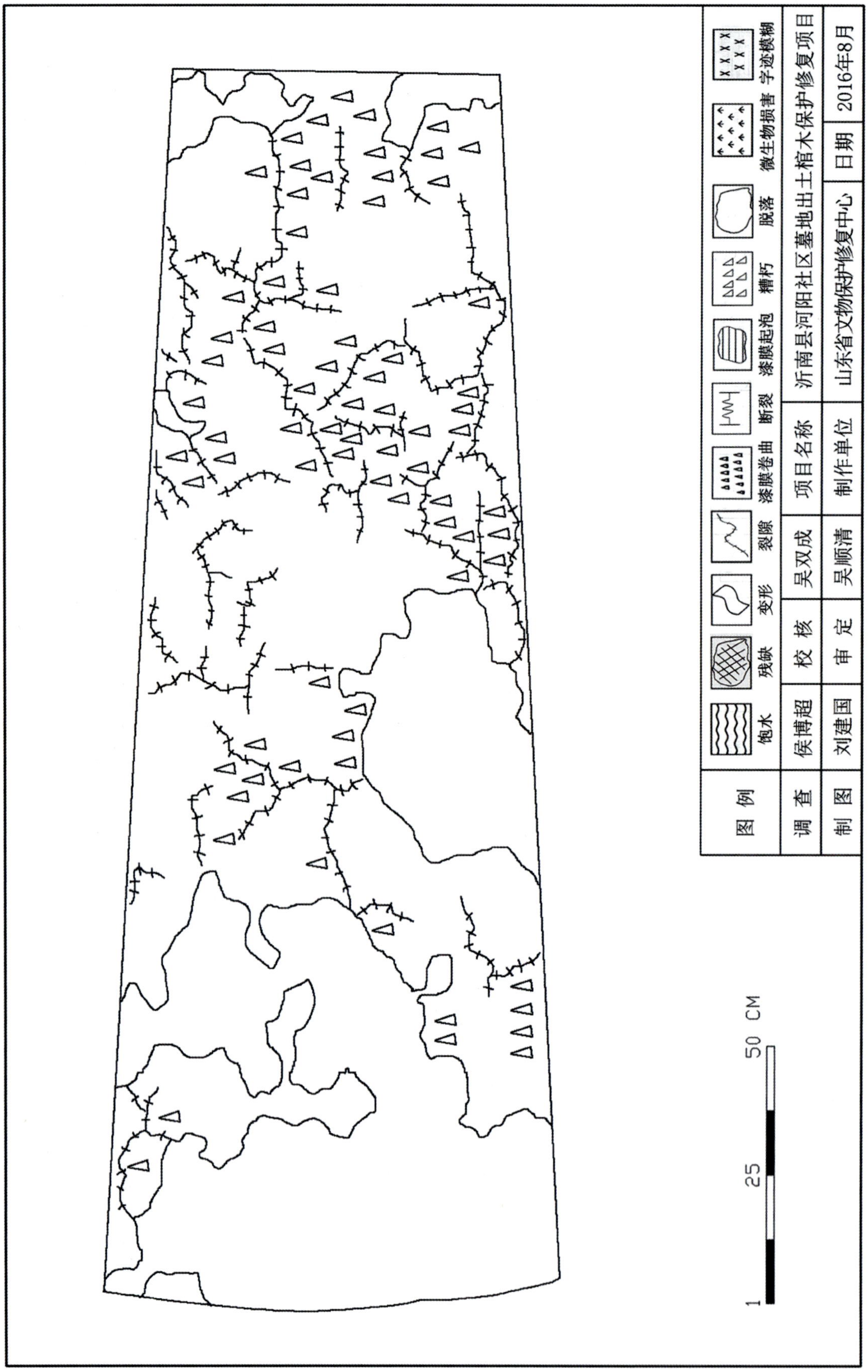

图 F5-5 M1 中盖板外病害图

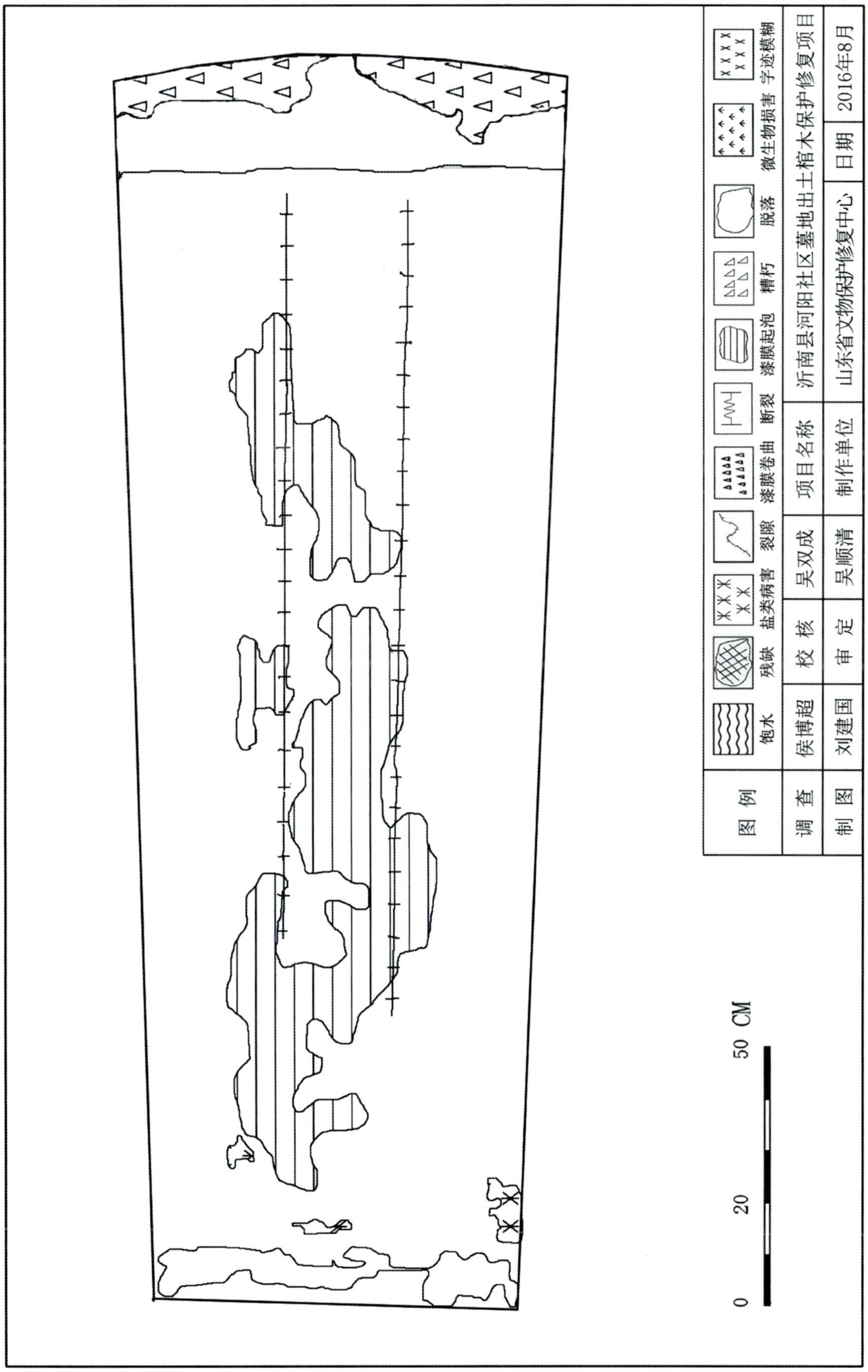

图 F5-6 M1 中盖板内病害图

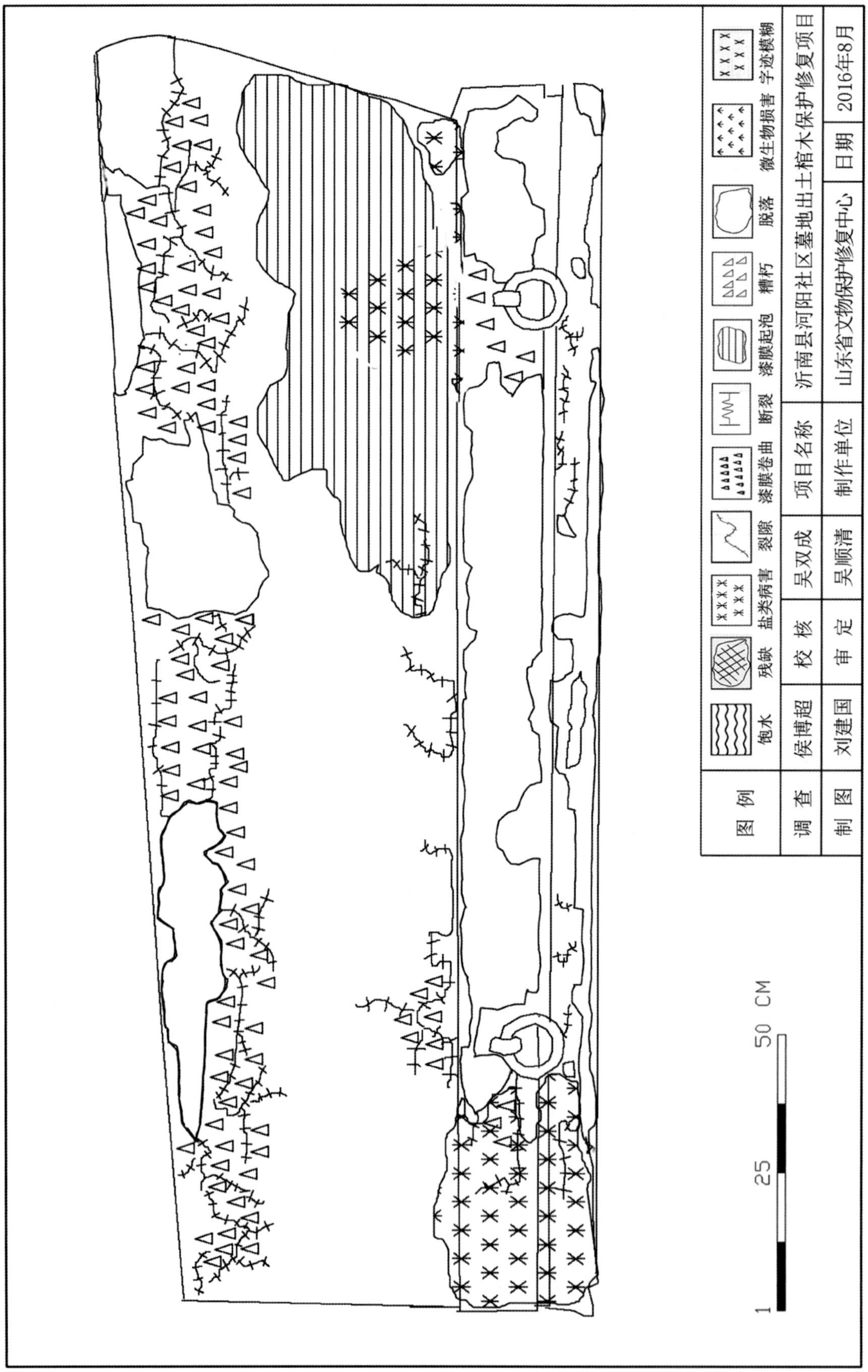

图 F5-7 M1 南左墙外病害图

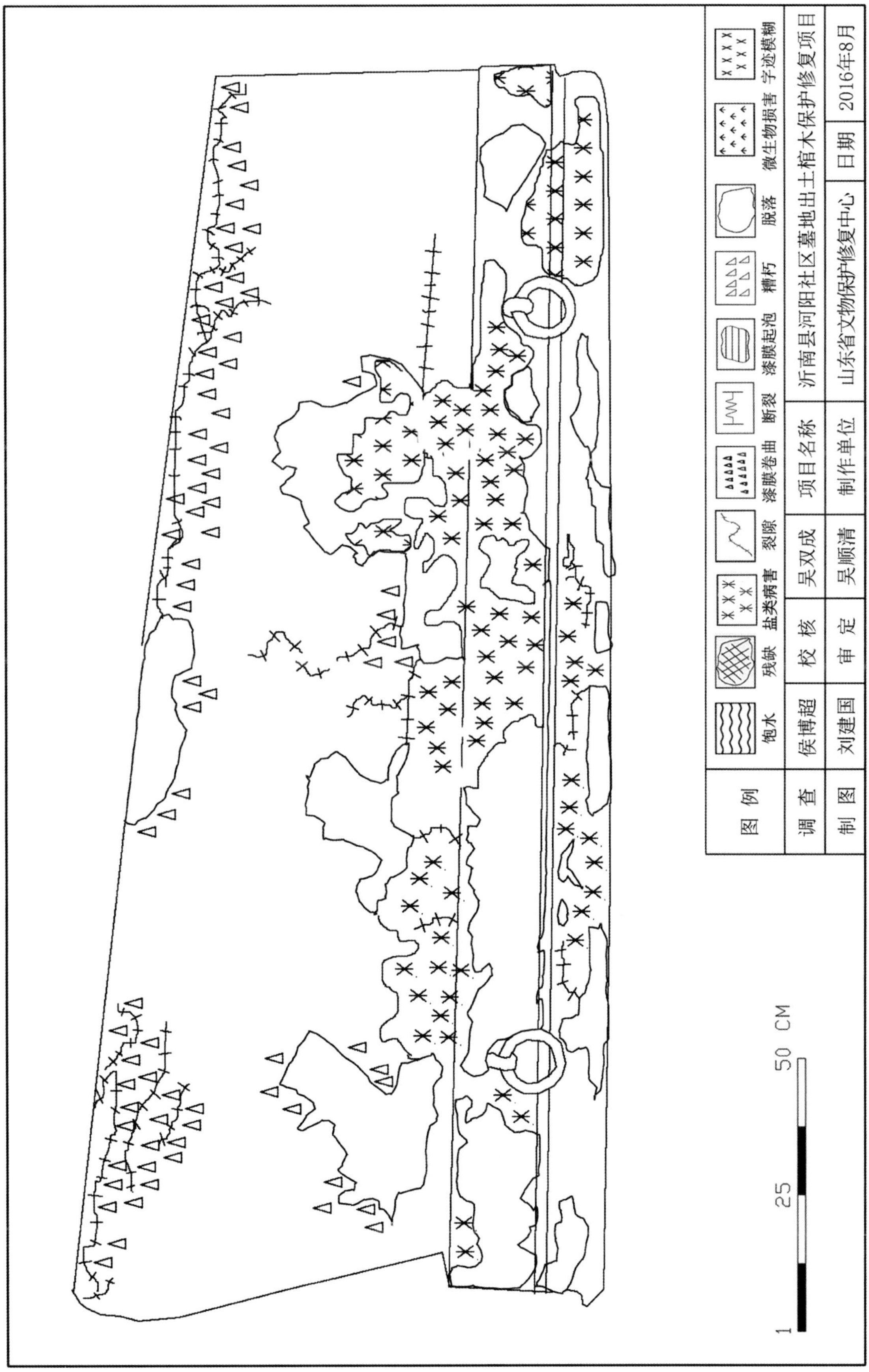

图 F5-8 M1 南右墙外病害图

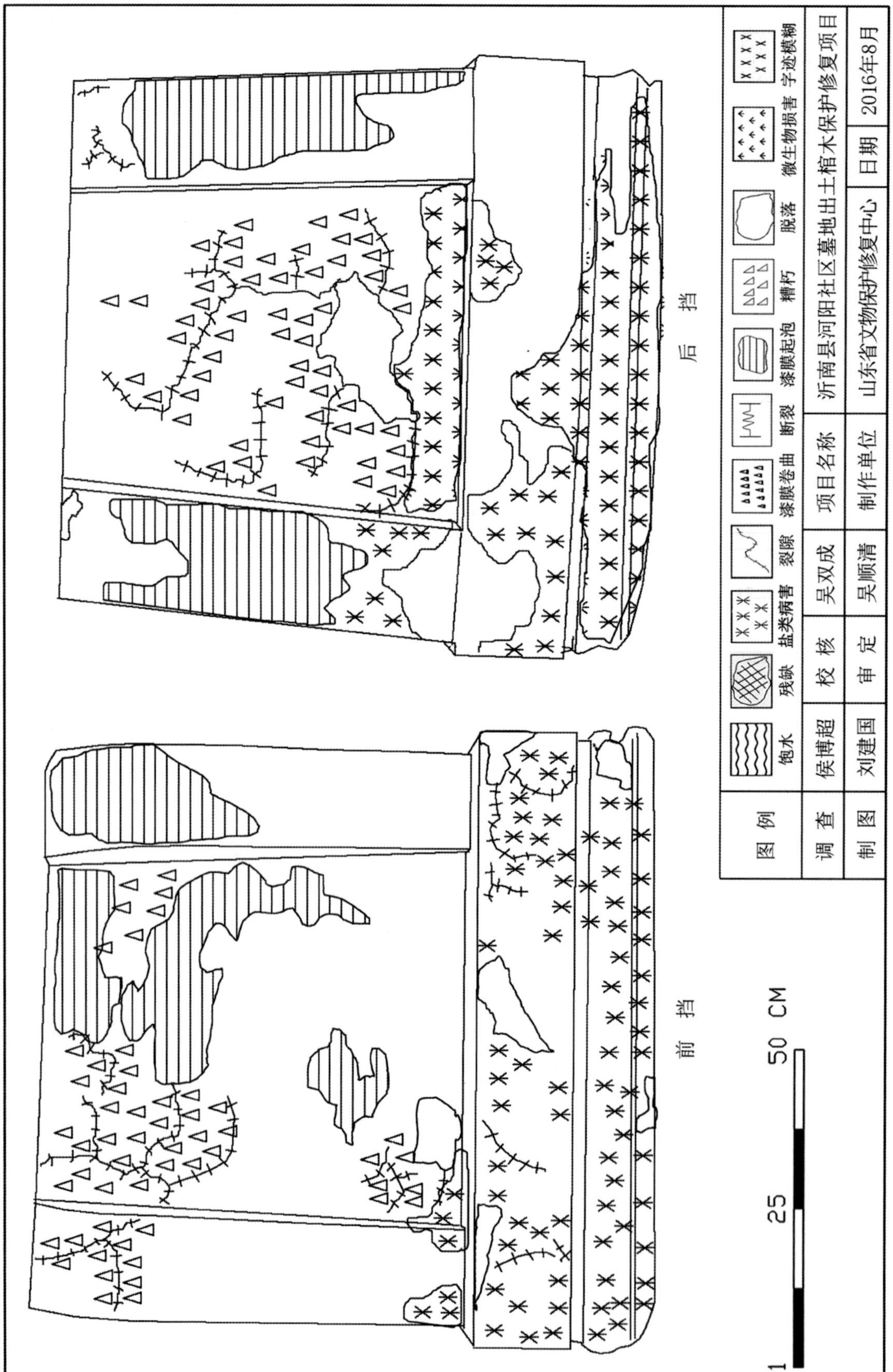

图 F5-9 M1 南前后挡板外病害图

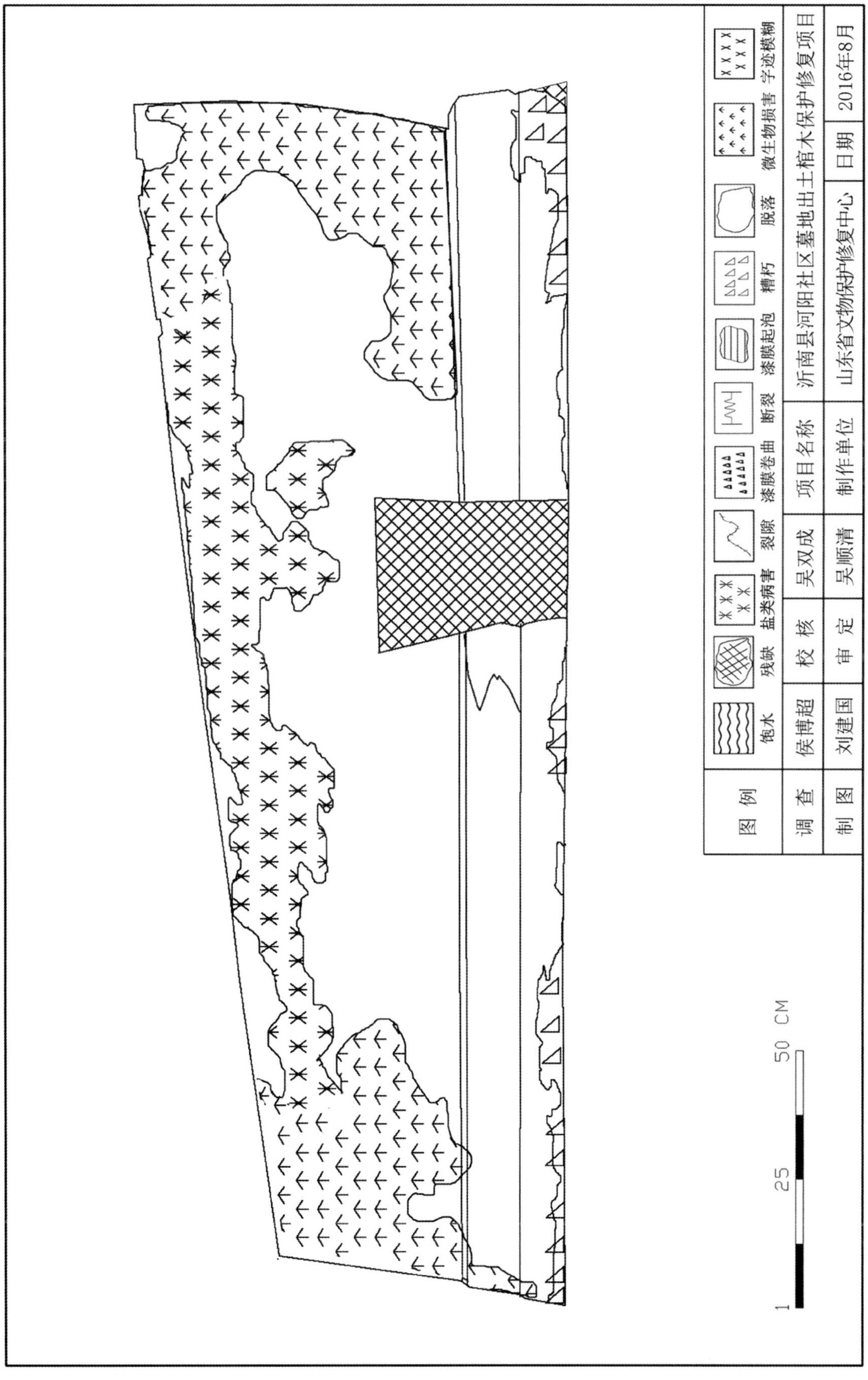

图 F5-10 M2 中左墙外病害图

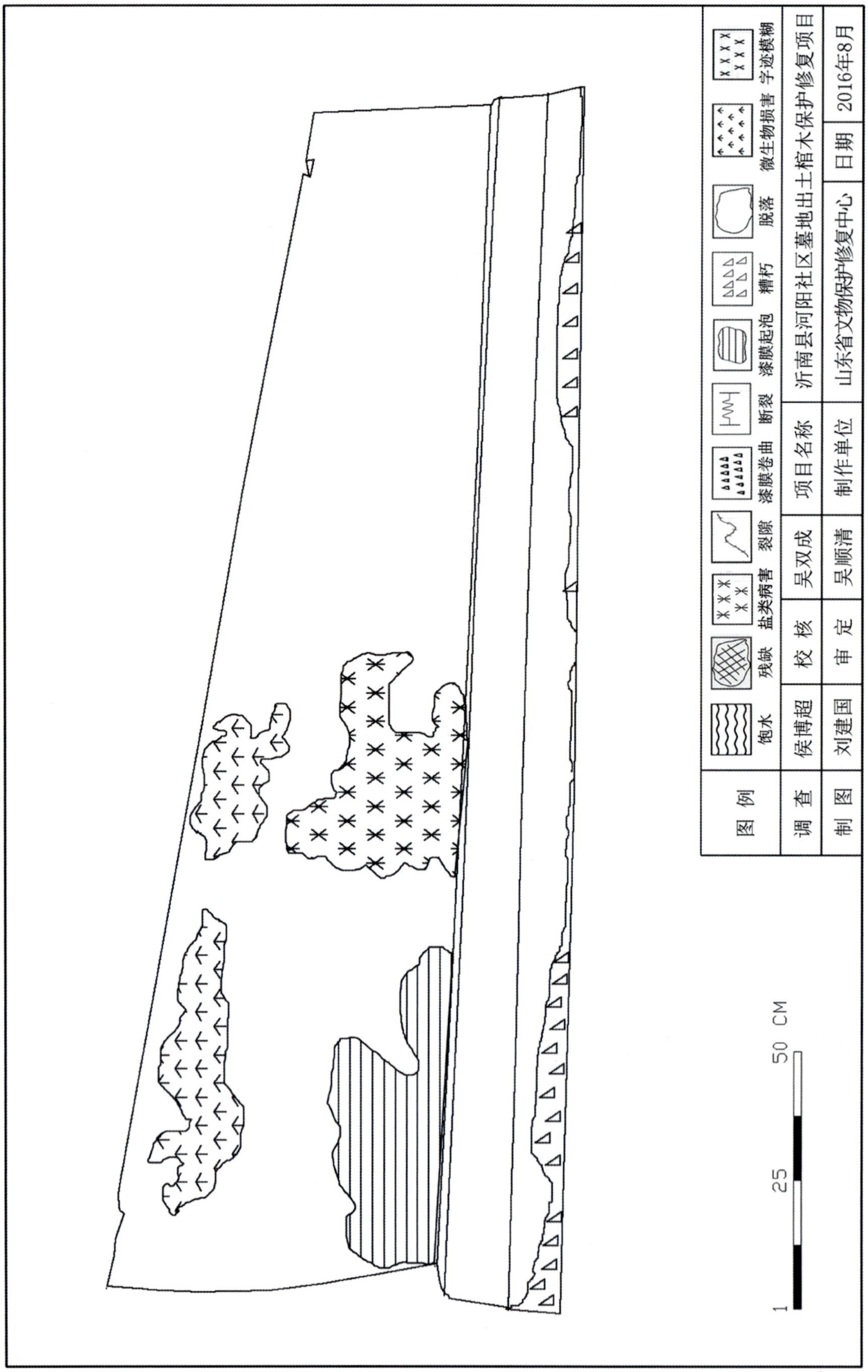

图 F5—11 M2 中右墙外病害图

前　挡　　　　　　　　后　挡

图　例	饱水	残缺	盐类病害	裂隙	漆膜卷曲	断裂	漆膜起泡　糟朽　脱落　微生物损害　字迹模糊
调　查	侯博超	校　核	吴双成	项目名称	沂南县河阳社区墓地出土棺木保护修复项目		
制　图	刘建国	审　定	吴顺清	制作单位	山东省文物保护修复中心	日期	2016年8月

图 F5-12　M2 中前后挡板外病害图

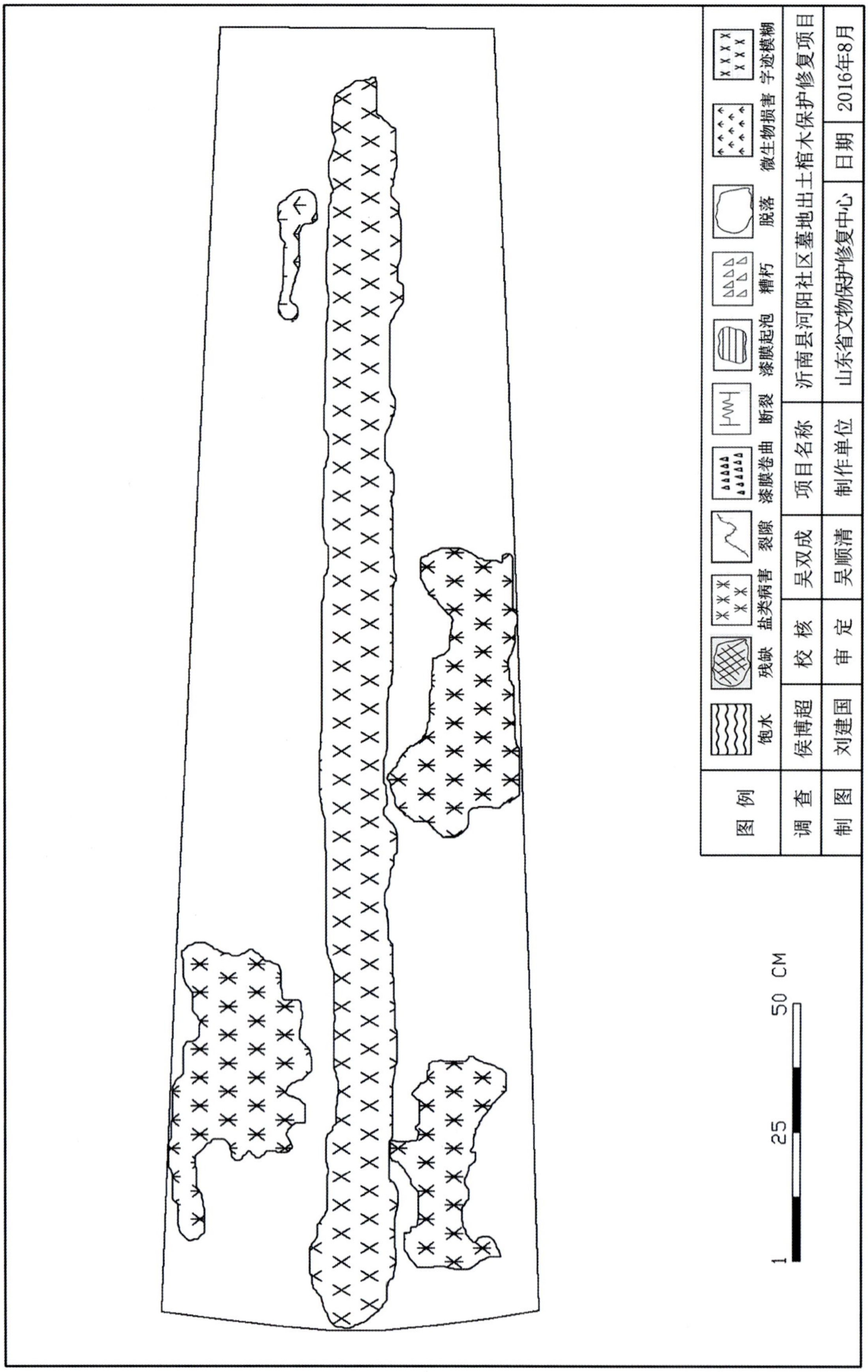

图F5—13 M2中盖板外病害图

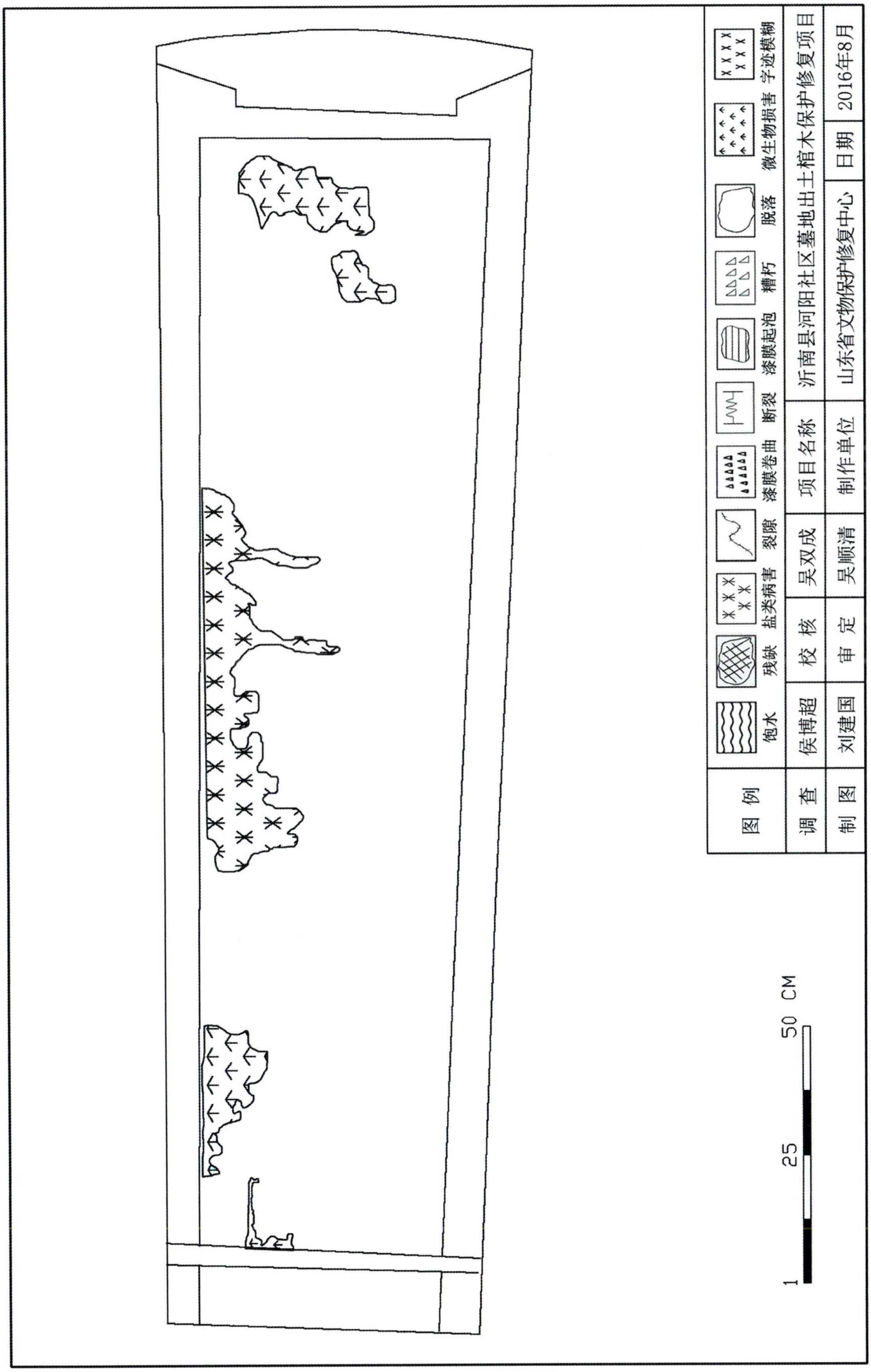

图 F5-14 M2 中盖板内病害图

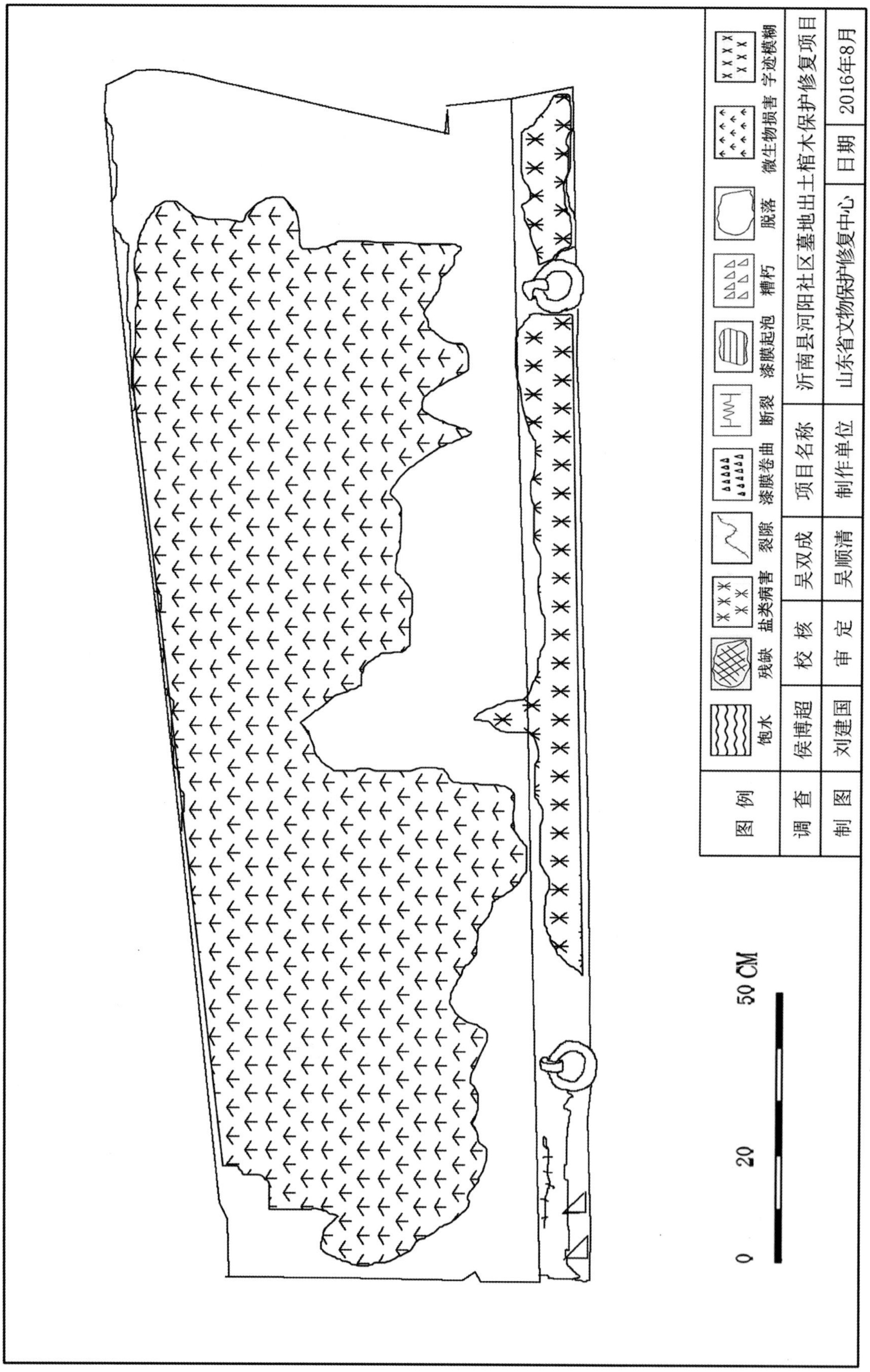

图 F5-15 M3-1 左墙外病害图

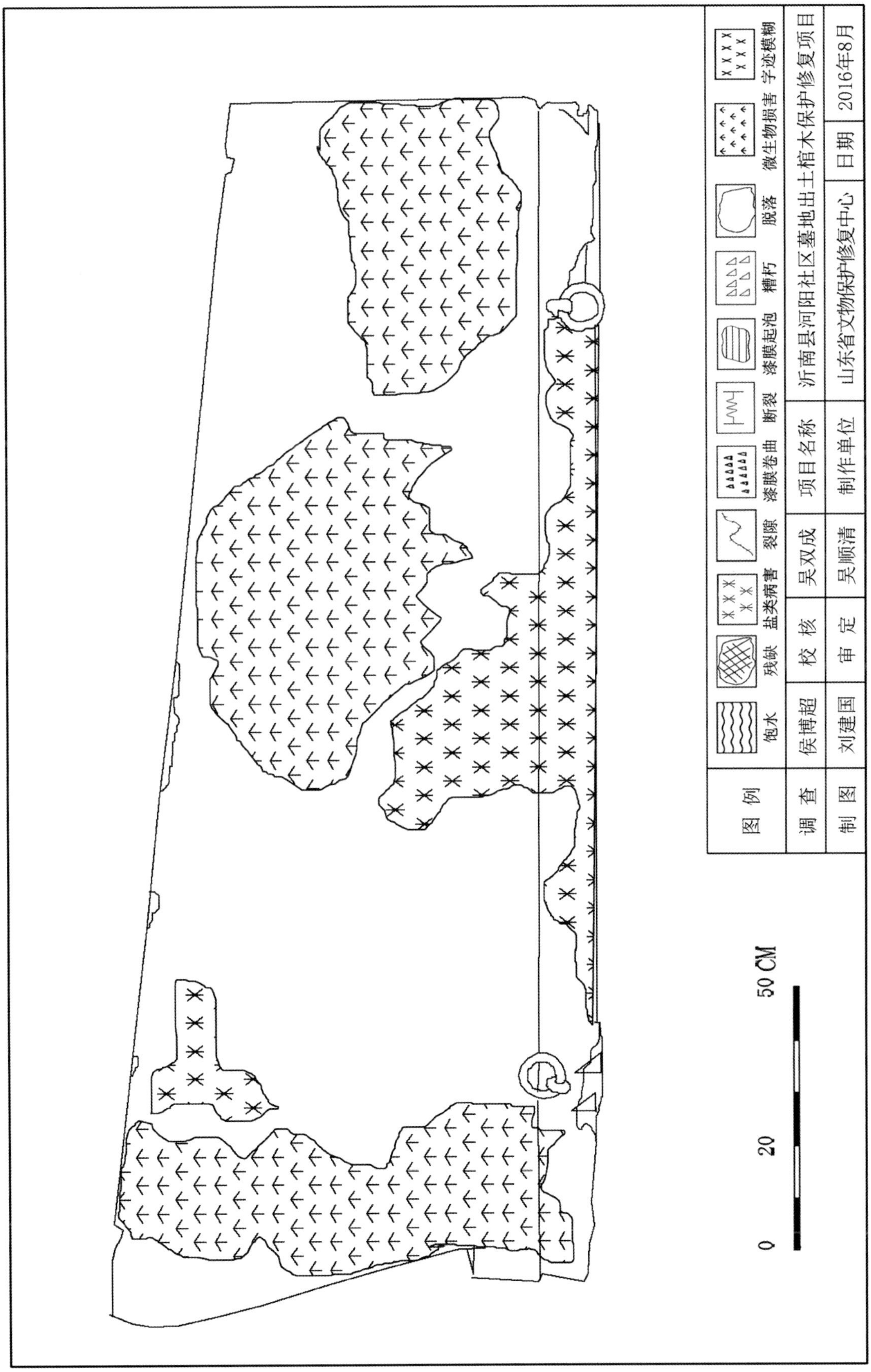

图 F5-16 M3-1 右墙外病害图

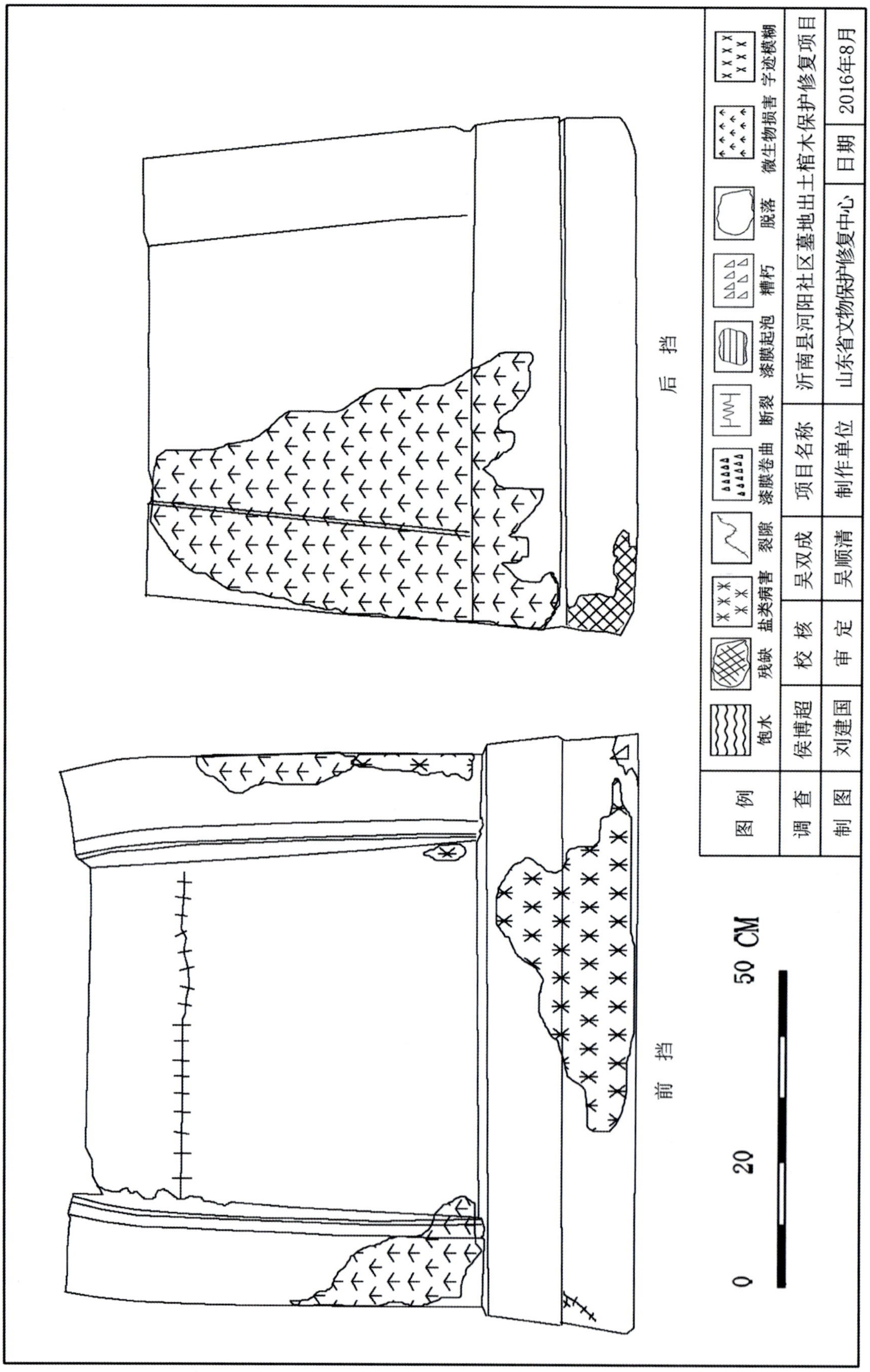

图 F5-17 M3-1 前后挡板外病害图

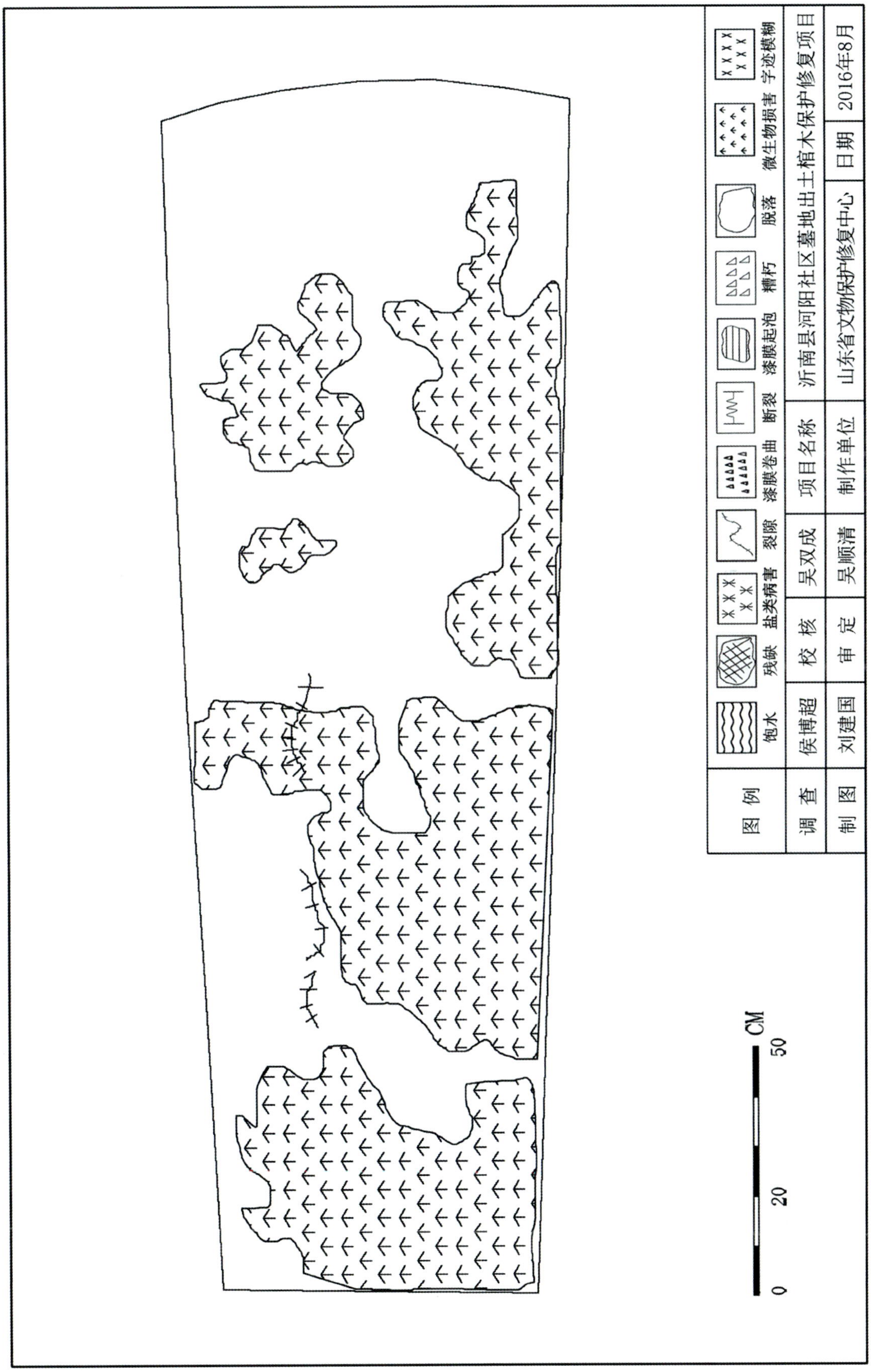

图 F5-18 M3-1 盖板外病害图

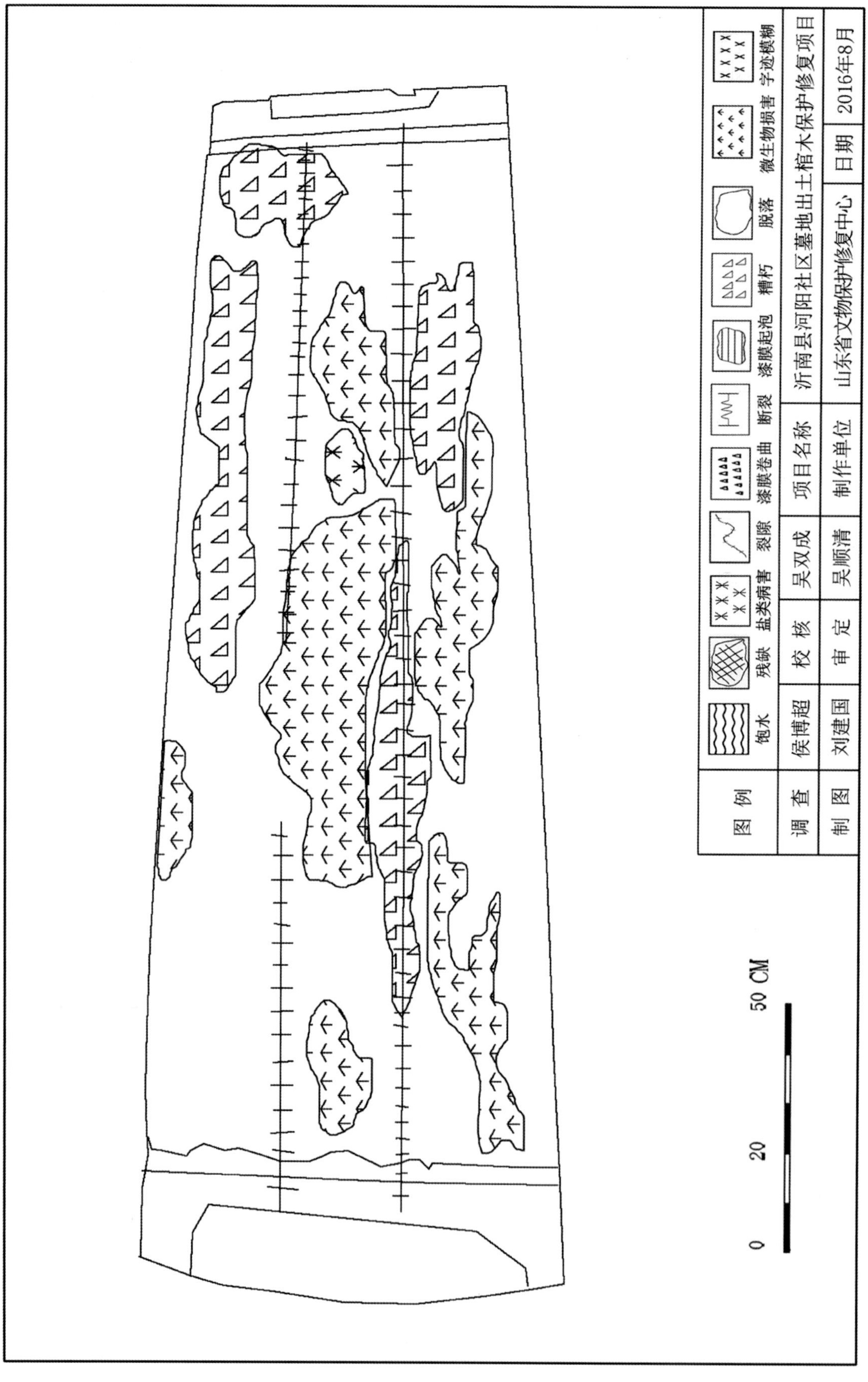

图 F5—19 M3—1 盖板内病害图

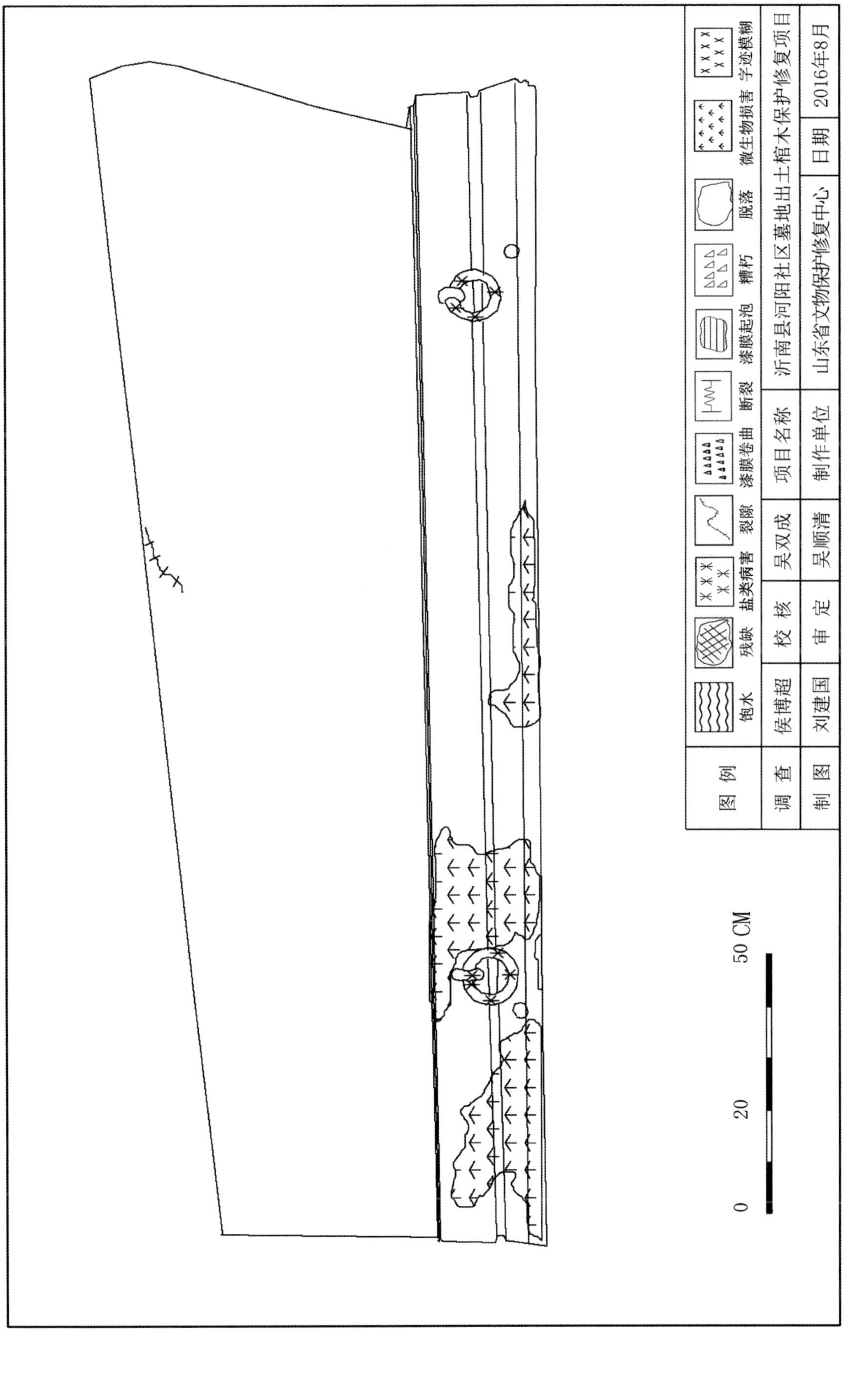

图 F5-20 M3-2 左墙外病害图

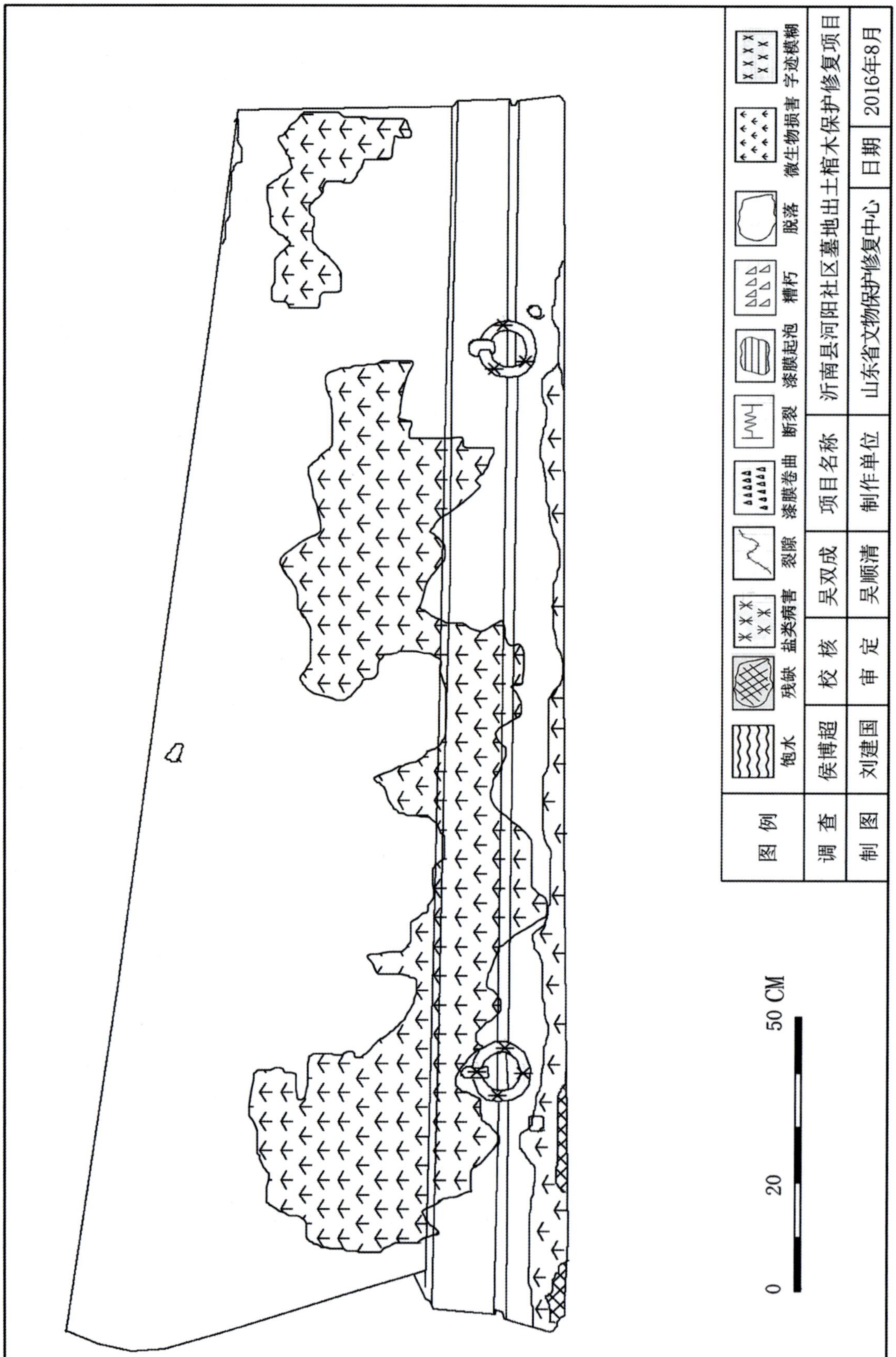

图 F5-21 M3-2 右墙外病害图

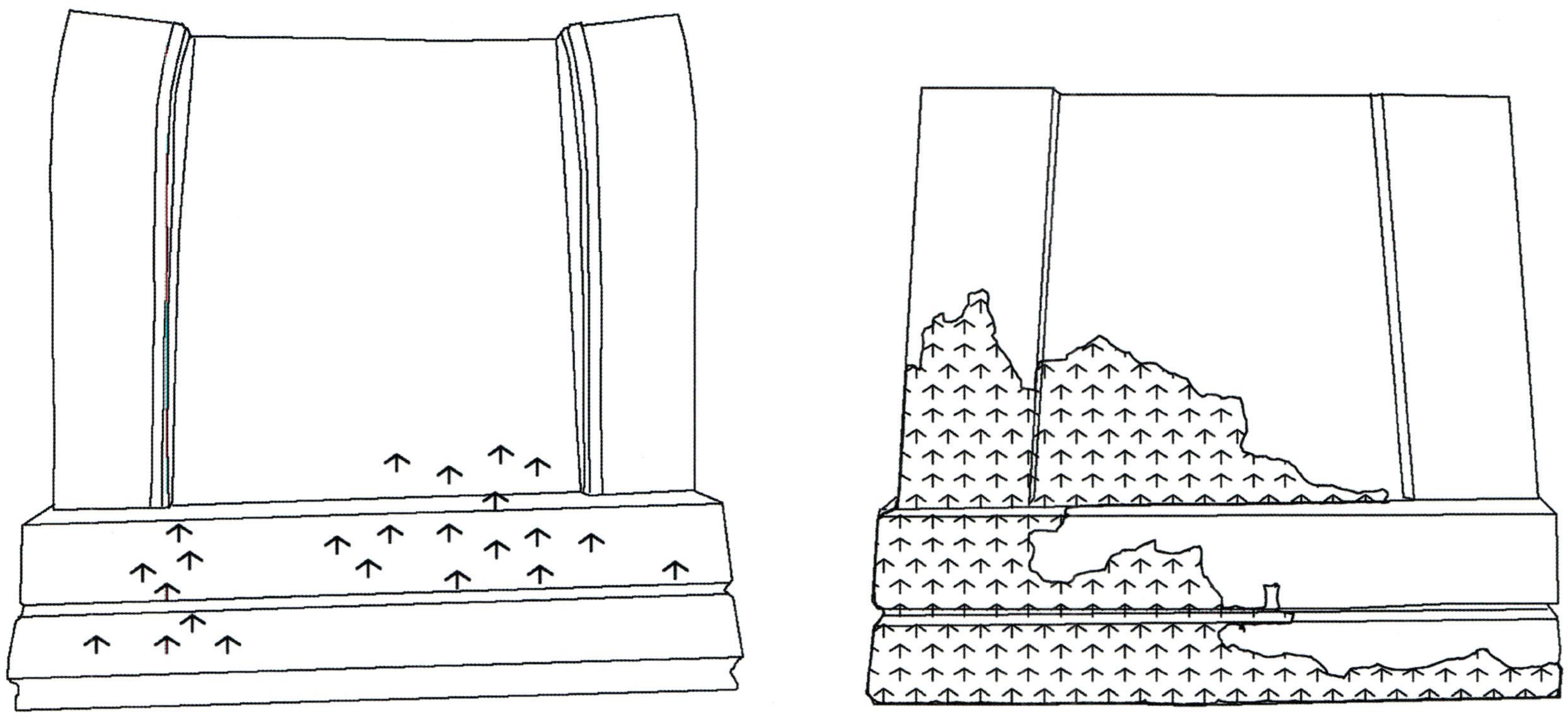

图 例	饱水	残缺	变形	裂隙	漆膜卷曲	断裂	漆膜起泡	糟朽	脱落	微生物损害	字迹模糊
调 查	侯博超	校 核	吴双成	项目名称	沂南县河阳社区墓地出土棺木保护修复项目						
制 图	刘建国	审 定	吴顺清	制作单位	山东省文物保护修复中心	日期	2016年8月				

图 F5—22　M3—2 前后挡板外病害图

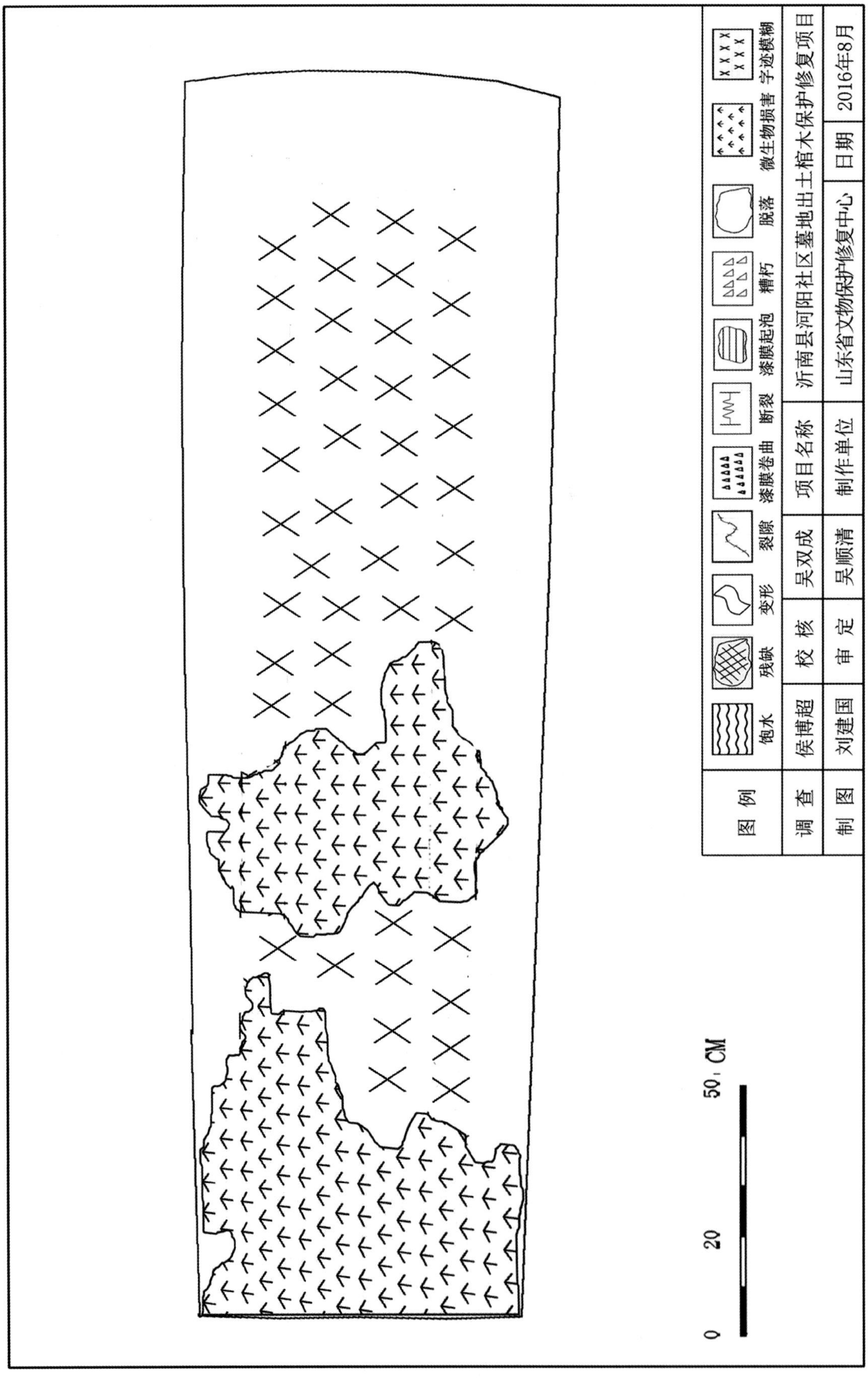

图 F5-23 M3-2 盖板外病害图

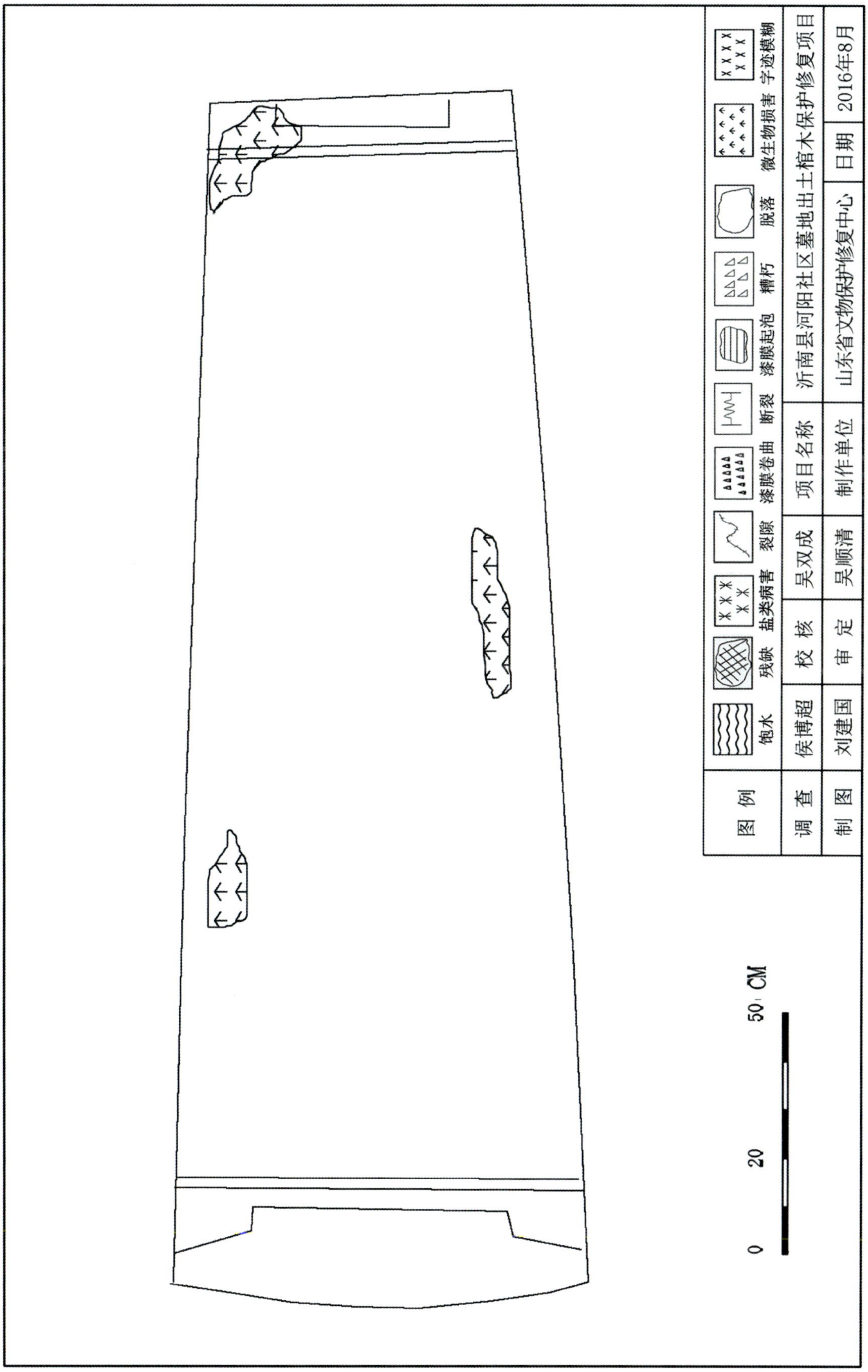

图 F5-24 M3-2 盖板内病害图

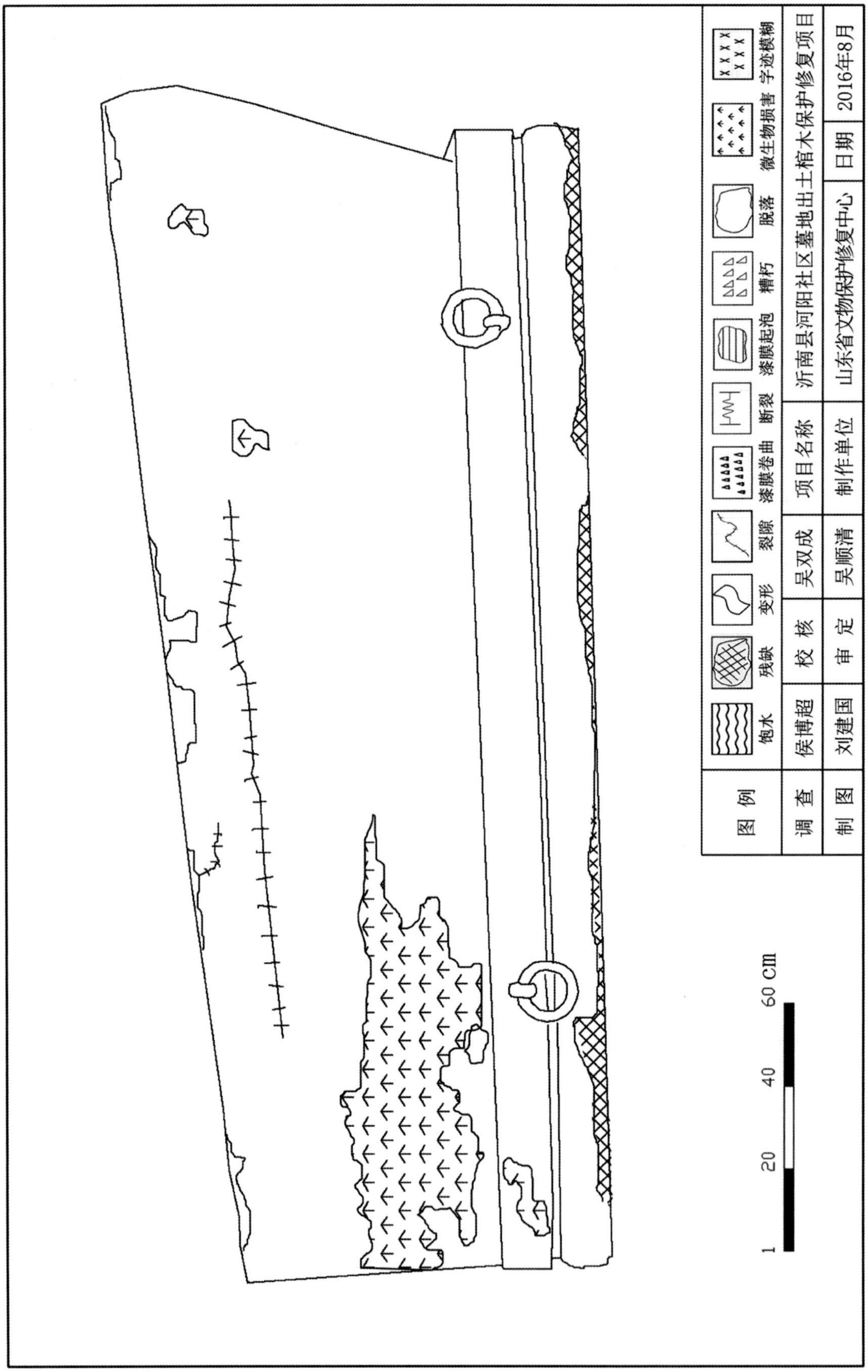

图 F5-25 M3-4 左墙外病害图

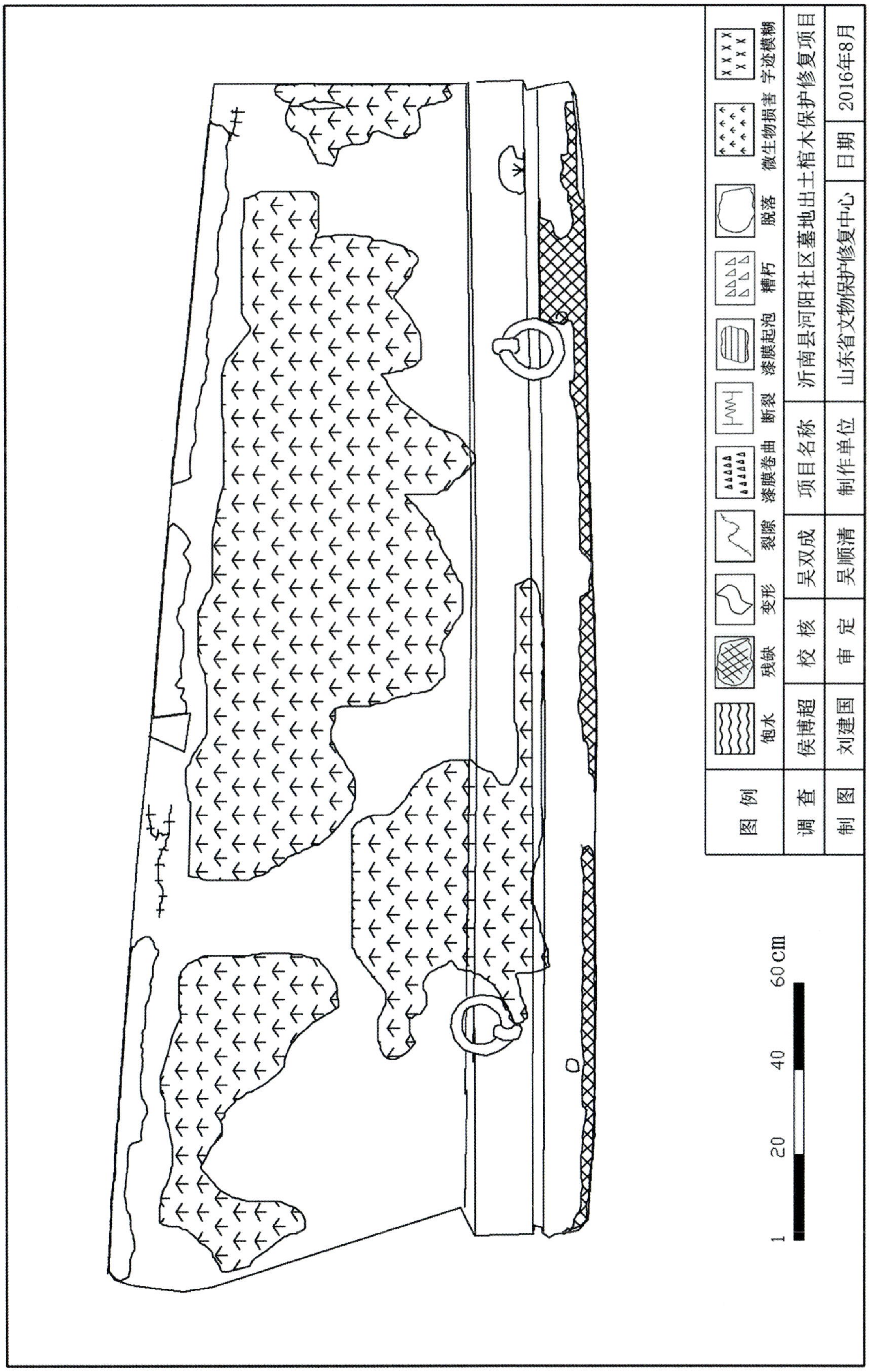

图 F5-26 M3-4 右墙外病害图

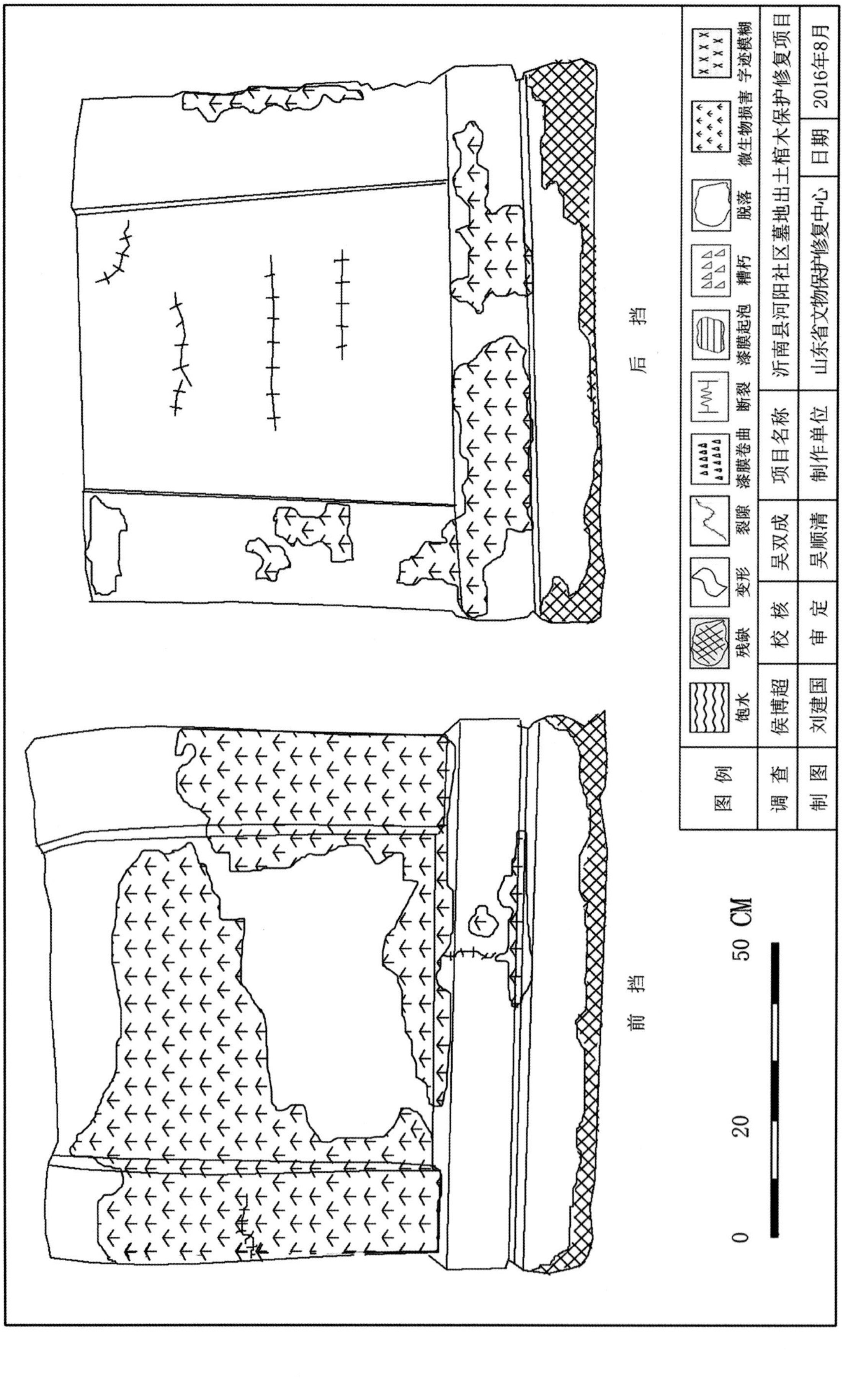

图 F5-27 M3-4 前后挡板外病害图

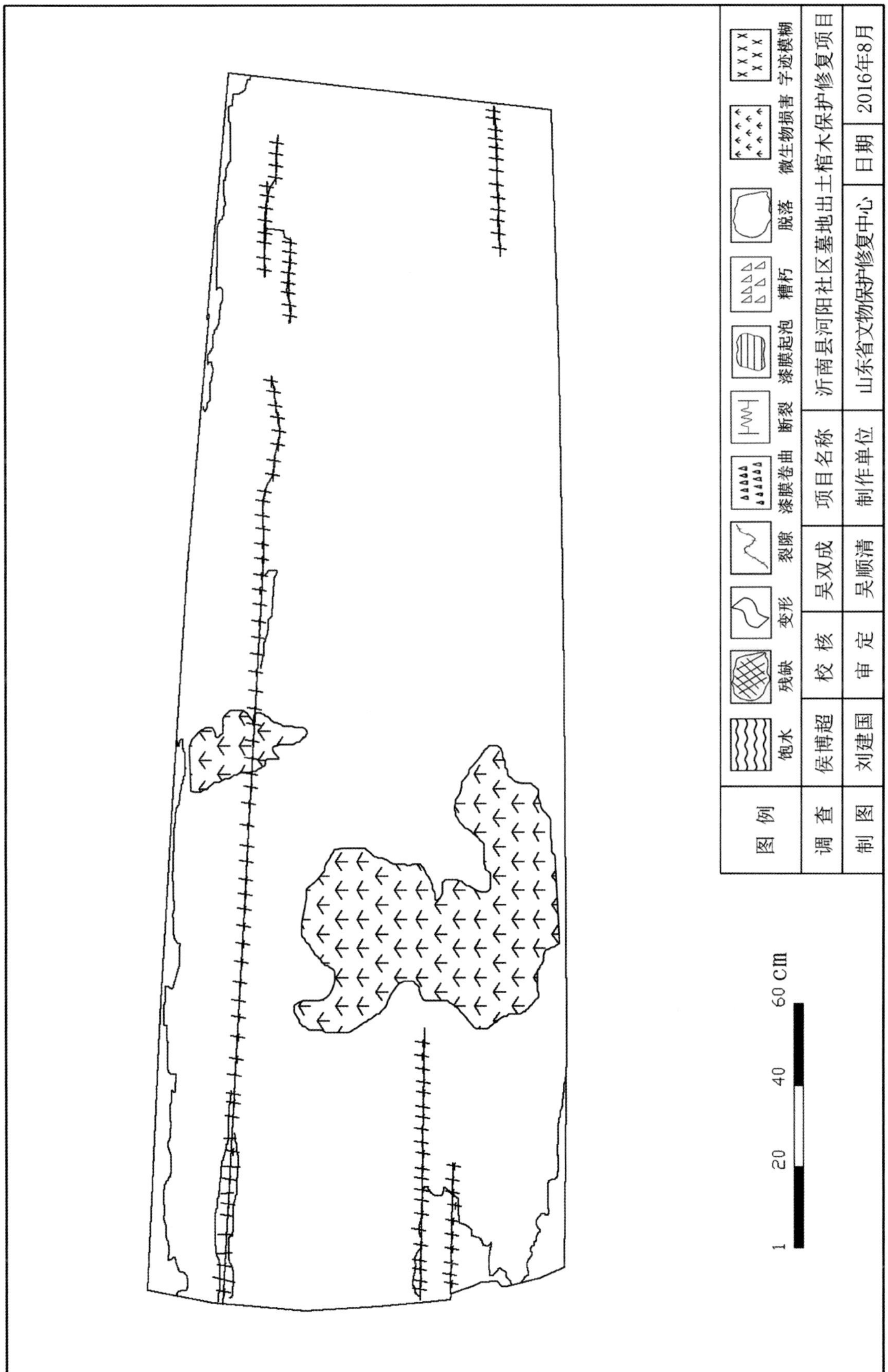

图 F5-28 M3-4 盖板外病害图

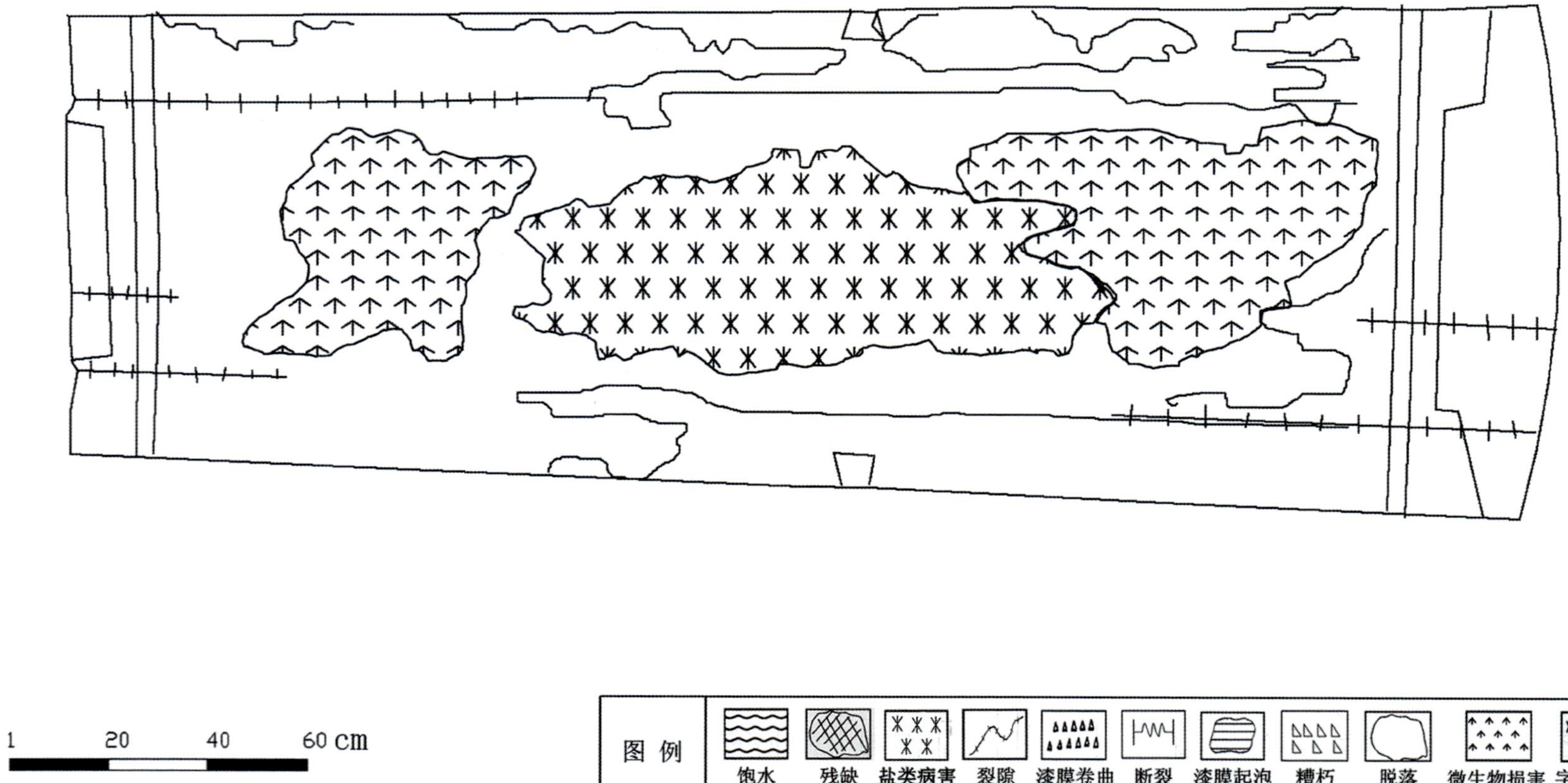

图 例	饱水	残缺	盐类病害	裂隙	漆膜卷曲	断裂	漆膜起泡	糟朽	脱落	微生物损害	字迹模糊
调 查	侯博超	校 核	吴双成	项目名称	沂南县河阳社区墓地出土棺木保护修复项目						
制 图	刘建国	审 定	吴顺清	制作单位	山东省文物保护修复中心	日期	2016年8月				

图 F5—29 M3—4 盖板内病害图

附录六

M1 南室棺木保护修复档案

馆藏竹木漆器保护修复档案

项目名称：沂南河阳社区墓地棺木保护修复项目

文物名称：M1 南室棺木

保护修复单位：山东省文物保护修复中心

荆州文物保护中心

沂南县博物馆

2017 年 9 月

中华人民共和国国家文物局制

文物保护修复基本信息表

文物名称	M1 南室棺木		
收藏单位	沂南县博物馆	文物登录号	M1 南
文物来源	考古发掘	文物时代	清代
文物材质	漆木器	文物级别	未定级
方案设计单位	荆州文物保护中心 山东省文物考古研究所 沂南县博物馆	保护修复单位	山东省文物保护修复中心 荆州文物保护中心 沂南县博物馆
方案名称	山东沂南河阳社区墓地出土棺木保护修复方案	批准单位及文号	国家文物局 文物博函〔2015〕1531 号
提取日期	2016 年 7 月 20 日	提取经办人	吴双成、刘建国 吕宜乐、英春天
返还日期	2017 年 7 月 29 日	返还经办人	吴双成、刘建国 吕宜乐、英春天
备注			

文物保存现状表

<table>
<tr><td>文物
保存环境</td><td colspan="4">2013年出土后，一直保存在文物库房，24小时空调开放。</td></tr>
<tr><td rowspan="4">修复前尺寸
（厘米）</td><td>通长</td><td>前视上宽</td><td>前视下宽</td><td>前视高</td></tr>
<tr><td>237.5</td><td>85.0</td><td>96.8</td><td>110.3</td></tr>
<tr><td>后视上宽</td><td>前视下宽</td><td>前视高</td><td>重量</td></tr>
<tr><td>64.0</td><td>74.5</td><td>85.3</td><td>/</td></tr>
<tr><td>原保护
修复情况</td><td colspan="4">无</td></tr>
<tr><td>病害状况</td><td colspan="4">该棺木外形保存基本完整，棺内残缺七星板及内盖板，整体强度尚可。木材边缘及交接处糟朽较重，缝隙加大，棺木板材端部和边角木质糟朽较重，不乏存在表面髹饰层完整但其下有糟朽缝隙的情况。髹饰层有开裂、脱落、残缺病害。整体外表面覆盖污染物较多。文字模糊不清。</td></tr>
<tr><td colspan="5">保护修复前影像资料</td></tr>
<tr><td colspan="5">
棺木左墙外保护修复前整体照</td></tr>
<tr><td colspan="5">
棺木右墙外保护修复前整体照</td></tr>
</table>

棺木前挡板保护修复前

棺木后挡板保护修复前

前挡板上部糟朽、裂隙

前挡板髹饰层脱落

棺木右墙外侧微生物损害

棺木右墙外侧木板拼接处裂隙

棺木右墙外侧中间裂隙

棺木右墙外侧后端裂隙

棺木右墙外侧底座髹饰层脱落（局部）

棺木右墙外侧铁环保护修复前

棺木左墙外侧髹饰层脱落

棺木左墙外侧木板拼接处裂隙

棺木底座糟朽（局部）

棺木左墙外侧铁环保护修复前

棺木内部保护修复前整体照

棺木内部前端保护修复前

棺木内部保护修复前

棺木口沿榫卯口

棺木口沿前部

棺木前部底座

棺木右墙底座

棺木左墙底座

棺木后部底座

棺底髹饰层

棺底髹饰层

棺盖整体照

棺盖前部

棺盖中部

棺盖后部

棺盖前部正侧面照

棺盖后部正侧面照

 棺盖左侧前部	 棺盖左侧中部
 棺盖右侧后部	 棺盖右侧榫卯口
 棺盖前部糟朽	 棺盖后部糟朽残缺
备注	病害图见附录五中图 F5-7 至图 F5-9，此处省略

文物保护修复记录表

<table>
<tr><td colspan="5">综　述</td></tr>
<tr><td colspan="5">根据M1南室棺木的保存情况，该棺木的主要保护修复工作是髹饰层回贴、清理表面附着物及糟朽木质、加固裂隙处、封护、补配，用矿物颜料做旧，铁环脱盐、封护。
①收集脱落髹饰层。②采用物理方法对表面的附着物及糟朽木质进行清理。③对裂隙处做预埋件加固。木板拼接处的裂隙较大，一般采用打不锈钢钉进行加固（打之前，要对不锈钢钉涂抹大漆封护）。④调配桐油对木质暴露处进行封护。⑤调配漆灰对残缺处进行补配。较大残缺处，采用填木块的方法进行修补。⑥对之前提取的髹饰层进行回软处理，回贴在原始位置。⑦为使棺木整体协调一致，须在补配处用矿物颜料进行做旧。
铁环：用雕刻刀对铁环表面的锈蚀硬结物做物理除锈，纸浆包裹，喷洒纯净水脱盐。
经过保护修复后，该棺木完整复原，达到预定保护目标。
保护修复期间操作条件：温度为15℃—30℃，湿度为50%—80%。</td></tr>
<tr><td rowspan="4">修复后尺寸（厘米）</td><td>通长</td><td>前视上宽</td><td>前视下宽</td><td>前视高</td></tr>
<tr><td>237.5</td><td>85.0</td><td>96.8</td><td>110.3</td></tr>
<tr><td>后视上宽</td><td>前视下宽</td><td>前视高</td><td>重量</td></tr>
<tr><td>64.0</td><td>74.5</td><td>85.3</td><td>/</td></tr>
<tr><td colspan="5">保护修复后影像资料（见本书第七章中　图 7—3，此处省略）</td></tr>
</table>

完成日期	2017 年 7 月	修复人员	刘建国、文凤浩、侯博超、张天成、李伟超、商凡慧、杨蕊、英春天	审核	吴顺清

保护修复日志

2016年7月22日

将棺盖从存放室运出，放于棺盖托架上。清扫棺盖表面后，对棺盖髹饰层等的病害进行拍照记录（图1至图8）。

图1　棺盖正面髹饰层

图2　棺盖前部髹饰层

图3　棺盖后部髹饰层

图4 棺盖右侧髹饰层

图5 棺盖左侧髹饰层

图6 棺盖右侧髹饰层

图7 棺盖前髹饰层

图8 棺盖前立面髹饰层

2016年7月23日

测绘尺寸。用酒精消毒、纯净水加湿，归整脱落髹饰层（图1、2），黏结棺盖前立面和左侧前脱落髹饰层。用浓度为75%的酒精清理黏结面，然后在黏结面涂浓度为15%的B72乙酸乙酯溶液做隔离层。待其干燥后（颜色渐深时），在黏结面刷涂黏结剂。待胶不粘手时，用热风枪加热，将髹饰层按压回贴（图3至图6）。

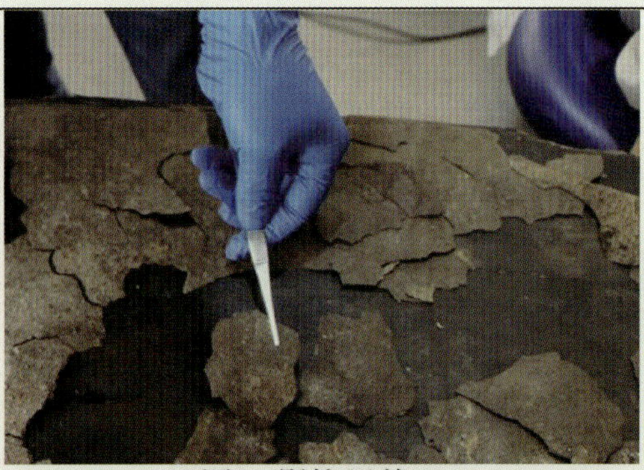
图 1 髹饰层整理

图 2 清理棺盖表层浮尘

图 3 髹饰层回软

图 4 髹饰层黏结

图 5 髹饰层回贴前

图 6 髹饰层回贴后

2016 年 7 月 25—30 日

对髹饰层上的模糊字迹用浓度为 5%的 B72 乙酸乙酯溶液进行封护（图 1、2），然后回贴棺盖髹饰层。棺盖前沿黏结完成后，从左后侧和尾部开始向前黏结。

7 月 25 日黏结总面积约为 50 厘米×60 厘米；26 日黏结后部右侧髹饰层约 30 厘米×15 厘米，棺盖左后角位置约 20 厘米×15 厘米，后部约 30 厘米×15 厘米；27 日黏结棺盖右侧中部和尾部偏右处，面积约为 30 厘米×20 厘米；28 日黏结右侧中部、左侧后部和尾部较小髹饰层，面积约 30 厘米×30 厘米；29 日黏结棺盖上前后部髹饰层，面积约 50 厘米×30 厘米；30 日黏结棺盖上后部有模糊字迹处的髹饰层，面积约 30 厘米×20 厘米（图 3 至图 18）。

 图1　棺盖字迹封护	 图2　棺盖字迹封护
 图3　清理棺盖黏结面	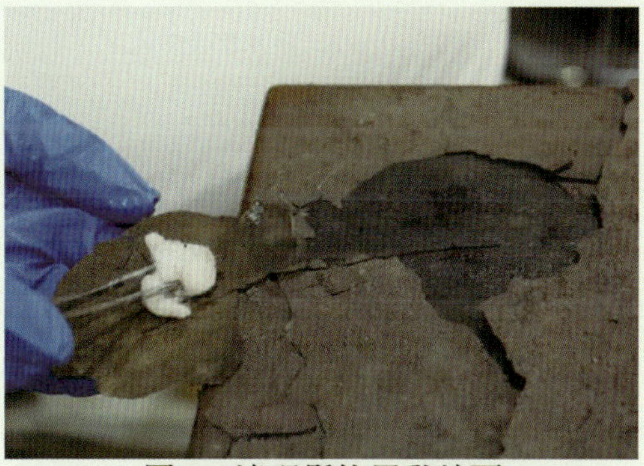 图4　清理髹饰层黏结面
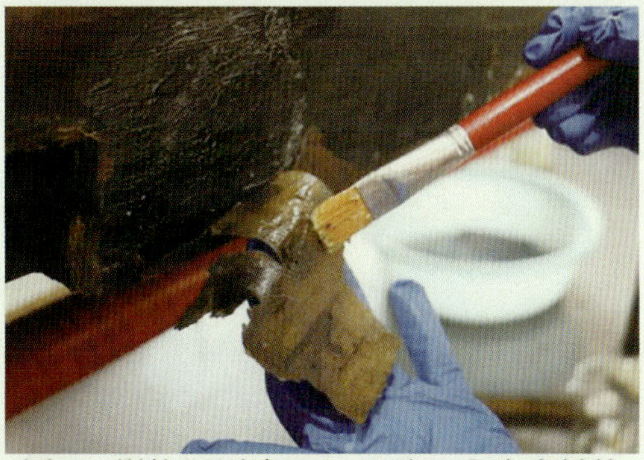 图5　髹饰层刷涂B72乙酸乙酯溶液封护	 图6　棺盖黏结面刷涂B72乙酸乙酯溶液
 图7　髹饰层刷涂黏结剂	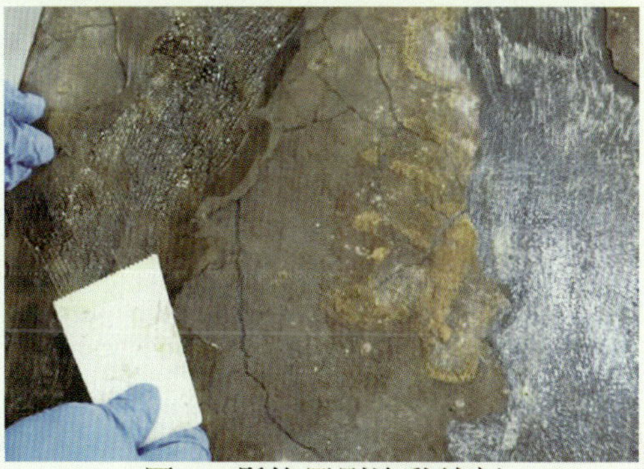 图8　髹饰层刷涂黏结剂

图 9　髹饰层回贴

图 10　髹饰层黏结施压

图 11　髹饰层回软黏结

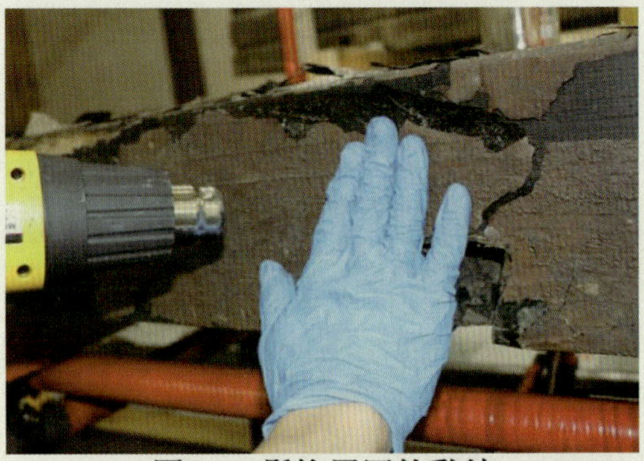
图 12　髹饰层回软黏结

图 13　髹饰层黏结前

图 14　髹饰层黏结后

图 15　髹饰层黏结前

图 16　髹饰层黏结后

图17 髹饰层回贴前

图18 髹饰层回贴后

2016年8月3—5日

棺木前侧补配处髹饰层黏结，黏结面积约30厘米×30厘米。修补中部补配处，用细砂纸打磨后，抹大漆做旧。右侧补配处髹饰层黏结，黏结面积约30厘米×30厘米。黏结棺盖中部髹饰层。拼对需要黏结的髹饰层，清洗棺盖前立面和前部左侧已回贴的髹饰层（图1至图4）。对黏结完成后的髹饰层进行检查，发现由于髹饰层存在酥碱分层现象，髹饰层的边沿处仍有未彻底粘牢的，需要再次进行黏结处理。

图1 髹饰层拼对

图2 髹饰层拼对

图3 髹饰层清洗

图4 髹饰层清洗后

2016年8月6日

检查已回贴髹饰层，用浓度为30%的B72乙酸乙酯溶液针管注射，小块髹饰层黏结加固（图 1、2）。清理棺盖字迹两侧，两侧宽度约为 20 厘米，从前往后清理。用脱脂棉蘸酒精和纯净水混合液（比例为 1 : 1）轻擦已黏结髹饰层（图 3）。然后用软毛刷蘸取清洗液对脱脂棉清理不彻底的髹饰层细纹或裂隙存在的污染物进行清理（图 4），最后用毛巾将残留的水分吸干。

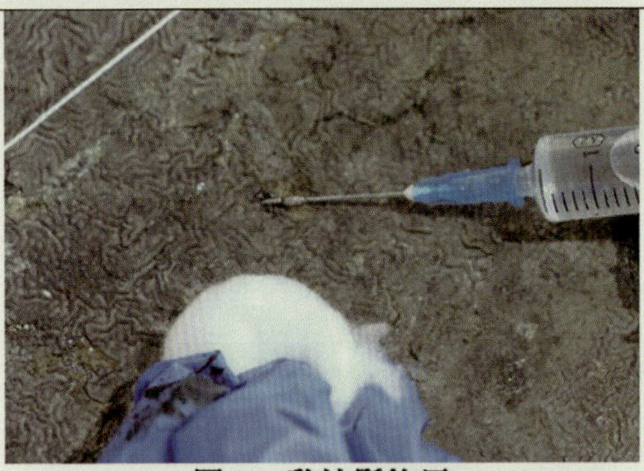

图 1　黏结髹饰层

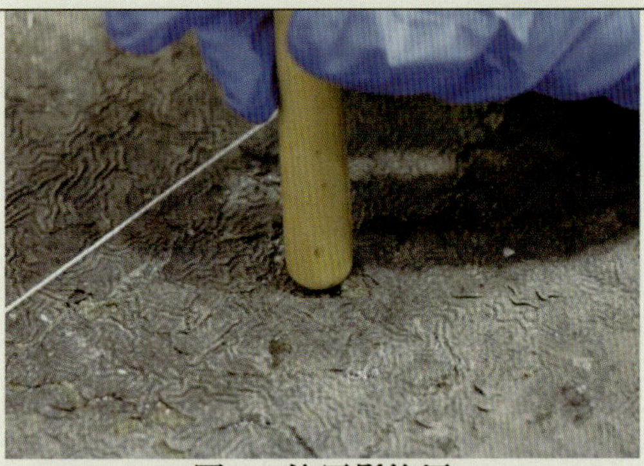

图 2　按压髹饰层

图 3　清洗髹饰层

图 4　清洗髹饰层

2016 年 8 月 8 日

清洗棺盖中间字迹的前部和尾部（图 1 至图 4）。检查黏结过的髹饰层，对黏结不牢的部位再次涂黏结剂进行黏结（图 5、6）。棺盖右侧“燕尾槽”髹饰层，在距前沿约 30 厘米处，有一条长约 28 厘米、最宽处约 1.2 厘米、最深处约 2.7 厘米的糟朽缝隙，修补，并进行做旧处理。

图 1　棺盖前部清理前

图 2　棺盖前部清理后

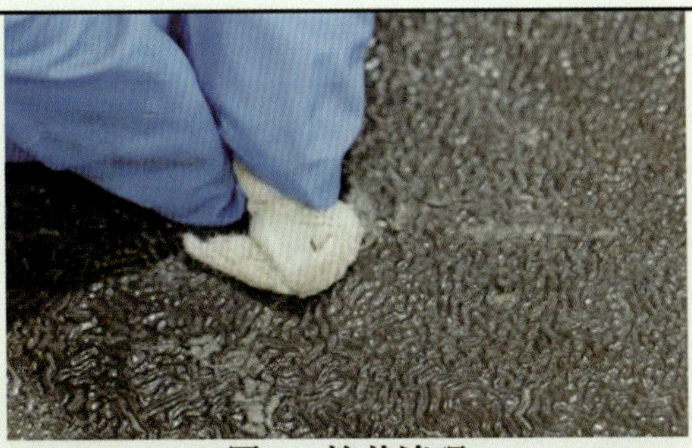
图3　棺盖清理

图4　棺盖清理

图5　髹饰层黏结前

图6　髹饰层黏结后

2016年8月9日

检查黏结过的髹饰层，对黏结不牢的髹饰层再次进行黏结(图1至图4)。

图1　髹饰层黏结前

图2　髹饰层黏结后

图3　髹饰层黏结前

图4　髹饰层黏结后

简单清理棺盖中部字迹处，用软毛刷轻扫掉表层遮盖字迹的细沙、残渣等（图5），对文字上剥离的金粉进行收集，对清理出的少许遮盖字迹的残渣取样收集（图6）。

图 5　轻扫表层浮尘

图 6　剥离金粉取样收集

棺盖右前侧糟朽缝隙处进行再次修补。进行做旧试验：大漆在阳光下晒三个小时后，在补配处上色；在后部侧面小面积处，用矿物颜料调色进行做旧处理。

2016年8月10日

棺盖正面清理黏结初步完成，将棺盖立起来，黏结背面前端和后部起翘髹饰层（图1至图3）。

图 1　棺盖背面整体照

图 2　髹饰层回贴前

图 3　髹饰层回贴后

棺盖内侧面前端有糟朽缺损，先用浓度为15%的B72乙酸乙酯溶液封护隔离，再用漆灰及木块补配。右侧后部缺损处，先打入不锈钢钉加固木板，再用漆灰加竹丝进行填补。漆灰干燥后打磨掉多余部分，完成后用大漆进行做旧处理。

2016年8月11—12日

黏结棺盖立起后左下角髹饰层，髹饰层较薄的地方，用浓度为30%的B72乙酸乙酯溶液进行黏结回贴。用酒精清洗棺盖底部髹饰层，清理糟朽处，并用浓度为15%的B72乙酸乙酯溶液进行封护（图1至图6）。

图1 髹饰层回贴前

图2 髹饰层回贴后

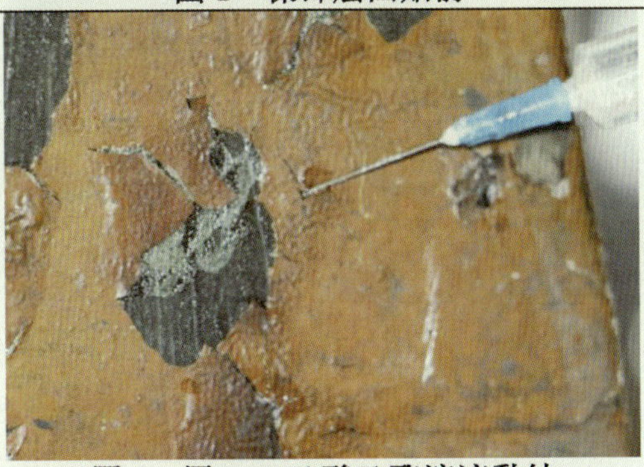
图3 用B72乙酸乙酯溶液黏结

图4 髹饰层黏结

图5 清理棺盖内侧面槽口

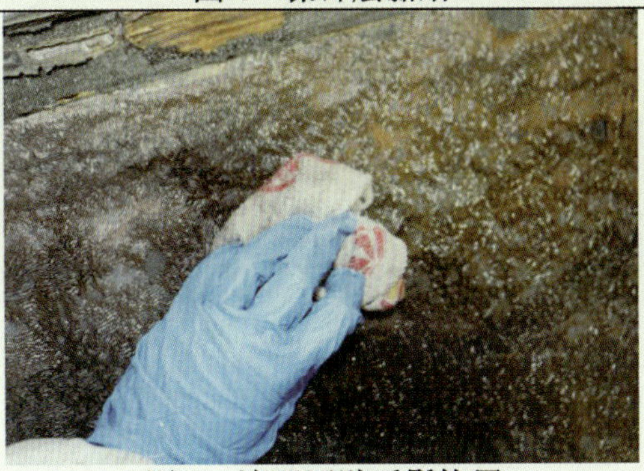
图6 清理回贴后髹饰层

2016年8月15日

用大漆填补回贴髹饰层间的缝隙和髹饰层残缺处，将大漆与桐油按7∶3的比例调匀，并加入少许石膏粉，用毛笔尖轻轻刷匀，修补处仿照原始漆层做底色（底层，图1至图4）。

图 1　髹饰层补配

图 2　髹饰层补配

图 3　大漆补配前

图 4　大漆补配

2016 年 8 月 18 日

补配棺盖髹饰层。

上午用桐油和石膏粉按 1 : 0.5 的比例调配后进行实验，使实验块被阳光照射约 3 小时，观察实验块出现类似棺木髹饰层上的纹路。

下午用桐油、石膏粉和矿物颜料按 1 : 1 : 1 的比例调匀，在棺盖前沿和左侧的髹饰层残缺处进行补配处理（图 1 至图 4）。

图 1　髹饰层补配

图 2　髹饰层补配

图3　髹饰层补配

图4　髹饰层补配

2016年8月19日

用大漆和石膏粉，按2∶1的比例调配棺盖髹饰层的颜色做实验，在棺盖侧面及边沿处上色，效果待干燥后对比（图1至图4）。

图1　调试桐油

图2　髹饰层补配

图3　髹饰层补配

图4　髹饰层补配

2016年8月20日

清理补配髹饰层边沿较厚的污染痕迹（图1、2）。在用大漆和石膏粉做的试验块上刷桐油，常温下等待3小时后用热风枪烘干约20分钟，有类似原始髹饰层上的纹路出现（密度大），在棺盖已刷大漆做底层的位置刷桐油，并在刷补面整体找平。新刷髹饰层颜色未干燥时与原始髹饰层相近（图3、4）。

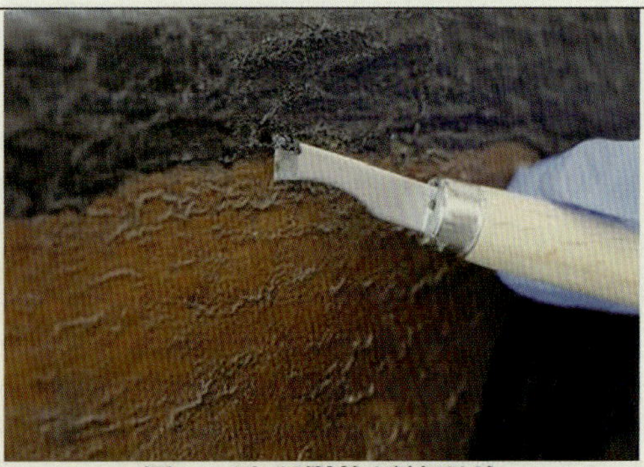
图 1　清理髹饰层补配处

图 2　清理髹饰层补配处

图 3　髹饰层补配

图 4　髹饰层补配

2016 年 8 月 26—27 日

将棺身运出。棺身髹饰层脱落严重，将地上的髹饰层按脱落位置装袋整理好，进行拍照记录（图 1 至图 6）。

清理棺内。七星板糟朽严重，已呈片状，用铲子清理棺内石灰层，在中间位置取样收集。用吸尘器清理内部残渣。最后使用浓度为 75%的酒精进行消毒处理（图 7 至图 12）。

图 1　棺木右侧外侧保护修复前

图 2　棺木左侧外侧保护修复前

图 3　棺木底部散落髹饰层

图 4　棺木左侧散落髹饰层

图 5　移动棺木

图 6　将棺木升起

图 7　清理棺内七星板

图 8　清理棺内七星板

图 9　清理棺内石灰层

图 10　清理棺内石灰层

图 11　取出棺内石灰层

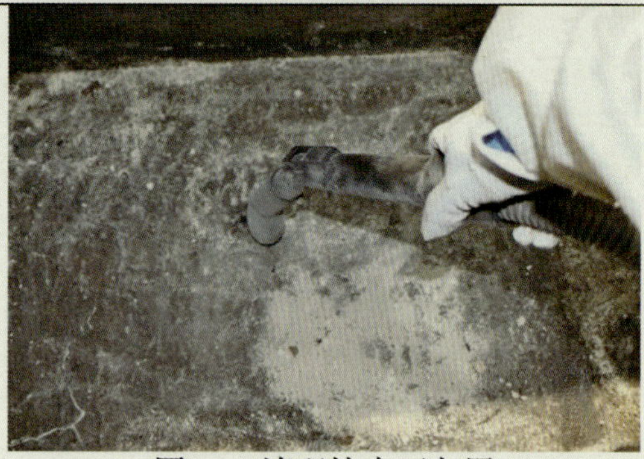
图 12　清理棺内石灰层

2016 年 8 月 31 日

用毛刷蘸去离子水清洗棺内（图 1 至图 4）。

图 1 毛刷清洗棺内

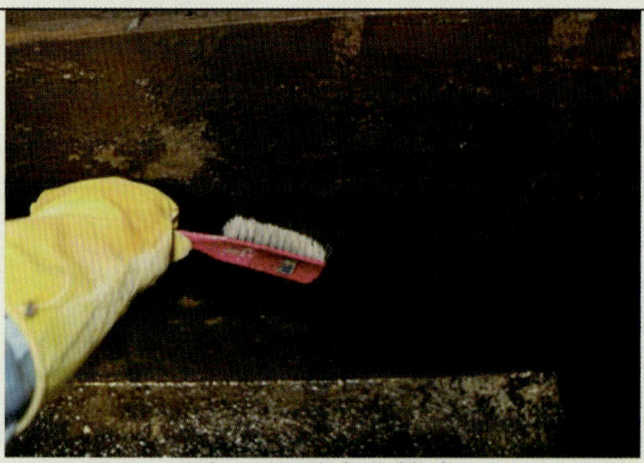
图 2 毛刷清洗棺内

图 3 毛刷清洗棺身口沿

图 4 去离子水清洗棺木前挡板

棺身左侧和右侧前部都有横向的缝隙，将缝隙清理干净后，先用安特固胶预加固，再用漆灰加竹丝进行修补，并简单打磨处理。右侧缝隙长度约为195厘米，缝隙最宽处有1厘米，最深处有1.2厘米（图5、6）。

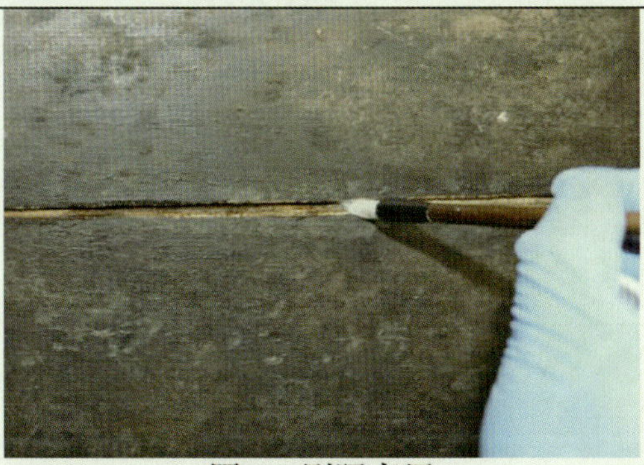
图5 刷隔离层

图6 刷肥皂膏保护膜

对棺身底座四个铁环表层的锈蚀进行清理，用纯净水和纸浆包裹进行脱盐处理（图7至图10）。

图7 铁环清理前

图8 铁环清理中

图9 铁环清理后

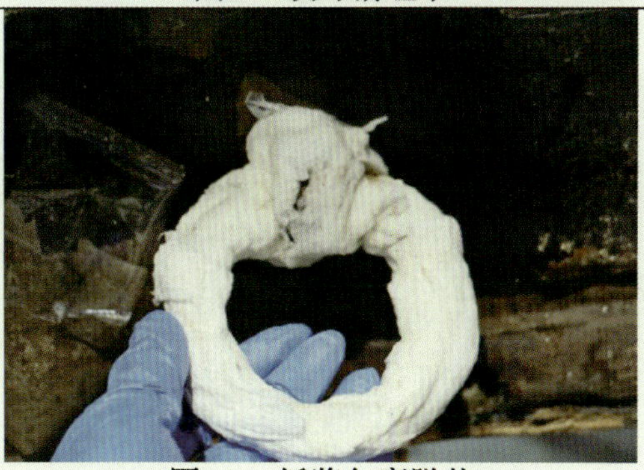
图10 纸浆包裹脱盐

2016年9月1日

棺身左侧中部髹饰层起翘严重，先将未脱落的髹饰层回贴黏结。将髹饰层揭取下来进行清理，涂浓度为15%的B72乙酸乙酯溶液做隔离封护，待干燥后，刷黏结剂进行黏结（图1至图8）。

图1 拼对髹饰层

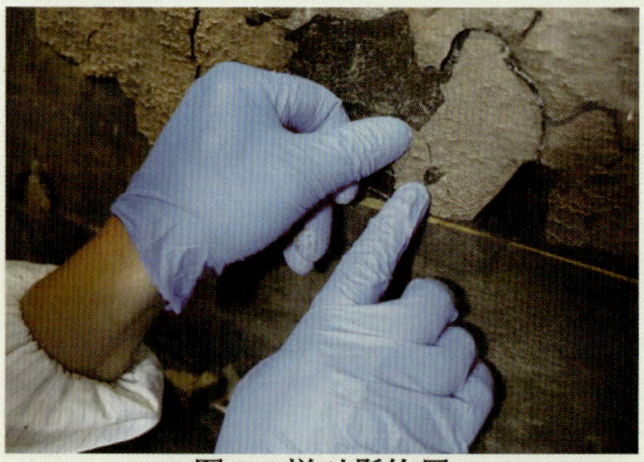
图2 拼对髹饰层

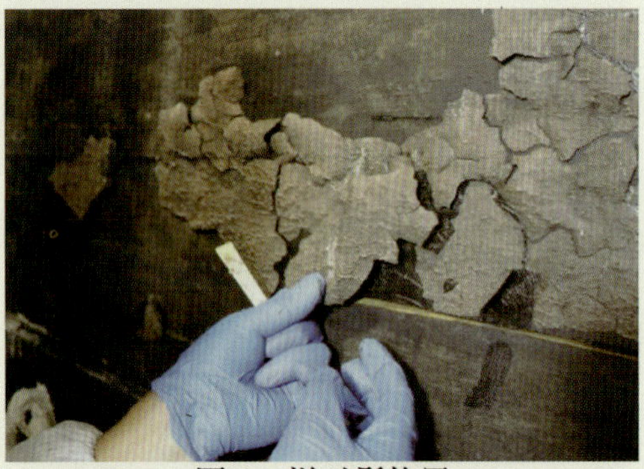
图3 拼对髹饰层

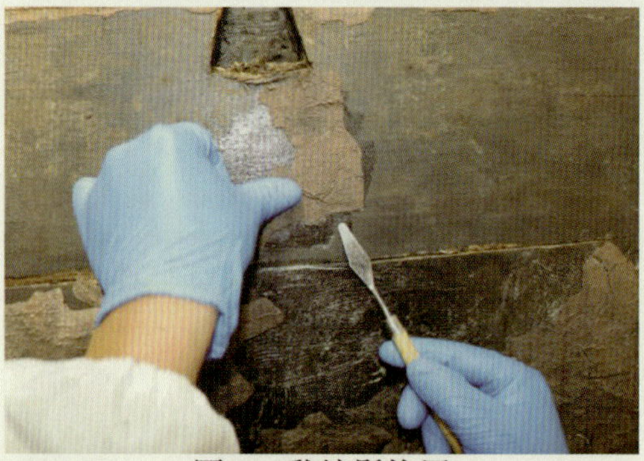
图4 黏结髹饰层

图5 回贴髹饰层

图6 回贴髹饰层

图7 回贴髹饰层

图8 回贴髹饰层

2016年9月2日

填补右墙中部糟朽的缝隙，并用大漆做旧（图1至图6）。

图1 补配处做旧

图2 补配处做旧

图3 清理缝隙

图4 清理缝隙

图5 清理缝隙

图6 清理缝隙

回贴棺木前后挡板、左墙中部表层髹饰层。

首先用脱脂棉蘸酒精进行清洗，然后刷涂浓度为15%的B72乙酸乙酯溶液进行隔离封护，再刷黏结剂将髹饰层按原位置进行回贴（图7至图12）。

图 7　髹饰层起翘

图 8　髹饰层回贴

图 9　前挡板起翘髹饰层

图 10　前挡板起翘髹饰层回贴后

图 11　后挡板起翘髹饰层

图 12　后挡板起翘髹饰层回贴后

2016 年 9 月 3 日

回贴棺身左侧中部髹饰层，用玻璃片把髹饰层压平后按原位置回贴（图 1 至图 4）。

图 1 拼对髹饰层

图 2 髹饰层回软

图 3 髹饰层黏结前

图 4 髹饰层黏结

2016年9月5日

清理棺木糟朽处缝隙（图 1 至图 4），用漆灰填补并打磨。棺木底座尾部糟朽严重，清理后用三颗不锈钢钉进行固定（图 5、6）。

图 1　清理糟朽处

图 2　清理糟朽处

图 3　清理糟朽处

图 4　清理糟朽处

图 5　不锈钢钉加固前开孔

图 6　不锈钢钉加固

调配髹饰层。将纯桐油加热至200℃（图7）后实验，试验块上有类似棺木表层髹饰层的纹路，涂至棺盖髹饰层缺损处。桐油干燥所需时间较长（图8）。

图7　熬制桐油

图8　刷涂桐油干燥后

2016年9月6—8日

收集整理棺木左墙脱落髹饰层，回软后进行拼对回贴（图1至图4）。

整理后挡板因填补髹饰层下缝隙而揭取下的髹饰层，缝隙处填补好并打磨做旧后，回贴髹饰层（图5至图8）。

图1　左墙髹饰层回软

图2　左墙髹饰层压平

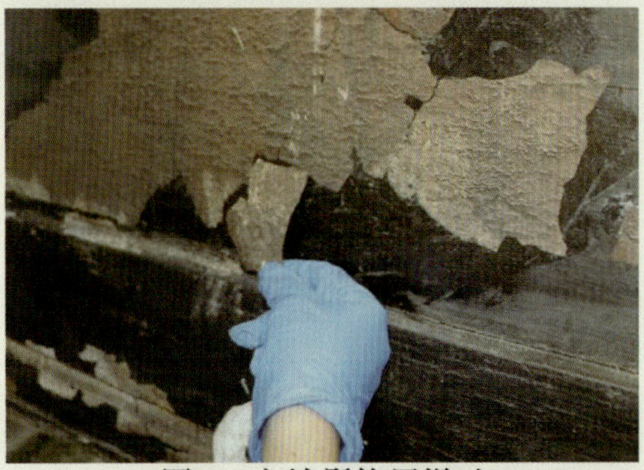

图3　左墙髹饰层拼对

图4　左墙髹饰层拼对

图 5　整理髹饰层

图 6　整理髹饰层

图 7　后挡板髹饰层回软

图 8　后挡板髹饰层压平

2016 年 9 月 9 日

整理拼对棺木左侧髹饰层。根据拍摄的照片和髹饰层表层的纹路，在棺木左侧拼对找好髹饰层原位置，然后黏结回贴（图 1 至图 6）。

图 1　拼对髹饰层

图 2　拼对髹饰层

图 3　拼对髹饰层

图 4　拼对髹饰层

图 5　拼对髹饰层

图 6　回贴髹饰层

2016 年 9 月 10 日

整理脱落髹饰层，回软压平拼对后，进行黏结。主要是棺木左侧前部和后部及后挡板左侧上方，回贴面积约 60 厘米×50 厘米（图 1 至图 8）。

棺身左墙髹饰层回贴工作基本完成。

图 1　左墙中部拼对髹饰层

图 2　左墙中部回贴髹饰层

图 3　左墙后部髹饰层黏结前

图 4　左墙后部髹饰层黏结后

图 5　后挡板左侧髹饰层黏结前

图 6　后挡板左侧髹饰层黏结后

图7 左墙髹饰层黏结后

图8 左墙髹饰层黏结后

2016年9月11日

棺身前挡板、后挡板以及右墙中部棺木的拼接处，清理糟朽缝隙，漆灰填补，并磨平，用大漆做旧处理（图1、2）。

图1 前挡板糟朽处清理

图2 后挡板糟朽处清理

将收集好的棺木左墙和后挡板髹饰层取出，整理拼对好，把棺木左墙的髹饰层原位置黏结回贴（图3至图6）。

棺盖髹饰层的调色补配实验（图7、8）。

图3 整理髹饰层

图4 压平髹饰层

图 5 拼对髹饰层

图 6 拼对髹饰层

图 7 髹饰层的补配实验

图 8 髹饰层的补配实验

2016 年 9 月 12 日

整理棺木前挡板脱落髹饰层，回软拼对后回贴（图 1 至图 6）。

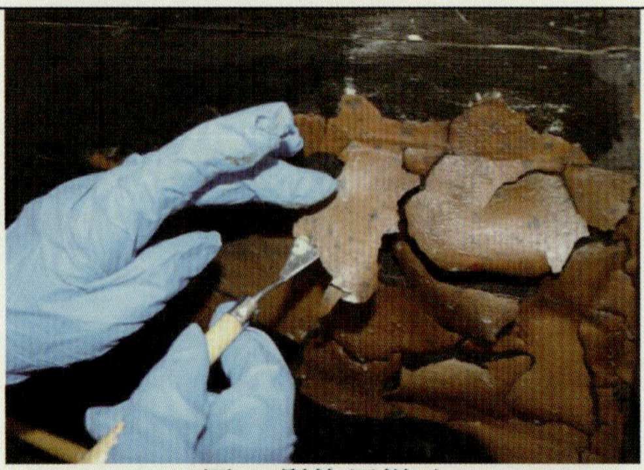
图 1 髹饰层拼对

图 2 髹饰层刷黏结剂

图 3 髹饰层背面刷黏结剂

图 4 回贴髹饰层

图5 前挡板髹饰层回贴前

图6 前挡板髹饰层回贴后

棺底座的四个铁环，用纯净水进行脱盐处理（图7、8）。棺盖髹饰层的补配实验，用大漆做底层（图9、10）。

图7 铁环的纯净水脱盐处理

图8 铁环的纯净水脱盐处理

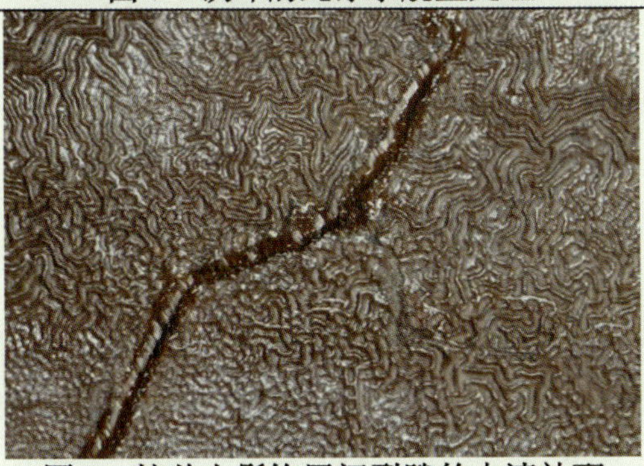

图9 棺盖上髹饰层间裂隙的大漆补配

图10 棺盖的大漆补配

2016年9月13日

回软、拼对棺身前挡板髹饰层，并回贴。由于剩余髹饰层较小，拼对和黏结速度较慢（图1至图4）。

棺盖髹饰层补配实验。熬制桐油至240℃，待桐油温度降至50℃左右时，装瓶存放，以备髹饰层补配时使用。在棺盖上选取较小面积进行实验（图5至图8）。

图 1　前挡板局部髹饰层黏结前

图 2　前挡板局部髹饰层黏结后

图 3　前挡板局部髹饰层黏结前

图 4　前挡板局部髹饰层黏结后

图 5　熬制桐油

图 6　熬制桐油

图 7　髹饰层补配

图 8　髹饰层补配

2016 年 9 月 15—16 日

棺身前部底座左下角缺损处，用漆灰加竹丝进行填补。

将刚买的桐油区分好，分别加固化剂熬制，加热温度至 260℃左右。然后刷在木板上，做髹饰层补配的实验块。

2016年9月19日

棺身右墙和底座前沿髹饰层回软拼对，并将拼对好的髹饰层回贴(图1至图4)。

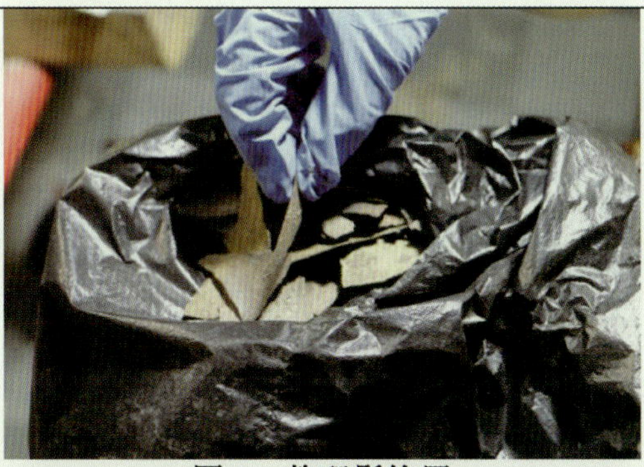
图1 整理髹饰层

图2 拼对髹饰层

图3 右墙局部髹饰层黏结前

图4 右墙局部髹饰层黏结后

2016年9月20日

棺木右侧已回贴的髹饰层之间有较小的髹饰层，回软拼对后进行回贴。将前挡板底座处较小的髹饰层进行回贴（图1、2）。

图1 髹饰层拼对

图2 髹饰层回贴

2016年9月21—24日

拼对回贴棺身前挡板的髹饰层。整理棺身前挡板髹饰层，将髹饰层回软拼对然后原位置回贴。将棺底脱落在木板上的髹饰层取出，整理拼对并回软压平（图1至图4）。

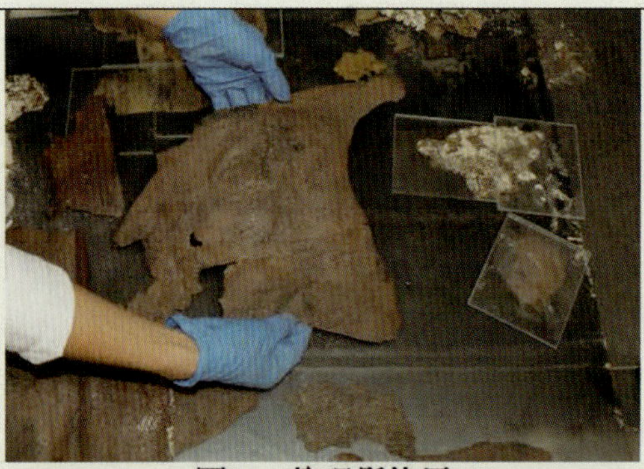
图 1　整理髹饰层

图 2　回软髹饰层

图 3　髹饰层回软压平前

图 4　髹饰层回软压平后

2016 年 9 月 27 日

棺底左侧及右侧中部糟朽处清理。先用软毛刷进行清理。对糟朽处的硬结物，用硬毛刷或打磨机进行清理。在糟朽残缺处涂安特固胶进行加固，然后在残缺面旋入不锈钢钉加固，借助锚杆原理加固补配体，用漆灰和竹丝进行填补，并进行简单打磨处理（图 1、2）。

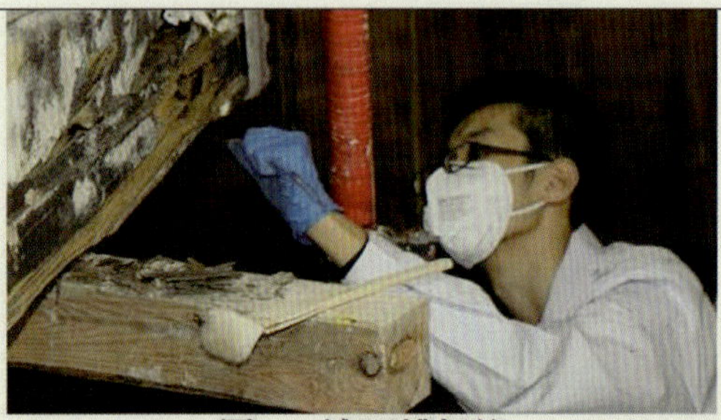
图 1　清理糟朽处

图 2　清理糟朽处

2016 年 10 月 9 日

棺木前挡板右侧髹饰层回贴。将拼对好的髹饰层进行回贴，回贴面积约 20 厘米×20 厘米（图 1、2）。

图 1　髹饰层回贴前

图 2　髹饰层回贴后

2016 年 10 月 10 日

为便于修补底座残缺处和底座髹饰层回贴，将棺木翻转，使棺木底座朝上。清理棺底木板拼接处的三条糟朽缝隙，其中左侧缝隙相对较深，糟朽严重。将缝隙处髹饰层揭取下，整理好统一放在写好标签的托板上（图 1 至图 4）。

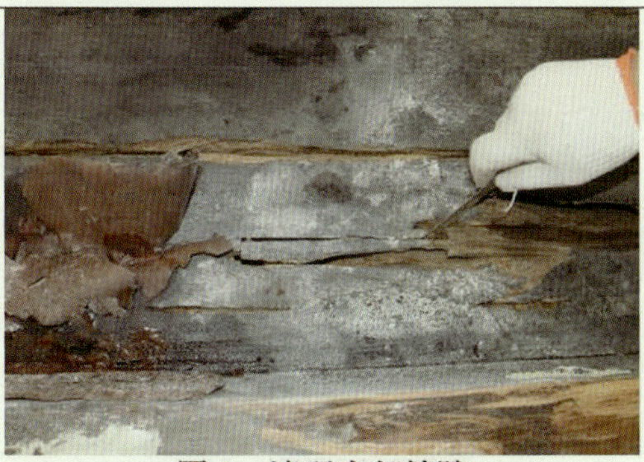
图 1　清理底部缝隙

图 2　清理底部缝隙

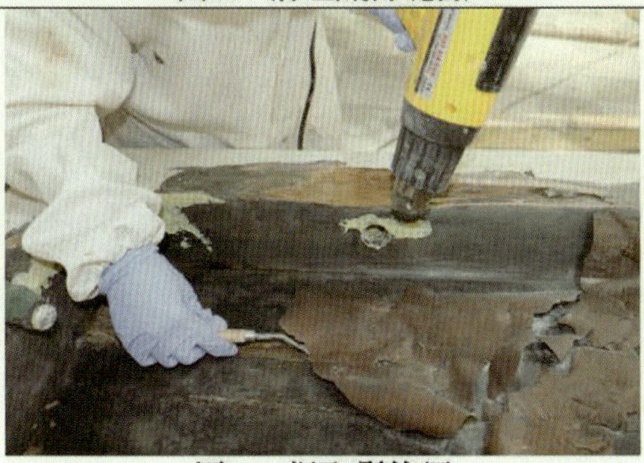
图 3　揭取髹饰层

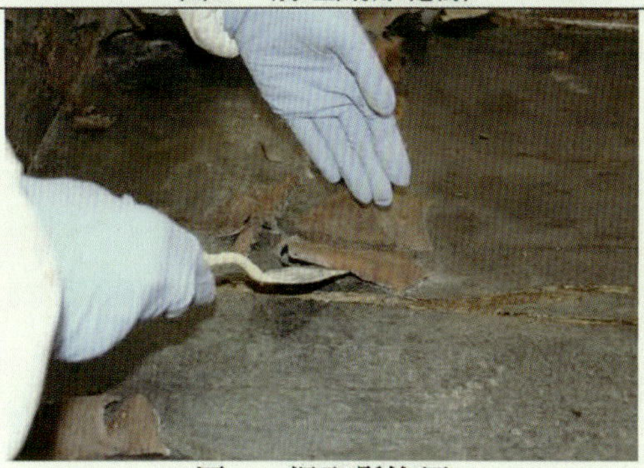
图 4　揭取髹饰层

2016 年 10 月 11 日

回贴棺底起翘髹饰层，面积约 30 厘米×20 厘米。打磨棺底补配处，包括底座四个穿绳孔内，然后用毛巾清理擦净后，用大漆进行做旧处理。清理修补棺底后，将棺底剥落的髹饰层回软、拼对、逐块回贴。黏结棺底前部和底座右边内侧髹饰层，回贴面积约 40 厘米×20 厘米（图 1、2）。

图 1　拼对髹饰层

图 2　棺底髹饰层

2016 年 10 月 15 日

黏结棺底中部和后部髹饰层。回贴面积约 80 厘米×60 厘米（图 1 至图 6）。

图 1　黏结髹饰层

图 2　黏结髹饰层

图 3　棺底右侧髹饰层黏结前

图 4　棺底右侧髹饰层黏结后

图 5　棺底尾部髹饰层黏结前

图 6　棺底尾部髹饰层黏结后

2016年10月17日

黏结棺底中部和后部左侧的髹饰层（图1、2）。

图1　髹饰层黏结前

图2　髹饰层黏结后

2016年10月18日

清理时，又发现棺木底座尾部有一处糟朽洞。用手术刀等工具清理后，使用漆灰和竹丝进行填补（图1、2）。

图1　糟朽洞填补前

图2　糟朽洞填补后

2016年10月19日

用毛巾清理已回贴的棺底髹饰层后，用熬制好的桐油对棺底髹饰层残缺处进行补配处理（图1、2）。

图1　补配棺底髹饰层

图2　棺底髹饰层补配后

2016年10月21日

棺木底座整体刷涂大漆，进行做旧处理（图1、2）。

图1　底座做旧前

图2　底座做旧后

2016年10月24日

用熬制的桐油和矿物颜料对棺底进行第二次髹饰层补配及做旧处理（图1、2）。

图1　补配髹饰层

图2　补配棺底髹饰层

2016年10月26日

棺木底座的糟朽缺损、髹饰层脱落、髹饰层残缺等病害已保护修复完成。将棺木翻转过来（图1、2）。

图1　棺底髹饰层补配

图2　棺底髹饰层补配

清洗棺内和棺木口沿，使用浓度为75%的酒精、软毛刷和脱脂棉进行清理（图3）。

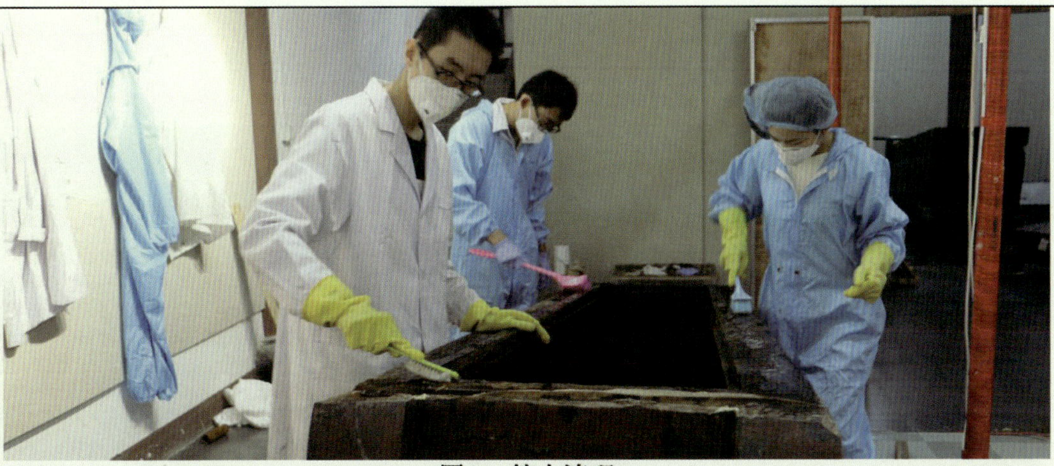

图 3　棺木清理

2016 年 10 月 27 日

棺内底部髹饰层回贴，主要是后部起翘髹饰层。因热风枪可以软化髹饰层，所以没有将髹饰层揭取下。回软后将髹饰层翘起来，便于刷胶。用毛刷、吸尘器清理后，先刷浓度为 15%的 B72 乙酸乙酯溶液作为髹饰层和棺木本体的隔离层，3—5 分钟后，刷黏结剂于髹饰层和棺木本体上，待胶液干燥后，热风枪加热回软髹饰层，将其回贴至原位（图 1 至图 4）。

图 1　刷黏结剂

图 2　回贴髹饰层

图 3　髹饰层回贴前

图 4　髹饰层回贴后

2016年10月28日

棺内底部髹饰层的回贴（图1、2）。

图1　棺底髹饰层回贴前

图2　棺底髹饰层回贴后

棺内前挡板糟朽处清理完毕后，涂安特固胶于糟朽处，待干燥后，用漆灰加竹丝进行填补，并进行打磨处理（图3、4）。

图3　糟朽处清理

图4　糟朽处涂加固胶

2016年10月29日

棺内前挡板填补处进行打磨取平，用大漆做旧。清理棺内左墙（左侧）中部缝隙，涂上加固胶后，用漆灰加竹丝进行填补，打磨平整后用大漆做旧（图1、2）。

将石灰粉处理后，先铺在棺内底部前端。

图1　左墙修补前

图2　左墙修补后

2016年11月3日

清理棺身和棺盖表层，将棺盖与棺身扣合，暂时移入存放室。

2016年11月14日

用软毛刷、脱脂棉、棉棒、纯净水、酒精等清洗棺木外侧左右墙髹饰层，以及黏结髹饰层时遗漏在髹饰层边缘处的少许胶液（图1、2）。

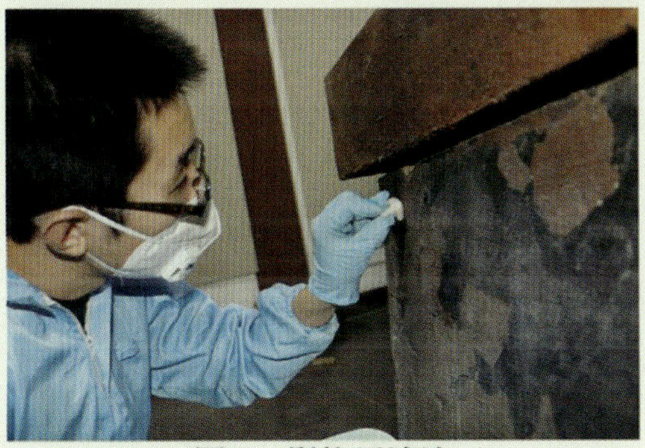

图1　髹饰层清洗

图2　髹饰层清洗

2016年11月15日

再次清理棺木，从前向后逐块拼对右墙剥离下来的髹饰层，拼对好的髹饰层暂时固定连接。拼对好后部面积较大的髹饰层，刷浓度为15%的B72乙酸乙酯溶液隔离封护，刷黏结剂，热风枪回软髹饰层后回贴。黏结面积约为20厘米×50厘米（图1至图6）。

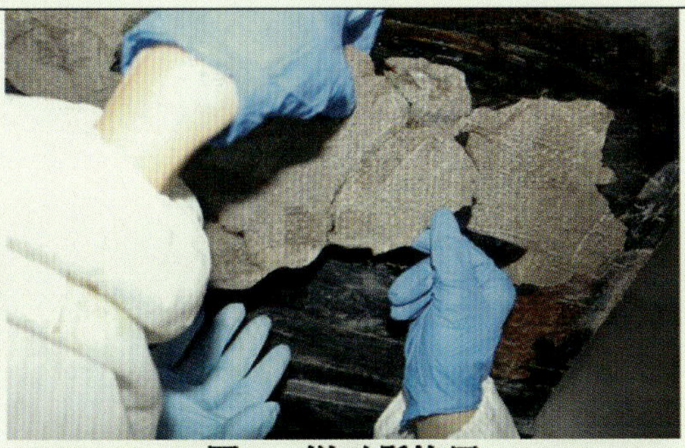

图1　拼对髹饰层

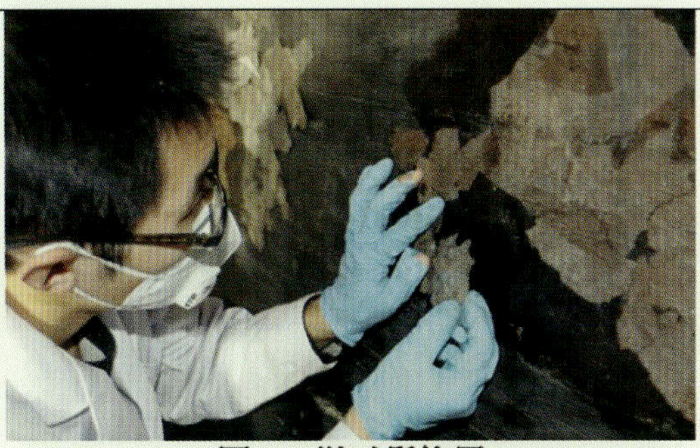

图2　拼对髹饰层

图3　回软髹饰层

图4　回软髹饰层

图 5　髹饰层黏结前

图 6　髹饰层黏结后

2016 年 11 月 16—18 日

整理棺木剩余剥落髹饰层，将拼对好的髹饰层原位回贴。回贴大小不一的髹饰层大约 16 块，面积约 20 厘米×90 厘米（图 1、2）。

图 1　拼对髹饰层

图 2　回贴髹饰层

2016 年 11 月 21—22 日

右墙外髹饰层的拼对、回贴。

主要回贴了右墙中部面积较大的三块和前后部小块髹饰层，约 20 厘米×80 厘米（图 1 至图 4）。

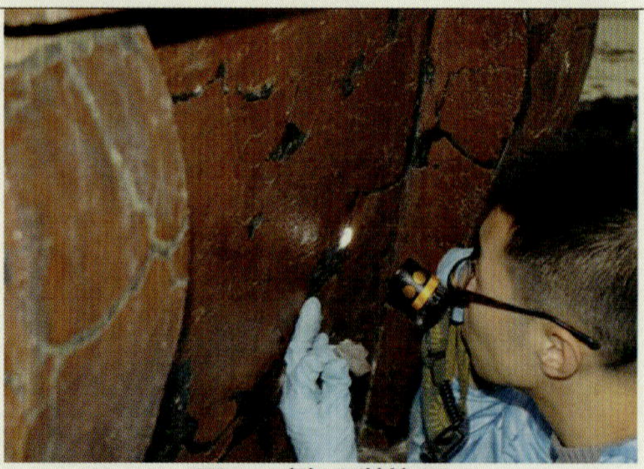
图 1　拼对髹饰层

图 2　拼对髹饰层

图3 刷黏结剂

图4 回贴髹饰层

2017年4月14日

对棺身进行桐油补配。首先拍摄补配前的原始照片（图1至图4），然后熬制桐油对棺外前挡板进行修补（图5、6）。在桐油中加入适当矿物颜料使其颜色与原始髹饰层相近似（打底色3—4遍）。

图1 前挡板

图2 左墙

图3 右墙

图4 后挡板

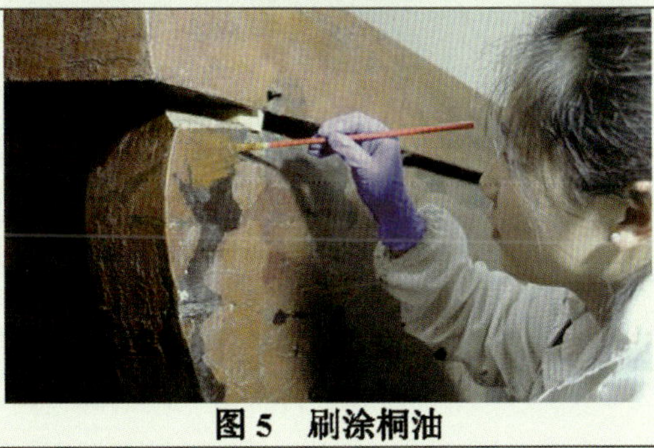
图5 刷涂桐油

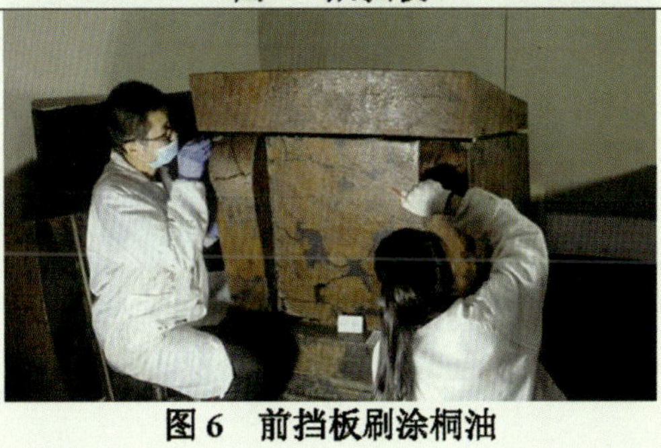
图6 前挡板刷涂桐油

2017 年 4 月 17 日

对棺身左墙、右墙、前挡板、后挡板的外侧面残缺处刷涂桐油打底色（第一遍，图 1 至图 4，选取棺身左墙做前后对比照片），以原始髹饰层的颜色为参考，在刷涂不同位置的时候，可适量加入与周围原始髹饰层相似的矿物颜料调色做旧。

图 1　右墙刷涂桐油打底色

图 2　右墙刷涂桐油

图 3　右墙桐油刷涂后（第一遍）

图 4　桐油刷涂后局部（第一遍）

2017 年 4 月 24—26 日

第一遍桐油凝固后，开始对棺外刷涂第二遍桐油（图 1、2），刷涂后进行拍照（图 3 至图 6）。

图 1　棺身右墙刷涂第二遍桐油

图 2　棺身后挡板刷涂第二遍桐油

图3 棺外前挡板刷涂桐油后（二遍）

图4 棺外后挡板刷涂桐油后（二遍）

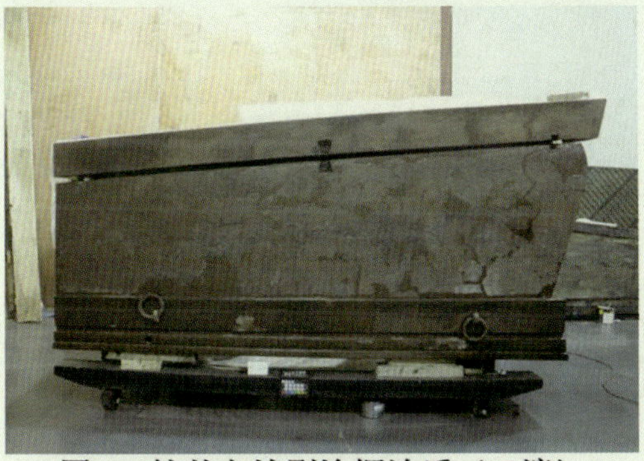
图5 棺外左墙刷涂桐油后（二遍）

图6 棺外右墙刷涂桐油后（二遍）

2017年5月2—4日

对棺外左、右墙铁环进行清理保护工作。先用雕刻刀清理掉表面硬结物（图1、2），再用尼龙刷清理灰尘及泥土附着物（图3、4）。表面若还残留较细灰尘，用棉签蘸酒精清理。接下来对铁环进行钝化（缓释）处理，调配钝化剂，用毛笔均匀刷涂在铁环上（图5、6），多次刷涂，直至不起沫为止。

操作要点：一共需要刷涂三次，每次间隔一天。刷涂完成后间隔一天，再用纸浆加纯净水包裹脱酸，重复三次。每次间隔两天或更长时间并更换新的纸浆加纯净水。

图1 清理棺外左墙铁环硬结物

图2 清理棺外右墙铁环硬结物

图 3　清理棺外左墙铁环灰尘

图 4　清理棺外右墙铁环灰尘

图 5　棺外左墙铁环刷涂浓度为 30% 的磷酸

图 6　棺外右墙铁环刷涂浓度为 30% 的磷酸

2017 年 5 月 8—10 日

对棺外左墙、右墙的铁环进行第二遍钝化处理（图 1、2）。

图 1　棺外左墙前端铁环刷涂磷酸

图 2　棺外左墙后端铁环刷涂磷酸

2017 年 5 月 11—14 日

通过实验，发现桐油在通风及温度适宜的环境下凝固较快，且出现的效果与原始的髹饰层效果相似。故搭建工作平台，并将棺木由室内移到室外（图 1 至图 4）。

图 1　搭建移动路径

图 2　搭建室外工作平台

图 3　移动棺木

图 4　棺木移到室外工作平台

调配桐油，对棺身外侧及底座残缺的髹饰层进行补配（第三遍，图 5 至图 8）。

图 5 室外桐油补配

图 6 棺身外侧右墙桐油补配

图 7 棺身外侧左墙桐油补配

图 8 棺身外侧前挡板桐油补配

对髹饰层裂隙处，用针管注入调配好的桐油进行填补（图 9）。由于室外通风良好且温度适宜，在补配后 2 小时左右，桐油的表面就会凝结，且出现的褶皱效果也与原始髹饰层的褶皱效果相似（图 10 至图 12）。待桐油干后再做旧。

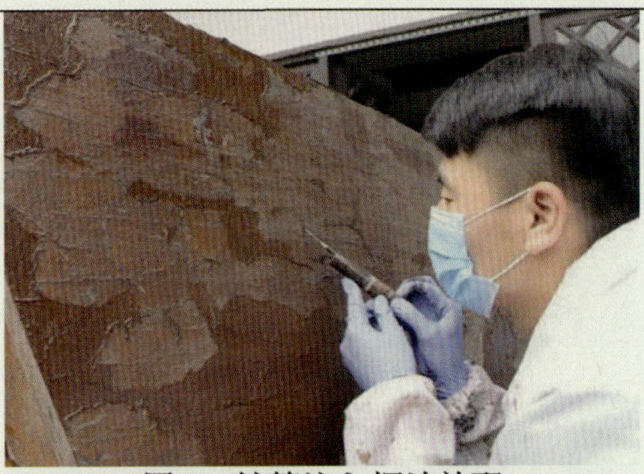

图 9　针管注入桐油补配

图 10　棺身底座前端桐油补配效果（局部）

图 11　棺身底座前端桐油补配效果（局部）

图 12　棺身外侧右墙桐油补配效果（局部）

图 13　棺身外侧左墙铁环酒精清理

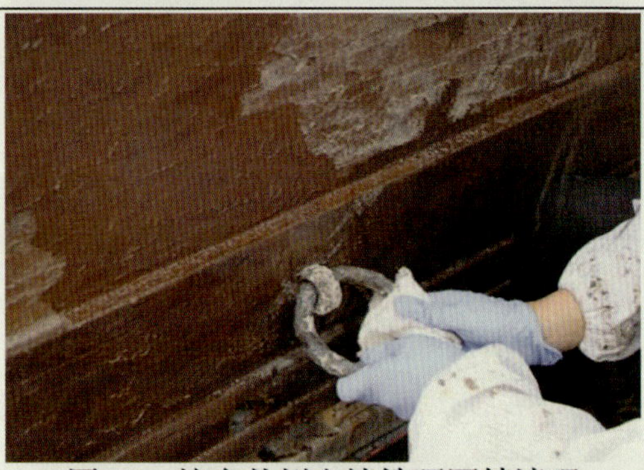

图 14　棺身外侧右墙铁环酒精清理

图 15　棺身外侧左墙铁环刷涂磷酸

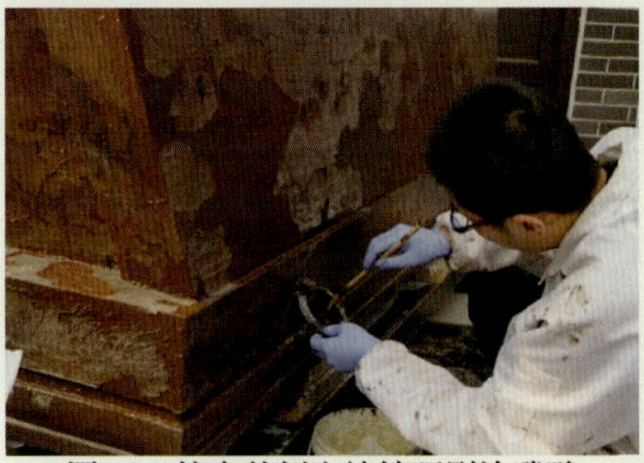

图 16　棺身外侧右墙铁环刷涂磷酸

用酒精对棺身外侧左、右墙铁环上刷涂的钝化剂残留进行清理（图 13、14），清理后再次刷涂浓度为 30%的磷酸进行钝化（图 15、16）。

2017 年 5 月 15—16 日

继续在棺外刷涂桐油，进行补配（图 1、2）。

图 1　棺身底座刷涂桐油

图 2　棺身后挡板刷涂桐油

2017 年 5 月 18—20 日

对棺身外侧左、右墙铁环进行脱盐处理。先将上次包裹的吸水纸取下，用酒精清理表面附着物（图 1、2）。重新包裹新的吸水纸并喷洒纯净水进行脱盐处理（图 3、4）。

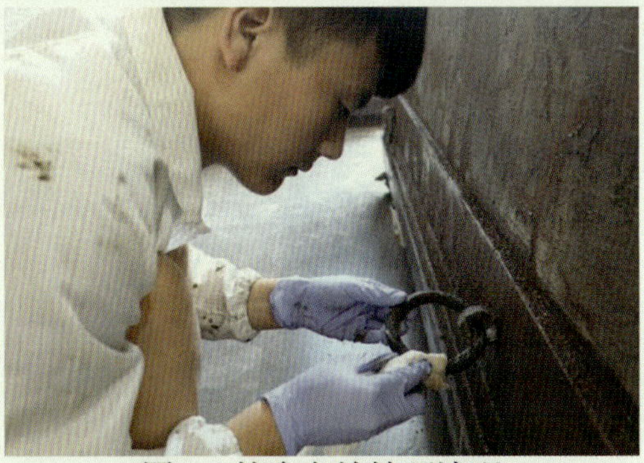

图 1　棺身左墙铁环清理

图 2　棺身右墙铁环清理

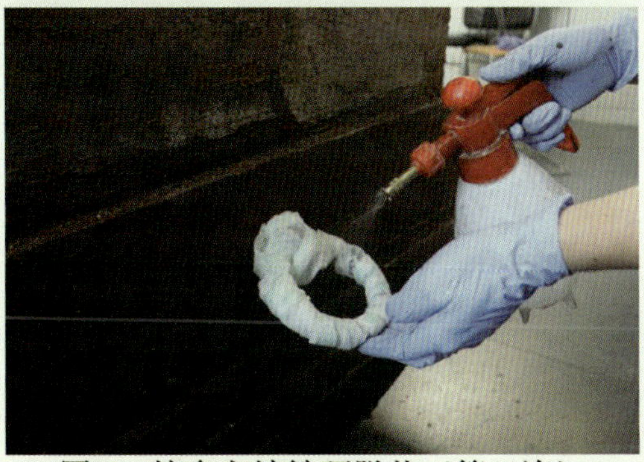

图 3　棺身左墙铁环脱盐（第二次）

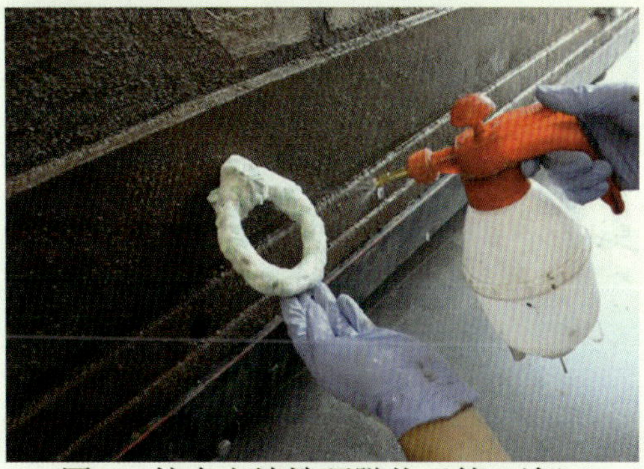

图 4　棺身右墙铁环脱盐（第二次）

2017年5月22—24日

再次将棺盖移到室外进行髹饰层的补配工作。将棺盖正面上次补配的桐油的多余部分清理干净（图1）。补配的桐油厚度达不到与原始髹饰层厚度的，再次调配桐油进行补配（图2）。拍摄刷涂桐油前后的变化（图3、4）。对棺身外侧左、右墙铁环喷洒纯净水进行脱盐处理并更换新的吸水纸（图5、6）。

图1　棺盖正面桐油清理

图2　棺盖正面桐油再次补配

图3　棺盖正面刷涂桐油前

图4　棺盖正面刷涂桐油干燥后效果

图5　棺身外侧左墙铁环脱盐（第三次）

图6　棺身外侧右墙铁环脱盐（第三次）

2017年5月29日、5月31日、6月1—2日

将棺盖移到室外，进行桐油补配（图1、2）。

图 1　棺盖正面桐油补配

图 2　棺盖正面桐油补配后效果

2017 年 6 月 3 日、6 月 5—7 日

待刷涂补配的桐油凝固后，用手术刀清理掉多余部分，使接缝处平整（图 1、2）。

图 1　清理棺外右墙多余桐油

图 2　清理棺外左墙多余桐油

2017 年 6 月 22—24 日

对棺身外侧髹饰层补配处进行做旧处理。将矿物颜料与浓度为 3%的 B72 乙酸乙酯溶液加到一起进行调色，调至颜色与周围原始髹饰层相一致后，对补配位置进行做旧处理（图 1 至图 4）。

图 1　棺外左墙补配处做旧

图 2　棺外右墙补配处做旧

图 3　棺外前挡板补配处做旧

图 4　棺外后挡板补配处做旧

对棺身口沿上暴露出木质的部位刷涂桐油（生桐油与松节油按 1 : 1 调配），进行渗透封护（图 5、6）。

图 5　棺身口沿木质暴露处刷涂桐油

图 6　棺身口沿木质暴露处刷涂桐油后

棺内前挡板处出现糟朽孔洞，局部髹饰层起翘脱落（图 7）。先提取脱落髹饰层，再清理糟朽木质。将调配好的细漆灰用针管注入缝隙及孔洞里（图 8），表面留出髹饰层的厚度，待细漆灰未干时将脱落的髹饰层回贴（图 9、10），完成后将多余的漆灰清理干净。拍摄棺盖内侧补配前照片。棺盖前端原始髹饰层脱落残缺，有裂隙（24 厘米）。后端髹饰层脱落残缺，木质糟朽残缺（图 11 至图 14）。调配细漆灰对缝隙进行填补（缝隙较深的可采用针管注入填补）。对残缺的髹饰层进行补配（图 15 至图 17）。

图 7　棺内前挡板孔洞及糟朽

图 8　棺内前挡板针管注入填补孔洞

图 9　棺内前挡板髹饰层回贴

图 10　棺内前挡板髹饰层回贴后（局部）

图 11　棺盖内侧面照片（修复前）

图 12　棺盖内侧面前端补配前

图 13　棺盖内侧面前端裂隙

图 14　棺盖内侧面后端补配前

图 15　棺盖内侧面后端木质残缺

图 16　棺盖内侧面前端缝隙填补

图 17　棺盖内侧面前端髹饰层补配

2017 年 6 月 26—28 日

对棺盖正面髹饰层补配处进行做旧处理。将矿物颜料与浓度为 3%的 B72 乙酸乙酯溶液加到一起进行调色，调至颜色与周围原始髹饰层相一致，然后对补配位置进行做旧处理（图 1 至图 4）。

图 1　棺盖正面补配处做旧

图 2　棺盖正面补配处做旧

图 3　棺盖正面缝隙填补

图 4　棺盖正面缝隙填补后

最后，铺设棺内石灰（原始）、七星板支撑（原始）、七星板（补配）、内盖板（补配）等（图 5 至图 10）。

图 5　棺内石灰、七星板支撑铺设后

图 6　棺内铺设七星板

图 7　棺内七星板铺设后

图 8　棺内铺设内盖板

图 9　棺内内盖板铺设后

图 10　棺内内盖板铺设后局部及结构

2017 年 7 月 27—29 日

拍摄连接棺身与棺盖的燕尾扣（人绝扣）原始照片（图 1 至图 8）。拼对右侧燕尾扣断裂处，并调配细漆灰进行黏结。黏结前可在其内部打竹钉加固，使其更加牢靠。

图 1　棺身左侧燕尾扣背面

图 2　棺身左侧燕尾扣正面

图 3　棺身左侧燕尾扣侧面

图 4　棺身左侧燕尾扣局部

图 5　棺身右侧燕尾扣正面

图 6　棺身右侧燕尾扣背面

图 7　棺身右侧燕尾扣侧面

图 8　棺身右侧燕尾扣局部

文物分析检测表

序号	编号	类别	取样位置及形貌	分析测试方法	结果简述
1	M1-301	污染物	棺盖表面附着物/粉末	衍射	主要成分为SiO_2
2	M1-302	髹饰层	棺盖表面髹饰层/片状	显微+红外+剖面染色	分层，漆，桐油
3	M1-306	密封料	棺盖与棺身密封材料/块状	显微+红外	分层，漆，桐油
4	M1-308	髹饰层	棺身内层髹饰层/片状	显微+红外	单层，漆，桐油
5	M1-311（YNG09）	填充物	七星板下填充层/粉末	衍射	主要成分为$CaCO_3$
6	M1-314	髹饰层	棺底/片状	显微+红外	单层，漆
7	M1-319	髹饰层	右棺墙髹饰层/片状	显微+红外	单层，漆，$CaCO_3$
8	M1-320	密封料	盖中燕尾扣内侧黏结物/块状	显微+红外	单层，漆，桐油
9	M1-321	木材	棺盖中燕尾扣/块状	树种	侧柏
10	M1-322（YNG13）	髹饰层	前挡髹饰层外层/片状	显微+电镜+红外	两层，桐油
11	M1-323（YNG14）	髹饰层	前挡髹饰层底层/片状	显微+电镜+红外	两层，漆
12	M1-325（YNG15）	木材	七星板/块状	树种	梓木

文物保护修复验收表

自评估意见：

在M1：南室棺木的保护修复过程中，项目组根据棺木的保存情况分别进行了髹饰层回贴、清理表面附着物及糟朽木质、加固裂隙处、封护、补配、髹饰层回贴、补配处用矿物颜料做旧、铁环脱盐及封护等工作。

保护修复后的棺木外形完整。经后期观察，各项性征稳定。对于棺木存放的馆藏条件，建议根据《博物馆藏品管理办法》《博物馆藏品保存环境试行规范》等标准或文件的要求执行。

依照《馆藏出土竹木漆器类文物保护修复档案记录规范（WW/T 0011—2008)》记录并整理M1：南室棺木的修复档案，棺木的尺寸、修复部位及材料、工艺等数据完整。

签章：

日期：2017年9月

验收意见：见附录三，此处省略

后 记

据第一次可移动文物普查数据，山东省可移动文物数量达558万件。随着近年来大量考古发掘工作的进行，出土文物以每年数万件的数量增长，山东省的文物数量不断丰富和充实。为应对可移动文物保护修复任务繁重局面，2015年2月，山东省机构编制委员会办公室批复成立山东省文物保护修复中心，在省级层面统筹推进可移动文物保护修复工作。

山东省文物保护修复中心成立后，在做好全省可移动文物保护修复项目的立项、申报、实施和验收工作的同时，对自身承担的可移动文物保护修复项目更是严格管理。如要求项目负责人按照进行科学研究的态度实施可移动文物保护修复项目，并在项目验收后及时整理相关档案，尽快出版保护修复报告。按此模式，中心成立以来，已经出版了两部保护修复报告，发表研究论文三十余篇，本书是第三本修复报告。

《山东沂南河阳墓地出土棺木保护修复方案》报经国家文物局、山东省文化和旅游厅（山东省文物局）批准后，由山东省文物保护修复中心牵头组织成立项目组，由省文物保护修复中心吴双成担任项目负责人，刘建国担任现场技术负责人。

在项目执行过程中，得到出土木漆器保护国家文物局重点科研基地和荆州文物保护中心技术支撑，吴顺清、杜道子等先生多次到现场指导。此外，沂南县博物馆在场地、人员、后勤等方面提供了大力支持。

项目组成员主要来自沂南县博物馆、莱芜职业学院、中国人民大学等。团队人员克服生漆过敏、天气炎热等不利因素，在工作中积极探索，逐步解决一个又一个技术难题，有效保障了项目的顺利执行。2017年9月，该项目通过山东省文物局验收，9具棺木的保护修复效果良好。

本书是该项目实施工作的系统总结，共分为八章。第一章由吕宜乐、吴双成根据考古发掘资料梳理完成；第二章由吴双成撰写；第三章由吴双成、李力根据五次分析测试结果梳理完成；第四至第八章由吴双成、刘建国、吕宜乐依据保护修复档案整理完成。此外，书后附录部分详细列出了分析测试结果、病害图及M1南室棺木的保护修复档案等资料。全书由吴双成统稿。

考古发掘现场等照片由吕宜乐拍摄或提供，保护修复过程中的相关照片由项目组实施过程中的具体业务人员拍摄，保护修复后的棺木照片由周坤拍摄。棺木结构图、三维复原示意图由刘建国绘制。刘建国、侯博超、文凤浩等制作了病害图并整理了有关资料，杜鹏飞收集了相关文献。

感谢山东省文物考古研究院、临沂市沂州文物考古研究所及发掘领队张溯先生无私提供的翔实考古发掘资料，为该项目的顺利进行奠定了基础。感谢出土木漆器保护国家文物局重点科研基地和荆州文物保护中心为项目组提供了强有力的技术支撑，感谢沂南县博物馆为项目组提供了后勤保障，感谢沂南县文化局领导对本项目的大力支持。

感谢中国林业科学研究院木材工业研究所腰希申先生、陈勇平先生，陕西省文物保护研究院党小娟女士及山东大学文化遗产研究院李力先生在树种鉴定、髹饰层分析测试方面提供的翔实数据。更要感谢齐鲁书社马安钰女士对书稿的认真审阅及修改，她的工作为本书质量提供了保障。

省修复中心现正在实施济南市刘家庄遗址出土青铜器等多个重要可移动文物保护修复项目，部分项目已进入收尾阶段。省修复中心在这些可移动文物保护修复项目启动时，就谋划着出版保护修复报告，现正进行资料收集与整理工作，相信今后会有保护修复报告陆续出版，也会有更多相关研究论文陆续刊发。省修复中心科研成果的不断涌现，将带动中心形成良好的科研氛围。

由于水平有限，本书难免有错误与疏漏之处，恳请有关专家、学者和同行指正。

2020 年 12 月